经济学动态 学术前沿论丛

# 数字经济研究新进展

李仁贵 刘洪愧 刘新波 主编

中国社会科学出版社

图书在版编目（CIP）数据

数字经济研究新进展 / 李仁贵，刘洪愧，刘新波主编. -- 北京：中国社会科学出版社，2024.7. -- （经济学动态学术前沿论丛）. -- ISBN 978-7-5227-3955-7

Ⅰ．F49

中国国家版本馆 CIP 数据核字第 2024LT0680 号

| | | |
|---|---|---|
| 出 版 人 | 赵剑英 | |
| 责任编辑 | 王　曦 | |
| 责任校对 | 殷文静 | |
| 责任印制 | 戴　宽 | |
| 出　　版 | 中国社会科学出版社 | |
| 社　　址 | 北京鼓楼西大街甲 158 号 | |
| 邮　　编 | 100720 | |
| 网　　址 | http://www.csspw.cn | |
| 发 行 部 | 010-84083685 | |
| 门 市 部 | 010-84029450 | |
| 经　　销 | 新华书店及其他书店 | |
| 印刷装订 | 北京君升印刷有限公司 | |
| 版　　次 | 2024 年 7 月第 1 版 | |
| 印　　次 | 2024 年 7 月第 1 次印刷 | |
| 开　　本 | 710×1000　1/16 | |
| 印　　张 | 24.75 | |
| 字　　数 | 396 千字 | |
| 定　　价 | 139.00 元 | |

凡购买中国社会科学出版社图书，如有质量问题请与本社营销中心联系调换
电话：010-84083683
版权所有　侵权必究

# 导　言

在新发展阶段，数字经济成为推动中国经济高质量发展的重要因素，为加快构建新发展格局提供了重要支撑，受到理论研究者和政策制定者的高度关注，国内外相关研究不断涌现。在此背景下，《经济学动态》编辑部近年来持续跟踪关注数字经济领域的相关研究，拟以《数字经济研究新进展》为题，从近年来刊发的学术论文中优中选精，结集出版。本文集包括13篇文章，涉及数字经济基本理论和政策、数字经济的影响、数据要素以及数字货币等方面的研究。

数字经济已经对中国经济社会生活产生系统而深刻的影响，习近平总书记2016年在十八届中央政治局第三十六次集体学习时强调要做大做强数字经济、拓展经济发展新空间。习近平总书记在党的二十大报告中进一步指出，"加快发展数字经济，促进数字经济和实体经济深度融合，打造具有国际竞争力的数字产业集群"。因此，本书收录了《经济学动态》刊发的《关于"数字化经济"的基本理论》《中国产业数字化改造的机制和政策》《数字期权理论研究进展》《数字经济对就业影响研究进展》《数字不平等研究新进展》《数字经济与国民经济核算文献评述》《数字贸易理论与规则研究进展》共7篇论文，试图从基本理论、基本政策以及经济效应角度探讨数字经济发展，有助于我们提高对数字经济运行规律的认识。

数据要素作为数字经济的微观基础具有重要的基础性地位，数据界权、交易和定价机制的明晰是数字经济发展的前提。2017年12月，习近平总书记在主持中共中央政治局就实施国家大数据战略进行的第二次集体学习时指出："要构建以数据为关键要素的数字经济。"2019年10月，党的十九届四中全会通过《中共中央关于坚持和完善中国特色

社会主义制度 推进国家治理体系和治理能力现代化若干重大问题的决定》，明确提出，"健全劳动、资本、土地、知识、技术、管理、数据等生产要素由市场评价贡献、按贡献决定报酬的机制"。由此，数据作为新型生产要素的地位在中央文件中得到确认。因此，本书收录了《经济学动态》刊发的《数据要素的界权、交易和定价研究进展》《数据要素定价机制研究进展》《数据生产要素研究进展》共3篇关于数据要素的论文，有助于我们厘清数据要素相关基本问题。

随着区块链、大数据与云计算等金融科技的发展，数字货币成为新的经济发展方向，一些大型企业正在加紧研究数字货币，世界主要国家也在研究发行主权数字货币的可行性。对此，习近平总书记2020年4月在中央财经委员会第七次会议上的讲话中指出，"积极参与数据安全、数字货币、数字税等国际规则和数字技术标准制定"。因此，本书收录了《经济学动态》刊发的《数字货币理论与实践研究进展》《央行数字货币创新研究新进展》《数字货币及其经济影响研究新进展》共3篇关于数字货币的论文，有助于我们把握数字货币相关理论和实践问题。

本书的编辑出版工作在李仁贵、刘洪愧和刘新波的主持下进行，《经济学动态》编辑部的胡怀国、李仁贵、谭易、刘洪愧、何伟、刘新波、孙志超参与了书稿的编辑和校对工作，中国社会科学院经济研究所黄群慧所长和胡家勇研究员对本书的编辑出版提供了指导和帮助。同时，感谢论文作者对《经济学动态》和本书的支持，感谢中国社会科学出版社王曦老师的辛勤付出，感谢中国社会科学院经济研究所各位领导和同事的支持和帮助。

# 目　　录

关于"数字化经济"的基本理论　黄少安 / 1

中国产业数字化改造的机制和政策　郭克莎　杨倜龙 / 35

数字经济与国民经济核算文献评述　续　继　唐　琦 / 63

数字不平等研究新进展　陈梦根　周元任 / 91

数字经济对就业影响研究进展　王春超　聂雅丰 / 123

数字货币理论与实践研究进展　李建军　朱烨辰 / 154

数字货币及其经济影响研究新进展　米晋宏　王乙成 / 179

央行数字货币创新研究新进展　宋　敏　徐瑞峰 / 209

数字贸易理论与规则研究进展　陈维涛　朱柿颖 / 243

数字期权理论研究进展　咸聿东　孙　洁　李　峰 / 267

数据要素的界权、交易和定价研究进展　熊巧琴　汤　珂 / 297

数据生产要素研究进展　徐　翔　厉克奥博　田晓轩 / 326

数据要素定价机制研究进展　欧阳日辉　杜青青 / 358

# 关于"数字化经济"的基本理论

黄少安

在现实中,数字化技术全面而深入地渗透到了生产和生活的各个方面,已经和正在改变世界,各领域都在热议"数字经济""网络经济""数据经济"等。但是,由于一些基本理论问题并未深入思考和回答清楚,使得:一方面,学术讨论难免有一些混乱,经不起逻辑推理;另一方面,对实践包括对政府产业政策和消费者都可能有一定误导。既有的一些关于数字化经济的经济学研究成果,有些触及了重要问题,但是探讨真正的最基本的理论问题的还很少。本文将对热点问题进行冷思考,对纷繁的现象从经济学基本理论维度进行深层探索。当然,数字化经济涉及的经济学基本理论问题不是一个,而是一组,本文只准备在既有研究的基础上,探索认为是最基本、最重要的几个:"数字化经济""数字化技术""数据"等基本概念的界定;认识数字化经济世界的经济学基本方法论(包括基本假设);数据作为数字化经济的基本生产要素的产权界定和保护问题;数据和数字化技术的价值和价格决定理论;数字化经济统计的理论依据。几个问题的顺序结构也形成了问题的层次逻辑:经济学用什么基本概念表达数字化经济—经济学用什么方法论认识数字化经济世界—如何从基本理论上探索数据产权的界定和保护(因为它是数据运用、交易和优化配置的前提和基础)—数据交易如何定价(在经济学的核心理论即价值价格理论层面上探索)—数字化经济统计核算的理论依据是什么(这是离经济现实操作最接近的基本理论问题)。

# 一 关于数字化经济研究的综述

数字化经济的诸多问题已经吸引了微观经济学、宏观经济学等领域的经济学家的广泛关注和研究。

## （一）微观层面的研究

数字化技术和数据会在微观层面影响主体的行为，例如，个体由于互联网移动支付手段和互联网借贷而增加消费、减少储蓄，不同主体的信息获取及其充分程度和不对称程度可能发生改变，不同企业之间的竞争关系和竞争方式可能改变，企业由于数据资源和互联网而改变了企业规模扩张或缩减的方式，企业组成的契约方式发生改变，企业的市场营销行为发生改变，金融业的业态和金融机构行为发生改变，数据要素部分具有共享或外溢性质，等等。这些都是比较深刻的变化，经济学家已经敏锐地意识到理论创新的需要，并有所进展。Ichihashi研究了数据中间商竞争关系的经济结果，主要讨论了消费者在线上市场中隐私信息披露的决策问题及这一决策行为对商品价格和福利水平的影响。虽然消费者可以向拥有多种商品的卖家透露自己的信息，让其了解自身偏好，进而从个性化的商品推荐中受益，但卖家不可避免地会利用消费者的隐私与信息进行价格歧视而导致消费者福利损失。Ichihashi还设定了一个简单的博弈模型来论述上述问题，指出信息交易的困难在于：一是在不透露信息的前提下，信息拥有者很难判断和证明自己的信息有价值；二是由于信息的可复制性，即使最初的卖家是一个垄断者，他最多从一位买家那里获得租金，一旦买家购买了信息，卖家与买家均不能承诺将来不向第三方出售信息，因此，卖家的回报就会收敛至零，即收益上限是单个买家所获得的信息价值。Ali等（2020）研究了消费者将自己的个人信息售卖给公司的定价和福利问题，重点讨论了信息销售者能否为信息收取高价。其似乎找到了一个非合同的解决方案来解决承诺问题，称作"预付款均衡"方案。与永久性知识产权保护不同，在"预付款均衡"中卖方可以一次性提取在场所有买家的所有剩余，但可能无法从进入市场的新买家中提取。这些理论探索虽然是深层次的，但还不是基本理论层面上的、能够触及经济学根基的,其基本上能够在既有微观经济学基本理论框架内加以解释,例如,消费者消费倾向提高可以用"心理账户理论"解释;数据互联网和数据共享导致的信息相对状况改变,仍然可以在既有的信息经济学框架内予以解释;共享和外部性可以用外部性理论解释;企业契约方式改变只是增加了契约或投资主体、改变了契约内容,其仍然可以在既有的"不完全契约理论"框架内予以解释。

**(二) 关于数据公司和互联网企业的垄断与反垄断问题**

既有的数字化经济的垄断基本上是通过垄断网络平台来实施的,可归纳为两个方面:一方面是对商品供给实施垄断,即对生产者实施垄断低价,从而保持其平台的售价优势;另一方面是通过对众多消费者和生产者数据的自动采集,实行数据垄断,依靠大数据分析,掌控生产者和消费者,即通过垄断数据来垄断(控制)人,从而对消费者有杀熟性价格歧视,这也属于垄断定价。类似这种通过垄断平台来垄断大数据和销售渠道,通过数据来垄断(控制)人的偏好、行为、决策,同样会降低效率和福利,因此必须反对这种垄断。已有不少学者对此加以关注和研究。例如,就公司层面而言,Eeckhout 和 Veldkamp(2022)认为,数据的规模经济促使拥有丰富数据资源的公司以较低的边际成本和更大的规模投资生产,进而形成行业的垄断地位,并设计了一个模型来刻画数据、福利和市场力量之间的相互作用。就经济现实而言,数字化经济中的垄断是一个重要的、亟待解决的问题,在经济学理论上也是一个新的、有探索和创新空间的问题,但是并不需要在基本理论层面进行重大创新,因为数字化经济中的垄断其实是市场垄断的特殊形式和特殊环境,在成熟市场经济体制下只是垄断新形式和完善既有反垄断法的问题,在新兴市场经济国家只是认清现实的难度提高了、工作量增加了而已。

**(三) 宏观层面的研究**

因为数据成为一种新的生产要素,研究宏观经济学的学者很自然、迅速地想到:数据会影响经济增长,数据如何影响经济增长;数据会影响经济增长方式,数据通过什么途径影响增长方式;数据会影响收入分配结构，数据怎样影响收入分配结构；等等。已有学者在努力尝试把数据作为新要素，置于内生经济增长模型，分析其对经济增长的影响，代表性的成果包括：Jones 和 Tonetti（2020）将数据要素引入经济增长模型，强调数据的非竞争性，视数据为消费的副产品，并比较数据产权归属企业还是消费者时的利用率及其对经济增长的影响。Farboodi 等（2019）从宏观角度对数据价值进行了评估。Farboodi 和 Veldkamp（2020，2021）、Farboodi 等（2022）在 Jones 和 Tonetti（2020）的模型基础上，试图采用资产定价的方法构建一个数字化经济的增长模型，实际上认为数据的价值本质上附着在资本上，数据有助于预测资本未来的价值状态，无非就是资本的作用，长期来看，数据累积增加对资本的作用是递减的，从而对长期增长并没有支持作用。徐翔和赵墨非（2020）也开展了大数据背景下的经济增长研究，将"数据资本"引入内生经济增长模型。

关于数据能否像技术一样成为支撑经济增长的主要动力，也存在争议。因为数据具有非竞争的性质且很容易被复制，从而具备规模效应，所以有些研究认为数据增长像技术增长一样，对经济增长有长期的影响。同时，也有研究持有不同观点，例如，Farboodi 和 Veldkamp（2021）认为数据积累在不同情形下其回报率呈现不同的性质，数据对经济增长的影响更像传统的资本，而不是在经典经济增长模型中技术所扮演的角色，但是，数据和技术依然存在紧密的关系——数据的积累，一方面会降低生产过程中的不确定性，从而降低技术创新的成本；另一方面会通过增加收入来激励企业创新。

总体而言，对于数据作为一种生产要素的研究还是在既有宏观经济学的基本框架内展开创新，例如，关于数据如何影响经济增长，还是在内生经济增长理论的框架内讨论如何处理新的"数据"要素，进而置于内生增长模型中；探讨数据的外部性和共享性是否导致边际成本递减，从而促进增长，或者"数据"是否提高了全要素生产率，从而促进增长；探讨数字化技术和依靠数字化技术而成的"数据"分别如何促进经济增长和经济增长方式转变；数据作为要素影响收入分配仍可以在要素分配理论框架内进行解释。

### (四) 计量经济学的研究

大数据的基本特征是拥有越来越庞大的数据。也就是说，样本中的观测值非常多，甚至有可能是总体数据。在过去几十年，GDP、CPI等宏观经济变量受限于统计手段，只能以较低的频率发布（以季度或年度为主），这使人们在分析宏观经济形势或者研究重要宏观变量之间关系的时候面临小样本问题的限制，从而影响政策分析的准确性。经济学者借用气象学的方法，利用大数据"实时预测"当期GDP，即在季度GDP数据发布之前，利用实时更新的数据预测当期GDP（Giannone et al., 2008）。其基本思想是将大量的异质数据（如失业率、工业销售、贸易差额等）作为信息源，在传统季度GDP数据发布前从中提取出有关当期GDP变化的信息。美联储每天都在利用高频大数据预测当期季度的GDP增长率和通货膨胀率。随着高频微观经济数据的产生，很多宏观经济指标都能实现高频化甚至实时化，比如，可用互联网消费价格大数据构建日度CPI数据。一个例子是美国麻省理工学院的"数十亿美元价格"研究项目（Billions Price Project）所构建的美国和阿根廷的日度CPI指数（Cavallo，2013）。Scott和Varian（2015）使用谷歌搜索数据构建了重要宏观经济变量的高频数据，包括失业人数、消费品零售额、消费者情感指数等。在大数据时代，这些变量的发布由低频向高频转变，数据样本规模不断扩大，助力人们对经济形势的把握。此外，数据类型不断扩大，而且对每个观测个体，都可以从任意有需要的维度进行变量挖掘。无监督机器学习技术可以处理相对标准估计方法来说维度过高的数据，以帮助经济学家从图像、文本、音频等非常规数据中提取具有经济意义的信息。例如，宏观经济学家利用文本数据预测未来的通货膨胀率、失业率等宏观变量，评估政策不确定性所带来的经济影响；谷歌街景拍摄了100多个国家的街道和建筑环境，几乎包括了世界上所有主要城市的高清图像（Varian，2014；Scott & Varian，2015），这些数据可用于研究社区内的房屋价格和居民收入等问题；Glaeser等（2018）选择2007—2014年12200张纽约和3608张波士顿的街景图像，利用机器学习技术中的视觉算法，识别出图像中建筑的物理属性（高度、距离及维护情况），并与美国社区调查数据相结合，研究纽约、波士顿地区的房价和贫富差距问题。数据资源的丰富极大地改进了经济主体（包括企业、个人、政府部门等）对于经济形势的判断和预测，也影响着其经济行为。Bajari 等（2019）使用美国亚马逊公司的海量零售数据验证了其对公司预测模型效果的影响，结果发现大数据的使用会提升公司对于某类零售商品的数目以及零售商品的上架时间的预测准确性，从而提高公司在商品采购、存储等方面的效率。

对于不断涌现的新型数据，传统的统计、计量模型也在不断改进以适应新的需求。要想将大数据应用于经济问题分析，最重要的就是找到有效处理海量、高维数据的方法。传统计量经济学模型大多是低维模型，即解释变量维数小，未知参数维数也小。低维模型往往面临遗漏重要解释变量的问题。而大数据提供了大量潜在的解释变量，其维数甚至比样本容量更大，这减轻了由遗漏变量导致的模型参数估计偏误问题，但同时也带来新的挑战。例如，高维度的变量之间可能存在共线性或近似共线性，这会导致经典的最小二乘估计量的方差很大。因此，计量经济学家对参数施加一定约束（岭回归、套索回归等），尽管参数是有偏的，但是方差会显著降低。如何对有偏估计量进行统计推断，是统计学与计量经济学理论的新课题（Lee et al., 2016）。再者，高维度变量之间的共线性问题将会使预测模型出现不确定性。模型不确定性是指当数据出现"微扰"，即增加或减少一小部分数据时，基于某一准则（可以是统计准则，也可以是经济准则）的最优估计模型会出现显著变化，或显著的解释变量集合突然改变了，显示模型对数据的微小扰动具有高度的敏感性。互联网技术的迅猛发展也导致了新的网络型数据的产生。就微观个体的角度而言，以互联网为基础的社交媒体数据的产生对于研究个人行为以及社交群体对于个人行为的影响提供了重要的数据基础。对于网络数据建模、网络形成的建模以及网络稀疏性处理等关键问题，都需要更深入的理论研究和更多的应用尝试（洪永淼、汪寿阳，2021）。

## 二 "数字经济"还是"数字化经济"?
## "数字"还是"数据"成为生产要素?

**(一)"数字化经济"是更恰当的概括**

英文对"数字位"最准确的表达是 digit；作为名词的"数值"，英文表达为 number，是由数字按进制组成的特定符号串，已经有了抽象的数本身大小或多少或顺序的含义，例如，"5"与"50"是两个大小不同的数；数据的英文表达是 data，已经是针对特定场合或特定客观对象的量的数理表达（可以是数字或其他符号或符号集），已经具有量的含义，即成为有客观内容的"数量"。无论是中英文还是其他语言，数字和数只是数据的表达符号，"数字"可以组成"数"，它们本身没有实际内容，只有当数字用于表达和描述客观对象时，才构成数据或数量，如人口数量、GDP 数量和增长率等。在"数字化经济"话语体系中，"数据"的含义已经扩充为经过数字化技术处理过的所有信息，原来意义上的数量性数据只是"数据"的一部分。"数字化"（digitization）就是对依靠"数字化技术"采集到的各种形式的信息，在计算机系统中按照特定规制进行统一编码，形成"数字化信息"即"数据"的过程。可见，"数字化"与"数字"不是一回事，"数字化信息"与"数字"也不是一回事。"数字化技术"属于信息化技术的更高阶段，包括各种信息采集挖掘、识别、储存、分析、传输、保真保密和应用等各个环节的技术，每个环节又都有一组或一套硬件技术和软件技术。

在国际上，有关数字化、信息技术的经济概念表述也还不一致、不确定、没有共识。代表性的关于数字和信息经济统计核算机构及其发布的文件有：一是欧盟 2016 年编制的《数字经济与社会指数》（*Digital Economy and Society Index*）（European Commission，2016）；二是美国商务部经济分析局 2018 年编制的《数字经济定义和测度 2018》（*Defining and Measuring the Digital Economy*）（Barefoot et al.，2018）；三是经济合作组织 2015 年和 2017 年编制的《经济合作组织数字经济展望》（*OECD Digital Economy Outlook*）（OECD，2015、2017）都使用"digital economy"。最近的一些国际学术文献中，也有使用"digital economics"

和"digital economy"的,如 Goldfarb 和 Tucker (2019)。还有一些国际组织及其活动(如"G20 杭州峰会"和"G20 大阪峰会")的文件中,有些地方使用"digital economy",有些地方使用"data economy",说明并无定论,不统一,可能是因为各方人士、各个相关学科共同面对一个相对新事物在认知和诉求以及话语体系时有差异,即使面对相对成熟的事物都可能有概念表达上的差异。经济学本身还是力求逻辑一致的。不过,"digital"在英文中是一个形容词,是"数字的"或"数字化的"意思,"digital economy"就是"数字化经济",没有语言逻辑问题,也不产生歧义。也有权威的、代表性的国际组织不使用"digital economy",而是使用信息技术、信息经济、信息社会等,如世界经济论坛(WEF)2016 年发布的《全球资讯科技报告》(*Global Information Technology Report*)和国际电信联盟(ITU)2017 年发布的《衡量信息社会报告 2017》(*Measuring Information Society Report 2017*),主体概念都是信息经济、信息技术、信息产业(Baller et al., 2016;ITU, 2017)。国际学术文献中,也有使用"data economy"和"economics of data"即"数据经济"的,如 Jones 和 Tonetti (2020)。很多中文文献都把"digital"翻译成名词"数字",把"digital economy"翻译成"数字经济",把"data economy"也翻译成"数字经济",这其实并不准确。"digital economy"译成"数字化经济"更符合原意和现实。"data economy"翻译成中文就是"数据经济",不过"数据经济"不等于而是属于"数字化经济"。当然,文字和概念也有约定俗成的现象,在理解"数字化经济"的本来含义后,"数字经济"用顺了,用其替代"数字化经济"也不是不可以。

什么是"数字化经济"?既有文献尚未给出内涵性定义,给出的只是列举性定义或外延描述性定义,多种界定或定义有一个共性,就是把各种数字化技术和与之相关的经济活动尽量都列上,如 2016 年 G20 杭州峰会发布了倡议性文件《二十国集团数字经济发展与合作倡议》(*G20 Digital Economy Development and Cooperation Initiative*),用的是"digital economy"(翻译成中文应该是"数字化经济"比较准确),描述"数字化经济"时,用词谨慎而准确,不是用"define"下定义,而是用"refer to"("涉及"的意思),后面的内容也确实涉及几乎所有代表性的数字化技术和经济活动的总和，显然不是一个标准的"定义"，而是对与数字化经济相关的技术和经济活动的包容性描述。其实对于这样一个各国、各方面人士参与的活动的官方性文件，这样的表述是合适的，不必苛求学理逻辑。比较早提出和研究"数字化经济"的畅销书作家唐·泰普斯科特（Don Tapscott）出版了多本书，更多地从管理学角度描述数字化网络对商业模式及其管理的影响，对经济学基本理论问题基本上不涉及，且学理性和逻辑性不强，偏向畅销书的风格，但是，他的书对国内关注数字化经济的人士影响不小，而且在其著作翻译成中文时，一些重要概念的中文翻译不同。本文对数字化经济的定义分为"狭义"和"广义"两种，狭义的"数字化经济"是指专门从事数字化技术和数据要素的研发机构、产业、企业和个人及其活动和绩效所构成的经济；广义的"数字化经济"是指专门从事数字化技术和数据要素的研发机构、产业、企业和个人及其活动和绩效所构成的经济，以及其他各产业和生产生活各个方面采用数字化技术和数据要素所形成的经济。狭义的定义相当于"数字技术产业化"和"数据"本身产业化的部分；广义的定义相当于"狭义"部分加上"产业数字化"部分，再加上非产业性经济活动数字化部分。

**（二）成为新的生产要素的是"数字化的信息"即"数据"，不是"数字"**

"数字"只是没有实际内容的符号，不能与土地、资本、技术等并列成为生产要素。"数字化技术"可以归为"技术"要素，所以，"数字化经济"中的生产要素没有必要单独列出"数字化技术"，不是其不重要，而是"技术"已经包含了它。各种各样的信息被数字化技术处理以后，成为应用广泛的"数据"，其可以从理论上区分数据产品和数据资源。按照一般理解，产品是经过人的加工而成的，资源则是未经使用者加工就存在的。不过，在现实中，将数据到底视为资源还是视为产品则是相对的：对于数据生产者而言，所有信息采集对象都是其数据资源，转变成可用的数据后就成为数据产品；对于数据使用者而言，不管用于生产其他产品还是劳务或者直接消费，所有的数据资源和数据产品都可以被统一视为数据资源。不过，这并不影响在理论上区分数据资源和数据产品。现实中确实在很多情况下数据与相应的技术不可分割，不过这也并不影响在理论上抽象和区分为"数字化技术"和"数据"，就像土地资源与土地资本、人体天然劳动力与习得的技术和知识不可分一样，并不影响从理论上抽象和区分土地资源与土地资本、劳动力资源与人力资本。对于数字化经济时代来说，只有"数据"，不管是数据资源还是数据产品，才是一种新的重要的"生产要素"。可见，成为生产要素的不是"数字"，而是"数据"或"数字化信息"。因此，有些文献中所谓的"数据经济"可以视为"数字化经济"的重要组成部分，属于"数字化经济"。中国官方文件的认定和表达是准确的：2019年11月上旬发布的《中共中央关于坚持和完善中国特色社会主义制度 推进国家治理体系和治理能力现代化若干重大问题的决定》中，"数据"就第一次被官方文件纳入生产要素并参与分配；2020年4月9日发布的《中共中央 国务院关于构建更加完善的要素市场化配置体制机制的意见》，用的提法也是"数据要素"。

"数字化经济"有两个基本支柱，同时也是两种重要的生产要素：数字化技术和数据。在经济学看来，"数字化技术"和"数据"是除"数字化经济"之外的，概括和描述数字化经济的另一组基本和主要的概念。因为"数字化技术"属于"技术"要素，而在经济学基本理论中，技术和知识的价值创造、产权和定价理论很成熟，所以，后面关于产权、价值和价格等基本经济学理论问题将重点围绕"数据"展开是自然合理的、符合逻辑的。

## 三 基本方法论：如何认识数字化经济世界？"资源稀缺假设"还成立吗？

### （一）数字化经济世界的基本特征

经济学方法包括三个层次，最高层次是经济学的哲学基础或基本方法论，也就是关于经济世界中人与人、人与物的关系，经济学的科学标准和价值观等问题的认识，属于科学哲学。其不是具体的经济学理论，也不是经济学的具体方法和工具，但是会影响和引领经济学的发展和经济学理论的构建。经济学最基本的概念和假设前提的界定、确定及其变化，就属于受基本方法论影响的范围或直接就是基本方法论。数字化技术和数据构成了数字化经济世界，它们已经渗透到经济的各个领域，改变着人与人、人与物的关系，怎么认识因此而变化了的经济世界、用什么概念去概括和表征它？这就是经济学认识数字化经济的世界观和方法论问题。

其一，理性认识并归纳"数据"作为与土地、资本、劳动等并列的生产要素的基本特征。具体而言，包括以下几个方面的特征。

（1）通用性与专用性并存。物质资本多数具有比较强的专用性，如公路、铁路、机场、机器装备等，当然也有一些相对通用的机器，但是通用性有限，总体还是专用性的。货币资本具有高度通用性；土地具有高度通用性，虽然通用性还是有一些差异的；经过培训形成的专业化的劳动技能往往具有比较强的专用性，容易被"套牢"。而数据是通用性与专用性并存或融为一体的。无序的、多样的、无专用性的信息构成大数据，大数据被处理后可以变成具有专用性的数据（如专用性数据库），专用性数据又可以成为其他大数据的数据资源，回归其通用性。经济学意义上的通用性资产与专用性资产，在数据要素上并存。

（2）固定性与流动性并存。土地、劳动和资本，无论是从物理形态上看还是从财务处理上看，都能够清楚地界定哪些是固定资产、哪些是流动资产。土地肯定属于固定资产，劳动肯定属于流动资产；资本可以区分为固定资本和流动资本，但是同一部分不可能兼有固定资本和流动资本的性质。而"数据"作为一种新的生产要素、一种资产，可以兼有固定资产和流动资产双重性质，因为一方面在物理形态方面既具有固定资产特征，又具有流动资产性质，数据与收集处理数据的机器设备、技术、人力资本以及相应的基础设施，是不可分开的；另一方面从财务上也很难分析出哪些数据资源、产品及其设施是固定的，哪些是流动的。

（3）数据载体具有大平台与小储存空间并行的特征。就大的方面而言，离不开全国、全球甚至超越地球（人造卫星系统）的互联网平台；就小的方面而言，可以将海量数据储存于极小的存储器并且在小空间内就可以使用。

（4）在一定限度内具有成本递减或收益递增性质。无论是互联网平台还是数据资源和数据产品，一旦形成或建成后，可以供很多人使用，并且增加使用者的边际成本是递减，甚至是趋于零的，而社会收益是递增的，越多人使用，人均和次均的使用成本越低，社会总收益越大。这也是能够有规模经济和能够形成共享经济的基础。不过，这种经济属性是有一定限度的，因为其会受到数据库容量、收集处理成本的约束，还会受到相应基础设施的限制，各种硬件和软件的升级就是在突破这些约束，而这些升级就是在投入、增加成本。"有无成本"和"成本谁来支付"是两个问题。当我们知道关于数字化经济的各种基础设施升级有成本时，就理解了"数据"的"规模经济""共享""边际成本递减"等是"有限度的"。

（5）具有更强的正负外部性。其他生产要素在产权明晰前提下的使用过程中，都可能出现外部收益或外部损害，而数据经济时代的数据资源、数据产品及其采集和使用似乎外部性更强了，例如，个体在自己权利范围内的任何活动，都可能成为大数据平台的数据资源，即使是数据的合法采集和使用以及互联网的正常使用，也可能给他人和社会带来负外部性，更何况还有恶意采集他人数据和使用互联网发布传播伤害他人的信息的行为。这些都是"数据"的产权界定和收益分配所面临的新问题。

（6）具有累积扩张性和价值延续性。土地、资本和存在于人体的劳动能力，都会越用越少，也即是递减的，其中一些被使用后会形成垃圾，对其处理或堆放需要付出比较大的成本。而"数据"可以不断被使用，即使专用数据库也可能被开发转换成其他数据库的资源或数据产品，且还可能价值变得更大，即使暂时不用也可以作为数据资源储存，基本上不用付出储存成本。也就是说，各种数据可以累积和扩张，其越多则价值越大，可以循环使用。

其二，理性认识数字化技术与产业发展的关系。对数字化技术和数据自身的产业化与产业运用数字化技术进行改造和提升，也即现在中文文献中常提的"数字产业化"和"产业数字化"。其实，前者的准确表述应该是"数字技术和数据产业化"。一方面，专门从事数字化技术研发和数据生产以及服务的组织或投资者，自然会形成企业和产品，从而形成新的产业，特别是IT产业和企业的升级；另一方面，几乎所有的其他产业都在被动接受和主动实施数字化技术，即所谓的"产业的数字化赋能"，各种产业都离不开数字化技术和"数据"要素。生产生活的各个方面都离不开数字化技术或各种数字化的信息，并且这方面的影响比数字化技术本身产业化的影响更加广泛和深刻，几乎渗透到人类生产生活的各个方面。以前的任何技术及其导致的产业变化，虽然也都有很强的渗透性，但是还都有一定的指向性和专用性，没有数字化技术如此强大而广泛的渗透性。

其三，理性认识数字化经济世界中人与人、人与物的关系的改变。一方面，密切关注和认识人与人的关系和人的行为的改变。一是人的经济行为改变，例如，由互联网产生了移动支付技术，人们普遍感觉花钱的获得感不变的前提下失去感在减少，从而刺激了消费、减少了储蓄，已有实验和统计证实了这一变化。这种微观主体行为的变化会直接影响家庭负债率或储蓄率和宏观经济参数，从而与经济增长和宏观经济政策相关。二是人与人之间发生关系的方式改变了，通过"线上"既可以"天涯若比邻"，也可以"比邻若天涯"，交易成本大幅度下降却不影响交易和交往的目的和目标。但是，也会导致人与人的社区组织、社区治理、情感交流方式（包括交流的语言）等方面的变化，这些都是经济学和其他学科面临的新的基本理论问题。

另一方面，需要理性认识人与物的关系的改变。一是要充分认识到，随着数字化、智能化工具（如机器人）和成套设备（如智能小区、智能汽车）的使用，人与客观物质世界的关系发生了很大改变。不仅原来人手够不着或完成不了的事情都能实现，并且原来需要人脑完成或人脑完不成的事情（如超级计算和海量数据处理）都可以由智能工具替代完成，大大增强了人类认识自然、改造自然、从自然获取和保护自然的能力。这是数字化技术带给人类的巨大便利和福利，符合技术伦理。二是要认识到现实中数字化技术运用匪夷所思、舍本逐末的一面。例如，一些企业热衷于造新词、新概念，产品关键部件和售后服务质量却大幅度下降；宾馆房间举手之劳的开关窗帘要对着数字化设备"喊话"；简单的电视开关选台操作被换成复杂的、很难操作的数字化遥控器；鞋子里装芯片以感知温暖；等等。这些显然属于简单问题复杂化，不符合技术伦理，是对人的本能、体力和智力的嘲讽。三是理性认识和评估数字化技术运用的经济效率。数字化技术运用在众多领域提高了经济效率和社会总福利，但并非所有的运用都是如此。例如，基于互联网和大数据技术的商业模式迅速地、大比例地替代了传统的实体性、面对面购物的商业模式，需要统计和对比分析两种模式各自创造的GDP、税收、就业、社会成本等。基于数字化技术的金融业、现代物流业的一些发展或变化，并非为了优化资源配置、增加社会总福利以及该产业自身的发展，其中有些只是导致了该产业的内卷化。消费者不得不接受或消费大量不需要的垃圾信息。为了适应被运用的数字化技术和设备，人们面临新的不便和成本支出。例如，现在人们拥有越来越多的卡，成为"卡奴"，为了保密，大家都成为各种复杂奇怪密码的"密码奴"。四是需要人类冷静认识。由于数字化技术的运用，人们可以在数字化平台塑造现实社会中已经存在或人们希望看到、与现实世界孪生的世界，即所谓的"元宇宙"，使虚拟世界与现实世界的界限部分地变得模糊，以致人类现在都难以预料这种趋势的最终结果是什么、对人类意味着什么。智能化生活方式和生产方式会改变人的进化路径吗？未来的世界会怎样？是我们希望的吗？这些无疑是经济学基本方法论层面上需要解决的问题。

总之，数字化技术也与人类发明的其他任何技术一样，都可能是"双刃剑"，因此，对已经改变和正在改变的世界需要理性认识、评估。经济学面对这个世界的时候，可能首先面临的问题就是"如何认识和判断"，即经济世界观或认识的方法论问题。经济学也许需要创新基本方法论。

### （二）资源稀缺假设仍然成立

有一些现象值得我们从基础理论层面予以重视和阐释，例如，网络信息好像是免费的，至少许多是免费的；许多资源可以通过网络共享；一些网络企业开始都以极低价格进行营业，有些甚至还回馈奖励；许多数据，增加使用者的边际成本微乎其微，甚至等于零，你的使用不影响其他更多人的使用……于是，经济学也出现了新的理论解释，例如，布莱恩·阿瑟（2018）用收益递增理论来解释互联网和数据经济的上述现象，与以往经济中的收益递减原理不同。Jones和Tonetti（2020）认为数据是非竞争性、导致报酬递增的。好像人类已经进入或已经部分进入资源无限供给时代，网络和数据好像成为免费共享的阳光，由此也不需要界定产权了,"资源稀缺性假设"好像至少在数据经济领域不成立。是否如此呢?众所周知,"资源稀缺"是经济学两个最基本的假设前提之一,如果没有"资源稀缺",经济学就既不会作为科学产生,也没有必要存在。

首先,从理论上看,不管是数字化技术还是数据资源和数据产品,只要不是无限供应,还需要劳动才能获取和享用,就依然是稀缺的。我们已经从基本理论层面上阐明了,无论什么数据资源,都是需要通过投入劳动、技术和资本进行采集、储存的,要成为有用或更有用的产品,还需要投入资本、技术和劳动进行加工处理、分析、传输等。因此,数据资源不仅不是免费可得的,而且获得和使用的成本不会低,当然也就不可能无限供给和免费使用。数字化技术更是需要大量人力、物力、财力投入。所谓的网络和数据使用的边际成本递减、收益递增,也只是在一定限度内成立,超过一定限度,网络就会拥挤,数据使用也会受限,要想改善就要更新设备、增加投资、创新技术。而且,这种一定限度内边际使用成本递减现象不仅在网络和数据领域存在,在其他很多领域也存在,如铁路网、电网等众多公共基础设施,一旦建成投入使用,在一定限度内边际使用成本都是递减的,从而收益都是递增的,或者说是一种使用的规模经济。这并不说明这些资源不稀缺,只是其利用和供给方式与其他资源或产品不一样,而且正是因为稀缺,为了提高利用率或降低成本或保证供给,才采取相应的生产和供给方式。即使存在一定限度内边际成本递减或收益递增,也仍然是一种经济学现象,并不否定稀缺性。

其次,现实中出现的一些"免费""无偿共享""无偿采集或获得"现象的本质不是不稀缺。例如,一些网络企业起始阶段的免费或回馈消费者现象,本质上是商家为了抢占市场而付出的成本,就像其他企业抢占市场一样;一些互联网信息现象的出现,提高了资源利用率。这恰恰表明逻辑起点和现实起点就是资源稀缺性,因为稀缺,才需要提高利用率,才需要共享,否则,浪费又何妨?

最后,公共品性质和外部性的强化,并不说明数据资源不稀缺。互联网和数据中的一部分确实越来越具有公共产品性质和外部性,从而能够向更多的不同社会层次的个体和组织(包括企业)提供生产和消费服务，不仅使个人消费者或生产者在使用数据方面变得便宜，并且一些利用互联网平台的数据公司似乎也在做低成本经营，在低成本甚至无成本共享平台和数据资源，由此在一定限度内会存在收益递增或边际成本递减现象，从而增加社会总福利。实际上，在一定限度内共享和社会福利增加的背后，是整个社会的庞大的研发投入和公共基础设施投资以及运营的投入，其成本是客观存在的，只不过是把其产权界定为"公共产权"。即使有一定的外溢，也不能说明它不稀缺，就像其他技术和高技术产品有知识和技术外溢却不能认为其不稀缺一样。其实只要有人与人之间的互动，就会有相互的外部性，如用语言交流就可能有相互的信息和知识的外溢，但是不能因此而认为语言人力资本不稀缺。至于一些主体通过一些手段占便宜、免费占用资源，不是资源真的无限供应，这只是一种错觉。产生这种错觉的主要原因，是在数字化经济初期相关法律法规不健全、产权界定不明晰，导致在一定程度上出现了谁都可以采集、谁都可以用的现象，这实际上是一种初期乱象，一旦产权得到合理界定和清晰划分，就不再会是这种状态。经济学不能视其为常态，而是应该研究如何改变和规范它。

总之，数字化技术是稀缺的，互联网平台是稀缺的，数据资源和数据产品也是稀缺的，网络和网络数据可能会导致其他资源的利用率提高，表明其他资源也还是稀缺的。一些现象的出现不足以说明数据资源和其他资源不稀缺，反而证实了其稀缺性。经济学的稀缺性假设不会因为数字化经济的发展而改变。数字化技术和"数据"作为生产要素，仍然是经济学研究的对象，自然就有且必须有产权问题和价值、价格决定问题。

## 四 数据分类和数据产权的界定

关于数字经济的既有研究已经把数据产权问题作为重点。既有研究重点关注的是数据资源共享与信息隐私权之间的关系，而且是跨经济学与法学的。它确实属于基本理论问题，但是，基本理论问题不止于此，而且对该问题的讨论和厘清还需要更基本的理论，如作为数据产权界定、保护和收益分配基础的数据合理分类的相关理论。实践中有一些数据产权及其保护的法律文件，如 2018 年 5 月 25 日欧盟通过了《通用数据保护条例》（*General Data Protection Regulation*，GDPR），这一法律对个人信息保护力度很大，对侵权处罚力度很大，但是理论上不一定依据充分，也不一定符合经济学原理。在中国，2019 年的全国人民代表大会也把个人信息保护的立法问题提上了议程。

### （一）基于数据分类的数据产权界定和保护的经济学原则和原理

1. 数据的分类。数据可以从技术特征、产生来源、获取方式、产生或持有主体、记录位置、用途、数据真实性等不同维度进行分类，例如，从数据记录的客体维度可将数据分为自然界数据、物理世界数据和人类社会数据，人类社会数据又可以分为个人数据、企业数据、政府数据、其他社会组织数据、公众数据以及它们之间关系和结构的数据等；从数据用途维度可将数据分为商用数据、公共用途数据、专用数据（如科研用途的数据库）等。而从产权维度的分类是本文关注的重点，也更具有经济学理论的重要性和迫切性。

2. 基于经济学基本原理的数据产权界定和保护的基本原则。经济科学的基本价值观是追求效率和资源优化配置或福利最大化，但是这不等于价值观中不包含"正义""公平"。"正义""公平""效率"在一定限度内是统一的和相互促进的，超出一定限度就会相互矛盾或冲突。因此，在数据分类的前提下，数据资源和数据产品的产权界定和保护遵循效率与公平相统一、以效率为主的总原则。

具体原则之一是既要明晰产权，又不能不分情形、无条件、无限度地追求产权明晰。产权不明晰，意味着权力和利益边界不清楚，那就意味着：第一，没有稳定的预期，也没有充分而准确的依据来决定自己的行为，不是不能作为就是胡乱作为或行为短期化；第二，不能用于交易进而再配置，因为产权明晰是交易的前提，这是现代新制度经济学特别强调的，也是符合现实的。但是，明晰产权本身也是有成本的，即交易成本，在一些情况下，明晰产权的成本高于其所带来的总收益，即不明晰产权造成的损失低于明晰产权的成本。同样依据新制度经济学原理，这种情况下与其追求产权明晰，不如容忍模糊。数据资源和数据产品的产权界定，也必须遵循这一原理。数字化经济发展至今，很多数据现象的规律呈现得不明显、对数据本身认识不足、相应的责权利边界尚难以清晰界定，同时法律制度也仍跟不上，全社会可能不得不对产权不明晰或明晰度不高有一定的容忍度，但发展趋势应该是越来越明晰的。

具体原则之二是数据资源的初始产权界定，要充分体现公平和正义原则。新制度经济学的基本原理之一——"科斯定理"，实际上是一个市场会自动依据效率原则或社会成本最小原则对外部损害进行责任或权利划分的理论。在假定市场产权交易成本等于零的情况下，即使初始产权界定不能实现资源最优配置，也可以通过交易即产权再配置来实现资源优化配置（Coase，1960）。可见，"科斯定理"本身是不讲公平和正义的，只讲通过市场谈判和交易能够实现效率提高。可是，初始产权的配置实际上是很重要的，意味着初始的责权利格局和收入分配格局（黄少安，1995），产权交易意味着谁是价格的支付方和收取方、谁是交易成本的支付者。所以，初始产权应该归谁，法律就应该界定给谁，并加以保护。

具体原则之三是产权界定与产权保护有所不同。产权界定是要在法律上或非正式规则上明确所有权和其他产权是谁的，以及产权保护主体是谁、如何保护界定清楚了的产权。必须先解决第一个问题，才可能讨论第二个问题。产权保护理论上可以分为产权主体自己保护和委托保护。委托保护又分为国家公共保护和委托私人保护。在有国家的情况下，产权被国家法律确认后，就等于受到了国家保护，产权主体与国家之间本质上形成了委托代理关系。委托给私人或私人组织（如保镖或受托的公司），也是委托代理关系。由于保护产权是有成本的，产权主体实际上会根据产权的属性、自我保护能力、成本收益比较和保护成本的支付能力等，选择是否委托、如何委托、委托给谁来保护相应产权。一般情况下，国家实施产权的公共保护具有规模经济，因此，多数产权主体都会寻求国家法律认可和法律保护。而在有些情况下，产权主体会实施私人保护，例如，有些技术发明主体并不向国家专利管理部门申请专利，而是采取私人保护的方式。数据资源和数据产品的产权保护也遵循同样原理和原则，且可能实施委托保护的必要性更强。数据本身的特殊性可能会使数据保护的委托方与受托方的契约方式或委托代理关系更具有技术上的特殊性，在责任权利的界定方面也许有不同的具体规则和方式。现代信息技术也许能给相应的契约提供技术支持，例如，区块链技术可能为相应契约的更加智能化和更加诚信化提供技术支持。

具体原则之四是必须在隐私保护与数据合理利用之间寻求均衡。这是既有理论研究成果几乎达成的共识。数据资源和数据产品的产权保护，在理论上有一个最优强度，类似于知识产权的最优保护长度和宽度。因为人类进入信息数字化阶段，进而进入大数据阶段后，许多数据就像知识一样，所具有的正外部性对人类进步是非常重要的，在产权界定和保护时，需要考虑这一因素：一是在数据分类基础上，对一些数据不能过度保护；二是对一些正外部性大、公共产品性质强的数据，最好界定为公有，作为公共产品让大众免费使用。这既是为了数据时代数据使用的公平（保护力度太大则一般低收入者可能用不起），也是为了提高社会总体的数据使用效率。

根据上述基本理论和基本原则，数据资源和数据产品的产权关系是多维度的和复杂的，产权性质也是多元的，既可以由国家所有，也可以由公共所有或俱乐部所有，还可以由私人所有、集体所有、机构所有和混合所有。所有权与占有支配使用权可能合为一个主体，也可能有不同的分离组合程度和方式，从而形成不同的委托代理关系和不同内容的产权交易。

### （二）自然界数据和人类社会数据的产权界定

对自然界数据和人类社会数据的产权界定，应该有所不同。

1. 自然界数据及其产权界定。自然界数据分为自然资源本身的数据和加工或投资后的数据产品。总体原则是：资源所有权归谁，资源数据的所有权就归谁；谁是资源所有者，谁就有权决定谁可以采集、处理；谁投资加工数据，投资加工形成的数据价值部分的所有权就归谁。相应的资源数据分三种情况。一是国家主权界限内，所有权界定必须服从特定国家自然资源的所有制界定，不能简单实施"谁采集或获得就归谁所有"的原则。例如，中国的宪法规定农村耕地（实际上只是地面）为集体所有，其他所有地上地下的资源都为国家所有，那么很自然地，所有自然资源信息的采集权首先是国家的或集体的，形成的数据的所有权则自然是国家的。非国家机构或未被国家授权的机构，不能采集国家和集体所有的自然资源的数据并据为己有和获利。至于具体的占有权、支配权，国家可以委托给不同职能的部门，企业、个人、其他社会组织等可以根据需要申请使用权，国家主管部门可以根据具体用途决定是否给予、是否有偿、如何使用等。一般而言，为了公共用途，主管部门有义务提供数据且不能收费。主管部门也有义务和责任维护数据和保证数据安全。二是一些机构跨主权国家采集别国自然资源数据，只要符合相应国家法律或得到相应国家的机构或私人的允许，并且有相应的约定，应该认可其对数据的所有权，就有权决定其占有、支配和使用方式，有权决定产权是否和如何交易。三是超越领土主权的自然界数据的产权问题，如南北两极、公海、太空等物理世界的数据，理论上应该属于人类共同所有，且应鼓励不同国家和机构努力采集和加工。操作上可以认定：谁采集和加工则归谁占有和支配（可能是主权国家及其机构，也可能是国际组织），但使用权应该是全人类的，是世界性公共产品。至于能否实现，还需要努力达成共识和平衡责任权利关系。

2. 人类社会数据及其产权界定。因为涉及古今中外人与人的社会关系、采集加工者身份和数据用途，人类社会数据及其产权界定更为复杂。与自然界数据最大的不同在于：自然界本身只是数据客体，不是数据产权主体，而人类社会数据及其产权界定必须考虑到，个人、人群和机构不仅是数据客体，同时也是或可以是数据和数据产品的产权主体，其间存在责任权利关系。相对于历史而言，当代的这种关系更复杂且更重要，大体分为以下几类情况。

首先，不同主体建立的各类博物馆、科技馆、文化艺术馆、图书馆等，本身就是数据库，现在一般都经过了数字化处理。这类数据的所有权就是谁建立谁所有，所有者有权决定占有支配使用方式和处置方式。至于进入馆内的数据是否有产权纠纷，那是建立者的事情，要么事先处理好，要么后续处理好。现实中的中外各类馆所的创办主体及其所有权多数是明晰的，都有各自的管理和使用规则，建立者有权对其他产权进行配置和处置，由它们加工的数据产品，只要过程合法，就应属于它们。

其次，机构和个人对中外历史上的各种信息进行采集和加工形成的数据，只要被允许或被授权或不被追究，就应该坚持谁采集加工归谁所有的原则，并且所有者有权决定占有支配使用及其方式。例如，个人或机构通过对中国或他国经济增长历史数据采集、处理和分析而形成的可供研究用的数据库，应该归其所有；机构或组织对某家族或某地区人员的历史变迁数据整理加工成数据库，甚至数字化处理，也基于同样理由，数据库应该归其所有。但是，如果有数据误差被质疑，甚至影响到相关组织或个人的利益或声誉（如家族变迁史数据被家族后人质疑），所有者应该自担责任并且妥当处理。在这类情况中，有一个规律：离现在越久远的历史数据，引起产权矛盾的可能性越小；越不涉及具体个人或人群利益的数据，引起产权矛盾的可能性越小。

再次，有些公益机构或企业或个人对现实中个人、人群、机构的信息采集和数字化处理后形成的数据，其产权界定是最复杂、最迫切的，特别是在进入互联网大数据时代以后。无论个人、人群或机构，就产权界定和利益实现而言，相关的经济学原理和法律原理是一样的。所以，只要分析、阐明了个人作为信息源主体或载体与相关主体的产权关系，也就阐明了人群或机构与相关主体的产权关系。

个人信息分为个人固定信息和个人流动或活动信息。个人固定信息又分为永久固定信息和相对固定信息。永久固定信息包括性别、民族、宗教信仰、出生年月等。相对固定信息即会随着一些标志性和可识别事件、经过一定时间后可变的信息，包括婚姻状况、健康状况、财产状况、工作岗位和薪酬状况、社会关系状况等。个人流动或活动信息包括生产、生活、购物、旅游、随机出行等。无论哪种个人信息，原则上任何机构和个人都不得随意和非法采集，但是这不等于绝对不能采集，有一种情况下是可以采集的：公共管理部门为了公共利益（包括公共安全和其他公共品服务），不得不采集个人信息并形成数据产品。例如，公安部门、社保部门、公共卫生部门等采集个人身份信息、出行信息、社会关系信息、财产信息、健康信息等，这种情况下，个人是应该提供的，因为本质上这是某种交易的条件或交易的一部分——个人为了获得国家的安全保护或具体的公共服务，就得同意提供这些私人信息。虽然上述行为不属于"擅自"采集和加工，但是公共部门在有权采集个人信息的同时，也必须有明确的法律责任和义务：第一，保证不能用于非公共用途；第二，保证为信息保密，如果泄密，则必须承担相应法律责任,包括赔偿;第三,为公民在不同公共部门办事或各个部门为公民服务时,公共部门之间的信息必须保证互联互通,不能让公民为相同信息而重复提供,或不同部门因为信息不通而让公民另外付出时间、金钱和精神代价。

现行数字化技术和大数据背景下,有一种普遍"擅自"采集个人信息的现象:非公共部门、非公益目的"擅自"采集和加工个人信息、形成数据产品并且使用上具有商业性质甚至用于非法活动。例如,商家或其数据平台根据消费者网上和其他活动的性质、频率以及消费数量、质量、频率等获取了数据,根据消费能力、消费档次和其他消费偏好信息而分类推送商品广告,甚至实施歧视性定价等。这里最关键的理论问题和法律问题是:它们是否有权这样做?信息源主体是否有权分享和如何分享利益?如果不允许机构或个人采集数据和加工数据,如何才能阻止?现在它们几乎是无成本采集和使用,阻止它们这样做,是否需要很高的监管成本?这一成本谁来支付?国家是否必须应该承担和是否担得起这一职责?区块链技术能否低成本地为国家提供技术支持?如果国家立法认定作为信息源的私人有权向机构和个人主张权利(包括对收益的分配请求权),是否会由于私人成本太高以致得不偿失而使侵权者逍遥法外?这里确实有一个权利、责任、私人成本、社会成本、社会总福利和资源优化配置等多方面的综合考量和平衡问题。

不过有几点必须在法律上明确,实际上也能够明确。

第一,个人信息,所有权和其他产权都是本人的,未经本人同意,任何非国家公共管理机构都不能采集、加工和使用。此处的"同意"包括乐意和为了获得公共服务、私人服务而不得不妥协的"同意"。国家应该依靠法律维护公民的这些基本权利(既是基本产权也是基本人权的组成部分)。这是基本原则。

第二,明确规定商业机构或个人在提供商业服务时采集服务对象信息的边界,不能要求服务对象提供超出服务需要的信息,否则视为信息侵权。被服务者可以保留证据请求维权,法律应该予以支持和援助。

第三,即使必须提供的信息也必须有相应的保密和专用的承诺或义务。任何倒卖服务对象个人信息的机构和个人都应该视为数据或信息侵权。如果外泄至该商业机构以外或该商业机构用于相应业务以外,则必须承担包括赔偿在内的法律责任，造成其他影响或损失时，还应进一步追究相应的法律责任。法律应该支持维权，更低成本的做法是国家严惩侵权行为。

第四，利用大数据分析实施价格歧视，与通过其他手段实施价格歧视一样，是违法行为，应该被法律禁止和惩处。消费者只要保留证据，就可以维权并且获得法律支持和援助。数字化技术发展至今，支撑以上几个方面监管、查处、维权的技术支持已初步成熟，特别是区块链技术的普及应用，使取证不再是不可能的和高成本的。

第五，个人作为"大数据"的信息源所有者应该分享部分收益，国家可通过征收信息资源税并用于提供全国性或区域性公共产品的方式，间接实现个人作为信息源所有权主体的利益。互联网企业或其他机构利用互联网，自动或以极低成本采集和加工广大公民或消费者的各种信息，形成"大数据"及其产品，用于商业目的。这种情况下，公民或消费者的个人信息的产权肯定属于个人，但不管个人是否同意，信息都已被获取和加工，个人无法防卫和拒绝。理论上和法律上讨论的焦点不再是个人信息的产权归属（应该很清楚），而是商家和其他机构有无收集和加工信息的权利？信息所有者或信息源载体（个人）怎样才能维权或分享数据产品的收益？经济学原理可能更适用于权利配置规则的制定，而此处的关键是执行的可行性或执行成本和社会总福利最大化问题。个人总是要活动的，一活动就产生数据，不能因为有企业和机构采集数据就停止活动，如果这样对个人和社会则都是不值得的，实际也是不可能的。如果禁止商家或其他机构在互联网条件下采集和加工这些数据，可能面临无穷高的监管成本。在没有互联网数据平台的情况下，这些商家或其他机构为了同样的目的，常采取抽样调查和统计的方法进行数据采集和分析，只不过无法形成"大数据"，只是获得有限的统计数据，此时个人也是信息采集对象，但成本比现在高得多。从这个意义上看，数字化技术也是为商家降低了信息成本，既给商家带来了巨大利益，也增加了社会总福利，降低了社会成本。虽然无论是否在数字化技术条件下，个人都是信息源载体或信息采集对象，但还是有所不同：在非数字化技术条件下，个人很大程度上是可以拒绝信息采集的，而在数字化技术条件下几乎没有拒绝的可能，甚至不使用互联网的个人也可能被采集信息。所以,剩下的问题就是:作为原始信息的所有者,能否从"大数据"巨大收益中分享一个合理的部分?分享的理论依据是什么?怎样分享?本文认为,在默认或容忍商家或其他机构可以采集和加工"大数据"产品的前提下,个人作为"大数据"的信息源所有者应该分享部分收益。其理论依据为:"大数据"产品中有信息源所有者的贡献("大数据"产品的所有权包括信息源所有权和加工、处理、分析的投入的所有权)是消费者个人与商家共享的,尽管无法准确细分各自的份额。其分享方式为:由国家向这类商家和机构征收一定的税,即所谓的个人信息资源税,再用于全国性或区域性公共产品的提供。这样做是因为消费者个人在此情况下属于弱势群体,无法独立向商家或其他机构要求分享收益,无法界定每个人的贡献量,无法准确细分对信息源和数据加工的贡献量。上述分享方式实际上就是既认可了信息源的所有权,又认可了商家加工、处理从而生产数据产品的投入的所有权和商家对全部数据产品的占有支配使用权或经营权,进而通过国家间接实现了个人作为信息源所有权主体的利益。并且,个人作为单个信息源提供者,有一点必须认识到:孤立的个人行动信息(甚至部分个人固定信息)不汇入大数据之中,几乎没有数据意义上的价值,就像孤立的滴水不汇流,就没有作为江河湖泊的"大水"(类似于"大数据")的价值。也就是说,个人信息汇入大数据具有很大正外部性(众多个人数据加总增值效应),而使其内部化到个人,不仅成本高昂,而且会丧失价值。这也是在大数据产权界定和收益分配以及个人信息所有者主张权利时需要意识到的因素。因此,通过国家征税(现在有"数字税"的说法,实际上"数据资源税"更准确,就像现在的"自然资源税"一样),再向众多分散的信息资源提供者提供一定的公共服务,既具有合理性,又具有可行性。

第六,任何参与数据资源和产品市场的主体,都应该具备"风险"意识。既然以自身信息换取服务或获得方便,就会有一定风险,每个主体都可能被恶意或无意地信息侵权。对于微观主体而言,风险意识以及适度的防控风险和维权能力是有必要的,不可能既要参与数字化经济社会、获得其红利,又不愿意承担任何风险,就像参与资本市场却不愿承担资本市场风险一样;对于社会管理者而言,应该通过完善制度来尽可能地降低这种风险及防控风险和维权的成本。

## 五 数据的价值和价格理论

经济学的核心问题或核心理论是价值和价格理论,其核心功能是追问并且回答或解释财富及其价值的源泉和价格确定或形成的依据,从而为"依靠市场价格机制引导资源配置"提供坚实的现实基础和学理依据。凡是基于劳动价值论的经济学,在西方经济学说史上都被归为古典经济学。马克思和恩格斯坚持并且发展了劳动价值论,同样被归为古典经济学。马克思在《资本论》中对劳动价值论本身的发展主要在两个方面。一是从学理上区分和明确表述"劳动二重性",即"抽象劳动"(创造价值)和具体的劳动对象、方式和形态即"具体劳动"(创造使用价值)。这一点对下文的观点阐述很重要。二是把雇佣劳动者的劳动(时间)分为"必要劳动"(时间)和"剩余劳动"(时间)。这一点对马克思经济学的核心即剩余价值理论的创建,进而论证资本主义私有制条件下收入分配不合理至关重要。新古典经济学的效用价值论的价值在于:顺应了人类财富创造能力提高、卖方市场转化为买方市场的现实,把单纯重视抽象劳动创造价值和决定价格的生产者主导定价的逻辑,转向同时重视抽象劳动和具体劳动都影响价值和价格、价值和使用价值都影响价格、供给者和需求者共同主导定价的逻辑。但是,长期以来新古典经济学与古典经济学在价值价格理论上的区别可能被夸大了。当我们考察价值价格理论发展史,尤其是研究劳动价值论的发展演变时,可以发现:马克思接受和进一步发展商品二重性即商品具有使用价值和价值,在此基础上认为生产商品的劳动也具有二重性即具体劳动和抽象劳动,其中,具体劳动创造商品的使用价值、抽象劳动创造商品的价值,即创立了劳动二重性理论。正是由于劳动二重性理论的创立,使古典经济学的劳动价值论和新古典经济学的效用价值论达成某种综合,而这种综合的现实基础是由资本主义生产力水平提高导致的市场供求关系的总体变化。关于价值价格理论的讨论,是为了给数字化技术、数据(数据资源和数据产品)的价值和价格问题的讨论提供基础。由于数字化技术作为技术的价值和价格在经济学理论上是成熟的,本文不再专门讨论。

首先，一个根本性的问题是数字化经济时代是否改变了财富源泉和经济学核心理论或有了经济学核心理论改变的基础？人类出现以后，其生存发展所需要的财富都是依靠人类劳动和技术从自然（广义的土地）中获取的。经济学作为科学的产生大体上同步于工业革命和市场经济的建立。第一次工业革命以来，发生过多次重大技术革命，进而引发了多次工业革命。技术虽然改变了劳动的工具、形式，从而改变（提高）了创造财富的能力、利用自然的方式和使用财富的方式，但是并未改变财富的源泉，并且技术本身也是劳动创造的，也未改变"创造出来的东西必须有用"的基本要求。数字化技术也是如此，劳动创造财富及其价值的现实基础不会由于数字化技术而改变，劳动价值论核心地位没有改变。

其次，数据资源和数据产品如何定价、定价的价值基础是什么、是否超越或违背了经济学既有的价值和价格理论？这实际上与"信息的价值和价格问题"本质上是一个问题，只不过"信息"比"数据"外延更广，包含了"数字化信息"即数据和"非数字化信息"，但其价值创造和定价原理是一样的。不过，与土地、资本相比，数字化技术、数据资源和数据产品与其他技术或知识一样，具有几个重要特征。一是其包含的劳动和价值具有高浓缩性，在生产和使用过程中是逐步和多次释放或转移到不同产品和服务中的，一般不会一次性用完。二是具有明显的正外部性或外溢性，即使技术初始产权是明晰的，这种外溢性也同样存在，就像其他的高技术产品和技术一样，没有超越既有的外部性理论所能解释的范围。因此，对其外部性是否进行内部化处理，就像对待技术和重视其外溢性一样，同样应该遵循内部化成本最小化和社会福利最大化的经济学原理。三是不具有折旧性质或价值递减性质，甚至具有价值递增性质。经过数字化技术收集和处理的大数据，不会出现越用越少或我用了别人就不能用的情况，并且还会在追加一定劳动即处理分析后，重新作为其他数据资源被不断挖掘出价值并用于其他用途。其原有价值不仅会保持，而且还会递增。其不用时的储存成本几乎等于零（与堆积和储存其他工业和生活垃圾不同），且就像其他技术和知识一样不会作废，而是成为新的技术创新和知识更新的基础，具有累积效应。

最后，在上述理论基础上，针对数据资源和数据产品的价值和价格，作出以下认定。

第一，数字化技术和数据产品仍然是劳动创造的，价值和价格问题仍然可以在具体劳动和抽象劳动、使用价值和价值的框架内得到解释和解决。并非所有的数据都能卖得出去或卖个好价钱，即私人劳动只有通过市场实现或认可，才能转化为社会劳动。

第二，数据资源由于有用而必须有价格。天然的数据资源的价格确定，与天然土地、天然水、天然矿藏一样，由于有使用价值而必须模拟出来价格，其中不含劳动量。加总过程即各自私人或局部数据资源收集处理为大数据后的增值分为两部分：一是由于加总而增加了的使用价值（一加一大于二），在价格中要体现出来；二是加总过程中消耗了大量物化劳动和活劳动（尤其是活劳动），这些都在具体劳动和抽象劳动、使用价值和价值理论的解释范围之内。

第三，"数据"成为一种生产要素且相对重要性和相对价格不断提高，符合人类社会经济发展的规律，未对既有价值和价格理论构成挑战。在人类社会早期的农业经济时代（大体包括原始采集和狩猎的农业时代和奴隶制农业经济时代），劳动是最重要的生产要素；在漫长的自然经济性质的农业经济时代，土地是最重要的生产要素；在工业化和市场经济时代，资本是最重要的生产要素。如果我们认可现在是信息经济时代，则可以认为信息是最重要的生产要素；如果我们认可现在已经进入数字化信息时代，则可以认为数据或数字化信息是最重要的生产要素，至少可以认定数字化信息即数据是越来越重要的生产要素之一。在不同经济时代，不同生产要素的重要性或相对价格是由不同生产要素的稀缺性和对人类生存发展的重要性决定的，对人类经济活动和经济关系的影响主要体现在三个方面。一是影响不同要素产权主体在生产过程即要素组合过程中的相对地位。假如我们把生产过程理解为不同要素结合的过程和不同要素主体通过（广义的）契约形成组织的过程，那么，要素的主体就是生产过程的主导者、多方签约人中的主签约人，同时也是组织的最大责任者和风险的最后承担者，即"兜底"者。二是影响或决定不同要素主体在分配过程中的相对地位，包括分配决策权、分配顺序和分配份额。从现代公司制度中可以清楚地看出，股东及其组成的董事会决定分配方案，分配顺序是：先给其他要素所有者分配固定收益，剩下的部分即剩余收益或剩余索取权归股东。股东之所以获得最后剩余部分，是因为他必须承担剩余风险或最后风险。股东分得的数量是一个相对不确定的量，理论上可能大于零，也可能等于或小于零。但实际上，通常情况下股东获益远大于其他要素所有者。无论是马克思的《资本论》还是托马斯·皮凯蒂的《21世纪资本论》，都充分证明了这一点。这确实是由资本作为生产要素的相对重要性和相对价格决定的。资本本位时代以前的经济时代，从现象上看，似乎更复杂一些，但本质上还是符合上述原理的。三是影响价值创造和价格分量。不同的生产要素组合进行生产，产品中肯定包含各自的价值贡献，在价格中也包含了各自的份额。但是与上述两个方面的影响不同，无论是在具体一件商品中还是在一个生产组织一定时期内的总产值中，最重要的生产要素的贡献量不一定是最大的，因为最重要的生产要素不一定是使用量最大的。例如，劳动密集型企业的商品，资本和技术含量很低，因而价值和价格中其贡献度也很低，不过这并不影响资本的主导地位，因为没有资本则劳动力不能发挥作用。这里关键的问题是：数据作为一种新的生产要素对价值创造和价格形成的影响以及是否挑战了既有的价值价格理论。首先要确认人类是否已经越过资本本位时代？数据是否取代资本成为最重要的、主导性的要素？对此回答必须很谨慎。21世纪以来，信息数字化技术快速普及，对经济活动的影响全面而深刻，但至少到现在为止，无论是一般意义上的"信息"还是"数字化的信息"即"数据"，都还未像劳动、土地和资本那样并列，成为划时代的生产要素的代表。就最近而言，其还未取代"资本"（不包含"人力资本"和"技术资本"）而成为最主要的生产要素，人类仍然处在资本本位的时代。无论何种自然资源、劳动和人力资本以及技术，都还是因为有资本才可能被获得或被利用和被掌控。数据资源、数字化技术和数据产品也一样，都离不开资本。在现实中，我们看到的基本事实是：不是因为拥有数据资源才拥有资本，而是因为拥有资本才可能拥有数据资源以及对各类信息进行数字化处理而形成、利用甚至垄断数据。国内的电视剧《创业时代》，充分而生动地反映了最新互联网技术和数据掌握者与资本所有者之间的相对地位——数据和技术还是从属于资本的要素，资本所有者还是处于主导地位。至于未来会怎样还是未知的。如果将"数据"视为生产要素的同时也将其视为资本或者将其资本化，则还是资本本位的。即使将来"数据"成为最主要、最重要的生产要素，就如前面已经阐述的那样，其价值和价格的确定将与土地等要素一样。如果单独生产数据产品，其价值和价格的形成与决定不会超出广义劳动价值论（前面已经阐述）；如果作为一种独立于劳动的生产要素参与其他商品或劳务的生产，无论是数据资源还是数据产品，无论其中包含了多少技术，都已经物化为生产要素或生产资料，属于生产成本的组成部分。按照马克思主义经济理论，其是物化劳动而不是活劳动，是商品价值的 c（不是 v，也不是 m），是生产要素的价值转移到商品中，量上不会发生变化。价格形成仍然不可能超越均衡价格机制，仍然可以在二重性劳动决定价值论（含抽象劳动创造价值和具体劳动创造使用价值）框架内得到解释。

## 六　数字化经济统计的理论依据

之所以在分析数据经济的基本理论问题时还要涉及统计问题，是因为：第一，国民经济核算体系不仅是一套核算的指标体系，还需要理论依据。如何核算新发展起来的数字化经济，也需要在理论上阐述清楚。第二，把数字化经济核算清楚也是认识判断宏观经济运行和实施宏观经济管理的重要依据。第三，在现实中还未形成统一的数字化经济核算的理论依据和指标体系。国内外已经发表的一些成果，包括统计口径和指标设计，其实都经不起理论逻辑的追问。究其原因，首先是对新出现的数字化经济如何定义、如何确定其内涵和外延还未形成统一认识，一些表述或概念并未经过严格的学理论证，由此想要在统计层面上设置科学的指标体系进行准确统计几乎是不可能的。本文第一部分已经指出，美国商务部经济分析局、欧盟和经济合作组织等对新的经济现象的概括所用的概念就不同，而共同之处在于都有意无意地夸大了它们所谓的"数字化经济"的范围。目前，关于"数字化经济"的统计核算问题的讨论具有明显的特征：基本上依据美国商务部经济分析局、欧盟和经济合作组织的说法，而实际上它们的界定也不统一、不准确，有扩大"数字化经济"统计范围的倾向。在中国扩大统计范围的现象相对更突出一些：只要认为是新的、高级的或中央重视的，地方政府及有关部门就有往多统计的动力。例如，统计高科技产业时，只要沾上"信息""电子"等字样的，或者只要在"高新技术产业园"中的，都统计为"高新技术产业"，以作为体现经济高质量的业绩。

本文认为，关于数字化经济的统计，在理论上和实际操作上需要坚持"有联系又有所不同"的原则。

首先，理论上坚持"直接"和"专门"的原则。必须明确，不能把与数字化技术和数据相关的或运用数据和数字化技术的部门都归入"数字化经济"。因为如果这样，"数字化经济"就没有边界了，既然几乎所有的产业和部门都离不开数据和数字化技术，那么，整个国民经济核算体系就成为"数字化经济核算体系"了，这显然是不合适的。具体到数字化经济统计，理论依据应是："数字化技术和数据产业化"部分，统计为"数字化经济"；"产业数字化"部分，不管什么产业或部门，都统计在原来的部门和产业中。不能因为哪个产业或部门运用了数字化技术或数据，就将其统计为"数字化经济"，即使只统计因为数字化技术运用和数据使用而产生的"增加值"也是没有充分的理论依据和必要性的。这就像农业即便用了农药化肥和其他技术，也没有必要、没有依据把农业或相应的增加值统计在化工工业一样。由此可以认定，统计在"数字化经济"范围内的有三大类，也是三类新产业或部门（包括作为第三产业的非营利性组织和公共服务部门）：一是计算机互联网和数字化设备存在和运行所需的、能够给其他部门赋能的基础设施；二是相对独立、专门从事互联网和数字化技术研发与经营的企业、非企业性机构的经济活动及其成果；三是专门从事数据采集、处理、服务或经营的机构和企业的活动及其成果。其他运用了数字化技术和数据的产业和部门，则还是统计在原来所在的产业和部门。

其次，实践中在设计统计指标和进行统计核算时，坚持不重复统计即可。即使理论上厘清了什么该统计、什么不该统计，实际操作中仍然会因为经济体系的复杂性而面临将有些产业或部门"归入"和"不归入"皆可的问题，对此，做到不重复统计即可。这是国民经济统计中的"老规矩",对"数字化经济"的统计也一样,在此无须多论。

## 七 结论

本文在综述既有的关于数字化经济的经济学理论研究的基础上,按照问题的层次逻辑提出和研究了有关数字化经济的几个最基本的理论问题,并得出了以下结论和判断:经过纯逻辑推演和对现实的观察分析,并提炼特征事实以及现实与逻辑的互动,本文认为"数字化经济"是一个比"数字经济"更加准确的基本概念;数字化技术和数据是"数字化经济"的两个支柱或两大生产要素,因此,"数字化技术"和"数据"也是概括和描述数字化经济的、除"数字化经济"之外的一组基本概念;狭义的"数字化经济"是指专门从事数字化技术和数据要素的研发机构、产业、企业和个人及其活动和绩效所构成的经济,广义的"数字化经济"是指专门从事数字化技术和数据要素的研发机构、产业、企业和个人及其活动和绩效所构成的经济,以及其他各产业和生产生活各个方面采用数字化技术和数据要素所形成的经济;需要理性认识数据作为生产要素的六个基本特征,理性认识由于数字化而改变的经济世界中人与人、人与物以及现实世界与孪生虚拟世界之间的关系;数字化技术和数据仍然都是稀缺的,经济学的稀缺性假设不会因为数字化经济的发展而改变;界定和保护"数字化技术"和"数据"的产权是对其优化配置和充分利用的前提,可以把"数字化技术"归于"技术",并且认可经济学对有关"技术"要素的产权界定和保护理论;对新的"数据"要素可以多维度分类,就产权而言,分为自然界数据与人类社会数据、数据资源与数据产品显得尤为重要;数据产权界定和保护在坚持效率与公平相统一、效率为主的总原则前提下,还有具体原则;特别提出并论证了个体作为"大数据"信息源所有者,通过政府收取"数据资源税"后再提供公共产品的方式分享或实现所有者权益;无论是"数字化技术"还是"数据",都是劳动创造的,定价机制也与其他技术和产品没有本质差异,都可以在劳动二重性和商品二重性的、广义劳动价值论的框架内加以解释,定价还是遵循基于抽象劳动和价值的供给方与基于具体劳动和使用价值的需求方共同决定的逻辑;数字化经济统计理论依据是"数字化技术和数据产业化"部分统计为"数字化经济","产业数字化"部分则统计在所在的产业或部门。

**参考文献**

马克思:《资本论》第一卷,中共中央马克思恩格斯列宁斯大林著作编译局译,人民出版社2004年版。

[美]布莱恩·阿瑟:《复杂经济学:经济思想的新框架》,贾拥民译,浙江人民出版社2018年版。

[法]托马斯·皮凯蒂:《21世纪资本论》,巴曙松等译,中信出版社2014年版。

洪永淼、汪寿阳:《大数据如何改变经济学研究范式?》,《管理世界》2021年第10期。

黄少安:《产权经济学导论》,山东人民出版社1995年版。

徐翔、赵墨非:《数据资本与经济增长路径》,《经济研究》2020年第10期。

Ali, S. N. et al. (2020), "Reselling Information", arXiv. org.

Bajari, P. et al. (2019), "The Impact of Big Data on Firm Performance: An Empirical Investigation", *AEA Papers and Proceedings* 109: 33–37.

Baller, S. et al. (2016), *The Global Information Technology Report 2016*, WEF Publishing.

Barefoot, K. et al. (2018), "Defining and Measuring the Digital Economy", U. S. Department of Commerce Bureau of Economic Analysis, Washington, D. C., 15.

Cavallo, A. (2013), "Online and Official Price Indexes: Measuring Argentina's Inflation", *Journal of Monetary Economics* 60 (2): 152–165.

Coase, R. H. (1960), "The Problem of Social Cost", *Journal of Law and Economics* 3: 1–44.

Eeckhout, J. & L. Veldkamp (2022), "Data and Market Power", NBER Working Paper, No. w30022.

European Commission (2016), "Digital Economy and Society Index. Methodological Note", Available at: https://ec. europa. eu/digital-singlemarket/en/desi.

European Commission (2018), "General Data Protection Regulation", Available at: http://www.esrf.eu/GDPR.

Farboodi, M. & L. Veldkamp (2020), "Long-Kun Growth of Financial Data Technology", *American Economic Review* 110 (8): 2485-2523.

Farboodi, M. & L. Veldkamp (2021), "A Growth Mode of the Data Economy", NBER Working Paper, No. w28427.

Farboodi, M. et al. (2019), "Big Data and Firm Dynamics", *AEA Papers and Proceedings* 109: 38-42.

Farboodi, M. et al. (2022), "Where Has All the Data Gone?", *Review of Financial Studies* 35 (7): 3101-3138.

Giannone, D. et al. (2008), "Nowcasting: The Real-time Informational Content of Macroeconomic Data", *Journal of Monetary Economics* 55 (4): 665-676.

Glaeser, E. L. et al. (2018), "Big Data and Big Cities: The Promises and Limitations of Improved Measures of Urban Life", *Economic Inquiry* 56 (1): 114-137.

Goldfarb, A. & C. Tucker (2019), "Digital Economics", *Journal of Economic Literature* 57 (1): 3-43.

Ichihashi, S. (2020), "Online Privacy and Information Disclosure by Consumers", *American Economic Review* 110 (2): 569-595.

ITU (2017), *Measuring the Information Society Report 2017*, ITU Publishing.

Jones, C. I. & C. Tonetti (2020), "Nonrivalry and the Economics of Data", *American Economic Review* 110 (9): 2819-2858.

Lee, J. D. et al. (2016), "Exact Post-selection Inference, With Application to the Lasso", *Annals of Statistics* 44 (3): 907-927.

OECD (2015), *OECD Digital Economy Outlook 2015*, OECD Publishing.

OECD (2017), *OECD Digital Economy Outlook 2017*, OECD Publishing.

Scott, S. L. & H. R. Varian (2015), "Bayesian Variable Selection for Nowcasting Economic Time Series", in: A. Gold et al. (eds.), *Economic Analysis of the Digital Economy*, University of Chicago Press.

Varian, H. R. (2014), "Big Data: New Tricks for Econometrics", *Journal of Economic Perspectives* 28 (2): 3-28.

(原载《经济学动态》2023 年第 3 期)

# 中国产业数字化改造的机制和政策

郭克莎　杨倜龙

## 一　引言

党的十八大以来，党中央高度重视数字经济，将其上升到国家战略的高度。2016年在十八届中央政治局第三十六次集体学习时，习近平总书记强调要做大做强数字经济、拓展经济发展新空间。2017年3月，中国首次将数字经济写入政府工作报告。同年，党的十九大报告指出，推动互联网、大数据、人工智能和实体经济深度融合，建设数字中国。2021年3月，"十四五"规划纲要指出，加快数字化发展，建设数字中国，加快产业数字化改造。2021年10月，习近平总书记在十九届中央政治局第三十四次集体学习时指出，利用互联网新技术对传统产业进行全方位、全链条的改造，提高全要素生产率，发挥数字技术对经济发展的放大、叠加、倍增作用。2022年10月，党的二十大报告指出，加快发展数字经济，促进数字经济和实体经济深度融合，打造具有国际竞争力的数字产业集群。当前，数字经济全面融入社会发展各领域全过程，发展速度之快、辐射范围之广、影响程度之深前所未有，在经济业态和经济生活中扮演了重要角色，正在成为推动全球经济增长、重组全球要素资源、重塑全球经济结构、改变全球竞争格局的关键力量。

为什么要研究产业数字化改造问题？新一轮技术革命带动的一个最重要趋势，就是数字技术和数字经济的快速发展。数字经济发展主要包括两个部分：一个部分是数字技术发展带动形成的数字产业或数字相关产业，另一个部分是数字技术对传统产业的改造即数字化改造（或转型）的产业。后一部分产业具有更大的规模和比例，与前一部分产业同样重要和值得重视。有关数据表明，最近几年中国数字产业发展很快，引领高新技术产业的投资和增加值高速增长。中国信息通信研究院发布的报告显示，近年来中国数字产业增加值不断提升，数字产业规模不断扩大，数字产业增速呈上升趋势，2019年、2020年和2021年中国数字产业规模分别达7.1万亿元、7.5万亿元和8.4万亿元，占GDP的比重分别为7.2%、7.3%和7.3%，高于全球主要经济体平均水平。[①] 王俊豪和周晟佳（2021）认为，中国数字产业增加值规模不断扩大，内部结构不断优化，正处于稳定提质阶段，电信业基础支撑作用不断增强、电子信息制造业稳步推进、软件和信息技术服务业快速发展、互联网和相关服务业创新活跃。但传统产业的数字化改造（或转型）相对落后，不能对产业投资和增加值增速起到较大的拉动作用，不能有效抵制工业增速的持续下滑。史丹（2022）和史宇鹏等（2021）认为中国数字经济处于发展的初级阶段，特别是产业数字化转型与发达国家仍有一定差距。中国数字产业化发展很快而产业数字化改造相对缓慢，与高新技术产业发展迅速而传统产业技术改造相对落后的趋势是一样的，主要原因在于：前者在国民经济中所占比重较小，对高新技术的吸纳或应用较快，而后者在国民经济中所占比重较大，对高新技术的吸纳或应用较慢。因此，市场机制对前者的影响明显大于后者，政府政策对前者的推动也明显强于后者。同样道理，市场机制和政府政策对数字产业发展有较强的促进作用，而对传统产业数字化改造的促进作用明显较弱。因此，在加强对数字经济发展研究的条件下，应更加注重对产业数字化改造的理论和政策研究。

为什么要专门研究二三产业的数字化改造？主要有以下几个方面的考虑。

第一，二三产业数字化改造关系到二三产业协调发展。中国工业化和经济发展正进入产业结构大变动的新时期，以工业为主体的第二产业增速持续回落，在GDP中的比重大幅下降，以服务业为主体的第三产业较快增长，占GDP的比重大幅上升，这种变化引起了经济增长的结

---

① 数据分别来自中国信息通信研究院发布的《全球数字经济新图景（2019年）——加速腾飞 重塑增长》《全球数字经济新图景（2020年）——大变局下的可持续发展新动能》《全球数字经济白皮书——疫情冲击下的复苏新曙光》。

构性减速。对该问题的相关研究聚焦到二三产业的发展关系上。中国作为一个仍处于上中等收入阶段的发展中大国，从经济发展的中长期趋势看，二三产业的协调发展不仅关系到经济稳定增长或中高速增长，而且关系到经济高质量发展。而二三产业的数字化改造正是一种带动产业技术投资和改造升级、促进产业协调发展的重要力量，既有利于拉动整个经济较快增长，又有利于推动经济高质量发展。因此，对二三产业的数字化改造进行深入研究，可以为促进二三产业协调发展提供一定的基础和依据。

第二，二三产业的数字化改造更具有一般性意义。二三产业即非农产业是与第一产业即农业相对而言的。随着社会主义市场经济体制的建立和不断完善，以及中国的工业化进入后期阶段，市场化运行的二三产业（不包括党政机关事业单位等部门）基本上实现了企业化经营，但第一产业（农业）尚未完全实现企业化经营，个体农户为主的生产发展模式仍占有较大的比重，农业产业化、市场化的程度较低。因而两类产业的主要市场主体、经营发展模式具有较大的差别，两类产业在数字化改造方面具有不同的性质和特点。在这种条件下，先研究二三产业的数字化改造比较有代表性或一般性意义，同时可以为农业的数字化改造提供经验和理论借鉴。

第三，二三产业是数字化改造的先行领域。相比农业，二三产业对数字化改造有着迫切的需求。就工业而言，在三次工业革命的推动下，工业的生产效率得到极大提升，一直代表着先进的生产力。然而，随着经济环境的深刻调整，传统工业对高端生产要素的吸引力和黏着度减弱，工业技术创新的带动作用减弱，生产效率停滞不前，增速大幅下降，被贴上"4D"[①]标签（中国社会科学院工业经济研究所课题组，2022）。从目前来看，数字化改造是工业重新获得创新活力的难得机会，也是增强发展动力的重要机遇；就服务业而言，信息化程度较高，数字化改造具备一定的天然优势。而农业数字化改造仍面临两个方面的障碍：其一，无论是政府对农业的发展要求，还是农业自身的发展状况，都以稳定为主要前提，主动求变遭受的制约或压力较大，导致农业

---

[①] "4D" 指 dark、dirty、dangerous、declining。

数字化改造意识较为滞后；其二，农业数字化改造在实践中存在基础设施短板、技术供给不足、群众数字素养缺乏、农业和数字技术融合度不够等问题，一定程度上迟滞了农业数字化改造进程（刘元胜，2020；殷浩栋等，2020）。因而先研究二三产业的数字化改造问题，可为农业数字化改造提供经验借鉴。

第四，二三产业数字化改造关系到产业融合发展。近几年，中国经济理论界和政策部门对于二三产业的发展关系存在不同看法，对服务业比重快速上升而制造业比重持续下降的问题存在较大争议，这是涉及二三产业协调发展、关系经济发展速度和质量的重大问题。但是，对于二三产业融合发展特别是制造业与服务业融合发展，各方面的认识比较一致。产业数字化改造是二三产业融合发展的桥梁，数字化加速了二三产业融合的过程，特别是产业数字化改造加速了制造业服务化，这是二三产业融合发展的重要表现方式。制造业服务化使制造业出现从"微笑曲线"到"武藏曲线"的反转，可能使传统制造业上升为高附加值行业，为中国政府提出的"保持制造业比重稳定"提供理论依据。总体来看，二三产业的数字化改造有利于支持两大产业融合发展，有利于促进制造业与服务业融合发展，可以为产业协调发展提供重要的技术基础和产业链支撑。

## 二　全球新技术革命背景下数字技术发展和应用趋势

从 2013 年德国汉诺威工业展览会"工业 4.0"受到极大关注开始，"新技术革命""新一轮科技革命""新科技革命""第四次工业革命"的表述频繁出现在报刊上。中国的国家政策和领导人讲话中也多次使用以上词汇。2016 年 9 月，习近平主席在二十国集团工商峰会开幕式上的主旨演讲中指出要把握创新、新科技革命和产业变革、数字经济的历史性机遇，提升世界经济中长期增长潜力。习近平总书记在《求是》杂志上发表文章指出：发展数字经济意义重大，是把握新一轮科技革命和产业变革新机遇的战略选择。新科技革命与新技术革命的含义基本上是等同的。什么是新一轮科技革命？新科技革命是指以数字技术、生物技术、新能源技术和虚拟现实等交叉融合引起的科技革命，是区别于传统意义上蒸汽机革命、电力革命、计算机革命的第四次科技革命。数字技术是新技术革命中的核心和引领技术,这里的数字技术并非指传统意义上的信息技术,而是指以物联网、云计算、雾计算、大数据及工业互联网技术为代表的新一代数字技术。

新技术革命背景下数字技术发展和应用具有以下趋势。

1. 数字技术驱动数字经济快速增长,产业数字化成为数字经济发展的主要领域。数字经济分为数字产业化和产业数字化两个部分,数字产业是主要依靠数字技术和数据要素而形成的经济形态,产业数字化则是传统产业利用新一代数字技术对自身进行改造后形成的经济形态。新冠疫情使全球经济遭受巨大冲击,贸易、投资大幅萎缩,然而数字经济却逆势增长,展现出强劲的发展韧性。据统计,全球数字经济从2018年的30.2万亿美元扩张到2019年的31.8万亿美元,即使在2020年遭受了新冠疫情的影响,全球数字经济规模依然逆势增长,达32.6万亿美元,占全球GDP的比重达43.7%,在增速方面高出GDP增速5.8个百分点,数字经济的持续、逆势增长成为缓解经济下行压力和带动经济复苏的关键力量。另外,有数据表明,2019年和2020年,全球产业数字化占数字经济的比重分别为84.3%和84.4%,占全球GDP的比重分别为35.0%和36.8%。[①] 这表明,产业数字化正在成为数字技术应用和数字经济发展的主体领域。

2. 数字技术处于创新裂变释放阶段,成为全球各国科技创新的核心领域。数字技术正处于全面创新的重大变革时期,人工智能、物联网、大数据、云计算等技术已经较为成熟,量子通信、新型密码和未来网络等技术正从纸面走向实践,数字技术已经成为推动现代创新的关键领域。在编程算法方面,随着信息和数据数量规模的快速增长,科学和商业计算需要处理海量数据,自身IT架构显然无法满足,因此,传统编程算法正在被云计算所替代,云计算极大地拓展了算法模式,目前处于该领域创新的前沿。在数据存储、管理、获取和分析方面,传统模式无法满足当前商用和科研需求,而大数据拥有更强的存储、管理、发现

---

[①] 数据分别来自中国信息通信研究院发布的《全球数字经济新图景(2019年)——加速腾飞 重塑增长》《全球数字经济新图景(2020年)——大变局下的可持续发展新动能》《全球数字经济白皮书——疫情冲击下的复苏新曙光》。

和优化能力,大数据技术成为当前该领域的前沿。同样,人工智能和物联网在传感感知方面也处于创新裂变释放阶段,量子技术和超级计算机技术也不断突破。

3. 数字技术在各个领域的广泛应用和深度融合,创造了多种产业形态和商业模式。数字技术与生物科学领域融合,发展出战略性新兴产业——生物芯片产业,是 21 世纪科技的制高点之一(李丫丫、赵玉林,2016)。数字技术与能源领域融合,发展出能源互联网技术,优化了全球的整体产业结构,同时转变了能源消费结构,推动经济绿色发展(杨锦春、孙欣欣,2019)。数字技术与医疗领域结合,衍生出一系列新医疗科技,使就医方式、就医体验、资源调配和就医效率得到了极大改善。特别是在疫情防控期间,融合数字技术的新型医疗技术发挥了巨大作用,在疫情监测、病毒溯源、物资调配和防控救治方面取得了卓越成效。同样,数字技术和材料、交通、城市、教育、文旅、社区、家居、政务和制造等领域融合,发展出智能材料、智能交通、智慧城市、智慧教育、智慧文旅、智慧社区、智慧家居、智慧政务以及智能制造等新型模式和形态,引发了多领域、多层次、系统性和全面性的变革。

综上,新技术革命是引起和带动数字化改造的主要动因,数字化改造依赖的数字技术属于新技术范畴。数字化改造发生在新技术革命的大背景下,由于数字技术是新技术革命中具有引领性质的新技术,没有新技术革命的推动,就没有数字化改造的进程。因此,新技术革命和数字化转型的基本趋势是一致的,正是新技术革命将二三产业领上数字化改造的大道。

## 三 二三产业数字化改造的驱动因素和作用机制

### (一)二三产业数字化改造的驱动因素

一些学者对中国传统产业数字化改造的驱动因素做了研究。杨卓凡(2020)依据产业结构变迁理论,提出中国产业数字化改造的动力分为两类,一是社会动因,二是创新动因。其中,社会动因倒逼产业数字化改造,创新动因为数字化改造带来增值。戚聿东等(2021)发现,国有企业数字化变革动力分为公共导向型、市场导向型和能力导向型三类。王永贵和汪淋淋（2021）认为，效率提升、客户体验、业务变革和商业模式创新是驱动传统产业数字化改造的动力。祝合良和王春娟（2021）认为，数字技术赋能、经济模式变革、治理模式创新和基础保障支撑是产业数字化转型的转换动力。还有一些学者对中国制造业（肖静华等，2021；孔存玉、丁志帆，2021）、服务业（江小涓，2020）和农业（阮俊虎等，2020）数字化改造的驱动因素分别做了研究，一致认为技术进步推动了以上产业的数字化改造，特别是新一代信息技术的快速发展发挥了重要作用。潘玮和沈克印（2022）研究了体育产业数字化转型的驱动因素，认为政策环境、经济环境和消费环境构成体育产业数字化转型的外部动力，而产业变革、技术变革和业态创新构成体育产业数字化转型的内部动力。以上研究均侧重某个方面，还需要进行综合性的分析。同时，已有研究缺乏对二三产业数字化改造驱动因素的系统研究。二三产业与农业数字化改造的驱动因素有着显著的不同，正如以上指出的，由于农业领域受产业化、企业化、市场化程度较低的制约，以及受稳定为主的发展观念和政策的影响，市场、政策、技术、环境等因素对农业数字化改造的驱动作用明显较弱，而二三产业数字化改造受到更多内部因素和外部因素的影响，从市场到政府、微观到宏观等方面因素的综合影响来看，可以将二三产业数字化改造的主要驱动因素概括为以下四个方面：一是消费需求升级的驱动，二是市场环境变化的驱动，三是技术进步的驱动，四是政府政策的驱动。中国二三产业数字化改造的进程，主要是以上四个方面共同推动的结果。

1. 消费需求升级驱动二三产业数字化改造。消费需求升级驱动二三产业数字化改造主要表现在两个方面：一是随着经济和收入持续增长，人们对美好生活追求不断上升，对产品和服务质量的要求越来越高，成为驱动二三产业进行数字化改造的重要动力。需求变动本质上由经济发展水平和人民生活水平决定。党的十九大报告指出，中国社会主要矛盾已经转化为人民日益增长的美好生活需要和不平衡不充分的发展之间的矛盾。2019年中国人均GDP首次突破1万美元大关，2020年中国成为世界主要经济体中唯一GDP正增长的国家。随着生活水平不断提高，居民消费结构升级不断加快，越来越追求产品和服务的个性化、便捷化和高品质，对美好生活的向往和追求意愿更加强烈。根据发达国家的经验，在进入上中等收入和高收入国家后，居民对低端产品和服务的需求比例不断降低，而对高端产品和服务的需求持续增加。这成为驱动二三产业数字化改造的重要市场力量。二是随着互联网和通信设施的普及，人们养成了更趋于便捷化、智能化和数字化的支付消费方式，这种消费方式的升级也驱动了二三产业的数字化改造。中国互联网络信息中心发布的报告显示，截至2020年3月，中国网民数达到9亿人，手机网民数和通信网络用户数分别为8.97亿人和8.96亿人，网络购物用户数和网络支付用户数分别为7.1亿人和7.68亿人，这表明中国不仅有庞大、活跃的网络用户，而且形成了稳定的线上支付消费习惯。庞大消费者的线上支付和消费习惯，也是驱动二三产业进行全方位、全链条数字化改造的重要动力。

2. 市场环境变化驱动二三产业数字化改造。市场环境变化是二三产业数字化改造的外部动力，其驱动作用主要表现在：一是企业需要通过数字化改造应对错综复杂的经济环境。2008年国际金融危机以来，世界经济持续低迷，逆全球化和贸易保护主义抬头，国际贸易和国内循环受阻。同时，受新冠疫情的影响，人员物资流动困难、原材料价格上涨，导致生产成本急剧上升，传统产业陷入增长乏力状态，全球产业链和供应链受到严重冲击，使全球经济雪上加霜。在国内外市场环境日益复杂的形势下，企业迫切希望通过数字化改造应对复杂的经济环境。二是企业需要通过数字化改造把握数字经济发展机遇。在国内外市场低迷、传统产业增长乏力的条件下，数字经济却实现了逆势增长，展现出强劲的发展韧性。如前所述，全球数字经济实现连续多年的增长，全球范围的数字经济规模呈现不断扩大的趋势。无论是国外还是国内，数字经济成为缓解经济下行压力和带动经济复苏增长的关键力量。因此，企业需要通过数字化改造，适应数字经济发展的大环境，并充分利用数字经济发展的重要机遇。

3. 技术进步驱动二三产业数字化改造。技术进步是驱动二三产业数字化改造的最直接和最根本动力，特别是以5G通信、人工智能、物联网、大数据、云计算、工业互联网、量子通信、新型密码和未来网络等技术为代表的数字技术正在快速发展，重构全球版图、重塑产业形态、促进新模式、新业态、新产业发展，直接推动了二三产业的数字化改造。5G 通信不仅超越了传统网络速度和延迟卡顿的现象，更是在网络连接上实现了突破。作为新一代网络通信技术，5G 不仅是人与人之间的通信，更是解决人与物以及物与物之间的通信。同时，5G 在虚拟现实、超高清等领域也取得了突破。目前，中国 5G 网络技术走在世界前列，已经进入商用阶段，6G 技术正在加紧布局中。5G 网络技术的快速发展为中国二三产业数字化改造提供了网络技术上的支撑。云计算极大地拓展了算法模式，其软件基础可靠、网络资源丰富、构建和管理成本较低以及便捷、按需访问等特点，为二三产业数字化改造提供了网络架构方面的支撑。大数据则拥有更强的数据存储、管理、发现和优化能力，解决了传统数据在存储、管理、获取和分析方面无法满足科研、商用需求的难题，其具备的容量巨大、种类丰富、存取速度快、处理效率高和使用价值高等特点，为二三产业数字化改造提供了数据方面的支撑。同样，物联网在传感感知方面为二三产业数字化改造提供支持，而新型密码技术在安全方面为二三产业数字化改造提供支持。总体来看，新一代数字技术正在快速发展，引发了一场新的科技革命和产业革命，给产业数字化改造带来了越来越强的技术支撑和前所未有的机遇，对中国二三产业数字化改造的促进作用不断增强。

4. 政府政策驱动二三产业数字化改造。政府是中国二三产业数字化改造的重要推动者，这是由中国长期发展战略的基本框架决定的。首先，数字化是中国实现经济高质量发展的必然要求，对二三产业进行数字化改造有利于实现高质量发展。中国经济已经从高速增长阶段转向高质量发展阶段，这是一个更为长期和艰难的阶段，意味着发展理念和方式的重大转变，而数字化改造有利于推动传统生产方式变革，促进现代化经济体系建设，是经济高质量发展的引擎和动力。其次，数字化是中国构建新发展格局的必然要求，对二三产业进行数字化改造有利于推动构建新发展格局。构建以国内大循环为主体和国内国际双循环相互促进的新发展格局，最重要的基础和机制是畅通国民经济循环。对二三产业进行数字化改造有利于各种要素合理流动和全国统一大市场发展，突破区域市场的狭小格局和产业发展的空间限制，促进国内外双循环的畅通和拓展。最后，数字化是抓住未来先机、抢占未来优势的必要条件，对二三产业进行数字化改造有利于推动构筑国家竞争新优势。目前数字化成为各国的核心战略以及各个国家竞争的新高地,抓住数字化则意味着抓住了未来先机、抢到了未来优势。因此,各国政府都对二三产业数字化转型进行了多角度、全方位的推动。2015年以来,中央通过实施长期规划、产业政策和改革开放政策,为二三产业数字化改造提供战略导向、政策支持和体制环境,极大地推动了中国二三产业数字化改造进程。

**(二)二三产业数字化改造的作用机制**

部分学者研究了传统产业数字化改造的作用机制。李辉和梁丹丹(2020)分析了企业数字化转型的机制,认为业务流程转向集成化、产品理念转向个性化、思维模式转换为互联网思维、组织结构转向平台化是企业数字化转型的机制。肖旭和戚聿东(2019)认为,产业数字化转型可以提升产业效率、推动产业融合、重构产业竞争以及推动产业转型升级。还有部分学者分别研究了制造业、服务业和农业数字化改造的作用机制。史丹(2022)认为,数字化改造使制造业出现从"微笑曲线"到"武藏曲线"的反转,使制造业成为高附加值产业,也是近年来全球制造业占比一改下降趋势而逐步上升的核心原因。江小涓(2019)认为,数字化改造后的服务业与传统服务业存在本质上的差异,数字化改造将重新定义服务业,使服务业由低效率行业转变为高效率行业。罗千峰等(2022)认为,农业数字化改造重点是解决生产效率、发展动力、主体培育、经营效益以及资源配置和产品供给问题。但是,已有文献缺乏对二三产业和农业数字化改造区别的研究,也缺乏对二三产业数字化改造机制系统的研究。本文认为,二三产业与农业的数字化改造机制可能存在本质的区别,数字化改造对二三产业发展的改变是快速的、颠覆性的,而对农业生产方式的改变是相对平缓的、渐进的。本文基于产业增长理论,从宏观、中观和微观三个层面分析了二三产业数字化改造的作用机制。

1. 宏观层面的作用机制。在宏观层面,影响产业增长的因素主要是生产要素和生产效率,二三产业数字化改造推动产业增长要么是优化产业要素,要么是提升生产效率。本文以索洛模型 $Y=AF(K,L)$ 为分析框架,认为二三产业数字化改造的宏观作用机制体现为数字化改造加大或改变生产要素投入、增加生产要素种类、提高生产函数效率和提升生产效率。从本质上来讲，数字化改造的宏观作用机制不仅体现为改变生产要素投入和增加生产要素种类，更体现为数字化改造促进生产要素之间形成更为密切和协调的相互关系（谢康等，2020），改变生产函数和提升生产效率。

首先，数字化改造加大或改变了生产要素投入。索洛模型表明，当投入要素只有劳动（$L$）和资本（$K$）时，通过增加劳动和资本的数量，或提高劳动和资本的质量，或者调整劳动和资本的比例，都可以增加产出（$Y$）。增加投入要素或者调整投入要素比例，这是传统产业增长的主要手段，数字化改造亦是如此。运用物联网、云计算、大数据以及工业互联网等新一代数字技术具备规模效应，同等条件下增加了生产要素的数量并提高了质量（荆文君、孙宝文，2019），而且可以通过市场数据的分析和定位，用更广阔的视角和更长远的立场统筹协调各经济部门要素的配置比例，制定有效的经济发展战略，从而改变要素的投入、组合以及分配方式，能更精准地将要素按需投入生产部门，保证了生产要素投入的精准性和稳定性。

其次，数字化改造增加了生产要素种类。一个经济体的传统生产要素是有限的，要素投入不可能无限增加。更重要的一点是，传统生产要素受到边际收益递减规律的约束，无法成为生产长期增加的源泉。然而在新经济时代，随着互联网、云计算和大数据等技术的广泛应用，经济的共享特性不断增强，具备共享特性的数据被纳入生产函数，成为新的生产要素。数据要素与传统生产要素的一个本质区别，是具备可持续性。费方域等（2018）认为，新时代的经济增长生产函数应当加入数据这一关键要素，即生产函数可表示为 $Y=AF(K, L, D)$，其中 $D$ 是指数据。目前，数据已普遍成为一种全新的、关键的生产要素，其重要性可能已经超过土地和石油，成为劳动、资本之后的第三大生产要素。当然，这里的数据是指对生产具有促进作用的关于供需和定位的数据。因此，对产业进行数字化改造可增加生产函数中生产要素的种类，有利于提高产出。

再次，数字化改造提高了生产函数效率。数据在生产中要发挥出真正的作用，必须通过生产函数才能表现出来，即模型中的 $F$。以传统产出函数柯布—道格拉斯函数 $Y=A(t)L^{\alpha}K^{\beta}$，$\alpha+\beta=1$，且 $0<\alpha$、$\beta<1$ 为例，劳动和资本同时增加多少倍，则产出增加多少倍，即规模报酬不变原则。经过数字化改造之后，随着数据流动性增强，数据将各个经济部门有机连接起来，杂乱的数据成为重要的生产要素，数字技术使资源配置效率提高，改变了生产函数，这也意味着生产可能性曲线扩张，带来边际产出递增效应，使产出呈现指数级增长，即柯布—道格拉斯函数中 $\alpha+\beta>1$，也就是存在规模报酬递增效应。

最后，数字化改造推动了技术进步，提升了生产效率。根据索洛模型，产出的增长如果只依靠劳动、资本和自然资源的投入而不是技术进步，那么该产出必不可持续。因为要素投入有限且边际收益递减，无法成为产出增长的根本源泉。而技术进步是无限的，不受边际收益递减规律的影响，故而技术进步是推动产出持续增长的源泉。因此，二三产业数字化改造的根本性宏观效应在于推动技术进步、提升生产效率。数字化改造提升生产效率体现在三个方面：一是数字化改造能够提升劳动效率。数字化改造通过推动人力资源和劳动岗位的匹配，实现劳动效用的最大化，还可以利用大数据、人工智能等技术，为劳动者提供更加智能的工具和技术，提高劳动者劳动效率，使其更高效地完成工作。另外，数字技术还可以为劳动者培训提供更有效的体系，提升培训的效率和针对性。二是数字化改造能够提升资本效率。数字技术提高了信息的收集、处理、分析效率以及信息的准确性，进而能够合理定位产业的时空布局，大大提高资本的投入产出效率。三是数字化改造提升全要素生产率。数字化改造可以通过激发创新和提高市场调控效率来提升全要素生产率。创新是驱动全要素生产率提升的重要因素，而数字技术以数据为关键生产要素，将技术流、资金流和人才流全面整合，与其他行业进行深度融合，推进社会分工协作，不仅能够激发技术创新，而且能够激发模式创新、体系创新、管理创新和制度创新。提高市场调控效率也是驱动全要素生产率提升的重要因素，市场调控效率的提高依赖大数据的支持，而数字化改造的重要方式就是促进大数据的有效运用。大数据的广泛使用使市场宏观调控更具科学性和系统性。

2. 中观层面的作用机制。在中观层面，二三产业数字化改造的作用机制主要体现为数字化改造促进产业关联和产业融合，催生新产业、新业态和新模式，推动产业结构升级。

首先，数字化改造促进产业关联。产业关联是产业链、供应链运行的基础，指经济活动中各产业之间存在的内在联系，主要分为供需关联和技术关联。供需关联是指不同行业之间的供给和需求存在相互影响关系，即如果一个产业的产品是其他产业的生产要素，那么这个产业和其他产业存在供需关联关系。在供需关联方面，生产分工条件下各产业之间并非完全隔离，但不同产业之间存在的数据孤岛可能造成产业运行的断层现象，导致传统产业之间的供需关联受限，一个产业所生产的产品难以成为其他产业的生产要素。这使传统产业的产业链不能有效延伸，产品一旦被售出，除售后服务之外基本上意味着产品周期的结束。而产业数字化改造能够消除数据孤岛，促进数据流通和循环，全面展示产品信息，缩短搜寻配对时间并降低成本，推动生产要素的精准匹配，打破产业关联壁垒，使一个产业的产品更可能成为其他产业的中间生产要素，推动产业之间的供需关联，从上下游分别延伸产业链长度。技术关联是指不同行业之间的技术存在相互影响和相互补充关系，即如果一个产业的生产需要其他产业的技术支撑，那么这个产业和其他产业存在技术关联关系。数字化改造通过数字技术的使用，使传统产业之间的技术关联更加紧密，并使产业之间的技术关联得到不同程度的扩展。

其次，数字化改造促进产业融合。产业融合指在时间和结构上处于不同统计口径的各个产业，如农业、工业、服务业在同一产业链、同一产业网中相互渗透、相互融合、共同发展的产业形态。学者普遍认为，产业融合以农业为基础、以工业为中介、以服务业为核心、以信息业为诱发动因。推动产业融合的因素很多，而技术创新无疑是其中最重要的。产业融合是在信息业发展到一定程度催生出的新经济现象，在不同阶段有不同特征。作为更高级的信息技术，大数据、云计算等数字技术的迅速发展，进一步促进了数字产业对其他产业的渗透效应，产业融合成为数字化改造下产业结构调整升级的重要方式。数字技术作为一种全新的技术创新，具备高渗透性的特点，与传统二三产业具有天然的融合性，为产业融合搭建了桥梁，使传统产业资源配置更有效。目前，二三产业数字化改造已经使产业融合呈现良好趋势，催生出了多种新的生产经营模式，如智能制造、服务型制造以及个性化定制等，制造业服务化和服务业制造化成为产业深度融合发展的新潮流。产业融合不仅抑制了经济发展中的过度服务化，同时还提升了制造业附加值率，有利于缓解制造业占比的持续下降。

再次，数字化改造催生新产业、新业态、新模式。随着数字技术发展和数字化改造的推进，出现了大量适应新经济环境和新技术环境的新兴产业，如数字产业、数字技术关联产业、数字技术渗透产业。数字产业指以数字技术为核心技术、以数据为加工对象、以意识产品为成果的产业。数字产业涉及数据收集、处理、存储和分析等，其本身并无明显利润但能极大地提升相关产业效益。数字技术关联产业是服务数字技术直接产业的其他上下游产业。数字技术渗透产业是数字技术与其他产业结合后形成的产业。以上产业直接依靠数字技术提升管理和生产效率。二三产业数字化改造主要催生出的新兴产业为数字技术关联产业和数字技术渗透产业。

最后，数字化改造促进产业结构升级。产业结构升级指产业结构形态从低级向高级转变的过程，主要分为产业结构合理化和产业结构高级化（左鹏飞等，2020）。产业结构合理化指在一定经济水平下，对不符合经济需求的产业进行调整，实现资源优化配置，提升生产效率、平衡产业关系，使产业发展更协调。产业结构合理化主要体现为产业之间的素质协调、比例协调、关联协调以及区位协调。产业结构高级化指产业结构从高耗能、低效率、低附加值、劳动密集型的低级低端结构，向以低耗能、高效率、高附加值、知识和技术密集型的高级高端结构迈进和调整的过程。产业数字化改造通过技术支撑、模式创新和提升效率促进产业结构升级。新发展阶段的产业结构升级离不开新一轮数字技术的支撑，将数字技术融入生产的各个环节，可促进资源有效利用，提升工作效率，提高产品质量，使生产过程从低效向高效转变、产品从低附加值转向高附加值。数字化改造通过商业模式创新推动产业结构升级，促进产业跨业态、多元化发展。数字技术与网络平台相结合，创造出新的商业模式平台经济，平台经济的搜索成本和交易成本得到了极大的降低，资源配置效率得到了极大提升，促进了产业结构升级，优化了经济结构，使整个产业向高端智能化迈进，成为经济增长的重要驱动力。数字化改造还可以通过提升生产效率，促进产业结构升级。

3. 微观层面的作用机制。在微观层面，数字化改造通过规模经济和范围经济降低企业的生产成本，在此基础上形成消费端的长尾效应，拓展多元需求，再通过信息的精准匹配来实现供求的动态均衡。

规模经济指企业通过扩大生产和服务规模实现经济效益增加的现象，在一定范围内，随着产量和服务的增加，长期平均成本下降。从理论上讲，工业时代的企业可以将长期平均成本调到最低点以实现经济效益最大化。但由于企业最优生产规模受到企业管理能力、企业资产存量、内部交易成本等因素的限制，企业的长期平均成本呈现先降后升的特点，这决定了企业的规模不能无限扩张（裴长洪等，2018）。然而，数字化改造使大数据、云计算等新型数字技术被广泛运用于企业生产，产品生产和服务成本更低且更容易复制，使企业边际成本出现大幅下降，甚至零边际成本。荆文君和孙宝文（2019）认为，数字技术融入企业生产使企业成本存在高固定成本和低边际成本的特性。高固定成本是指企业前期投入的产品技术研发、基础设施建设、员工工资和福利补贴等，是一种几乎无法收回的成本。低边际成本是由数字化改造引起的，当生产规模突破一定界限后，会触发正反馈效应，实现生产规模越大成本越低的马太效应。高固定成本和低边际成本使企业倾向扩大生产规模，以降低长期平均成本，产生规模效应，促进企业产量和效益增加。

范围经济指企业同时生产多种产品的平均成本低于分别生产某种产品的成本。产业数字化改造不仅可以通过规模经济降低企业生产成本，还能通过范围经济降低成本。范围经济颠覆了传统生产模式下牺牲个性化换取规模化的做法，证明了差异化生产依然是经济可行的（江小涓，2017）。传统企业由于技术和信息缺乏等因素，只能生产一类产品或者相关性较强的其他类产品，在数字化改造之后，随着技术和信息的增强，企业可以依托主营业务生产多种类型的产品和服务，以此降低长期平均成本，增加经济效益。有学者研究表明，企业在数字经济时代极大扩展了主营业务之外的利润来源，这或许是因为数字化改造将范围经济作用发挥到了极致（费方域等，2018）。

长尾效应指多数需求集中于"头部"的产品和服务，而分布在"尾部"的产品和服务是个性化的、需求量较小的，但在产品和服务的成本非常低的情况下，那些小众、个性的产品和服务汇聚起来的市场需求等于甚至大于"头部"产品和服务所占据的市场份额。长尾效应向我们展示，一方面应当重视消费者差异化和个性化的需求，扩大产品和服务种类；另一方面应当降低生产成本。数字化改造通过规模经济和范围经济降低企业的生产成本、扩大生产种类。其中，规模经济体现的是产量与平均成本的关系，范围经济体现的是种类与平均成本的关系，可以发现，长尾效应是由于规模经济和范围经济结合而产生的现象。因此，数字化改造通过规模经济和范围经济来降低企业的生产成本，在此基础上形成消费端的长尾效应，拓展多元需求。

数字化改造通过规模经济和范围经济降低了企业的生产成本，通过长尾效应促进了市场的多样性需求，多样的市场需求带来了烦冗复杂的信息，企业亟须通过数字技术解决信息匹配的难题，而云计算、大数据和人工智能等数字技术能够为市场信息匹配提供最优解决方案。一是数字技术本身具有网络性、虚拟性、连接性、可复制性和精准匹配性，产生新的经济模式，如平台经济、共享经济等可以将商品供求等信息转化为数据，再进行有效整合与精准匹配，提高资源配置效率。二是数字技术的广泛应用减少了生产者和消费者之间的价格不对称。总而言之，数字化改造通过信息精准匹配机制来减少信息不对称造成的信息成本、决策成本和交易成本，实现产品和服务供需的动态均衡。

## 四　中国二三产业数字化改造的进程和特点

### （一）中国二三产业数字化改造的演进历程

从广义上讲，中国二三产业数字化改造的演进历程可主要分为三个阶段，即信息化阶段（information digitization，1956—2003 年）、业务数字化阶段（business digitization，2003—2015 年）和数字化转型阶段（digital transformation，2015 年至今）。[①] 这种分类方法依据 Legner 等（2017）的观点，认为只要利用信息技术对企业进行改造就可视为数字化改造。

从狭义层面来讲，中国二三产业数字化改造的新进程主要指数字化

---

① 工业和信息化部根据信息技术发展程度，将中国数字化改造分为这三个阶段（陈堂等，2022）。

转型阶段。从依赖的技术来讲,二三产业数字化改造必须采用新一代数字技术,而不是传统信息技术。从面临的国内外形势来讲,二三产业数字化改造是在国内外经济环境发生深刻变化的情况下进行的。从内容来讲,数字化改造应当是全方位的创新和重构,不仅是在业务流程方面,还需要对组织、战略、结构、管理、框架、边界和路径进行整体变革。中国二三产业数字化改造的新进程,可以进一步分为四个阶段。

1. 数字化改造试点阶段。2015年以后,中国二三产业逐渐步入了数字化改造试点阶段。在改造主体上,此阶段以数字技术条件较强的企业和行业为主。在转型内容上,此阶段以企业IT转型为主,全面推进新型数字基础设施建设,部署新型IT架构,提升企业数据收集、处理能力,以新型数字技术全面代替传统信息技术,广泛使用传感器、云计算、大数据、工业互联网等新数字技术应对业务发展需求。在政策推动上,为了深入贯彻国务院发布的制造业互联网数字化改造政策,工业和信息化部从2017年开始多次发布配套类型政策,扶持一些数字化改造示范项目和产业。同时,设立了一批推动数字经济创新发展的国家级试验区和示范区。当前,中国二三产业数字化改造依然处于试点阶段,二三产业数字化试点改造工作正在全面展开。

2. 中小企业数字化改造阶段。随着中国在典型公司和行业的数字化改造试点不断深入、新型数字基础设施不断完善,数字化改造试点阶段取得一定的成效,具备中小企业数字化改造的初步条件。2020年3月,工业和信息化部办公厅发布《中小企业数字化赋能专项行动方案》。随后2020年5月,国家发改委等17部门联合发起"数字化转型伙伴行动"。中国中小企业数字化改造拉开序幕。这个阶段数字化改造的主体是外部条件较为成熟的中小企业,改造的内容主要是对中小企业的业务流程、组织战略、管理结构、边界框架等进行整体变革。目前中国中小企业数字化改造已取得初步成果,部分汽车、信息、石化、家电、设备和医疗等行业的中小企业数字化改造比较成功,但总体上中小企业数字化改造仍处于探索阶段。据调查,中小企业数字化改造处在探索阶段、践行阶段和应用阶段所占比例分别为89%、8%和3%[①]。

---

① 引自中国电子技术标准化研究院发布的《中小企业数字化转型分析报告(2020)》。

3. 数字化改造从点线面向全生态渗透阶段。在试点企业和行业以及大部分中小企业进行数字化改造之后，中国产业数字化改造进入从点线面向全生态渗透阶段。在这个阶段，数字基础设施建设不断推进，企业拥有较强的数据采集、处理能力，新型数字技术如云计算、大数据、物联网等被广泛使用。企业内部各部门之间数据流通隔阂基本消除，数据要素贯穿企业整个周期，从业务、组织、战略、结构和管理，到框架、边界和路径，形成了数据闭环。在行业中，数据流动障碍大幅度减小，行业合规数据共享机制建立，企业能够清楚认识到自身定位以及行业需求分布，进而消除信息不对等，提升企业资源利用效率。在行业之间，数据孤岛基本消除，跨行业平台建立使行业间数据可自由流动，企业能够精准识别客户需求并进行匹配性生产，实现精细化分工，极大提高生产效率。总体上看，目前中国二三产业数字化改造已经呈现从点线面向全生态渗透的发展势头。

4. 构建完整数字化生态系统阶段（最终目标）。构建完整数字化生态系统是中国二三产业数字化改造的最终目标，也是二三产业数字化改造的最后阶段。当数字基础设施全面完善且中小企业数字化改造总体完成，企业内、企业间及行业内、行业间的数据孤岛完全被消除，各类资源要素可以充分自由流动，各类市场主体加速融合，市场主体组织模式被彻底重构，市场主体可自由跨界发展，国内外循环就可以实现畅通。

整体上研判，中国二三产业数字化改造的各个进程并未明确时间界限，各个阶段并非完全独立，而是相互交织共同演进的。中国二三产业数字化改造目前处在试点阶段末期和中小企业数字化改造阶段初期，同时数字化改造已经从点线面向全生态渗透。中国二三产业主动响应国家数字化改造战略，行业和企业积极对自身进行数字化改造，虽然数字化改造起步较晚，且面临一些障碍和挑战，但数字化改造总体上取得了初步成效，局部领域和行业数字化改造走在世界前列。

### （二）中国二三产业数字化改造的主要特点

产业数字化改造依赖数字技术发展、数字战略思路、国家政策推动、产业发展架构等因素。不同国家产业数字化表现出不同特征，中国二三产业的数字化改造过程具有一定的中国特色。

1. "政企学研融"协同推进二三产业数字化改造。中国二三产业数字化改造的一个突出特点是"政企学研融"协同推进,即政府、企业、大学、研究机构和金融机构合作。作为数字化改造的"两翼",政府和企业在数字化改造中扮演着最为重要的角色,但各自的定位有所不同。政府在推进产业数字化改造中居于中心地位,通过制定数字化政策、搭建数字化平台、建设数字基础设施、把握数字科技新动向以及推进自身数字化建设,引导趋势走向、提供公共服务和协调主体,对数字化改造的方向和趋势进行宏观调控。企业作为产业数字化改造的微观主体,落实政府制定的政策、推进或承接技术创新,在数字化改造实践中运用数字技术对自身进行全方位改造。学校和科研机构发挥技术支撑作用,而金融机构提供资金支持。在这一过程中,政府、企业、高校、研究机构和金融机构需要凝聚共识、厘清界限、优势互补,才能形成较强的合力,有效推进中国二三产业数字化改造。

2. 中国产业数字化改造在数据和平台方面具备优势。数据在二三产业数字化改造过程中发挥着至关重要的作用,是二三产业数字化改造的关键因素。一方面,数据流引领物资流、技术流、资金流和人才流,数据要素通过驱动社会生产要素的集约化、网络化、共享化、协作化和高效化,进而改变产业分工合作的发展模式,推动生产方式创新,提高生产效率,实现高质量发展。另一方面,数据本身具有重要价值。中国在数据要素方面具备先天优势。首先,中国数据体量巨大。中国人口众多,同时中国智能手机使用非常普及,拥有世界上规模最庞大活跃的互联网用户和移动通信用户。在这种条件下,中国形成了一个巨大的数据仓库。其次,中国数据来源和种类丰富。中国经济体量大,农业、制造业、服务业发展较为均衡,各行业门类齐全,新兴产业和业态层出不穷,这为中国数据来源提供了良好基础。同时,中国一些数据类关联产业如电子商务、智能制造、网络直播、短视频、移动支付发展速度居于世界前列,这些产业背后的数据库为中国提供了丰富的数据种类。

平台是二三产业数字化改造的重要载体和中介,这里的平台主要分为网络综合平台和工业互联网平台,其通过技术研发、技术应用、技术共享和培育产业等功能推进企业技术、人力、资本和数据等要素的全面联通和优化配置,促进服务链、技术链、数据链和资金链上下游更加协同，加快产业数字化改造进程。一方面，平台在企业数字化改造中扮演助推器的角色。由于企业数字化改造需要数字技术的支持，而多数企业在初始阶段无法满足数字化改造的技术需求，因此，在数字化改造过程中需要租用平台，以此达到搭建桥梁和联通要素，实现生产流程优化、效率提升、产品供给创新和变革模式的作用。另一方面，平台在行业数字化改造中扮演助推器的角色。平台具有更为精确的信息匹配能力、更为高效的运作效率和更为快速的信息反馈能力，通过数据融合共享，推动行业上下游资源协同整合，促进行业数字化改造进程。得益于国家政策支持等条件，中国在平台方面同样具备先天优势。目前，中国已经形成两大类平台共存局面。一类是国家类平台，主要包括国家重大科技基础设施、国家重点实验室、国家工程技术研究中心、国家工程实验室、国家工程研究中心，以及一系列国家科技试点平台。另一类是企业类平台，特别是大中型企业建立的平台。

3. 制造业成为产业数字化改造的核心领域。制造业数字化改造有利于提高生产效率、优化资源配置和推动绿色发展，对制造业进行全方位全链条数字化改造成为制造业高质量发展的必要条件。中国非常重视制造业数字化改造，在政策上对制造业数字化有所倾斜，制造业数字化改造政策不断加速迭代、应用落地。以 2015 年中国印发的《中国制造2025》和《国务院关于积极推进"互联网+"行动的指导意见》为起点，中国拉开了制造业数字化改造的序幕。随后，中国出台多项政策对制造业数字化改造予以支持。在国家政策的大力支持下，中国制造业数字化改造取得初步预期效果，特别是在工业互联网和智能制造领域。史宇鹏等（2021）通过调研相关企业发现，中国工业领域的数字化转型整体水平较高，经过工业互联网与多种新数字技术融合以及智能设备取代传统设备之后，制造业实现了从各个环节的效率提速。郑琼洁和姜卫民（2022）调研发现，中国制造业数字化改造领域较为广泛，有61.28%的制造业企业使用了数字技术改善企业生产，有38%的企业租用或引进了智能生产线。目前，制造业数字化改造已经步入快车道，成为中国产业数字化改造的核心部门。

4. 服务业数字化改造得到了快速推进。中国服务业数字化改造速度快于制造业，中国信息通信研究院发布的《中国数字经济发展与就业白皮书（2019年）》显示，2018年中国制造业和服务业数字经济占行业增加值比重分别为18.3%和35.9%。随着中国移动互联网的快速发展和普及，零售、教育、医疗、金融、外卖、直播等服务行业纷纷抓住机遇拥抱互联网，依靠网络平台进行业务创新、管理变革和需求对接等方式，推进全方位数字化改造。中国服务业数字化改造速度超前具有深层次的原因：一是服务业具有固定成本低而交易成本高的行业属性，且在数字化改造成功之后能获取丰厚利润，这使服务业数字化改造的意愿更为迫切，能更快进行数字化改造。二是平台经济拉动内需、促进供需精准对接。中国具备平台经济发展的优良环境和条件，近年来平台经济依托互联网和移动通信迅速崛起，连续多年位居世界第二，服务质量和服务水平不断提升。三是新冠疫情加快了传统服务业数字化转型。近年来受新冠疫情的影响，中国传统服务业，特别是教育、医疗、咨询、中介服务等行业纷纷进行线上活动，全面开展数字化改造，取得了较快进展。

## 五 中国二三产业数字化改造面临的主要挑战及促进思路

### （一）中国二三产业数字化改造面临的主要挑战

新技术革命为二三产业数字化改造提供了新发展机遇，数字技术的快速发展为二三产业数字化改造创造了技术条件，但由于受到中国数字化改造起步时间较晚、要素储备不足、技术基础较弱以及外部竞争激烈等的影响，推进二三产业数字化改造的过程仍面临不少挑战。主要挑战如下。

1. 部分企业数字化改造的思路不清晰。数字化改造不仅是针对业务的技术改进，更是经营理念、组织、战略和整体架构的全方位变革。数字化改造既是技术性问题，更是思维和意识的问题。企业是二三产业数字化改造的主体和最小单位，但目前中国部分企业存在数字化改造意识不强、思路不清晰的问题。多数企业的认识还停留在信息化转型阶段，它们认为信息化转型等同于数字化改造，对企业进行信息化转型就是数字化改造。还有的将企业IT系统集成视为数字化改造，更多地在生产端引入先进的IT系统，认为只要在硬件和系统上投入便可取得立竿见影的效果，而未从企业发展战略和整体变革角度谋划。另外，部分企业在短期内没有取得显著成效,便左摇右摆,意志不够坚定。部分企业缺乏对数字化改造的系统性思考,往往只在业务端等局部进行数字化改造,导致整体成效不大。

2. 新型数字基础设施建设相对滞后。二三产业数字化改造所依赖的数字基础设施,包括新型数字基础设施和传统基础设施,中国在传统基础设施建设方面处于全球领先地位,而新一代数字基础设施建设不完善。虽然中国拥有全球规模最大的 5G 和工业互联网,但在云计算、物联网、雾计算、大数据、人工智能以及数据迁徙宽带等基础设施方面与发达国家仍存在一定差距。如在云计算方面,中国目前缺乏能够整合资源、统一架构的 PaaS 云平台,导致数据孤岛问题依然严重,企业 IT 应用研发分散,使数字化改造技术成本很高。目前,由于中国新型数字基础设施建设起步较晚,综合实力仍较为薄弱,限制了二三产业数字化改造的进度。

3. 数字化改造的核心技术存在瓶颈。物联网、云计算、雾计算、大数据、人工智能、工业互联网和 5G 网络等新一代数字技术成为产业数字化改造的核心。数字化改造中的核心问题,如实现物理世界和数字世界的连接、打破数据孤岛促进数据融合、实现传统数据处理中心云化、解决在海量数据库中挖掘价值数据等问题,都需要运用新一代数字技术来解决。在新一代数字技术中,中国除 5G 网络技术处于世界领先之外,其他技术与发达国家还存在一定差距。核心数字技术受制于人导致中国二三产业数字化改造成本较高,产业链供应链升级容易受到外部冲击,对产业数字化改造产生了一定阻碍。

4. 数字化改造人才供给明显不足。数字化人才是产业数字化改造的核心驱动力。当前,中国数字化人才供给不足,主要表现在三个方面:一是数量短缺问题长期存在。产业数字化快速推进使数字化人才需求呈现爆炸式增长态势,而数字化人才在供给端总量趋于平缓,供不应求的矛盾将长期存在。有关报告显示,2020 年中国数字领域人才缺口约为 1246 万人[①]。二是素质性短缺问题日渐加剧,特别是既有行业背

---

① 引自中国软件行业协会、信息技术新工科产学研联盟、华为技术有限公司 2018 年发布的《中国 ICT 人才生态白皮书》。

景又有数字化素养的复合型人才更为短缺。在人工智能领域中国人才缺口较大，"人工智能+制造"的复合型人才尤为稀缺。三是结构性短缺问题加速显现。在产业分布上第三产业占据的数字化人才偏多，而第二产业占据的数字化人才偏少，数字化人才不均衡表现突出；地区分布上，数字化人才集中于东部发达地区，而中部、西部和东北地区数字化人才流失严重。总体来看，数字化人才供给不足对中国产业数字化改造形成了较大制约。

5. 数字化改造过程缺乏规范和监管。数字化改造规范和监管不足突出表现为平台垄断问题，特别是数字平台垄断问题。由于中国一直以来对数字平台采取包容审慎的态度，数字平台在快速发展的同时却未受到相应、及时的监管，引发了一系列经济问题，尤其是数字平台垄断问题更为突出（孙晋，2021）。部分创立较早的平台企业在激烈的竞争中脱颖而出，逐步积累了雄厚的实力，拥有的技术、人脉、数据和资本远远超过竞争对手，在数字效应、网络效应、跨界经营和寡头竞争等的作用下形成垄断地位，对市场秩序的破坏日趋严重。同时，平台经济领域衍生出的价格歧视、限定交易、算法合谋、拒绝交易、强制"二选一"、"大数据杀熟"、扼杀式并购和"自我优待"等垄断行为隐蔽、复杂、频发，损害了市场竞争、抑制了市场创新、侵害了消费者权益。数字平台拥有资本、用户、技术和数据聚集效应，同时具备强大的资源配置功能，其发展走势对产业数字化改造产生了很大影响。

### （二）促进二三产业数字化改造的主要政策思路

随着新科技革命和产业变革的深入发展，需要不断完善促进产业数字化改造的体制机制。这样才能加快解决中国产业数字化改造中的问题和矛盾，使产业数字化改造健康发展，有利于推动构建新发展格局，推动建设现代化经济体系，推动构筑国家竞争新优势。

1. 加强和完善顶层设计，优化二三产业数字化改造的战略指导。二三产业数字化改造是一项复杂、持久的系统性工程，做好顶层设计至关重要。顶层设计要突出前瞻性、战略性和全局性，以长远发展视角来研究设计产业数字化转型的重大问题，综合考虑数字化转型对经济发展，以及社会、科技、安全和国家战略等方面的影响。加强和完善顶层设计要重点考虑以下三个方面：一是客观定位二三产业数字化改造在促进新发展格局、推动高质量发展、推动建设现代化经济体系、构筑国家竞争新优势中的重要意义。二是制定二三产业数字化改造的发展战略规划，加强对产业数字化的战略和政策导向。三是完善二三产业数字化改造的治理体系，为规范产业数字化转型发展提供基本保障。

2. 推进新型核心数字技术攻关，补齐二三产业数字化改造短板。新一代数字技术是二三产业数字化改造的核心。新型数字关键核心技术能否自主创新不仅关系到二三产业数字化改造的成本，更关系到二三产业数字化改造的成败。要发挥中国特色社会主义制度优势、新型举国体制优势、超大规模市场优势，提高数字技术基础研发能力，打好关键核心技术攻坚战，尽快实现高水平自立自强，把发展数字经济主动权牢牢掌握在自己手中。要为核心数字技术攻关创造有利的条件和环境，深化科技体制和高校体制改革，激发自主创新的动力和活力，发挥好多领域、多部门、多形式联合攻关的作用，进一步处理好政府与市场的关系，加快解决二三产业数字化改造的短板问题。

3. 加快新型数字基础设施建设，夯实二三产业数字化改造的基础。新一代数字基础设施是数字化改造的基石。重点是建设高速泛在、天地一体、云网融合、智能敏捷、绿色低碳、安全可控的智能化综合性数字信息基础设施。要加快建设大数据综合平台、工业互联网平台，加快改造升级城乡网络宽带，推进全国网络基础设施建设，全面提升互联网基础设施水平和运行效率，合理规划数据中心选址布局。要加速推进国家级科技平台建设，全面推进国家重大科技基础设施、国家重点实验室等的建设和布局，全面打通产业数字化改造的"大动脉"。

4. 大力培育新型数字化技术人才，为二三产业数字化改造注入内生动力。数字化人才是产业数字化改造的核心驱动力。在这一过程中，既要统筹数字化人才的培养规划，加快核心技术、重点行业、重要领域等卡脖子类技术人才的自主培养，还要发挥用人主体在人才需求、培养、引进和使用方面的主导作用，培育适应需求的紧迫和高端人才；既要深化政产学研用相结合的协同人才培育模式，加强职业教育培训模式，注重人才创新意识和能力培育，还要发挥认定机构、行业协会、咨询机构、培训机构等第三方作用，促进形成综合性的数字化人才培育体系。

5. 建立健全数据要素市场规则，为二三产业数字化改造提供安全性保障。数据市场有效运行是数字化改造的重要条件。要建立健全数据要素市场规则，规范数据市场发展。根据"十四五"规划有关内容，要通过合理有效的市场规则，规范数据市场发展。"十四五"时期，既要统筹数据开发利用、隐私保护和公共安全，加快建立基础制度和标准规范，又要建立健全数据产权交易和行业自律机制，培育规范数据交易平台和市场主体，特别是要完善数据分类分级保护制度，加强数据安全评估，推动数据跨境安全有序交流，从而为产业数字化改造提供制度性保障。

6. 积极营造良好数字生态，为二三产业数字化改造提供良好政策环境。应当积极构建与产业数字化改造相适应的政策环境，制定、健全、规范平台经济、共享经济运营和管理规则。首先，依法支持工业互联网平台、消费互联网平台技术创新，增强平台企业的国际竞争能力。其次，依法对平台企业，特别是消费互联网平台进行包容审慎的反垄断监管，依法制定平台企业运行和监管规则，完善垄断认定法律法规，特别是完善《反垄断法》修订，积极构建以《反垄断法》为核心的数字化改造监管法律基石。再次，探索、完善各数字化应用场景领域的法律监管框架，完善相关法律法规和伦理审查规则。最后，加强网络安全保护，建立健全国家网络安全法律法规。

7. 深入参与数字化国际合作，为二三产业数字化改造打通外部通道。要密切跟踪数字化发展的世界潮流，特别是一些数字强国，如美国、英国、日本、韩国等国家的数字技术、数字化转型、数字治理和数字经济的发展趋势。要加强数字技术、数字经济、数字化改造等领域国际合作，依托 G20 峰会和"一带一路"倡议等，积极参与相关的国际议题和会议，科学地提出中国方案，有效发出中国声音。要强化数字治理方面或相关的国际合作，维护完善国际数字治理的组织和机制，推动建立多边、民主、透明的数字经济命运共同体。

**参考文献**

习近平：《习近平外交演讲集》第一卷，中央文献出版社 2022 年版。

习近平：《不断做强做优做大我国数字经济》，《求是》2022年第2期。

陈堂、陈光、陈鹏羽：《中国数字化转型：发展历程、运行机制与展望》，《中国科技论坛》2022年第1期。

费方域、闫自信、陈永伟、杨汝岱、丁文联、黄晓锦：《数字经济时代数据性质、产权和竞争》，《财经问题研究》2018年第2期。

江小涓：《高度联通社会中的资源重组与服务业增长》，《经济研究》2017年第3期。

江小涓：《数字经济将重新定义服务业》，《支点》2019年第8期。

江小涓：《数字经济提高了服务业效率》，《山东经济战略研究》2020年第11期。

荆文君、孙宝文：《数字经济促进经济高质量发展：一个理论分析框架》，《经济学家》2019年第2期。

孔存玉、丁志帆：《制造业数字化转型的内在机理与实现路径》，《经济体制改革》2021年第6期。

李辉、梁丹丹：《企业数字化转型的机制、路径与对策》，《贵州社会科学》2020年第10期。

李丫丫、赵玉林：《全球生物芯片产业技术发展阶段比较研究》，《科技进步与对策》2016年第10期。

刘元胜：《农业数字化转型的效能分析及应对策略》，《经济纵横》2020年第7期。

罗千峰、赵奇锋、张利庠：《数字技术赋能农业高质量发展的理论框架、增效机制与实现路径》，《当代经济管理》2022年第7期。

潘玮、沈克印：《数字经济助推体育产业高质量发展的理论基础、动力机制与实施路径》，《体育学刊》2022年第3期。

裴长洪、倪江飞、李越：《数字经济的政治经济学分析》，《财贸经济》2018年第9期。

戚聿东、杜博、温馨：《国有企业数字化战略变革：使命嵌入与模式选择——基于3家中央企业数字化典型实践的案例研究》，《管理世界》2021年第11期。

阮俊虎、刘天军、冯晓春、乔志伟、霍学喜、朱玉春、胡祥培：

《数字农业运营管理：关键问题、理论方法与示范工程》，《管理世界》2020年第8期。

史丹：《数字经济条件下产业发展趋势的演变》，《中国工业经济》2022年第11期。

史宇鹏、王阳、张文韬：《我国企业数字化转型：现状、问题与展望》，《经济学家》2021年第12期。

孙晋：《数字平台的反垄断监管》，《中国社会科学》2021年第5期。

王俊豪、周晟佳：《中国数字产业发展的现状、特征及其溢出效应》，《数量经济技术经济研究》2021年第3期。

王永贵、汪淋淋：《传统企业数字化转型战略的类型识别与转型模式选择研究》，《管理评论》2021年第11期。

肖静华、吴小龙、谢康、吴瑶：《信息技术驱动中国制造转型升级——美的智能制造跨越式战略变革纵向案例研究》，《管理世界》2021年第3期。

肖旭、戚聿东：《产业数字化转型的价值维度与理论逻辑》，《改革》2019年第8期。

谢康、夏正豪、肖静华：《大数据成为现实生产要素的企业实现机制：产品创新视角》，《中国工业经济》2020年第5期。

杨锦春、孙欣欣：《能源互联网制度创新研究》，《上海经济研究》2019年第9期。

杨卓凡：《我国产业数字化转型的模式、短板与对策》，《中国流通经济》2020年第7期。

殷浩栋、霍鹏、汪三贵：《农业农村数字化转型：现实表征、影响机理与推进策略》，《改革》2020年第12期。

郑琼洁、姜卫民：《数字经济视域下制造业企业数字化转型研究——基于企业问卷调查的实证分析》，《江苏社会科学》2022年第1期。

中国社会科学院工业经济研究所课题组：《工业稳增长：国际经验、现实挑战与政策导向》，《中国工业经济》2022年第2期。

祝合良、王春娟：《"双循环"新发展格局战略背景下产业数字化转型：理论与对策》,《财贸经济》2021年第3期。

左鹏飞、姜奇平、陈静：《互联网发展、城镇化与我国产业结构转型升级》,《数量经济技术经济研究》2020年第7期。

Legner, C. et al. (2017), "Digitalization: Opportunity and Challenge for the Business and Information Systems Engineering Community", *Business & Information Systems Engineering* 59 (4): 301-308.

（原载《经济学动态》2023年第3期）

# 数字经济与国民经济核算文献评述

续 继 唐 琦

2019年《政府工作报告》提出要"深化大数据、人工智能等研发应用,培育新一代信息技术、高端装备、生物医药、新能源汽车、新材料等新兴产业集群,壮大数字经济"。现有研究也指出,数字经济有助于缓解信息不对称,降低搜索、复制、传输、追踪和验证成本。然而,数字经济发展也给国民经济核算带来了挑战,新业态新模式不断涌现、产品质量加速提升、隐性福利持续增多等为准确核算国民经济增加了难度(Groshen et al.,2017)。甚至有学者认为,近年来美国等发达国家经济衰退与数字经济引发的经济增长核算误差有关(Brynjolfsson & McAfee,2014)。如何在数字经济时代正确核算产出水平、物价水平以及福利增长,对监测经济健康运行、精准宏观调控和增强市场信心都具有重要意义(Feldstein,2017)。本文首先梳理了国外对数字经济发展与"生产率悖论"的探讨,从数字经济核算误差导致生产率数据下滑的论点出发,总结了数字经济对核算名义产出水平和物价水平引发的挑战,随后拓展研究视角,整理反驳数字经济核算误差影响生产率下滑的研究观点和依据,最后根据上述不同研究列举改进数字经济核算的方法,并总结了未来的研究方向。

## 一 数字经济与生产率悖论

20世纪80年代末,西方新兴技术快速发展但经济增长缓慢,有关数字技术引发"生产率悖论"的研究日益增多(Brynjolfsson & Hitt,2000)。诺贝尔经济学奖得主罗伯特·索洛指出"计算机带来的改变无处不在，但在生产率数据上无法体现"（Solow，1987）。大量经济学研究认为"生产率悖论"与核算体系低估数字技术带来的经济贡献有关。Baily 等（1988）研究指出，现有的核算体系下计算机的"计算能力"提升产生的影响被遗漏统计了，造成了核算误差和生产率低估。David（1990）认为信息传输的边际成本可以忽视，并且缺少超加性（superadditivity），这些特点导致依照惯例直接测算信息的产出和分配存在困难。Gullickson 和 Harper（1999）、Triplett（1999）研究发现，计算机使用率与生产率增长呈现负相关，比如广泛使用信息技术的金融和保险业的产出水平较差。并且，这些行业在核算体系中没有清晰的产出概念，导致的核算误差可以部分解释"生产率悖论"。鉴于官方核算无法有效衡量数字技术贡献，诸多文章对数字技术如何影响经济增长展开了研究。

这一时期的研究文献按方法区分主要包括三类（Brynjolfsson，1996）。①在借助生产函数方面，Brynjolfsson 和 Hitt（1996）、Lehr 和 Lichtenberg（1998）、Black 和 Lynch（2001）在资本和劳动等投入中区分数字技术资本和劳动，利用柯布—道格拉斯等生产函数形式识别数字技术对于政府部门和私有部门等带来的产出提升，证明数字技术对经济有正向影响。②在借助企业表现相关性方面，Dos Santos 等（1993）和 Bharadwaj（2000）利用企业层面数据证明了数字技术对企业市值、企业利润、绩效表现等具有积极作用。③在借助消费者剩余方面，Brynjolfsson（1996）利用包括马歇尔剩余、希克斯需求曲线、"非参数"估计和基于指数理论估值四种方式，衡量了数字技术带来的消费者剩余。Brynjolfsson 等（2003）利用亚马逊网站书籍销售数据建模推导书籍销售额、需求弹性等，从而求得在线销售书籍种类提升所产生的消费者剩余，发现数字经济贡献存在低估。20 世纪 90 年代后期，随着美国等发达国家经济复苏，越来越多的学者认为"生产率悖论"不复存在（Gordon，2000；Oliner & Sichel，2000），关于数字技术进步对于经济发展影响的探讨告一段落。

然而从 2004 年开始，美国劳动生产率和全要素生产率增长速度均放缓（Byrne et al.，2016；Syverson，2017），并且其他发达国家也出现类似现象（Connolly & Gustafsson，2013；Pessoa & Van Reenen，2014；Askenazy & Erhel，2015），全球生产率放缓成为研究焦点。较多研究认为生产率的放缓早于 2008 年的大衰退（Cette et al.，2016；Mollins & St-Amant，2019），如

Fernald（2015）的研究发现，生产率放缓与金融和房地产领域的"投机泡沫"不相关，而是多集中在生产或大量使用信息技术的行业。与数字经济相关的"生产率悖论2.0"再次引发广泛关注（Byrne et al.，2016），经济学界就生产率放缓与数字经济发展的内在关联展开讨论。部分文献认为生产率放缓与低估数字经济贡献有关，生产率数据下降不是生产问题，而是由核算方式滞后等原因造成的（Mokyr，2014；Aeppel，2015）。Brynjolfsson 和 McAfee（2014）研究指出，数字时代创造了更多新产品，增加了免费品、共享经济等新型消费形式，降低了搜索成本和交易成本，丰富了原有商品种类，提高了消费者可获得性，增强了无形资产在经济中的作用。数字经济带来的这些价值在现有的公司资产负债表、利润表以及官方统计中均无法体现。官方核算体系低估了增长，现有核算体系下的 GDP 增长数据无法体现经济实际增长，并且随着数字经济的发展将更具有误导性。Bean（2016）研究指出，数字时代计算力的提升、信息数字化、连通性增强等所带动的交易模式的变化，会产生颠覆性商业模式并造成经济活动归属地模糊化。然而，传统 GDP 核算方法是为了衡量有形制造产品设计的，无法适应这些变化，会导致对数字经济贡献的遗漏和对国民收入的低估，比如 2005—2015 年互联网使用率快速增长，而数字产业占名义 GDP 的比重却出现停滞。Feldstein（2015、2017）研究指出，尽管官方统计机构多年来对统计方法作出了各种改进，但数字经济下新产品的引入和产品质量的提升并未得到及时监测，由此引发的实际产出提升和生产率增长无法被充分衡量。

为此，经济学界对于数字经济核算误差是否可以解释"生产率悖论"进行了广泛的探讨，并就数字经济对核算体系造成了哪些挑战、数字经济贡献被低估的程度、如何改进核算数字经济贡献方式等问题展开研究。本文首先从数字经济如何影响核算体系进行梳理，由于实际 GDP 由名义 GDP 除以物价平减指数得到，数字经济对经济核算带来的挑战也包括两部分，即对于名义产出的遗漏统计和对于物价指数的偏差测算（Groshen et al.，2017）。下文将从这两个角度展开对数字经济贡献低估的研究评述，随后根据引发的挑战和相反视角的研究，总结数字经济贡献低估能否完全解释生产率下滑的事实，以及如何改进数字经济核算手段。

## 二 数字经济对名义产出水平核算的挑战

总体来看,数字经济对于产出水平核算引发的挑战可以从消费、投资、进出口三个角度进行分析(Groshen,2017)。

### (一)对消费核算的挑战

从消费角度来看,数字经济带来了新型产品、新型消费和新型收益,这些新特征和新属性给传统经济核算带来了冲击。

1. 新型产品。数字产品具有非排他性、复制成本低、方便存储传播等特性,所以,尽管数字产品的创造成本可能很高,但是其边际成本可能较低,甚至为零(Bean,2016)。这会驱动新型数字产品对于传统产品的替代,如在线即时通信对电话替代、在线视频对VCD替代、在线新闻对报纸杂志的替代等,并对核算经济提出新的要求。从数字产品盈利模式来看,数字产品供应者可以通过向消费者销售数字内容、向第三方出售消费者信息和为第三方发布线上广告三个方式盈利,而消费者则需要相应付出金钱、个人信息和时间(Lambrecht,2014)。当消费者以付出个人信息或时间为代价时,数字产品是免费的,价值很难衡量。即使当数字产品收费时,商家也多采取版本化策略,将具有基本功能的数字产品作为免费版本来吸引消费者,而对有拓展功能的数字产品收取费用,此时价格信息并不能全面反映数字产品的单位价值(Bean,2016),数字消费核算依然存在挑战。

为解决这一问题,经济学界进行的尝试主要包括两种。一是计算数字产品广告费用的方法。假定消费者与数字产品供应者进行了易物交换,消费者通过观看广告换取数字产品,即数字产品消费等于广告收入减去广告成本。Nakamura等(2016)利用投入产出表计算了免费媒体广告收入,进而估计了免费媒体价值。研究发现,自1998年起在线媒体广告收入占名义GDP的比重从0左右快速攀升至0.27%,其中免费媒体广告收入占GDP的比重达0.11%,并带动了实际GDP和TFP的增长。二是衡量消费数字产品时间成本的方法。假设消费者使用数字产品是以减少其他商品消费或浪费工作时间为代价的,即数字产品消费等于消费者花费时间的机会成本。Goolsbee 和 Klenow（2006）建立了包含上网费用和上网时间的效用函数，并用上网时间和上网机会成本等数据估计消费者收益，发现互联网带来的消费者福利占总收入的 2%，平均每个消费者收益上千美元。Brynjolfsson 和 Oh（2012）建立模型识别了互联网与其他消费品之间的弹性，通过计算使用互联网的时间成本发现，从 2007 年到 2011 年，互联网每年带来的福利收益约为 1590 亿美元，其中来自互联网免费服务的福利收益有 1060 亿美元，平均每年的收益占 GDP 的比重达 0.74%。而除上述两种方法外，还有文献利用网络流量作为数字产品消费的代理变量。Mandel（2012）依据 Facebook 等大型在线平台公布的活跃用户数、访客量增幅等推断，美国个人数据消费并非如官方统计的年均下滑 0.7%，而是年均增长 30%，带动了 900 亿美元的经济增长，拉动 GDP 增长了 0.5—0.6 个百分点。

但是，上述几种方法仍存在不足。首先，广告计算的方式仅包含通过广告盈利的数字产品，并且无法保证广告价值能涵盖数字产品的全部价值。其次，时间成本的方式仅考虑了消费者时间支出，并未考虑数字产品相较其他消费的福利提升，所采用的调查问卷方式准确性存疑。最后，采取数据流量的方式对网站样本数量和质量要求较高，且如果数据流量归属地难以界定，则数字经济贡献的归属地也存在识别困难（Bean，2016）。

2. 新型消费。数字经济通过减少信息不对称，提高供需双方匹配效率，催生了自助服务、共享经济等新型消费模式，给名义产出水平带来了挑战。其一，现有核算体系缺乏对新模式主体的统计。当前，国民经济核算的对象主要是企业，认定企业是增加值的生产者和创造者，而家庭和个体是消费者。但随着数字经济的发展，越来越多家庭和个体成为价值创造者，这些主体的经济活动在官方核算体系中未能充分统计（Bean，2016），急需重新设计问卷以衡量个体价值创造（Coyle，2019）。其二，现有核算体系对新模式核算边界存在界定困难。数字经济时代，生产和消费边界变得模糊，计算增加值所涉及的中间投入难以确认，如难以区分 Airbnb 等民宿中使用的清洁物品是家庭自用还是出租成本。又如，共享经济中家庭出租的汽车、计算机、割草机、3D 打印机等是否核定为国民核算框架内的资产，也需要重新界定（Coyle，

2019)。而遗漏统计数字经济带来的新模式也将造成诸多问题。一方面,数字经济带来的新模式冲击了传统产业的模式和增长。比如,共享经济挤占传统经济的份额,Airbnb每增加1%的房源信息,传统酒店季度收入将下滑0.05%(Zervas et al., 2017)。或者,自助服务替代了传统服务,人们更多地从购买商店服务转移到借助平台自助服务上,46%的英国家庭使用网络购买旅游或住宿服务,这对市场中介产生了冲击,减少这些部门的收入、产出和就业,进而影响GDP(Bean, 2016;Coyle, 2019)。仅统计传统产业的下滑而遗漏数字经济发展会高估国家产业衰退程度和低估经济增长。另一方面,共享经济等新模式规模不断增大,遗漏统计数字经济所造成的经济低估会不断加大。毕马威发布报告指出,共享经济在全球带来150亿美元收入,到2025年将增至3350亿美元(Vaughan & Hawksworth, 2014)。随着数字经济的发展,未被核算的数字经济新模式占比会逐渐增多(Bean, 2016;Coyle, 2019)。如何有效衡量数字经济引发的新型消费模式将成为今后研究的重点和难点。

3. 新型收益。电子商务发展丰富了商品种类和用户选择空间,在线搜索提升了用户效率,数字经济所带来的这些收益变化也未能在现有统计框架中体现(Brynjolfsson & McAfee, 2014)。Brynjolfsson等(2010)利用Brynjolfsson等(2003)方法研究电子商务带给消费者的收益时发现,亚马逊产生的长尾效应在扩大,2008年亚马逊通过销售实体店没有的小众书籍,带来39.3亿—50.4亿美元的消费者剩余,是2003年的5倍。Bughin等(2011)研究发现,2009年搜索活动总市值约7800亿美元,除提升企业生产率部分外,搜索活动带来的低成本、时间节约等消费者收益并未统计在GDP中,经计算,搜索活动对于GDP的贡献应有5400亿美元。Chen等(2014)通过设计实验比较了在线和离线搜索效率,在线搜索参与者答对比例为99.7%—100%,而离线搜索参与者为87.3%—90.2%,且对于答对的参与者,在线搜索平均用时7—9分钟,而离线搜索需要19—22分钟,在线搜索增强了搜索体验和搜索成效。因此,在现有核算体系下,数字经济带来的新型收益可能被低估。但同时值得注意的是,如果物价指数能充分衡量数字经济带来的质量提升,则会调整新型收益的贡献,对于数字经济的低估就会有所缓解(Coyle, 2019)。

## （二） 对投资核算的挑战

数字技术在生活和科学领域不断提升，电子设备等产品创新日益丰富，在线银行和虚拟会议等服务领域的新模式爆炸式增长，经济结构发生快速变化，其中无形资产作用逐渐凸显（Corrado & Hulten，2010）。数字经济发展对于衡量投资尤其是无形资产投资提出了挑战（Groshen et al.，2017）。

1. 无形资产影响投资核算。Corrado 等（2009）研究发现，在传统核算体系中，企业层面和国家层面的收入账户将软件、R&D、组织资本等服务支出视为中间支出，而非视为投资计入 GDP，导致软件、R&D、组织资本等无形投资带来的贡献仍然被低估，而将无形资产排除在外，也掩盖了其在创新过程中的作用。他们应用增长模型计算得出，2003 年有 8000 亿美元的无形投资和 3 万亿美元的无形资产未计入美国官方统计，当无形投资纳入非农业生产部门时，每小时劳动生产率提高了 10%—20%。Corrado 和 Hulten（2010）认为数字技术等引发的创新重塑了经济增长模式，带动了技术专长、产品设计、市场开发、组织能力等方面提升，但 R&D 等无形资产在传统核算体系下仅被当作投入要素，而没有被当作最终产品加以对待。重新计算发现，2007 年美国无形资产投资总额为 1.6 万亿美元，占 GDP 的 11.3%，比美国商务部经济分析局（BEA）的核算结果高出 1.3 万亿美元，资本存量则高出 4.1 万亿美元。此外，该文还指出，计算机时代 ICT（information and communication technology）设备投资和无形资产投资已经成为生产率增长的重要驱动力，1948—1973 年的贡献不到 0.5 个百分点，而 1995—2007 年的贡献已增长到 2 个百分点以上。Brynjolfsson 和 McAfee（2014）认为，在数字经济时代，知识产权、组织资本、用户内容和人力资本四类无形资产的重要性日益增强，但贡献被官方统计忽视。知识产权和 R&D 作为重要的知识型资产，衡量方式仍需完善；商业流程、生产技术、组织形式、商业模式等组织资本在数字经济时代对企业发展至关重要，却未被计入企业的资本中；互联网平台上用户撰写的评论、发布的图片、上传的视频等具有较高的价值，也未能在 GDP 中体现；而人力资本是实体资本价值的 5—10 倍，仍未被有效统计。Bean

(2016) 认为,数字经济时代社会从资本密集型转向知识密集型,R&D、人力资本、组织资本尚未完全在国民账户中资本化,存在一定程度的低估。尤其是组织资本,反映企业长期运作实践,是组织变革和发展的重要成本,但组织资本中商业模式创新未被资本化,导致核算困难。因此,研究这些无形资本有助于核算增加值和经济增长。

2. 新型投资尚未纳入核算体系。尽管各国逐步研究和完善软件、R&D 等无形资产在国民核算账户中的核算,然而数字经济所催生的大数据、云服务等众多新投资模式仍未被现有核算体系涵盖(Corrado et al.,2009;Corrado & Hulten,2010;Bean,2016)。目前,大量企业利用大数据开始了数据驱动的决策方式,据 Brynjolfsson 和 McElheran (2016) 的统计,美国使用数据驱动决策(data-driven decision-making)的制造业企业 2005 年至 2010 年从 11% 增长到 30%,并持续增长,而这一决策模式的投资因受到信息技术资本存量、人力资本、企业规模等因素的影响,隐藏在决策过程中而难以度量。企业数据作为可累积的无形资产通常不被纳入统计,但忽视这一投资可能造成较大的影响。对此,Farboodi 等(2019)构建了带有异质性的投资—生产—累积模型,从理论上验证了企业对数据投资的累积对市场竞争模式的影响——大公司可以依靠数据的生产获得良性循环,而精通大数据的新进企业更容易获得快速成长的机会,数据积累是一项可以提升企业效率的宝贵资产。但 Bean(2016)发现,官方对于数据投资的统计仍然存在不足,尽管统计了数据库投资,却没有有效统计数据库数据的价值,数据中包含的知识价值未能被有效资本化。

应用云服务实现企业运营也成为数字经济时代的重要趋势,Byrne 和 Corrado(2017)指出,ICT 以往的侧重点在于研发提升计算机性能和生产率的本地安装软件,但近年来转向研发支撑高速通信及高性能计算系统的软件应用程序和服务,ICT 支出在云服务和系统支撑服务上尤为显著。ICT 设备投资占 ICT 投资比例 1995—2005 年下滑了 20 个百分点,2005 年以后持续下滑,到 2014 年占比仅为 14%。企业更多地将 IT 业务外包给云计算,互联网数据中心(Internet Data Center,IDC)估计,2007—2013 年美国虚拟机(VM)数量每年增长近 12%。在补充核算移动平台和云平台后发现,ICT 对于劳动生产率贡献约为 1.4 个百分点，其中25%归功于云服务等相关服务购买。Byrne等（2018）发现，由于云计算概念过于新，在美国现有核算体系中难以被追踪。部分云计算公司进行IT设备自有账户投资，相较直接购买IT设备，容易被计入中间支出而非最终需求，导致IT设备投资的低估。20世纪90年代中期到2009年，IT投资和云服务提供者资本支出变化趋势相同，但2009年以后两者变化趋势急剧扩大，资本支出快速上升，但IT投资增长出现停滞。若计入自有账户投资的IT设备，则2015年IT设备和软件的名义投资比官方统计高出580亿美元，GDP占比为0.32%，2007—2015年IT设备投资的名义增长速度提高2个百分点以上。

**（三）对进出口核算的挑战**

数字贸易的重要性日益凸显，对于核算和分类数字贸易的国际探讨日益增多，电子商务、知识产权等无形资产的跨境流动给GDP核算带来了困难。

1. 跨境电子商务增加核算难度。一方面，基于跨境电子商务的商品贸易为进出口核算带来挑战。Ahmad和Schreyer（2016）指出，许多国家在统计跨境贸易时，仅统计超过特定金额的货物贸易数据，在缺乏补充数据源的情况下，投入—产出平衡处理产生跨境贸易核算误差。IMF（2018）指出，低于申报门槛的小额交易不被海关统计，数字订购、数字支付等技术的推广增加了这些小额贸易的发生。OECD和IMF对74个国家的调查发现，尽管多数OECD国家在国际商品贸易核算中会估算小额贸易，矫正贸易缺失，但绝大多数非OECD的国家并未进行矫正。即使各国进行估算，估算阈值和调整实践均存在差异，这也影响了国际商品贸易核算的可比性，并且调查国家中小额贸易占总贸易份额较高时，未能有效矫正小额贸易统计缺失，会造成跨境贸易的较大低估。另一方面，基于数字平台的跨境服务贸易增加了国际贸易统计的困难。Ahmad和Schreyer（2016）认为相较商品贸易，流媒体和网络下载等服务贸易的数据缺失严重，有很大可能存在核算误差。Ahmad等（2017）认为ICT支持下的跨境服务（ICT-enabled service）在统计实践上存在困难。以Uber跨境交易为例，对服务类型、现金流量等的分类界定会影响贸易规则和GDP核算。比如，若将从Uber子公司到母公司的跨境现金流量记录为接受服务的支付，则会被视为进口并导致 GDP 低估；但如果记录为营业收入的支付则不会影响 GDP 核算。OECD 对国际货物和服务贸易工作组的国家展开调查发现，绝大多数国家对于识别跨境服务存在困难，仅有 8 个国家可以识别常驻本国的外资数字中介机构，5 个国家可以识别支付给非常驻本国机构的款项。IMF（2018）认为尽管跨境数据流不产生货币交易，但可能会间接支持创收活动，这与通过广告获得收入的社交网络平台类似。然而，在 OECD 的调查中，没有一个受访者对跨境数据流量的估算值进行研究。甚至因为概念界定和实际操作存在难度，大多数国家反对在国际收支统计中列入跨境数据流量的估算值。Lund 等（2019）研究发现，电子邮件、在线地图、视频会议、社交媒体等免费跨境数据流量的价值未被核算，通过支付意愿价格调查，以及将免费服务与有价服务进行比较研究，估测免费跨境服务每年可以带来 2400 亿美元到 3.2 万亿美元的价值。

此外，数字贸易界定不清增加了进出口核算难度。一是数字贸易中存在标准不统一的问题。一方面，数字贸易类别界定存在难点。Meltzer（2015）认为数字产品应界定为货物贸易还是服务贸易尚未达成共识，比如无法清晰界定从网上下载到硬盘的音频是商品还是服务。而对于数字产品类别的不同界定，会适用 GATT（关税及贸易总协定）、GATS（服务贸易总协定）等规则中的不同条例，对于 WTO 贸易规则下的权责界定和税收等带来挑战。另一方面，数字贸易涵盖范围仍在探索和改进中。比如，美国国际贸易委员会（USITC，2013）将数字贸易定义为通过数字网络传递产品和服务的商业。这一概念涵盖内容较窄，将网上订购商品、包含数字内容的 CD 和 DVD 等排除在外。USITC（2014）将数字贸易定义进行扩充，认为在订购、生产、交付产品及服务的贸易过程中，若互联网或基于互联网的技术发挥重要作用，则可以视该贸易为数字贸易。而上述数字贸易标准不统一也会导致进出口核算口径存疑。二是对数字贸易贡献界定不清，也会影响进出口核算。与上文中提到的电子商务能带来新型收益一样，跨境电商为主的数字贸易促进了贸易发展，也会带来新型收益。Fajgelbaum 和 Khandelwal（2016）、Feenstra（2018）的研究发现，国际贸易可以带来商品种类增加、必需品价格降低的福利提升，并且有利于缓解高收入国家贫困群体的消费压力，甚至可以减少进口所带来的贸易损失。而这些新型收益在界定不清时也给衡量国民经济带来挑战，导致进口的负面作用被高估，从而高估贸易中的经济损失。

2. 基于知识资产的跨境流动影响贸易核算。数字经济时代，数字技术进步推动国际生产、贸易和全球价值链快速演变，无形资产在大公司财富中的地位日益凸显（Owens & Zhan，2018），知识产权等知识型资产重要性日益增强（Ahmad & Schreyer，2016），这无疑增加了进出口核算的难度。Groshen 等（2017）研究指出，在全球化经济下，很多商品基于全球供应链进行生产，这种模式对于知识产权价值衡量造成了困难。比如，一款智能手机由美国设计并在亚洲国家生产，再由美国公司进口进行最终销售，则在核算进口额时很有可能包含设计这款手机的知识产权，从而高估进口额和低估出口额。Coyle（2019）指出，数字化转型导致了国内实体业务向海外线上业务转移，这一过程中涉及知识产权转移，给衡量数字价值链中附加值的归属问题带来了挑战。Lund 等（2019）认为跨国公司向其附属公司传递软件、设计、操作系统等无形资产，这些交易往往没有定价，且不出现在变更所有权的报告中，会导致现有的贸易统计体系无法捕捉这些价值的传递。经过估算，2017 年全球无形资产贸易流动的价值在 3300 亿美元到 7700 亿美元之间。此外，区块链技术、金融科技、云计算等模糊了税收边界（Owens & Zhan，2018），知识资产增多也为跨国公司借助数字化手段避税提供了机会，从而影响本国实际经营规模的核算。Ahmad 和 Schreyer（2016）发现，数字经济时代的知识产权产品提高了企业将知识产权所有权注册地从一个高税收管辖地区转移到另一个低税收管辖地区的能力，并因此转移了这些资产创造的潜在附加值。而这些转移的增加值可能被错误地分配给某些特定国家或者未直接在跨境国际贸易中统计，造成生产率和 GDP 的错误统计。Guvenen 等（2017）认为，跨国公司有大量的无形资本，并且在公司税率差异很大的众多国家拥有业务。这些特点使跨国公司能够合法地利用各国税收制度的差异，将利润从高税收地区转移到低税收地区。当调整利润转移后，1994—2004 年、2004—2008 年和 2009 年以后美国生产率分别增长 0.09%、0.24% 和 0.09%，其中，R&D 密集的行业尤其明显。

## 三　数字经济对物价指数核算的挑战

物价指数可以有效区分实际增长和由通货膨胀带来的增长，从而根据名义产出水平计算实际产出水平。当商品质量不变时，后一期商品价格相较前一期商品上涨，可以被视为通货膨胀带来的增长。然而，数字经济快速发展为物价指数核算制造困难，数字产品质量快速变化，增加线上可选商品种类会替代原有商品并创造新型使用功能（Reinsdorf & Schreyer，2019）。这使在一篮子变动商品中识别质量提升和种类扩张的难度大大增加（Aghion，2017）。若质量变化不能在价格变化中剥离出来，则物价指数会高估经济膨胀，并低估经济实际产出（IMF，2018）。

### （一）产品频繁更替所引发的挑战

1. 新旧产品更替加快引发的挑战。数字技术快速发展，新旧产品快速更迭，物价指数在新旧产品交替过程中易存在误差。当新旧产品更替时，为了进行物价指数统计，需要对新产品质量进行调整，排除新产品由质量变化导致的价格变动。通常调整质量的方法有效用估价法、资源成本法等（Feldstein，2017）。效用估价法将商品价格对商品的各种属性进行回归，求出商品各种属性对商品价格的影响，进而求出剥离质量提升后单纯由价格提升引起的通货膨胀。资源成本法则是通过询问生产者产品成本是否有变化，以及为改变产品质量所花费的边际成本，来衡量因质量提升而引起的价格变动。在应用与数字产品相关的物价指数时，上述方法均存在弊端。效用估价法假设商品的属性集合在一段时间内不发生变化，但手机等数字产品经常出现全新的属性，则很难用效用估价法衡量质量的变动（Groshen et al.，2017）。此外，效用估价法要求对影响质量的属性集合穷尽列举，但数字产品和服务部分属性很难识别或描述，也增加了效用估价法应用的难度（Feldstein，2017）。资源成本法仅考虑了成本发生变化而产生的质量改进，如果设计流程优化等质量改进不涉及成本则无法统计；从成本角度出发衡量服务的方法也会忽视实际价值增加（Feldstein，2017）。现有质量调节方法不足导致数字产品质量增长被忽视，最终导致物价指数的高估和数字经济贡献的低估。Byrne 和 Corrado（2017）通过建立 ICT 部门和非 ICT 部门的两部门生产函数，并建立 ICT 物价指数集合进行研究发现，2004—2014 年 ICT 价格实际每年下降 9.9%，比官方数据低 5.8 个百分点，官方数据高估了物价指数和低估了 ICT 对生产率增长的贡献。Aghion（2017）认为，官方统计时，往往低估了创造性毁灭的商品相对于原有产品的质量提升，导致物价指数的高估和生产率增长的低估。该研究借助 1983—2013 年美国非农普查数据研究发现，遗漏增长每年大约有 0.5 个百分点，占现有生产率增长的 1/3。

2. 线上线下产品更替引发的挑战。电子商务的兴起和发展，使线上商品日趋低廉，并且价格变动更为灵活（Gorodnichenko & Talavera，2017），从而线上产品更替线下产品日益加快。当线上价格与传统零售价格不相同时，若官方数据无法掌握线上产品对线下产品的替代，也会造成物价指数的"替代误差"（Reinsdorf & Schreyer，2019）。Cavallo（2017）对 10 个国家 56 家大型多渠道零售商的网站和实体店的价格进行比较发现，各国仅有平均 72% 的情况下线上价格和线下价格相同，而当价格不同时，线上价格比全样本低 4%。Goolsbee 和 Klenow（2018）使用 Adobe Analytics 数据对 2014—2017 年不同类别的数百万种产品的在线交易进行分析发现，在线交易的 CPI 比官方估计低 1.3 个百分点。Reinsdorf 和 Schreyer（2019）综合考虑质量提升、数字化替代和线上产品增多而造成的价格高估，利用包含 34 个 OECD 国家、145 个家庭消费支出权重购买力平价数据库，根据产品受数字经济的影响程度，将产品分为易受影响产品、不受影响产品、可能受到影响产品，并依据现有文献认定，ICT 设备和服务等易受影响产品每年高估价格变动 5 个百分点，机动车辆等不受影响产品每年高估价格变动 2 个百分点，可能受到影响产品每年高估价格变动 1 个百分点，由于未充分考虑信息渠道增多和可选产品种类增多而造成的价格高估为 0.3 个百分点。最终，将上述几项影响根据各国消费支出权重加总，得出消费者平价指数被低估上限为 0.6 个百分点。

### (二) 产品频繁创造引发的挑战

数字经济驱动创新，不仅带动原有产品升级和质量提升，还创造出全新产品。新型产品和免费产品的出现日益频繁，给物价指数计算带来挑战。当新产品具有全新特征且没有现有产品作为基准时，为了衡量这些新产品引发的价格变动，就需要在现有物价指数基础上增添新的基础指数、分层定义和权重（Reinsdorf & Schreyer, 2019）。然而现有统计模式下，未将新产品直接加入物价指数的方法，当且仅当新产品有了两期以上的价格才可以将新产品最新两期价格变动加入物价指数中；并且实际操作中只有当新产品达到较大规模时，才会计入物价指数；统计的时滞造成了物价指数的高估和实际产出增长率的低估（Feldstein, 2017）。尤其是新产品价格下滑普遍较快，未及时纳入物价指数，造成的物价指数高估会较大（Reinsdorf & Schreyer, 2019）。Broda 和 Weinstein（2010）应用涵盖大量产品条形码的数据库，该数据库涵盖统计 CPI 时应用的 40% 的商品，并将数据库进行企业层面匹配。研究发现，官方调查方式未能全面考虑企业内部的产品更替，造成官方 CPI 每年高估 0.8 个百分点。除此之外，新型产品尤其是免费品带来的福利提升也未在现有的官方核算中体现。理论上，当新产品出现之前，可以假定新产品已经出现但价格足够高导致需求量为 0，此时的价格被称为保留价格，因此，新产品出现后所产生的价格变动，即为从保留价格降低到现有的可观测价格产生的变化。同时，免费品具有影子价格，即消费者因使用一种额外的免费品而产生的总成本边际变化。因此，新型免费品出现时引发的价格变动可以用从保留价格降低到现有影子价格来衡量。然而在现有核算体系下，这些价格变动引起的消费者福利提升并未得到有效体现（Diewert et al., 2018; Reinsdorf & Schreyer, 2019）。

## 四 对数字经济核算误差引发生产率悖论的反驳

鉴于现有统计体系难以适应数字经济发展，导致名义产出水平低估和物价指数高估，最终影响生产率计算，但有学者对此提出反驳，认为发达国家的生产率放缓和经济衰退有多种原因，数字经济测量误差不能完全解释生产率悖论。

### (一) 从产出水平核算角度的反驳

从产出水平来看,生产率的低估不仅存在于 2004 年以后。Byrne 等 (2016) 研究发现,对于信息技术的低估不能解释美国经济近年来的增速放缓。尽管现有核算体系对 ICT 硬件的经济贡献存在低估,并且 2004 年以后单位贡献低估幅度相较 1995—2004 年更大,但考虑到 1995—2004 年 ICT 硬件大规模生产,所造成的生产率低估要高于 2004 年以后。Syverson (2017) 对比 OECD 生产率和 ICT 集中度数据研究发现,发达国家经济衰退程度与该国 ICT 生产或者消费规模不相关;并且若借助反事实验证,假设生产率增速下滑完全是低估数字化和信息通信技术相关的行业数据造成的,则这些行业实际收入变化和实际增加值将是现在观测值的 5 倍和 6 倍,2005—2015 年实际劳动生产率也需增长 363%,测量误差太过巨大且不切合实际,很难用数字经济低估这一单一原因解释经济数据不佳的事实。

同时,数字经济带来的新型消费经济贡献较小,即使补充这部分增长也不能抵消生产率放缓的规模。Nakamura 和 Soloveichik (2015) 在现有核算框架中完善了广告支撑型娱乐产业的核算,并发现传统娱乐业的衰退会部分抵消新型在线娱乐带动的经济增长。综合来看,即使全球广告支撑型娱乐产业每年增长 7.6%,但其在 GDP 中仅占 0.5%,每年带动的实际 GDP 增长仅为 0.019%。Nakamura 等 (2016) 认为,尽管补充统计在线媒体会导致美国 GDP 数据增长,但如果综合统计在线媒体等四类免费媒体可以发现,1998 年后印刷报纸杂志对 GDP 的贡献迅速缩减,增加免费媒体统计最终会导致名义 GDP 年增长率下降 0.005%,实际 GDP 每年增长 0.009%,是否补充免费媒体统计对 GDP 的影响较小,无法认定生产率放缓是由核算误差导致的。Byrne 等 (2016) 提出若在 GDP 增长中加入免费品经济贡献,应考虑边际变化而非消费者剩余总量,那么带来的经济贡献较小,而矫正电子商务带来的收益也只能解释生产率放缓中的 0.02 个百分点。Ahmad 和 Schreyer (2016) 研究指出,跨境电子商务形式的货物交易大多采用 B2B 模式和大规模交易,海关未统计的小额交易不会带来 GDP 核算的巨大误差。Syverson (2017) 认为,即使补充互联网发展带来的贡献，统计人们在线上网时间，并按照人们上网可能获得的收益最大值核算总贡献，也只能解释经济增速下滑的1/3。Ahmad 等（2017）认为即使免费媒体产品计入对家庭消费的估计中，最多占 GDP 的 0.1%，对 GDP 增长的影响可以忽略不计。

## （二）从物价指数核算角度的反驳

从物价指数来看，一方面，物价指数高估出现于生产率放缓之前，并且近年来高估程度并未加剧。Aghion（2017）研究发现，尽管忽视创造性毁灭造成了物价指数的高估和经济增长的低估，但 2005 年以后的低估程度并没有加剧，不足以解释生产率悖论。Moulton（2018）认为，尽管数字经济发展为现有核算体系带来挑战，但美国的统计机构也对 PPI、CPI 等物价指数进行了调整，CPI 偏差由 1996 年的 1.1 个百分点下降到现在的 0.85 个百分点，物价指数高估现象近年来有所减缓，而经济增长放缓却依然持续。Ahmad 等（2017）研究发现，调整 ICT 商品物价指数核算误差只会导致每年经济增长提高 0.28%，而对于生产率增长的影响更小，不能解释其下滑的事实。Reinsdorf 和 Schreyer（2019）研究发现，若对高估的消费平减指数进行矫正，2015 年消费平减指数调整需降低不到 0.6 个百分点，而 2005 年需要降低 0.7 个百分点，调整消费平减指数无法使近年来的经济增长数据转好。另一方面，数字经济发展也有可能造成物价指数低估和生产率高估。Houseman 等（2011）研究发现，忽视贸易发展和进口产品价格也有可能造成物价指数低估，2000 年以后美国大量从发展中国家进口计算机等产品，价格低廉的进口产品代替了价格较高的国内产品，但进口产品价格变动并未在物价指数中体现，过低估计价格平减指数会导致对进口份额的低估和生产率的高估。Reinsdorf 和 Schreyer（2019）认为，随着售后服务的机器趋于自动化，消费者必须投入劳动资本获取数字化服务（如自助结账、自助登机办理等），有可能导致服务质量下滑，从而高估质量和低估通货膨胀引发的物价指数的变动。

## （三）从经济核算范围角度的反驳

数字经济带来的一些贡献能否计入经济增长核算框架中也被质疑。

首先，非市场化贡献不应计入。Nakamura 和 Soloveichik（2015）认为家庭生产等非市场化活动没有包含在现有核算体系内，尽管用户通过使用同人小说、个人主页等在线平台获益，但这些平台的生产作为非市场化经济活动不应该包含在 GDP 中。Byrne 等（2016）认为智能手机、搜索软件、社交软件等数字化服务是非市场化的，应该将其计入消费者福利的增加而不是产出的增长中，且福利增加不是数字经济时代才发生的，如洗衣机等家用电器被视为"解放的发动机"，极大地增加了女性劳动参与率（Greenwood et al., 2005），其福利贡献也没有被计入经济增长中。

其次，引入数字经济福利增加会对政策制定者带来困扰。IMF（2018）指出，GDP 是为了解决涉及收入、就业、货币政策、政府收支、投资和生产率等关键政策问题而制定的，而非市场的家庭生产不能产生计入国民收入的消费，并且该部分不宜用于投资和征税。在 GDP 中加入福利贡献会掩盖市场产出发展情况，导致 GDP 核算不够客观和可复制。Reinsdorf 和 Schreyer（2019）指出，CPI 等物价指数需要为货币政策保持货币购买力的目标服务，养老金和其他转移支付也会根据 CPI 进行调整。物价指数如果依据数字经济带来的福利调整则将会干扰货币政策和财政政策的制定。

最后，数字经济福利衡量在统计实践操作中存在困难。Byrne 等（2016）指出，现在物价指数以价格作为权重，但免费品价格为零，加权以后边际贡献无法计入总物价指数中，需要借助"虚拟价格"等方式体现，增加了实际操作难度；同时，福利增加和福利消失如何全面衡量存在困难。Reinsdorf 和 Schreyer（2019）指出，如果需要在物价指数中体现新型数字产品和免费品出现带来的贡献，则应在假设消费者理性前提下增加并保留价格和影子价格等因素。但实际上，消费者并不能完全理性。消费者认知到的通货膨胀率通常远高于统计的通货膨胀，如果进一步调低物价指数，不仅违背消费者理性感知福利增长的假设条件，还会增加消费者通货膨胀认知值与统计值的差距，统计可信性也会被质疑。

## 五 数字经济核算方式的改进

### （一）核算数字经济贡献的必要性与重要性

尽管上述许多研究认为数字经济核算误差不能完全解释经济衰退，但也有研究认为数字经济核算误差依然不可小觑，微小的、零散的数字经济测量偏差汇总起来也会带来大范围、大体量的影响，这对解释生产率放缓具有重要作用（Coyle，2019）。此外，虽然新产品、新消费模式带来的福利提升并非数字经济特有的现象，但数字经济的快速发展提升了创新速度，其产品和模式的进步暴露了现有核算框架的潜在缺陷（Reinsdorf & Schreyer，2019）。即使认为数字经济测量误差不能解释生产率增速下滑的学者，也肯定了数字经济对经济增长的拉动作用，并认为数字经济的贡献在现有的增长框架下是被低估的（Byrne et al.，2016；Syverson，2017）。而低估数字经济的贡献会带来民众对经济预期的错误估计和增加居民储蓄行为的不确定等问题，甚至影响政府政策制定与宏观调控（Feldstein，2017）。因此，如何核算数字经济的贡献成为讨论热点。

Stiglitz 等（2009）提出，现有的 GDP 核算框架在衡量经济表现和社会进步时具有局限性，计算机、信息通信服务等在经济中的作用日益凸显，而这些产品和服务的质量核算较为复杂，现有的核算方式难以反映现代经济发展的结构性变化，因此需要建立"超 GDP"框架（Beyond GDP）核算体系，由单一的产出核算转向更广泛的福利核算。之后，越来越多的研究开始讨论面对数字经济的快速发展，现有核算框架是否需要延伸以及如何延伸。Coyle（2019）认为，经济活动是否被计入 GDP 核算体系，不取决于该经济活动的市场化与否，而是取决于其规模的大小，比如非市场行为的政府购买就被计入其中。理论上，家庭可以被视为生产单元，其将家庭劳动时间、家庭资产、购买的中间品及最终消费品作为投入，生产用于家庭最终消费的产品或者中间投入产品。家庭生产中，自住房屋的经济贡献就被折算为房主自给式住房服务所产生的租金计入 GDP 中。可见，家庭生产是否计入 GDP 的标准在于其是否达到了足够大的规模，与数字经济相关的家庭活动是否应该折算成自给式服务计入现有的核算框架或者放入卫星账户仍值得重点研究。Hulten 和 Nakamura（2017）针对数字经济发展趋势，在理论上拓展了 GDP 的概念。文章指出，数字经济所引发的创新，尤其是不涉及直接成本变化的类型，不能充分地在 GDP 中体现。同时，互联网加速了信息流动，从而可以通过增加备选渠道、实现信息及时传播、完成供需精准匹配，协助消费者有效利用每一单位的支出。因此，应在现有增长框架理论中引入消费技术，这种技术与成本节约型技术 TFP 相对，是产出节约型技术，且随时间推移而改变，保证不涉及成本变化的效率提升得以体现。消费者可以通过提升信息效率，在相同支出下获取更大效用。由此而扩展的 GDP 概念——EGDP，在现有官方统计的 GDP 基础上，加入消费者对节约产出型技术创新的支付意愿。

国际机构和各国统计机构也在研究和实践通过卫星账户等方式衡量数字经济带来的福利变化及经济贡献。IMF 研究报告指出，保持 GDP 与市场活动挂钩，可以使增加值、收入和最终支出三个紧密关联的宏观指标形成一致性框架。但考虑到数字化带来的免费数字服务和非市场化家庭生产的快速增长扩大了 GDP 增长和家庭福利增长之间的差距，需要制定"超 GDP"的相关指标，以掌握数字经济带来的非市场化福利（IMF，2018）。OECD 为获得由数字经济作为媒介的商品和服务的总价值信息，并观测数字工具使用情况和估算免费服务的价值，建立了以数字交易属性为组织原则的分析框架，研究在卫星账户中如何衡量数字经济的增长（Ahmad & Ribarsky，2017）。Barefoot 等（2018）指出，GDP 衡量的是一段时间内国民经济产生的市场化价值。而数字经济带来的免费品、自助服务、在线平台等手段冲击了原有的付费产业，需要单独统计，应通过消费者剩余等方式来衡量数字经济福利变化。

### （二）数字经济福利研究实践

相较 GDP 及其派生的生产率等指标，消费者剩余提供了一个更有效、更直接的衡量福利方法（Brynjolfsson et al.，2019a），可以作为国民核算的有效补充，而借助消费者剩余衡量数字经济的实证研究成为研究热点。Greenstein 和 McDevitt（2011）通过"如果没有宽带，拨号连接网络会提供什么"的反事实假设，根据拨号连接和宽带网络用户率的变化、平均价格、为可靠性和速度愿意支付的费用等因素，计算得出从拨号连接更换到宽带网络所带来的消费者剩余由 48 亿美元增长到 67 亿美元。Greenwood 和 Kopecky（2013）通过修订标准的消费者需求模型，假定计算机消费为零时的边际效用和总效用是有限的，从而保证商品不会以过高价格被消费，继而应用国民收入和生产账户数据，发现引入个人计算机以及计算机价格下降所带来的消费者剩余是消费支出的 2%—3%。Brynjolfsson 等（2019b）构建了 GDP-B，从福利角度而非成本角度衡量数字经济的贡献。为计算消费者剩余，研究者设计激励相容实验，要求参与者在一定时间内放弃 Facebook 来换取相应报酬，发现 Facebook 对于 GDP-B 的贡献为 0.05—0.11 个百分点。此外，为测算数字产品新型特征带来的价值，研究者在荷兰展开实验，计算参与者在一定时间内停止使用手机相机功能以获取相应报酬的参与意愿，并认为该方法可以成为效用估计法的有效补充。

上述研究表明，衡量消费者剩余变化以及其他通过线上选择实验进行福利测量的方法，可以为现有的国民收入账户和产出账户进行有效的补充。然而衡量消费者剩余的方法目前仍存在不足。相较核算 GDP 方式的精准性，消费者剩余目前只能做到粗略估计，并且少数极值的存在会造成较大的影响，需要大量样本来缩小置信区间；同时，消费者剩余的衡量方式存在选择性偏差，多针对使用数字产品的群体进行意愿调查，不使用数字产品的群体则被忽视（Brynjolfsson et al., 2019a）。这些都需要更多研究加以改进和完善。

## 六　总结与展望

经济增长和物价稳定是宏观调控的重要目标，而数字经济对于国民经济核算体系引发的挑战恰恰会影响到对于经济增长和物价稳定的有效监测。尽管学术界对数字经济核算中的误差能否完全解释西方国家的生产率放缓这一现象未有定论，但研究普遍认为数字经济给现有国民经济核算带来了挑战。一方面，数字经济带来了新型产品、新型消费和新型收益，影响了传统核算体系对于国民消费核算的准确性和及时性，而数字经济的发展促使无形资产在经济中的作用日益凸显，也为现有框架下核算无形资产投资以及进出口增加了难度，最终会导致名义产出水平被低估。另一方面，数字经济推动创新加速，相关数字产品质量不断提升，未衡量基准的新商品不断涌现，在物价指数中剥离出质量变化产生的影响变得日益困难，未彻底剥离质量提升的物价指数容易高估通货膨胀并低估实际产出水平。此外，数字经济带来的部分贡献无法用现有的核算框架衡量，越来越多的学者正在探索如何利用卫星账户等方式在 GDP 框架外衡量数字经济的贡献，并通过大数据分析、问卷调查等手段结合消费者剩余等方法来衡量数字经济带来的福利提升。

总体来看，国外对于数字经济核算的文献较为丰富并且相对成熟，但有关中国的研究相对匮乏，开展中国数字经济与国民经济核算相关研究必要且紧迫。其一，从对国际学术界贡献来看，中国是世界第二大经济体，数字经济规模巨大，电子商务、共享经济等新兴业态发展迅速。研究中国数字经济核算可以有效补充中国发展经验，及时捕捉数字经济发展动态，找到中国特色的核算方式；并与各国研究形成对照，及时发现现有核算体系中存在的通病，为世界各国尤其是发展中国家的数字经济核算提供参考。其二，从国内发展状况来看，为保障数字经济健康发展，应及时监测和掌握数字经济运行态势和发展趋势。关注数字经济对中国国民经济核算的影响有助于提升现有核算体系、核算方法的兼容性，完善名义产出、物价水平、经济增长等多项宏观指标的衡量方法，从而保障国家对宏观经济的监测精度和政策制定的准确性和有效性。其三，从核算维度来看，在衡量数字经济对于名义产出核算引发挑战时，西方文献多从消费、投资、进出口的维度加以探讨，并未从产业增加值的角度探讨数字经济所催生的新产业、新模式引发的核算挑战。这与西方核算多采用支出法核算 GDP 密切相关，但中国国民核算仍以生产法为主，因此从产业增加值角度出发研究新兴产业的分类及衡量标准也是以后研究的重要方向。其四，从方法创新的角度来看，中国互联网、大数据、人工智能的快速发展为研究数字经济带来的福利提升提供了新手段。中国的数字产品和服务的用户众多，也为研究中国数字经济下的消费者剩余提供了支撑，并对探讨中国数字经济的社会贡献和卫星账户的建立提供了研究基础。这些方面的研究都可以有力地补充国外现有文献的不足，并对国内外政策制定提供参考。

## 参考文献

Aeppel, T. (2015), "Silicon Valley doesn't Believe U. S. Productivity is Down", *Wall Street Journal*, July 17.

Aghion, P. et al. (2017), "Missing Growth from Creative Destruction", *San Francisco Working Paper Series*, No. 2017-04.

Ahmad, N. & J. Ribarsky (2017), "Working Party on National Accounts Issue Paper on a Proposed Framework for a Satellite Account for Measuring the Digital Economy", OECD Working Paper, No. STD/CSSP/WPNA (2017) 10.

Ahmad, N. & P. Schreyer (2016), "Measuring GDP in a Digitalised Economy", *OECD Statistics Working Papers*, 2016/7.

Ahmad, N. et al. (2017), "Can Potential Mismeasurement of the Digital Economy Explain the Post-Crisis Slowdown in GDP and Productivity Growth?", *OECD Statistics Working Papers*, 2017/9.

Askenazy, P. & C. Erhel (2015), "The French Productivity Puzzle", IZA Discussion Paper, No. 9188.

Baily, M. N. et al. (1988), "The Productivity Slowdown, Measurement Issues, and the Explosion of Computer Power", *Brookings Papers on Economic Activity* (2): 347-431.

Barefoot, K. et al. (2018), "Defining and Measuring the Digital Economy", BEA Working Paper, No. 3/15/2018.

Bean, C. (2016), "Independent Review of UK Economic Statistics", Independent Report for HM Treasury and Cabinet Office, London.

Bharadwaj, A. S. (2000), "A Resource-based Perspective on Information Technology Capability and Firm Performance: An Empirical Investigation", *MIS Quarterly* 24 (1): 169-196.

Black, S. E. & L. M. Lynch (2001), "How to Compete: The Impact of Workplace Practices and Information Technology on Productivity", *Review of Economics and Statistics* 83 (3): 434-445.

Broda, C. M. & D. E. Weinstein (2010), "Product Creation and

Destruction: Evidence and Price Implications", *American Economic Review* 100 (3): 691-723.

Brynjolfsson, E. & A. McAfee (2014), *The Second Machine Age: Work, Progress, and Prosperity in a Time of Brilliant Technologies*, W. W. Norton & Company Press.

Brynjolfsson, E. & J. H. Oh (2012), "The Attention Economy: Measuring the Value of Free Digital Services on the Internet", International Conference on Information Systems, No. 3243-3261.

Brynjolfsson, E. & K. McElheran (2016), "The Rapid Adoption of Data-Driven Decision-Making", *American Economic Review* 106 (5): 133-139.

Brynjolfsson, E. & L. M. Hitt (1996), "Paradox Lost? Firm-Level Evidence on the Returns to Information Systems Spending", *Management Science* 42 (4): 541-558.

Brynjolfsson, E. & L. M. Hitt (2000), "Beyond Computation: Information Technology, Organizational Transformation and Business Performance", *Journal of Economic Perspectives* 14 (4): 23-48.

Brynjolfsson, E. (1996), "The Contribution of Information Technology to Consumer Welfare", *Information Systems Research* 7 (3): 281-300.

Brynjolfsson, E. et al. (2003), "Consumer Surplus in the Digital Economy: Estimating the Value of Increased Product Variety at Online Booksellers", *Management Science* 49 (11): 1580-1596.

Brynjolfsson, E. et al. (2010), "A Longer Tail? Estimating the Shape of Amazon's Sales Distribution Curve", SSRN Working Paper, No. 1679991.

Brynjolfsson, E. et al. (2019a), "Using Massive Online Choice Experiments to Measure Changes in Well-being", *Proceedings of the National Academy of Sciences* 116 (15): 7250-7255.

Brynjolfsson, E. et al. (2019b), "GDP-B: Accounting for the Value of New and Free Goods in the Digital Economy", NBER Working Paper, No. w25695.

Bughin, J. et al. (2011), "The Impact of Internet Technologies:

Search", McKinsey Global Institute, Washington, D. C. .

Byrne, D. & C. Corrado (2017), "ICT Services and Their Prices: What Do They Tell Us about Productivity and Technology?", *Finance and Economics Discussion Series*, No. 2017-015.

Byrne, D. M. et al. (2016), "Does the United States Have a Productivity Slowdown or a Measurement Problem?", *Brookings Papers on Economic Activity*, 2016, 47 (1): 109-182.

Byrne, D. M. et al. (2018), "The Rise of Cloud Computing: Minding your P's, Q's and K's", NBER Working Paper, No. w25188.

Cannon, S. & L. H. Summers (2014), "How Uber and the Sharing Economy Can Win over Regulators", *Harvard Business Review* 13 (10): 24-28.

Cavallo, A. (2017), "Are Online and Offline Prices Similar: Evidence from Large Multi-channel Retailers", *American Economic Review* 107 (1): 283-303.

Cette, G. et al. (2016), "The Pre-Great Recession Slowdown in Productivity", *European Economic Review* 88: 3-20.

Chen, Y. et al. (2014), "A Day Without a Search Engine: An Experimental Study of Online and Offline Searches", *Experimental Economics* 17 (4): 512-536.

Connolly, E. & L. Gustafsson (2013), "Australian Productivity Growth: Trends and Determinants", *Australian Economic Review* 46 (4): 473-482.

Corrado, C. & C. R. Hulten (2010), "How Do You Measure a 'Technological Revolution'?", *American Economic Review* 100 (2): 99-104.

Corrado, C. et al. (2009), "Intangible Capital and U. S. Economic Growth", *Review of Income and Wealth* 55 (3): 661-685.

Coyle, D. (2019), "Do-It-Yourself Digital: The Production Boundary, the Productivity Puzzle and Economic Welfare", *Economica* 86 (334): 750-774.

David, P. A. (1990), "The Dynamo and the Computer: An Historical Perspective on the Modern Productivity Paradox", *American Economic Review* 80 (2): 355-361.

Diewert, W. E. et al. (2018), "The Digital Economy, New Products and Consumer Welfare", Economic Statistics Centre of Excellence, No. ESCoE DP-2018-16.

Dos Santos, B. L. et al. (1993), "The Impact of Information Technology Investment Announcements on the Market Value of the Firm", *Information Systems Research* 4 (1): 1-23.

Fajgelbaum, P. D. & A. K. Khandelwal (2016), "Measuring the Unequal Gains from Trade", *Quarterly Journal of Economics* 131 (3): 1113-1180.

Farboodi, M. et al. (2019), "Big Data and Firm Dynamics", *AEA Papers and Proceedings* 109: 38-42.

Feenstra, R. C (2018), "Alternative Sources of the Gains from International Trade: Variety, Creative Destruction, and Markups", *Journal of Economic Perspectives* 32 (2): 25-46.

Feldstein, M. (2015), "The U. S. Underestimates Growth", *Wall Street Journal*, May 18.

Feldstein, M. (2017), "Underestimating the Real Growth of GDP, Personal Income, and Productivity", *Journal of Economic Perspectives* 31 (2): 145-164.

Fernald, J. G. (2015), "Productivity and Potential Output Before, During, and After the Great Recession", *NBER Macroeconomics Annual* 29 (1): 1-51.

Goldfarb, A. & C. Tucker (2019), "Digital Economics", *Journal of Economic Literature* 57 (1): 3-43.

Goolsbee, A. & P. J. Klenow (2006), "Valuing Consumer Products by the Time Spent Using Them: An Application to the Internet", *American Economic Review* 96 (2): 108-113.

Goolsbee, A. & P. J. Klenow (2018), "Internet Rising, Prices Falling: Measuring Inflation in a World of Ecommerce", NBER Working Paper, No. 24649.

Gordon, R. J. (2000), "Does the 'New Economy' Measure Up to the Great Inventions of the Past?", *Journal of Economic Perspectives* 14 (4): 49-74.

Gorodnichenko, Y. & O. Talavera (2017), "Price Setting in Online Markets: Basic Facts, International Comparisons, and Cross-Border Integration", *American Economic Review* 107 (1): 249-282.

Greenstein, S. & R. C. McDevitt (2011), "The Broadband Bonus: Estimating Broadband Internet's Economic Value", *Telecommunications Policy* 35 (7): 617-632.

Greenwood, J. & K. A. Kopecky (2013), "Measuring the Welfare Gain from Personal Computers", *Economic Inquiry* 51 (1): 336-347.

Greenwood, J. et al. (2005), "Engines of Liberation", *Review of Economic Studies* 72 (1): 109-133.

Groshen, E. L. et al. (2017), "How Government Statistics Adjust for Potential Biases from Quality Change and New Goods in an Age of Digital Technologies: A View from the Trenches", *Journal of Economic Perspectives* 31 (2): 187-210.

Gullickson, W. & M. J. Harper (1999), "Possible Measurement Bias in Aggregate Productivity Growth", *Monthly Labor Review* 122 (2): 47-67.

Guvenen, F. et al. (2017), "Offshore Profit Shifting and Domestic Productivity Measurement", NBER Working Paper, No. w23324.

Houseman, S. et al. (2011), "Offshoring Bias in U. S. Manufacturing", *Journal of Economic Perspectives* 25 (2): 111-132.

Hulten, C. & L. Nakamura (2017), "Accounting for Growth in the Age of the Internet: The Importance of Output-Saving Technical Change", NBER Working Paper, No. w23315.

IMF (2018), "Measuring the Digital Economy", IMF Policy Papers, No. 022818.

Lambrecht, A. et al. (2014), "How Do Firms Make Money Selling Digital Goods Online?", *Marketing Letters* 25 (3): 331-341.

Lehr, W. & F. R. Lichtenberg (1998), "Computer Use and Productivity Growth in US Federal Government Agencies, 1987-92", *Journal of Industrial Economics* 46 (2): 257-279.

Lund, S. et al. (2019), "Globalization in Transition: The Future of Trade and Value Chains", McKinsey Global Institute, Washington, D. C..

Mandel, M. (2012), "Beyond Goods and Services: The (Unmeasured) Rise of the Data-driven Economy", Progressive Policy Institute, Washington, D. C..

Meltzer, J. P. (2015), "A New Digital Trade Agenda", International Centre for Trade and Sustainable Development (ICTSD) and World Economic Forum, Geneva.

Mokyr, J. (2014), "Secular Stagnation? Not in Your Life", in: C. Teulings & R. Baldwin (eds.), *Secular Stagnation: Facts, Causes and Cures*, CEPR Press.

Mollins, J. & P. St-Amant (2019), "The Productivity Slowdown in Canada: An ICT Phenomenon?", Bank of Canada Staff Working Paper, No. 2019-2.

Moulton, B. R. (2018), "The Measurement of Output, Prices and Productivity: What Has Changed Since the Boskin Commission?", The Brookings Institution, Washington, D. C..

Nakamura, L. I. & R. Soloveichik (2015), "Valuing 'Free' Media Across Countries in GDP", Federal Reserve Bank of Philadelphia Working Papers, No. 15-25.

Nakamura, L. I. et al. (2016), "Valuing 'Free' Media in GDP: An Experimental Approach", Federal Reserve Bank of Philadelphia Working Papers, No. 16-24.

Oliner, S. D. & D. E. Sichel (2000), "The Resurgence of Growth in the Late 1990s: Is Information Technology the Story?", *Journal of Economic Perspectives* 14 (4): 3-22.

Owens, J. & J. Zhan (2018), "Trade, Investment and Taxation: Policy Linkages", *Transnational Corporations* 25 (2): 1-8.

Pessoa, J. P. & J. Van Reenen (2014), "The U. K. Productivity and

Jobs Puzzle: Does the Answer Lie in Wage Flexibility?", *Economic Journal* 124 (576): 433-452.

Reinsdorf, M. & P. Schreyer (2019), "Measuring Consumer Inflation in a Digital Economy", OECD Statistics Working Papers, No. 2019/01.

Solow R. (1987), "We'd Better Watch Out", *New York Times Book Review* 36: 37.

Stiglitz, J. E. et al. (2009), "Measurement of Economic Performance and Social Progress Revisited", Report by the Commission on the Measurement of Economic Performance and Social Progress, Paris.

Syverson, C. (2017), "Challenges to Mismeasurement Explanations for the US Productivity Slowdown", *Journal of Economic Perspectives* 31 (2): 165-186.

Triplett, J. E. (1999), "The Solow Productivity Paradox: What Do Computers Do to Productivity?", *Canadian Journal of Economics* 32 (2): 309-334.

USITC (2013), "Digital Trade in the U. S. and Global Economies, Part 1", USITC, Washington, D. C..

USITC (2014), "Digital Trade in the U. S. and Global Economies, Part 2", USITC, Washington, D. C..

Vaughan, R. & J. Hawksworth (2014), *The Sharing Economy: How Will It Disrupt Your Business*, PwC, London.

Zervas, G. et al. (2017), "The Rise of the Sharing Economy: Estimating the Impact of Airbnb on the Hotel Industry", *Journal of Marketing Research* 54 (5): 687-705.

（原载《经济学动态》2019年第10期）

# 数字不平等研究新进展

陈梦根　周元任

近年来，以互联网为代表的数字化技术飞速发展，推动全社会迅速发展和变革，全球已经进入了一个以互联网技术为内生动力的第四次技术革命时期。数字技术通过降低成本、拉动就业、促进创新等途径带动了经济增长和社会发展。但由于经济差异、地理差异、群体差异等多维因素，互联网技术接入和使用的不均衡使数字经济对经济增长的带动效应呈现异质性，甚至可能加剧居民收入分配层面的不平等，不利于宏观经济的"包容性增长"以及居民享受数字经济带来的"信息福利"。由此，数字不平等问题日益受到学术界和政府部门的关注，国内外学者对数字不平等问题开展了诸多研究。如何理解数字不平等现象的内涵，如何科学测度不同地区、不同群体间的数字不平等程度，如何理解数字不平等形成的背后机制以及其溢出性影响，取得了一些成果。本文拟对数字不平等研究的最新进展进行系统评述，澄清数字不平等的理论内涵，梳理数字不平等的测度方法，探讨其背后的机制及其经济社会影响，为数字不平等的治理提供参考。

## 一　数字不平等的内涵

### （一）概念提出

数字不平等现象随着互联网的普及而逐渐显现，早期主要表现为数字鸿沟，后来逐渐演变成一种新型的不平等现象。关于数字不平等的研究也是始于对数字鸿沟的考察，最早可以追溯到阿尔温·托夫勒在1990年出版的《权利的转移》一书，但该书中并未直接给出"数字鸿沟"的定义，只是提到"信息沟壑""电子鸿沟"等相关概念。随后，关于"信息和电子技术方面的鸿沟"问题开始引起世界各国尤其是欧美发达国家的广泛关注。美国 Markle 基金会的总裁 Lioyd Morrisett 在 1995 年首次提出了"数字鸿沟"概念（Kahin & Keller，2010），美国国家通信与信息管理局于 1995—2000 年连续发布了主标题为《在网络中落伍》的 4 份有关数字鸿沟的报告，对数字鸿沟给出了全新的定义。1999 年 7 月，美国发布《填平数字鸿沟：界定数字鸿沟》的官方文件，代表其开始对数字鸿沟现象展开全面研究。2000 年 7 月在日本召开的八国首脑会议通过了《全球信息社会冲绳宪章》，该宪章指出，发达国家和发展中国家在信息技术发展当中存在巨大的数字鸿沟，并重点讨论了如何填平数字鸿沟等问题，这是数字鸿沟问题第一次在国际组织的正式文件中出现。同年 11 月，中国在北京召开了"跨越数字鸿沟"的高层研讨会，并就数字鸿沟的本质和应对策略问题进行了深入探讨。此后，世界范围内掀起了研究数字鸿沟现象的热潮。

根据 OECD（2001）的定义，数字鸿沟表示不同社会经济水平的个人、家庭、企业和地理区域之间在获取信息与通信技术的机会和使用信息通信技术方面的差距。随着信息与通信技术（ICT）及其应用的不断发展，数字鸿沟现象的内涵也在不断丰富，根据现有研究的进程，大致分为三个阶段，分别为一级数字鸿沟阶段、二级数字鸿沟阶段和三级数字鸿沟阶段。

1. 一级数字鸿沟阶段，时间跨度为 1995 年至 2000 年。所谓一级数字鸿沟，具体是指互联网技术"是否接入"在不同地区、群体之间的差异（Dewan & Riggins，2005），一级数字鸿沟在 20 世纪 90 年代中期成为学术界考察的重点之一。随着互联网接入和个人计算机使用的迅速增加，在 ICT 发展较快的发达国家中，接入互联网的人口比例不断提升，一级数字鸿沟已经不再是制约数字经济发展的重点。但在诸如非洲等 ICT 较为落后的国家或地区，多数居民持续处于"信息贫瘠"状态，互联网覆盖率低是制约经济发展的重要因素之一（Aker & Mbiti，2010）。

2. 二级数字鸿沟阶段，时间跨度为 2001 年至 2010 年。所谓二级数字鸿沟，具体是指互联网技术技能在不同地区、群体之间的差异（van Dijk，2005），因此又被称为"技能鸿沟"。van Deursen 和 van Dijk

(2019) 发现，即使一个国家或地区的互联网普及率达到饱和后，其内部的数字鸿沟问题仍在扩大，因此数字鸿沟问题的研究方向由互联网接入转为互联网技能，而互联网技能差异不仅与 ICT 基础设施的普及相关，还与使用者的物质资本、人力资本或社会资本相关（Montagnier & Wirthmann，2011）。

3. 三级数字鸿沟阶段，时间跨度为 2010 年至今。学者对三级数字鸿沟的定义略有不同，但当前最主要的是通过互联网技能转化为收益的大小来判别（Wei et al.，2011）。例如，将总体划分为对互联网技能利用"占优"一方和"劣势"一方，双方在互联网接入和使用方面的机会均等。但是，受潜在的收入、教育程度因素等影响，"占优"一方倾向使用互联网进行学习或工作，"劣势"一方倾向使用互联网进行交友或娱乐。其中，使用互联网进行劳动生产的"占优"方通常能够利用互联网技能带来比使用互联网进行闲暇娱乐的"劣势"方更多的收益，因此出现了三级数字鸿沟。

DiMaggio 和 Hargittai（2001）首次提出数字不平等的概念，不仅考察了互联网接入差异导致的数字鸿沟现象，还深入探讨了互联网接入和使用对居民生活机会不平等的影响，认为数字不平等的本质是数字鸿沟，其表现形式还包括数字鸿沟所造成的机会不平等现象。随后，关于 ICT 接入或使用不均衡而带来的机会不均等的研究逐渐增多，代表性研究如国际电信联盟（ITU，2006）认为互联网技术在扩散中带来的不平等现象可能对经济增长、人类发展和财富创造产生重大影响；DiMaggio 和 Garip（2012）研究指出，ICT 为社会经济地位较高的人提供了更多的资本增值机会；van Deursen 和 van Dijk（2014）认为，社会内部一直存在不平等现象，社会中地位较高的成员相比地位较低的成员获取信息的成本更小，因此互联网技术造成了更大的分化，甚至加速了社会中的不平等现象。

（二）内涵澄清

显然，产生数字不平等的直接原因是 ICT 接入和使用在不同地区、不同群体分布的不均衡，即数字鸿沟。但正如 Selwyn（2004）所指出的，在关注多维度的数字鸿沟现象时，不仅要关注对 ICT 获取和使用的机会不均等，还应考虑这些机会不均等直接或间接导致的结果方面的不平等。因此，数字不平等在内涵上还应包括数字鸿沟现象对社会不平等的溢出性影响，而且，随着各国数字化的不断深入，数字不平等的内涵也不断丰富。基于当前数字经济发展的现状，结合数字鸿沟对经济社会产生的溢出性影响，本文认为对数字不平等现象的考察主要可以分为三个维度：传统的数字鸿沟现象、数字鸿沟引致的机会不平等、数字鸿沟引致的结果不平等。

1. 传统的数字鸿沟现象。传统的数字鸿沟现象是造成数字不平等的直接原因，然而，数字鸿沟本身也属于数字不平等的内涵之一。总体来看，数字鸿沟是诸如移动电话、计算机、互联网等设备和服务等传统ICT在不同地域、不同群体间分布不均衡的现象，其中，一级、二级、三级数字鸿沟分别表示 ICT 接入、ICT 使用和 ICT 获益的不均衡（Wei et al.，2011）。这种不均衡现象会导致"优势"一方接入并使用ICT拉大与"劣势"一方的差距，进而造成经济、社会等多维度的不平等。因此，数字鸿沟是最基础、最直接的数字不平等类型，也是导致经济、社会不平等的直接原因之一。

2. 数字鸿沟引致的机会不平等。由数字鸿沟导致的机会不平等现象是数字不平等的重要类型之一，主要表现在"优势"一方能够获得更多的与数字技术相关的机会，进一步可分为使用机会不平等和参与机会不平等。首先，使用机会不平等主要表现为在数字经济时代，类似于数字媒体、数字交易等数字产品和服务不断增多，在数字鸿沟中"优势"一方可能凭借对数字技能的掌握而更早、更好地享受数字产品和服务带来的红利，进而增加自身的效用。其次，参与机会不平等主要表现在两个层面：一是在居民层面，掌握数字技能较好的家庭可能通过互联网、手机 App 等数字设备和服务，更好地参与就业、创业；或者通过线上平台跨越空间地域的限制，更好地参与到网络课程中，实现数字化教育（Martínez，2020）；或者通过在线理财平台，更好地参与金融投资活动。而对数字技能掌握较差的家庭可能不能享受ICT带来的参与机会，反而可能被数字化社会排斥，或者较慢融入数字化社会。二是在企业层面，数字化程度较高的企业能够较快实现商业模式转型、管理模式改革和创新，较快融入企业数字化的潮流之中。

3. 数字鸿沟引致的结果不平等。由数字鸿沟导致的结果不平等现象是数字不平等的另一种重要类型，主要表现为数字技术给处于信息"优势"的群体带来红利，具体又可分为经济层面结果不平等和社会层面结果不平等两方面的红利。经济层面结果不平等表现在：首先，数字经济对传统经济体系下建立的国际税收体制造成较大冲击，在国家之间出现税基侵蚀和利润转移（BEPS）行为（Fronda，2014）。数字经济发展较慢、数字技术较为落后的国家或地区对于税基侵蚀冲击的应对较慢、相关制度不完善，致使政府财政收入受到影响。其次，在企业层面，数字技术具有显著的生产率效应。对于数字化水平较高的企业，其生产成本降低、生产效率提升、创新能力提高、对外贸易增加；对于数字化发展较慢的企业，其生产效率相对降低，并逐渐向数字不平等"弱势"的企业倾斜，负向影响增大。除此之外，根据 Mayer（2018）的研究，数字技术对生产工人的替代效应可能使生产中的附加值下降，而生产前和生产后的附加值相对增加，因此企业数字化还可能改变企业内部雇佣结构，造成生产工人与非生产工人之间的不平等。最后，在居民层面，数字技能掌握较好的群体可能通过参与与 ICT 相关的就业、创业、教育、投资等行为，或通过在线平台进行工作、学习，进而增加收入、提高消费。相对信息"弱势"一方来说，"优势"一方通过数字技能增加收入和消费过程的同时也加剧了经济不平等的程度。社会层面结果不平等表现在：首先，对于数字化程度较高的政府部门，其可以通过政务线上化、电子化，使政府办公更加公开、透明，便于公民进行监督，有助于提高政府服务效率。然而，数字经济发展较慢地区的政府部门受到技术限制，无法快速实施电子政务（E-government）模式。其次，数字技能较高的居民可以通过增加收入、提高消费、线上娱乐、网上服务等多种形式增加居民自身福利，提升主观幸福感。

## 二 数字不平等的测度

当前，数字经济的统计框架尚不完善。针对数字不平等的测度，现有统计大多数是关于 ICT 接入和使用的相关指标，比如刻画 ICT 接入的互联网用户数量、居民拥有计算机数量、人均互联网带宽等（ITU，2017）；刻画ICT使用的互联网浏览、通信、电子邮件、博客、在线流媒体、社交网络等（Krishnan et al.，2017；van Deursen & Helsper，2018）。可见，相关研究主要测度了数字不平等中的一级数字鸿沟和二级数字鸿沟，对三级数字鸿沟及数字鸿沟引致的机会、结果不平等测度问题关注较少。

**（一）测度方法**

根据现有文献，对数字不平等的测度思路主要有三种：ICT指数法、不平等指标法和计量模型方法。

1. ICT指数法。ICT指数法是当前数字不平等测度相关研究中使用较多的方法，其机理在于考察能够代表ICT发展水平和群体差异的指标，构建相应的ICT指数，通过不同地区、群体ICT指数相对位置的排名来衡量数字不平等的大小。根据评级体系中指标的数量与综合性，又可分为单一指数法和综合指数法。在ICT发展早期，研究人员对数字不平等的理解主要停留在计算机和互联网使用与否的二元差异上，即一级数字鸿沟层面。例如，Selhofer和Hüsing（2002）用未接入ICT设备人群占总体比重表示数字鸿沟程度的方法构造了数字鸿沟指数（digital divide index，DDIX），从性别、年龄、受教育程度、收入差别四个方面分别考察发现，2002年欧盟15国中弱势群体与平均水平之间的差距较为明显，造成这种差距的因素按程度从大到小分别为收入、教育、年龄、性别。

单一指数不能全面、系统地刻画数字鸿沟的覆盖范围，伴随ICT的发展和数字媒介形式的不断丰富，相关学者逐渐将重点转向ICT使用差异的二级数字鸿沟上，大多采用综合指数法对数字鸿沟进行更为系统的刻画。例如，Katz等（2013）使用2004—2010年覆盖150个国家的调查数据，从ICT的可负担性、ICT基础设施、互联网接入、互联网使用、互联网技能和人力资本六个维度，选取23个相关指标，其中包括互联网使用成本/GDP、人均电信投资、互联网覆盖率、使用互联网社交人数占比等，并使用主成分分析和因子分析相结合的方法，构建了数字水平综合评价指数。Várallyai等（2015）采用因子分析方法考察数字鸿沟的整体维度，基于欧盟统计局对匈牙利的调查数据对不同维度的相关性进行实证研究，其中调查领域包括可访问互联网的家庭占比、拥有宽带连接的家庭占比、每周至少一次定期使用互联网的居民占比、从未使用过计算机的居民占比、在线订购商品或服务以供私人使用的居民占比，证实人均国内生产总值、科学和技术人力资源及区域人口差异对ICT使用的影响较大。

由于统计框架尚未完善和基础数据缺乏，对ICT带来的"有益"成果，即三级数字鸿沟的测度仍处于探索中。van Deursen和Helsper（2018）从互联网使用和获益的视角，通过互联网浏览、互联网通信、电子邮件、博客、在线流媒体和社交网络等方面对数字鸿沟进行刻画，基于对荷兰的调查数据从经济、文化、社会、个人四个维度考察互联网所带来的"附加收益"，证实经济成果是互联网带来收益的最显著因素。

2. 不平等指标法。ICT指数法可以通过比较ICT发展水平的相对位置，进而考察不同地域、不同群体间数字不平等程度的大小，但这种方法不够直观和具体。因此，一些学者还提出了直接采用不平等指标的思路对数字不平等程度进行刻画，主要采用的方法如下。Sicherl（2002）提出了一种新的统计方法，即时间差距法，对西欧和北美之间的数字鸿沟进行测算，该方法的机理在于使用达到相同ICT水平的时间点距离来表示数字鸿沟的大小。Martin（2003）根据美国商务部报告中的基础数据，利用差额比率法对计算机和互联网普及率在美国不同群体之间的差距进行测算，差额比率指标越大，表明群体间数字鸿沟的程度越大。Fidan（2016）将数字鸿沟看作资源分配的不平等现象，借鉴刻画收入分配中不平等程度的基尼系数指标，将计算机和互联网的使用率作为基础数据，测算出土耳其和立陶宛两国在ICT使用方面的基尼系数，以刻画两国之间的数字不平等程度。Albuja等（2015）以终端用户ICT的服务支出为基础数据，测算出厄瓜多尔国内的数字基尼系数，并通过考察数字设备使用的洛伦兹曲线，发现相对固定电话和台式电脑，智能手机和手提电脑的洛伦兹曲线相对绝对平等曲线偏倚更大，基尼系数更高。

3. 计量模型方法。如前所述，数字不平等不仅包括表示ICT接入、使用、收益的数字鸿沟现象，还包括数字鸿沟引致的一系列机会不平等或结果不平等，遗憾的是，现有文献对数字鸿沟引致的社会不平等现象关注极少。仅有的相关研究通常使用分位数回归模型的方法进行考察，其思路是，处于数字鸿沟不同位置的个体在经济、社会等方面的表现也存在一定差异，通过分位数回归方法可以反映不同数字化水平的区域或群体在经济、社会等方面表现出的异质性程度，以此来刻画数字鸿沟引致的社会不平等程度。Ma 等（2020）以中国农村家庭的收入和支出为样本，利用无条件分位数回归模型考察不同数字化水平对收入、支出不平等的影响，表明收入或支出越高的农村家庭从互联网中获益越多。Chen（2021）基于中国地级市样本数据，采用空间分位数自回归模型考察了 ICT 发展水平对区域经济增长的异质性影响，结果发现 ICT 对中国欠发达城市的经济增长的促进作用更大，即中国欠发达城市比发达城市能够获得更多的"数字红利"。

此外，还有学者采用计量经济模型对数字不平等成因进行判别与测度。例如，Song 等（2019）使用地理加权回归模型考察数字鸿沟形成的主要因素，发现居民收入、居民受教育水平是数字鸿沟的主要驱动因素，基础教育和高等教育分别是 ICT 获取、使用以及 ICT 成果差异的驱动因素。Elena-Bucea 等（2021）则利用因子分析模型将数字使用差异分为电子服务和社交网络两个维度，再采用多变量方差分析方法对欧盟 28 个成员国之间及其内部的数字鸿沟的成因进行考察发现，电子服务的数字鸿沟主要驱动因素为教育，而社交网络的数字鸿沟主要驱动因素为年龄。

**（二）测度实践**

数字不平等的基础和直接原因是数字鸿沟，还包括由数字鸿沟导致的一系列社会不平等现象，但由于缺乏可靠数据源（官方机构调查数据较少）、数据种类单一（部分国家或地区的相关统计指标缺失），加之数字技术更新换代较快，部分与 ICT 相关的指标不具有时间连续性等原因，当前国内外机构和部门对数字不平等的测度实践较少，关注点主要停留在对一、二级数字鸿沟层面。

1. 以国际电信联盟为代表的国际组织对数字鸿沟的测度。作为国际上研究数字鸿沟的最主要机构，国际电信联盟对测度全球数字鸿沟工作作出了诸多贡献：2003 年在信息社会世界峰会上提出了数字访问指数（Digital Access Index，DAI）。2005 年，将数字访问指数 DAI 与联合国 Orbicom 项目组织开发的信息状态指数合并，形成信息通信技术机会指数（ICT-OI）；同年，在信息社会世界峰会日内瓦行动计划中还提出了一个数字机会指数（Digital Opportunity Index，DOI）；此后，又将各个指数综合统一，形成单一的信息通信技术发展指数（IDI），并在 2007 年、2009 年至 2017 年发布的《衡量信息社会发展报告》中均公布了测算结果。如表 1 所示，IDI 发展指数由 ICT 接入、ICT 使用和 ICT 技能三方面指标构成，对数字鸿沟问题的测度最具国际可比性。通过 ITU 提出的 ICT 综合指数在国家或地区之间的相对排名，可以较为直观地考察全球或区域数字鸿沟的状态。此外，从世界银行、经济合作与发展组织（OECD）、联合国教科文组织（UNESCO）等机构也可以获得部分相关数据，用于测度一些国家或地区的数字鸿沟，考察数字鸿沟的成因及影响。

表 1　　　　　　　　ICT 发展指数（IDI）指标权重

| | 指标 | 参考值 | 百分比（%） | 权重（%） |
| --- | --- | --- | --- | --- |
| ICT 接入 | 每百名居民的固定电话用户数 | 60 | 20 | 40 |
| | 每百名居民的移动电话用户数 | 120 | 20 | |
| | 每个互联网用户国际带宽（bit/s） | 2158212* | 20 | |
| | 家庭电脑普及率 | 100 | 20 | |
| | 家庭上网普及率 | 100 | 20 | |
| ICT 使用 | 互联网普及率 | 100 | 33 | 40 |
| | 固定宽带普及率 | 60 | 33 | |
| | 移动宽带普及率 | 100 | 33 | |
| ICT 技能 | 平均上学年限 | 15 | 33 | 0 |
| | 初中入学率 | 100 | 33 | |
| | 高中入学率 | 100 | 33 | |

注：*表示本项指标取对数值，参考值为 6.33。
资料来源：ITU, *Measuring the Information Society Report* 2017, Vol.1。

2. 欧盟研究计划的信息社会基准统计指标项目对数字鸿沟的测度。该项目开发了一类将互联网使用差异与性别、年龄、教育程度和收入四大社会学统计因素相结合的数字鸿沟指数（Digital Divide Index，

DIDIX)。最初该指数的分项指标为使用计算机居民占比（50%）、使用互联网居民占比（30%）和在家使用互联网的居民占比（20%）。由于测算出的国家或地区之间的差异不能反映数字鸿沟真实情况，后又引入验证性因子分析方法，以克服指数中权重设置的任意性。

3. 美国商务部与美国国家电信和信息管理局对数字鸿沟的测度。美国商务部（USDOC，2002）通过使用基尼系数法、相对比率法和反相对比率法，对美国不同群体之间的计算机和互联网普及率的不均衡程度进行了测算，发现数字鸿沟程度在不断缩小。美国国家电信和信息管理局也在其发布的《在网络中落伍：定义数字鸿沟》（NTIA，1999）报告中使用相对差距法和绝对差距法，利用互联网覆盖率的差异及其变化，分别描述不同人群在主要信息通信技术应用方面的差异。

4. 澳大利亚电信公司（Telstra）等机构和斯威本大学对数字鸿沟的测度。为了客观呈现澳大利亚的数字包容水平，它们开发了澳大利亚数字包容指数（Australia Digital Inclusion Index，ADII），包括三个维度的指标：互联网接入、互联网成本的可承担性和数字技能。ADII 指数的总得分是三项分指数的加权聚合，该指数自 2014 年起每年发布一次统计结果。Wilson 等（2019）研究发现，ADII 指数自 2014 年起一直稳步增长，其中互联网接入指数已经相对较高，这反映了澳大利亚居民拥有互联网设备（尤其是智能手机）数量的激增和对数据需求的不断增长。

5. 中国国家信息中心信息化研究部和中国互联网络信息中心对数字鸿沟的测度。中国从 21 世纪初也开始逐渐关注数字不平等现象，对数字鸿沟的测度实践最早见于中国国家信息中心信息化研究部"中国数字鸿沟研究"课题组自 2005 年开始发布的《中国数字鸿沟报告》。《中国数字鸿沟报告 2006》采用基尼系数法测算了中国互联网普及率的地区差异，结果表明，随着互联网的快速普及，中国地区间差异呈逐年缩小态势，2005 年已接近人均 GDP 的地区差异指数。《中国数字鸿沟报告 2007》发布后，课题组开始使用相对差距综合指数法测算数字鸿沟指数（Digital Divide Index，DDI），该指数以互联网、计算机、固定电话和移动电话、彩色电视机的普及应用为依据，综合反映中国城乡、地区和性别层面的数字鸿沟。此外，中国互联网络信息中心从 1997 年12 月 1 日起不定期发布《中国互联网络发展状况调查统计报告》。该报告主要从互联网接入和使用层面对中国数字化发展进行了不定期评估，统计范围包括城乡、省际以及不同性别、年龄、学历、职业、收入的群体，统计指标从数字化发展初期时的计算机数量、域名数、站点数到数字化发展水平较高时的数字应用、数字交易、数字网络娱乐、数字公共服务等。该报告内容不断丰富，通过不同地域、群体数字化指标的比较，也可以从侧面反映出中国数字鸿沟的发展程度。

## 三 数字不平等的"前因"与"后果"

各国社会内部普遍存在各种不平等现象，如属于经济差异的收入不平等、消费不平等，属于社会或生活机会差异的教育不平等（van Deursen & van Dijk，2014）。社会固有的不平等会导致整个社会的资源分配不均，而资源分配的不均衡会导致数字技术获取和使用的不平等，即形成不同地区、不同群体之间的数字鸿沟，这种数字技术参与机会的不平等可能引发新的社会参与不平等，进而加剧社会资源的不平等分配（van Dijk，2017）。从这种意义上说，数字鸿沟是经济、社会数字化不平等的直接原因，而数字鸿沟的驱动因素是加剧经济、社会不平等的根本原因。下文针对已有文献，先从"前因"的视角总结数字不平等的形成机制研究，厘清数字化技术发展及应用引发或加剧社会不平等的途径，再从"后果"的视角考察数字不平等对经济社会发展的主要影响。

### （一）数字不平等的形成机制

数字鸿沟的驱动因素是数字不平等形成的根本原因，故考察数字鸿沟的驱动因素是研究数字不平等形成机制的必要条件。数字鸿沟的形成受多种因素影响，不同地区、不同群体间的数字不平等形成机制也不尽相同。归纳来看，数字不平等形成的根源主要有：物质资本的差异、人力资本的差异、社会资本的差异和政府干预。针对前两个因素的研究较多。

1. 物质资本的差异。"经济鸿沟"是形成数字不平等的最主要因素（DiMaggio et al.，2004），经济发展水平的差异导致了不同地区、不同群体间资源拥有程度和生活水平的差异，进而影响到数字技术接入和使用的机会,造成数字技术分布的不均衡现象。

物质资本的差异在宏观层面上表现为经济发展程度的差异,在微观层面上表现为居民收入水平的差异。在宏观层面上,DiMaggio 等(2004)指出,形成数字不平等的主要因素为经济发展不均衡,不同地区之间的经济发展差异制约了 ICT 的发展,从而直接导致一级数字鸿沟。Billón 等(2010)对 142 个国家和地区的宏观数据进行实证分析发现,GDP 是唯一对所有国家的数字化发展都有显著影响的指标。Zhao 等(2014)认为,当前数字鸿沟研究主要分为两个维度:国家间的数字鸿沟和国家内群体间的数字鸿沟。在前一维度中,经济发展程度是发展中国家和发达国家数字鸿沟较大的主要原因,在后一维度中,居民收入和受教育程度差异是不同群体间互联网技能差距较大的原因。在微观层面上,Chinn 和 Fairlie(2010)研究发现,以人均收入为代表的经济财富是解释计算机和互联网普及率差异的最大单一因素,发达国家和发展中国家现有的收入差异导致计算机和互联网普及率的差距分别为 43.7% 和 20.6%。Montagnier 和 Wirthmann(2011)通过分析 18 个欧洲国家、韩国、加拿大的 ICT 使用模式,考察家庭与个人层面的数字不平等现象,发现收入、年龄、职业、家庭中是否有儿童以及是否居住在城市地区是互联网接入和使用差异的决定性因素,但在不同国家,起决定性作用的因素不尽相同。van Deursen 等(2021)依据资源和挪用理论(resource and appropriation theory)对荷兰的物联网不平等进行调查发现,收入和受教育程度较高的人会发展必要的物联网技能,参与多样化的物联网设备使用并从中获益,而无法参与物联网的群体会受到排斥。

值得关注的是,由于互联网接入和使用成本较小,随着 ICT 覆盖率和渗透率不断提高,其对收入较低的"弱势群体"的带动效应也在不断增强,基于物质资本差异导致的数字不平等程度在逐渐减弱。例如,Pantea 和 Martens(2013)考察了欧盟五个最大经济体在互联网使用方面的数字鸿沟,同时考虑普遍使用和特定目的使用(休闲娱乐、提高人力资本、获得商品和服务等)两方面,发现低收入人群的互联网使用强度很高,基于收入差异的数字鸿沟正在逐渐呈现逆转态势。

2. 人力资本的差异。相关研究主要涉及群体的教育因素、年龄因素、性别因素等方面的差异。

首先是教育因素。受教育程度差异是导致数字鸿沟的最显著因素，文化程度较高的地区相对来说更容易表现出较高的ICT渗透率。例如，Goldfarb和Prince（2008）通过问卷调查研究发现，受过良好教育的高收入人群倾向使用互联网，并拥有较高的互联网技能。Billón等（2010）则证实接受高等教育的人口比例与互联网和电子商务的采用呈显著的正相关关系。Nishijima等（2017）通过考察巴西2005—2013年数字鸿沟的演变和决定性因素后发现，平均受教育程度和人均收入的提高是数字鸿沟缩小的主要因素，提高群体教育水平是减少"数字文盲"的有效途径。从机制上看，受教育程度差异导致数字不平等的影响途径在于：一是个人受教育程度越高，对数字技术的接触机会越大，并且更能够熟练掌握互联网技能，从而在数字鸿沟中处于占优的位置（Hargittai，2005）；二是高技能和高教育程度的劳动力倾向在城市中聚集，而城市电信基础设施通常较好，部署新型基础设施的成本更低，因此能够更好地掌握互联网技能，享受数字时代的"信息福利"（Vicente & López，2011）。

其次是年龄因素。通常情况下，老年人相对于年轻人更易处于数字鸿沟中的"劣势"地位，这种不同年龄段之间的数字不平等也被称为"灰色鸿沟"。Chinn和Fairlie（2007）通过社会人口统计学特征考察了跨地区的数字鸿沟问题，其中最具代表性的特征是年龄。研究发现，ICT的采用主要与年轻一代的生活相关，老年人口比例较高的地区互联网普及率较低。Scheerder等（2017）对一级数字鸿沟的研究也表明，互联网访问在具有不同人口统计学特征的个人中分布不均，而年龄因素是最具代表性的特征之一。与此同时，相关研究还发现，不仅年轻人和老年人之间存在数字鸿沟，老年人内部也存在较为明显的互联网技能分化。例如，Selwyn等（2003）发现，年龄较小的老年人、没有长期疾病且受过高等教育的已婚人士倾向使用互联网。Lee等（2011）通过考察50—64岁的"中高年龄组"、65—74岁的"较为年轻的老年人"和75岁及以上的"较为年长的老年人"三组人群证实，互联网使用情况存在明显差异。Peacock和Künemund（2007）则发现，与55—64岁的"中高年龄组"相比，65—74岁的"较为年轻的老年人"使用互联网的可能性为63%，而75岁及以上的"较为年长的老年人"使用互联网的可能性仅为30%。关于影响老年人互联网使用的机制，代表性研究如Peacock和Künemund（2007）认为，老年人互联网技能较差的原因主要在于：一是缺乏使用互联网的技术设备，如计算机、手机等；二是缺乏互联网的使用动机，如认为互联网中的信息无用或对自身的生命健康关联不大。Lee等（2011）将影响老年人互联网使用的因素归纳为四点：一是人际因素（如使用动机和自我效能感），二是功能限制（如记忆力下降），三是结构性限制（如预算约束紧并且为使用互联网愿意付出的成本较小），四是人际关系限制（如缺乏帮助其使用互联网的人员或群体）。

最后是性别因素。"性别鸿沟"是数字鸿沟的一个重要表现形式，性别数字鸿沟可能使女性无法从技术革命中获得与男性同等的收益。但是，现有文献中有关互联网使用的性别差异研究较少。Cooper（2006）通过检验性别差异对互联网技能的影响发现，在学习计算机或借助计算机辅助进行学习时，女性相对于男性处于劣势。欧盟委员会（2012）利用欧盟、挪威和冰岛的个人和家庭数据估算互联网使用频率后发现，年龄较小、性别为男性、居住在城市地区、收入水平较高、就业或参与劳动等因素对互联网使用产生正向影响。Wasserman和Richmond-Abbott（2005）还发现，互联网的使用水平与自身掌握的网络知识相关，男性的网络知识掌握比例明显高于女性。此外，也有少数学者质疑数字鸿沟中的性别差异，如Friemel（2016）通过logistic回归模型对瑞士的一项代表性调查数据进行分析发现，若控制教育程度、收入、对互联网的兴趣、退休前互联网使用情况和婚姻状况指标，那么互联网使用中的性别差异将消失。

3. 社会资本的差异。数字鸿沟不仅表现为ICT的接入和使用差异，更是一种多维现象，其中社会资本分布的不均衡可能会对数字鸿沟的形成产生影响，包括不同地区之间社会、文化的差异。DiMaggio和Hargittai（2001）认为，社会资本是个人或组织获取和利用ICT的重要因素，其中的社会性因素主要来源于社会网络中的家庭、邻里、社区和其他组织或群体对数字生活的认知和态度等。Vicente和López（2011）通过对欧盟27个成员国的数字鸿沟进行测算和比较发现，社会文化等因素的差异是各个国家、地区之间存在较大差异的原因之一。Agarwal等

(2009)从社会学习的角度进行分析发现,城市居民由于能够从邻居处学习如何使用互联网,使用互联网的社会成本比较低,更容易掌握互联网技能。

4. 政府干预。政府因素也是导致数字鸿沟现象的重要因素之一,原因在于政策靶向的不同会使居民使用互联网基础设施和服务的机会不均等。Chinn 和 Fairlie(2010)研究发现,人力资本、ICT 基础设施、监管基础设施等方面的公共投资能够有效缓解个人计算机和互联网接入和使用方面的差距。Philip 等(2017)也指出,政府大力推行基础设施建设能够促进数字化技术的推广和渗透。Szeles(2018)研究表明,国家和地区层面的诸多因素在形成数字鸿沟方面发挥着不同的作用,只有国家层面和地区层面政策的有效结合才能够缩小地区间的数字鸿沟程度。

### (二) 数字不平等的影响

数字经济作为一种全新的社会经济形态,已成为各国和地区经济增长的重要驱动力,极大地改变了民众的生活方式。但数字鸿沟现象可能使数字经济发展中"优势群体"获得更大的"红利效应",而"弱势群体"难以同等地享有互联网技术革命带来的发展机会,导致其与"优势群体"的差距被进一步拉大,进而加剧整个社会中经济增长、收入分配、社会福利等各方面的不平等。根据数字不平等的定义,数字不平等的影响不仅包括数字鸿沟的影响,还包括数字鸿沟引致的机会不平等和结果不平等对经济社会带来的影响。

1. 数字鸿沟与地区经济增长的不均衡。数字经济的发展极大地促进了经济增长,但由于不同地区、不同群体间存在数字鸿沟现象,使数字经济的带动效应存在地区异质性。例如,Scheerder 等(2017)指出,互联网接入和使用方面的明显差异可能引发经济增长和社会发展的不平等,通信技术在给经济发展较快地区带来红利的同时,不一定能给发展较慢地区带来相同程度的红利。但不少研究表明,数字经济的发展有助于促进经济的包容性增长,如 Burgess 和 Pande(2005)证实,数字技术发展通过降低金融服务成本等途径,显著缩小了城乡居民收入差距。

2. 数字鸿沟与居民层面的不平等问题。从居民层面来看,数字不平等的溢出性影响主要体现在居民收入、金融投资、社会福利等方面。

首先，在居民收入方面，数字不平等对居民收入的溢出性影响主要是通过改变居民就业或创业的便利性来实现的，对于掌握互联网技能的部分居民来说，就业选择变得更加丰富，创业成本也显著降低。Forman等（2012）通过考察1995—2000年美国互联网投资与县级工资增长之间的关系，发现地区互联网覆盖的不均衡可能拉大地区间的收入差距，造成更大程度的收入不平等。实际上，随着互联网普及率和渗透率的不断增加，居民收入和教育水平不断提升，处于数字鸿沟中"弱势群体"的一方也开始逐渐熟练互联网技能并使用互联网获得超额收益。

其次，在金融投资方面，数字不平等对居民投资的溢出性影响主要通过拓宽金融服务渠道、改变金融服务成本来实现，互联网技能熟练的人群能够更加方便地进行金融投资。互联网、移动设施等数字工具一方面能够创新服务渠道、降低服务成本，使更多消费企业、贫困和低收入人群公平地获得金融服务；另一方面能够有效解决地理排斥，使远距离资金供需双方实现对接。Bogan（2008）通过研究互联网使用对家庭股票投资参与的影响发现，互联网技能显著提高了家庭参与股票投资的概率。Liang和Guo（2015）将互联网看成一种信息渠道，研究发现通过互联网能够更好地对接资金的供需双方。

最后，在社会福利方面，数字不平等对居民福利的溢出性影响主要在于数字经济中的互联网技能具有正外部性，居民能够享受其带来的便捷且低成本的服务。Steinfield等（2008）研究发现，使用Facebook能够增加社会的互动交流，促进个人社会资本的积累，显著提升居民的主观幸福感。Graham和Nikolova（2013）的研究也表明，使用手机、电视机、电脑等新兴信息技术对居民主观福利具有显著促进作用。但是，处于数字鸿沟中的"弱势群体"可能由于互联网技能不熟练而无法享受数字经济带来的"信息福利"。正如Philip等（2017）所指出的，在不断发展的数字化社会中，地域间的数字鸿沟现象限制了农村地区人群充分利用数字化技术带来的便利性。Mumporeze和Prieler（2017）则发现，互联网技术的可得性和使用技能上的性别差异增加了女性在教育、就业、卫生等生活中的性别不平等现象。

3. 数字鸿沟与企业层面的不平等问题。从企业层面来看，数字不平等的溢出性影响主要体现在生产能力、协同合作、创新能力等方面。

首先，在生产能力方面，数字化技术降低了企业的生产成本、信息交流成本和交易成本，扩大了交易规模并优化资源配置，从而提高企业生产率（Mouelhi，2009；Hellmanzik & Schmitz，2015）。Clarke 等（2015）以 100 多个发展中国家的企业为样本进行实证分析，发现当互联网在更大程度上被使用或企业使用互联网更频繁时，企业的生产率和利润增长率均会得到提高，且这些影响在规模较小的企业中更加明显。当部分企业未能将传统生产模式与数字化技术有效结合时，其生产率可能在整个市场中逐渐处于落后位置，从而形成"生产数字鸿沟"。

其次，在协同合作方面，数字化技术降低了企业与上下游供应商之间、企业与消费者之间的搜寻、匹配和交流成本以及物流运输成本等，从而增强了企业之间的协同与合作（Mourtzis，2011）。Susanty 等（2016）从家具行业出发探讨了以数字化技术为基础的地理信息系统如何影响行业供应链问题，研究发现，当企业自身数字化程度较低时，其在整个产业链中的地位、作用可能会下降，与消费者之间的搜寻、匹配和交流成本则会上升，这不利于数字化社会中企业的长期发展。

最后，在创新能力方面，互联网技术显著提升了企业的创新能力，推动传统企业的数字化转型升级。Kaufmann 等（2003）证实，互联网对企业创新网络空间的延展具有显著的正向作用，并在澳大利亚、欧洲甚至全球层面得到验证。Mayer 等（2014）也发现，互联网强大的信息搜索功能使产品供求信息更加透明，促使企业淘汰低竞争力旧产品、增加高竞争力新产品，形成资源在企业内产品间的重新配置，进而促进企业创新投入和产出，提升创新能力。研究表明，不同类型、不同规模、不同行业中的企业数字化程度不尽相同，从而受互联网影响的创新提升能力也不同。

4. 数字鸿沟与政府层面的不平等问题。从政府层面来看，数字不平等的溢出性影响主要体现在一国内部的电子政务实施和国家之间的税基侵蚀与利润转移（BEPS）两方面。

首先，在电子政务方面，随着数字技术的发展，电子政务已成为政府与居民互动的新方式，电子政务提升了公共部门的响应能力、效率和透明度，但由于数字鸿沟现象的存在，数字化水平较低地区的电子政务发展较慢，并且电子政务带来的便利性可能并未普及每一位公民。Bélanger 和

Carter（2009）指出，若居民能以更小的成本获得政府服务和信息，政府的责任感和居民的主观幸福感均会增加，但互联网的收入、教育程度、使用年龄、使用频率的不均衡会对电子政务服务产生负向影响。Abu-Shanab 和 Khasawneh（2014）也认为，由于部分居民难以接触到互联网或没有掌握互联网技能，电子政务发展缓慢。

其次，在税基侵蚀和利润转移方面，数字经济对传统经济体系下建立的国际税收体制造成较大冲击，在国家之间出现税基侵蚀和利润转移行为（Fronda，2014）。综合现有文献，数字经济对传统税收规则的冲击主要在于税收管辖权的划分问题，具体体现在：一是新商业模式的流动性、无形性、隐匿性造成一国居民身份难以确定；二是常设机构标准难以使用及利润归属难以确定；三是少数大型科技跨国公司运用数字化工具合法避税。由于不同国家数字经济发展水平存在差异，居民互联网覆盖和使用存在较大差距，发达国家往往对数字经济的税收冲击作出较为充分的应对，制定了较为详尽的数字跨境税收规则，而发展中国家往往较为被动。这使数字经济发展较慢、数字税收规则空白的国家更容易受到税基侵蚀和利润转移的影响，从而增加全球财政税收的不平等程度。

5. 数字机会不平等的影响。除数字鸿沟现象外，数字不平等还包括由数字鸿沟引致的机会不平等现象，其中主要包括就业或创业机会、投资机会、受教育机会及生活参与机会等方面的不平等，数字机会不平等所造成的影响主要表现在以下几方面。

首先，在就业或创业机会方面，处于数字鸿沟"优势"一方可以通过各种数字化方式为自身带来就业或创业机会，进而提升家庭收入和消费，而"劣势"一方虽然也可以通过学习数字技能，增加自身的就业或创业机会，但数字技能掌握较差的群体可能无法很好地利用数字技术进行就业或创业。因此，这种机会的不平等可能拉大群体间的收入差距。

其次，在投资机会方面，数字技术为较好掌握数字技能的群体提供了更多的资本增值机会（Robinson et al.，2015）。因此，处于数字鸿沟"优势"一方可以充分利用数字技术带来的投资机会，获得较多的红利收益或再投资，而"劣势"一方可能受到一定的投资排斥。

再次，在受教育机会方面，数字鸿沟也会带来受教育机会的不平等，主要体现在网络课程、在线教育参与的不平等方面。例如，Martinez（2020）研究表明，在新冠疫情期间，全球数字教育获得了快速发展，"优势"一方的学生群体可以通过参与线上课程等方式来实现与线下教育同样的学习效果。相比之下，处于贫困、残疾等状态下的不能较好利用数字技术的学生则在数字教育中处于不利地位，因此数字教育可能加剧文化教育层面的不平等。

最后，在生活参与机会方面，数字鸿沟还可能带来生活参与的不平等，主要体现在老年人、低受教育程度群体被数字化社会排斥，从而不能正常参与社会生活的现象。例如，Zheng 和 Walsham（2021）研究发现，老年人、低受教育程度群体因为受教育程度较低、接受并熟练使用更新换代快的数字设备的能力较弱，可能被逐渐发展成熟的信息化社会所排斥，主要体现在数字支付、数字出行、数字医疗等方面，而数字社会参与度的降低可能造成老年人、低受教育程度群体的幸福感降低和社会福利减少。此外，Frydman 等（2022）研究发现，并非所有患者都能平等地享受远程在线医疗的服务，比如患有严重疾病的老年人，由于视觉、听觉、认知、技能等层面的障碍，通常被在线医疗所排斥，这可能会扩大医疗健康不平等程度。

6. 数字结果不平等的影响。数字鸿沟引致的结果不平等范围较广，主要可以归纳为经济层面的不平等和社会层面的不平等。然而，目前理论界对数字结果不平等的影响关注极少，原因在于经济和社会层面的不平等的驱动因素是多维的，数字鸿沟仅是其中之一。厘清仅由数字鸿沟引致的结果不平等并分析其产生的溢出性影响具有较大难度。值得关注的是，van Dijk（2017）建立了一套循环因果理论，认为社会中的绝对不平等导致资源分配不均，进而造成数字技术获取和使用的不平等，由此导致社会参与的不平等。而社会参与的不平等又进一步加剧了社会绝对不平等和资源的不平等分配，从而形成了一种闭合关系，即数字鸿沟引致的机会和结果的不平等加剧了社会绝对不平等和资源的不平等分配，最终作为新的驱动因素再次扩大数字鸿沟，引起新的数字不平等。

## 四 数字不平等的治理

数字经济的发展显著提升了宏观层面的经济增长，数字化技术也对社会"弱势群体"产生了一定程度的普惠性。但是,数字化技术接入和使用的不均等也催生了社会中新型的不平等问题。社会中固有的机会不平等现象是形成不同地区、不同群体间数字鸿沟的主要原因,但数字鸿沟现象反过来又进一步加剧了社会中的机会不平等,从而影响到数字经济对居民、企业、政府带来的"信息红利"(van Dijk,2017)。对此,政府部门应采用有效政策缩小不同地区、群体间的数字鸿沟程度,缓解数字不平等对经济社会发展带来的负向影响,这已成为数字化时代降低和消除社会不平等的新任务。下面分别从居民、企业和政府三个层面对数字不平等治理的研究进行归纳和评述。

### (一)居民层面

数字鸿沟是形成数字不平等的直接原因,而一级数字鸿沟又是数字鸿沟中最基础的等级。对于 ICT 基础设施建设较为完善的地区,数字化接入已不再是形成数字鸿沟的重要因素(Riddlesden & Singleton,2014)。不过,中国互联网络信息中心发布的第 49 次《中国互联网发展状况统计报告》显示,中国网民城乡结构中城镇地区和农村地区的互联网普及率分别为 81.3% 和 57.6%,二者相差 23.7 个百分点,农村地区仍有超过 40% 的居民未能实现互联网覆盖,且城市内部也仍有近 20% 的居民未能接入互联网。因此,政府仍应关注互联网接入的一级数字鸿沟,应继续采取措施加强 ICT 基础设施建设,具体包括:继续提升互联网普及率、增加固定互联网宽带接入和光纤接入规模,加快研发推广低成本智能终端、增加接入互联网的设备数量,为数字鸿沟中诸如农民、老年人、贫困人群等"弱势群体"获取并使用数字工具提供消费补贴,等等。

除此以外,二级和三级数字鸿沟也是形成数字不平等现象的重要因素,而缺乏必要的数字技能是形成二级和三级数字鸿沟的关键(Robinson et al.,2015)。第 49 次《中国互联网发展状况统计报告》的数据显示,2021 年 12 月中国即时通信、网络视频(含短视频)的网民使用率分别为 97.5% 和 94.5%,搜索引擎、网络新闻、网络购物、网络支付、网络音乐的网民使用率也均超过 70%,但对于在线医疗、远程办公和互联网理财等互联网技能的网民使用率却较低,分别为 28.9%、45.4% 和 18.8%。这表明,使用互联网的群体中对数字素养较高、知识水平要求较高的互联网应用的使用率仍较低。因此,政府应不断强化互联网教育,对知识水平低、认知能力差、数字素养低的群体进行专业培训。同时,还应注重高阶互联网技能的培训,推动中国居民跨越二级和三级数字鸿沟。

实际上,经济因素是数字不平等形成的最主要原因,教育因素和年龄因素是在经济因素之后的两个主要因素(DiMaggio et al.,2004)。对于农村居民、受教育水平较低、老年人群体而言,由于自身知识水平、数字技能素养较低、对更新换代较快的数字设备接受较慢等原因,在数字鸿沟中处于"弱势"地位,从而无法充分参与到数字化社会中,享受数字经济带来的"信息福利"(Zhao et al.,2014)。长期来看,缓解数字不平等现象的关键在于消除数字鸿沟的成因。因此,政府应抓住数字不平等形成的根本原因,重点解决不同地区、不同群体内部的收入不平等和教育不平等问题,对处在数字鸿沟中的"弱势"群体进行精准帮扶。比如,对贫困和偏远地区居民建立起长期的、有效的增收机制,促进不同地区间的教育公平、提升教育质量,对老年人、残疾人等"弱势"群体进行数字技能的普及与培训,提高老年人、残疾人等群体对数字化社会的参与度。

### (二) 企业层面

从企业层面看,数字技术能够有效降低生产成本,提高生产率(Hellmanzik & Schmitz,2015),并通过降低企业与供应商、消费者之间的搜寻、匹配和交流成本,增强企业之间的协同与合作,显著提升企业的创新能力(Mourtzis,2011)。传统企业的数字化成为一种必然趋势,但由于不同行业性质和行业内部数据资源、技术的不平衡配置,传统企业是否能够与数字化技术有效融合、融合程度以及融合后的收益,决定了相关企业数字化程度及在数字不平等结构中的地位。相关部门应努力促进数字化技术与传统产业的深度融合,不断推动"产业数字化"的发展,通过数字技术在经济上的正外部性对传统企业的生产、销售、运营、创新产生一定的带动效应,不断推动传统企业的数字化转型。当前比较有意义的尝试包括:数字化技术与传统医疗结合形成精准医疗,通过大数据、人工智能等数字化技术,对患者进行远程、精准服务,有效解决"看病贵、看病难"问题（van Deursen, 2020）；数字化技术与传统教育结合形成线上教学、培训，有效解决地理排斥，降低学习成本，提高教育公平，为民众提升人力资本提供便利（Martínez, 2020）。

此外，在企业数字化过程中，数字技术可能对生产工人产生一定的替代作用，这种替代效应使生产中的附加值下降，而生产前和生产后的附加值相对增加（Mayer, 2018），因此，企业数字化可能改变企业内部雇佣结构，形成人工成本的极化效应，造成生产工人和非生产工人间参与机会的不平等。企业应注意生产部门人工成本份额下降的态势，积极保障生产工人的福利。相关政府部门也应重视短期失业人员的转岗工作，加大对从业人员、择业人员的数字技能培训工作，还应拓展就业模式，鼓励柔性就业。

### （三）政府层面

从政府层面来看，数字技术与政府公务融合形成的电子政务已成为政府办公、政府与居民互动的新方式，电子政务提升了公共部门的响应能力、效率和透明度（Bélanger & Carter, 2009; Abu-Shanab & Khasawneh, 2014）。但不同地区政府的数字化能力不同可能会影响电子政务办公的实际效果，从而影响政策传达和实施的效果。对此，有关部门应积极加强数字政府建设，推动政府办公与数字技术相结合，尤其是对于偏远、贫困地区，其经济发展较为落后，整体数字化水平较低，更需要上级政府或其他数字化水平较高地区的政府进行精准帮扶，提高其政务数字化水平。从国际上看，政府有关部门和学术机构还应积极加强与国外政府部门、学术机构、国际组织的交流与合作，为全球数字不平等的治理作出贡献。特别是针对伴随数字经济发展而不断涌现的新型 BEPS 行为，各国应积极研究、商讨、制定国际统一的数字跨境征税政策，以保护全球各经济体的税收，保证其内部税基不被侵蚀（Fronda, 2014）。

## 五 总结与展望

人类社会正在经历一场深刻的数字化变革，数字化技术分布不均衡带来的数字不平等问题越来越受到关注。基于数字经济发展现状，结合数字鸿沟对经济社会产生的溢出性影响，数字不平等的内涵可概括为，数字鸿沟现象及其引致的参与机会和结果的不平等。研究人员从地区层面和群体层面对数字不平等测度问题进行了探索，所用方法主要包括ICT指数法、不平等指标法和计量模型方法。数字不平等现象的产生有着深刻的社会经济根源，主要体现在物质资本差异、人力资本差异、社会资本差异和政府干预等方面。数字经济促进了经济增长，已成为一国或地区高质量发展的主要动力源，但数字不平等的加剧可能导致地区经济增长的不均衡，加剧居民收入、消费、就业或创业、金融投资、受教育机会、福利与幸福感等方面的不平等，增加企业生产、协同合作、转型、创新等方面的不平等，加剧国家内部电子政务覆盖与实施的不平等以及国家（地区）间的税基侵蚀和利润转移行为。因此，有关部门应高度重视对数字不平等的治理。在数字经济时代，有关部门应科学制定各项政策以缩小地区、群体之间的社会不平等程度，充分发挥数字化技术的"普惠效应"，确保不同地区、企业和居民公平享受到数字经济带来的"信息红利"，实现包容性增长和共享式发展。

研究人员针对数字不平等的内涵、测度等方面的研究已取得了一定成果，但未来还应进一步拓展，重点包括以下三个方面。

1. 数字不平等内涵有待丰富。现有文献对数字不平等的定义多限于互联网技术接入和使用不均衡的数字鸿沟现象。但是随着数字经济的不断发展，人工智能、大数据、区块链等新型数字化技术迅速发展，数字化社会正在形成，数字不平等的定义也应紧跟时代背景加以拓展，形成一个较为科学、全面、系统的研究框架。实际上，数字不平等在内涵上应注意和数字鸿沟概念的差别，而与社会固有的不平等现象结合起来。由ICT接入使用不均衡导致不同地区、不同群体间的机会不平等和结果不平等也应纳入数字不平等的范畴。

2. 数字不平等测度的数据基础薄弱，有待强化。数字不平等是数字化发展背景下产生的新问题，基础数据不足是制约数字不平等测度的最大问题。首先，由于新型数字化技术的不断涌现，早期通过地区内部的互联网覆盖率、移动设备使用率、固定宽带接入率等宏观指标测算数字化技术使用差异的方法，可能由于数字技术的更新换代而不能准确刻画当前数字不平等的程度，必须根据数字不平等的广义内涵建立全面、系统的测算框架。其次，由于统计数据的缺失，当前测算的范围主要是国家间和省份间，对于地市、区县、村庄级别等更细化范围的数字不平等考察较少，现有的微观普查或抽样调查数据对数字不平等现象关注不足，调查问卷中设置的相关问题较少。

3. 数字不平等影响研究仍需拓展。现有文献多关注数字鸿沟的测度及其成因的探讨，对数字鸿沟引致的机会不平等和结果不平等问题考察较少，而这种数字机会不平等和结果不平等产生的溢出性影响更是罕有研究。因此，未来要拓展对数字不平等的溢出性影响研究，从不同层面、不同视角、不同领域全面考察数字不平等对地区、政府、企业、居民的影响路径与机制，明确数字不平等的内涵演进情况。

当前，中国正处于快速的数字化转型过程中，随着 ICT 基础设施逐渐趋于完善，一级数字鸿沟显著缩小，而互联网技能和使用回报的二级、三级数字鸿沟影响不断扩大（许竹青等，2013）。不少学者研究证实，数字不平等对中国居民的家庭收入影响显著，缩小数字鸿沟有助于降低收入不平等。例如，尹志超等（2021）从"可及性"和"使用度"两个维度出发，基于是否拥有电子计算机、是否拥有智能手机、是否有宽带覆盖、是否使用互联网、是否电子支付五个指标构建数字鸿沟综合指数，证实数字鸿沟显著降低家庭总收入，对不同类型收入均有负向影响。邱泽奇等（2016）从"红利差异"视角，通过不同地区互联网基础设施及以淘宝平台为代表的电子商务差异，分析了互联网技术对中国居民收入带来的超额收益差异，发现数字接入鸿沟的缩小有助于居民将以往投入的各类资产在网络上转化为有差别的、组合性的互联网资本并从中获益。程名望和张家平（2019）则发现，互联网普及对城乡收入差距的影响呈现先增加后降低的"倒 U"形趋势，微观层面上互联网的使用对农村居民的收入效应要大于城镇居民，使城乡居民收入差距缩小。因此，进入数字经济时代后，关注数字化转型带来的各种不平等问题，加强数字不平等的治理，积极提升数字鸿沟中"弱势"一方的数字化技能，缩小由数字鸿沟现象加剧的收入及社会不平等，有助于促进中国经济社会发展的"效率与公平"，推动实现共同富裕。

**参考文献**

［美］阿尔温·托夫勒：《权利的转移》，中信出版社 2006 年版。

程名望、张家平：《互联网普及与城乡收入差距：理论与实证》，《中国农村经济》2019 年第 2 期。

邱泽奇、张樹沁、刘世定、许英康：《从数字鸿沟到红利差异——互联网资本的视角》，《中国社会科学》2016 年第 10 期。

许竹青、郑风田、陈洁：《"数字鸿沟"还是"信息红利"？信息的有效供给与农民的销售价格——一个微观角度的实证研究》，《经济学（季刊）》2013 年第 4 期。

尹志超、蒋佳伶、严雨：《数字鸿沟影响家庭收入吗》，《财贸经济》2021 年第 9 期。

Abu-Shanab, E. & R. Khasawneh (2014), "E-government Adoption: The Challenge of Digital Divide Based on Jordanian's Perceptions", *Theoretical and Empirical Researches in Urban Management* 9 (4): 5-19.

Agarwal, R. et al. (2009), "Social Interactions and the 'Digital Divide': Explaining Regional Variations in Internet Use", *Information Systems Research* 20 (2): 277-294.

Aker, J. C. & I. M. Mbiti (2010), "Mobile Phones and Economic Development in Africa", *Journal of Economic Perspectives* 24 (3): 207-232.

Albuja, J. et al. (2015), "Technological GINI: A Study of the Inequality in Ecuador", in: 2015 Second International Conference on E-Democracy & E-Government (ICEDEG), pp. 133-137, IEEE.

Bélanger, F. & L. Carter (2009), "The Impact of the Digital Divide on E-government Use", *Communications of the ACM* 52 (4): 132-135.

Billón, M. et al. (2010), "Differences in Digitalization Levels: A Multivariate Analysis Studying the Global Digital Divide", *Review of World Economics* 146 (1): 39-73.

Bogan, V. (2008), "Stock Market Participation and the Internet", *Journal of Financial and Quantitative Analysis* 43 (1): 191-211.

Burgess, R. & R. Pande (2005), "Do Rural Banks Matter? Evidence from the Indian Social Banking Experiment", *American Economic Review* 95 (3): 780-795.

Chen, C. & A. Ye (2021), "Heterogeneous Effects of ICT Across Multiple Economic Development in Chinese Cities: A Spatial Quantile Regression Model", *Sustainability* 13 (2): 1-13.

Chinn, M. D. & R. W. Fairlie (2007), "The Determinants of the Global Digital Divide: A Cross-Country Analysis of Computer and Internet Penetration", *Oxford Economic Papers* 59 (1): 16-44.

Chinn, M. D. & R. W. Fairlie (2010), "ICT Use in the Developing World: An Analysis of Differences in Computer and Internet Penetration", *Review of International Economics* 18 (1): 153-167.

Clarke, G. R. et al. (2015), "The Internet as a General-Purpose Technology: Firm-Level Evidence from Around the World", *Economics Letters* 135 (7): 24-27.

Cooper, J. (2006), "The Digital Divide: The Special Case of Gender", *Journal of Computer Assisted Learning* 22 (5): 320-334.

Dewan, S. & F. J. Riggins (2005), "The Digital Divide: Current and Future Research Directions", *Journal of the Association for Information Systems* 6 (12): 298-337.

DiMaggio, P. & E. Hargittai (2001), "From the 'Digital Divide' to 'Digital Inequality': Studying Internet Use as Penetration Increases", Princeton University, Center for Arts and Cultural Policy Studies Working Paper, No. 15.

DiMaggio, P. & F. Garip (2012), "Network Effects and Social Inequality", *Annual Review of Sociology* 38 (1): 93-118.

DiMaggio, P. et al. (2004), "From Unequal Access to Differentiated Use: A Literature Review and Agenda for Research on Digital Inequality", in: K. M. Neckerman (ed), *Social Inequality*, Russell Sage Foundation.

Elena-Bucea, A. et al. (2021), "Assessing the Role of Age, Education, Gender and Income on the Digital Divide: Evidence for the European Union", *Information Systems Frontiers* 23 (4): 1007-1021.

European Commission (2012), "Determinants of Internet Use Frequency", Retrieved from http://epp. eurostat. ec. europa. eu/statistics _ explained/index. php/Determinants_ of_ Internet_ use_ frequency.

Fidan, H. (2016), "Measurement of the Intersectoral Digital Divide with the Gini Coefficients: Case Study Turkey and Lithuania", *Engineering Economics* 27 (4): 439-451.

Forman, C. et al. (2012), "The Internet and Local Wages: A Puzzle", *American Economic Review* 102 (1): 556-575.

Friemel, T. N. (2016), "The Digital Divide Has Grown Old: Determinants of a Digital Divide Among Seniors", *New Media & Society* 18 (2): 313-331.

Fronda, A. (2014), "BEPS and the Digital Economy: Why is It so Taxing to Tax", *International Tax Review* 25 (6): 1-3.

Frydman, J. L. et al. (2022), "The Digital Divide: Do Older Adults with Serious Illness Access Telemedicine?", *Journal of General Internal Medicine* 37 (4): 984-986.

Goldfarb, A. & J. Prince (2008), "Internet Adoption and Usage Patterns are Different: Implications for the Digital Divide", *Information Economics and Policy* 20 (1): 2-15.

Graham, C. & M. Nikolova (2013), "Does Access to Information Technology Make People Happier? Insights from Well-Being Surveys from Around the World", *Journal of Socio-Economics* 44 (3): 126-139.

Hargittai, E. (2005), "Survey Measures of Web-oriented Digital Literacy", *Social Science Computer Review* 23 (3): 371-379.

Hellmanzik, C. & M. Schmitz (2015), "Virtual Proximity and Audiovisual Services Trade", *European Economic Review* 77 (5): 82-101.

International Telecommunication Union (ITU) (2006), *World Telecommunication/ICT Development Report* 2006: *Measuring ICT for Social and Economic Development*, https://www. itu. int/pub/D－IND－WTDR－2006/en.

International Telecommunication Union (ITU) (2017), *Measuring the*

*Information Society Report* 2017: Vol. 1, https://www.itu.int/en/ITU-D/Statistics/Pages/publications/mis2017.aspx.

Kahin, B. & J. Keller (2010), *Public Access to the Internet*, U.S. Department of Commerce Press.

Katz, R. L. & P. Koutroumpis (2013), "Measuring Digitization: A Growth and Welfare Multiplier", *Technovation* 33 (10-11): 314-319.

Kaufmann, A. et al. (2003), "Effects of the Internet on the Spatial Structure of Innovation Networks", *Information Economics and Policy* 15 (3): 402-424.

Krishnan, S. et al. (2017), "Determinants of Electronic Participation and Electronic Government Maturity: Insights from Cross-country Data", *International Journal of Information Management* 37 (4): 297-312.

Lee, B. et al. (2011), "Age Differences in Constraints Encountered by Seniors in Their Use of Computers and the Internet", *Computers in Human Behavior* 27 (3): 1231-1237.

Liang, P. & S. Guo (2015), "Social Interaction, Internet Access and Stock Market Participation—An Empirical Study in China", *Journal of Comparative Economics* 43 (4): 883-901.

Ma, W. et al. (2020), "Impact of Internet Use on Economic Well-Being of Rural Households: Evidence from China", *Review of Development Economics* 24 (2): 503-523.

Martin, S. P. (2003), "Is the Digital Divide Really Closing? A Critique of Inequality Measurement in a Nation Online", *IT & Society* 1 (4): 1-13.

Martínez, E. (2020), "Pandemic Shakes up World's Education Systems", *Right to Education Initiative* 4 (2): 1-12.

Mayer, J. (2018), "Digitalization and Industrialization: Friends or Foes?", UNCTAD Research Paper, No. 25.

Mayer, T. et al. (2014), "Market Size, Competition, and the Product Mix of Exporters", *American Economic Review* 104 (2): 495-536.

Montagnier, P. & A. Wirthmann (2011), "Digital Divide: From

Computer Access to Online Activities—A Micro Data Analysis", OECD Digital Economy Papers, No. 189.

Mouelhi, R. B. A. (2009), "Impact of the Adoption of Information and Communication Technologies on Firm Efficiency in the Tunisian Manufacturing Sector", *Economic Modelling* 26 (5): 961-967.

Mourtzis, D. (2011), "Internet Based Collaboration in the Manufacturing Supply Chain", *CIRP Journal of Manufacturing Science and Technology* 4 (3): 296-304.

Mumporeze, N. & M. Prieler (2017), "Gender Digital Divide in Rwanda: A Qualitative Analysis of Socioeconomic Factors", *Telematics and Informatics* 34 (7): 1285-1293.

Nishijima, M. et al. (2017), "Evolution and Determinants of Digital Divide in Brazil (2005-2013)", *Telecommunications Policy* 41 (1): 12-24.

Organization for Economic Co-Operation and Development (OECD) (2001), "Understanding the Digital Divide", http://www.oecd.org/sti/ieconomy/understandingthedigitaldivide.htm.

Pantea, S. & B. Martens (2013), "Has the Digital Divide Been Reversed? Evidence from Five EU Countries", Institute for Prospective Technological Studies Digital Economy Working Paper, No. 2013/06.

Peacock, S. E. & H. Künemund (2007), "Senior Citizens and Internet Technology", *European Journal of Ageing* 4 (4): 191-200.

Philip, L. et al. (2017), "The Digital Divide: Patterns, Policy and Scenarios for Connecting the 'Final Few' in Rural Communities across Great Britain", *Journal of Rural Studies* 54 (6): 386-398.

Riddlesden, D. & A. D. Singleton (2014), "Broadband Speed Equity: A New Digital Divide?" *Applied Geography* 52 (4): 25-33.

Robinson, L. et al. (2015), "Digital Inequalities and Why They Matter", *Information, Communication & Society* 18 (5): 569-582.

Scheerder, A. et al. (2017), "Determinants of Internet Skills, Uses and Outcomes. A Systematic Review of the Second-and Third-level Digital Divide", *Telematics and Informatics* 34 (8): 1607-1624.

Selhofer, H. & T. Hüsing (2002), "The Digital Divide Index—A Measure of Social Inequalities in the Adoption of ICT", in: *Proceedings of the Xth European Conference on Information Systems*, ECIS.

Selwyn, N. (2004), "Reconsidering Political and Popular Understandings of the Digital Divide", *New Media & Society* 6 (3): 341-362.

Selwyn, N. et al. (2003), "Older Adults'use of Information and Communications Technology in Everyday Life", *Ageing & Society* 23 (5): 561-582.

Sicherl, P. (2002), "The Time Distance Among Selected EU and Candidate Countries", in: 10th General Conference of European Association of Development Institutes, Sept 19-21, Ljubljana.

Song, Z. et al. (2019), "Spatial-Temporal Characteristics and Determinants of Digital Divide in China: A Multivariate Spatial Analysis", *Sustainability* 11 (17): 1-21.

Steinfield, C. et al. (2008), "Social Capital, Self-esteem, and Use of Online Social Network Sites: A Longitudinal Analysis", *Journal of Applied Developmental Psychology* 29 (6): 434-445.

Susanty, A. et al. (2016), "Improving Green Supply Chain Management in Furniture Industry Through Internet Based Geographical Information System for Connecting the Producer of Wood Waste with Buyer", *Procedia Computer Science* 83 (6): 734-741.

Szeles, M. R. (2018), "New Insights from a Multilevel Approach to the Regional Digital Divide in the European Union", *Telecommunications Policy* 42 (6): 452-463.

USDOC (2002), "A Nation Online: How Americans are Expanding Their Use of the Internet", Washington D. C.: U. S. Department of Commerce, Economics and Statistics Administration. Available at: http://ferret.bls.census.gov/.

van Deursen, A. J. & E. J. Helsper (2018), "Collateral Benefits of Internet Use: Explaining the Diverse Outcomes of Engaging with the Internet", *New Media & Society* 20 (7): 2333-2351.

van Deursen, A. J. & J. A. van Dijk (2014), "The Digital Divide Shifts to Differences in Usage", *New Media & Society* 16 (3): 507-526.

van Deursen, A. J. & J. A. van Dijk (2019), "The First-Level Digital Divide Shifts from Inequalities in Physical Access to Inequalities in Material Access", *New Media & Society* 21 (2): 354-375.

van Deursen, A. J. (2020), "Digital Inequality During a Pandemic: Quantitative Study of Differences in COVID-19-Related Internet Uses and Outcomes Among the General Population", *Journal of Medical Internet Research* 22 (8): e20073.

van Deursen, A. J. et al. (2021), "Digital Inequalities in the Internet of Things: Differences in Attitudes, Material Access, Skills, and Usage", *Information, Communication & Society* 24 (2): 258-276.

van Dijk, J. A. (2005), *The Deepening Divide: Inequality in the Information Society*, SAGE Publications.

van Dijk, J. A. (2017), "Digital Divide: Impact of Access", *The International Encyclopedia of Media Effects* 8 (3): 1-11.

Várallyai, L. et al. (2015), "Statistical Analyses of Digital Divide Factors", *Procedia Economics and Finance* 19 (15): 364-372.

Vicente, M. R. & A. J. López (2011), "Assessing the Regional Digital Divide Across the European Union - 27", *Telecommunications Policy* 35 (3): 220-237.

Wasserman, I. M. & M. Richmond-Abbott (2005), "Gender and the Internet: Causes of Variation in Access, Level, and Scope of Use", *Social Science Quarterly* 86 (1): 252-270.

Wei, K. K. et al. (2011), "Conceptualizing and Testing a Social Cognitive Model of the Digital Divide", *Information Systems Research* 22 (1): 170-187.

Wilson, C. K. et al. (2019), "Measuring Digital Inequality in Australia: The Australian Digital Inclusion Index", *Journal of Telecommunications and the Digital Economy* 7 (2): 102-120.

Zhao, F. et al. (2014), "A Multidimensional and Integrative

Approach to Study Global Digital Divide and E-Government Development", *Information Technology & People* 27（1）：38-62.

Zheng, Y. & G. Walsham（2021）, "Inequality of What? An Intersectional Approach to Digital Inequality Under Covid-19", *Information and Organization* 31（1）：100341.

（原载《经济学动态》2022年第4期）

# 数字经济对就业影响研究进展

王春超 聂雅丰

## 一 引言

人类社会正在由工业时代进入以数字化为主要标志的新阶段，数字经济的内涵不断扩展延伸。Tapscott（1996）较早提出"数字经济"概念，认为数字经济阐明了新经济、新业务和新技术之间的关系，并强调互联网作为基础设施的重要性，但未明确给出定义。美国商务部自1998年开始连续三年发布《新兴的数字经济》报告，将 IT 支持的经济活动纳入定义，"数字经济"概念开始在全社会广泛使用。随着互联网的商业化应用，有机构和学者将电子商务等同于数字经济。例如，美国人口统计局将数字经济分为三部分，包括电子商务基础设施、电子商务流程和电子商务交易（Mesenbourg, 2001）。进入 21 世纪后，以云计算、大数据、人工智能、区块链等为代表的数字技术高速发展，对各类信息进行识别、存储、计算、分析和应用的方式发生了大变革，为数字经济发展提供强大支撑，极大地丰富了数字经济的内涵。经济合作与发展组织（OECD）将数字经济的概念界定为经济社会发展的数字化转型，构建了数字经济卫星账户并尝试编制供给使用表，以期全面系统地测度数字经济（Ahmad & Ribarsky, 2018）。美国商务部经济分析局（BEA）于2018年发布《定义和测度数字经济》研究报告，进一步指出数字经济主要指向互联网以及相关的信息通信技术，将其范围界定为数字基础设施、电子商务和数字媒体三个方面，并在此基础上对数字经济增加值进行测算（Barefoot et al., 2018）。也有研究从具体内容出发，将数字经济细分为三类：核心的数字经济部门，即生产数字产品和服务的 IT/ICT 部门；狭义的数字经济部门，扩展到数字服务、平台经济和共享经济等新兴商业模式；广义的数字经济部门，扩展到电子商务、算法经济和工业 4.0（Bukht & Heeks，2017）。2016 年，G20 杭州峰会发布《二十国集团数字经济发展与合作倡议》，提出数字经济是以使用数字化的知识和信息为关键生产要素、以现代信息网络为重要载体、以信息通信技术有效使用为效率提升和经济结构优化的重要推动力的一系列经济活动，该定义从要素、技术和设施三个方面揭示数字经济的关键特征。

从中国实践来看，国家互联网信息办公室发布的《数字中国发展报告（2021 年）》显示，2021 年中国数字经济规模达 45.5 万亿元，总量稳居世界第二位，占 GDP 比重为 39.8%，成为推动经济发展的主要引擎之一。党的二十大报告进一步明确提出建设数字中国，加快发展数字经济，促进数字经济和实体经济深度融合，打造具有国际竞争力的数字产业集群。国家统计局发布的《数字经济及其核心产业分类（2021）》从"数字产业化"和"产业数字化"两个方面确定了数字经济的范围。中国信息通信研究院（2020）在此基础上进一步拓展，定义数字经济为"四化"，即数字产业化、产业数字化、数字化治理和数据价值化。囿于数据可得性，在构建测算框架时只包括数字产业化和产业数字化两部分，将信息通信产业增加值加总得到数字产业化增加值，而产业数字化部分基于增长核算账户模型（KLEMS）进行推算。

数字经济引领的新一轮科技革命改变了现有的生产方式、消费方式和商业模式，同时为就业领域带来了新的机遇和挑战。一方面，数字经济作为一种新的经济形态，催生出大量新就业形态和就业方式。国家信息中心 2023 年发布的《中国共享经济发展报告（2023）》显示，平台型企业积极采用包括众包在内的灵活多样的用工形式，加强新就业群体的培训，已经成为稳就业的主要抓手。另一方面，数字技术革命在驱动经济转型发展过程中也会产生就业替代效应，以机器替换人工为主要方式的智能化生产技术的改造加快了对中低技能劳动力的替代，进而造成结构性失业（Autor & Dorn，2013）。数字经济对劳动力市场和就业的影响具有多维性、复杂性和动态性，国内外学界针对此开展了一系列研究并产生了较为丰富的成果。充分借鉴吸纳国外前沿成果，同时针对中国国情和场景特征开展深入研究，将有利于把握数字经济对就业影响的普遍规律和中国特点，对实现高质量充分就业目标具有重要的理论价值和现实意义。本文从就业总量、就业结构和就业质量三个方面深入剖析，重点聚焦数字经济对就业影响的相关文献，对现有文献进行总结、评述并提出研究展望，以期为进一步拓展相关研究提供思路借鉴。

## 二 数字经济对就业总量的影响

纵观人类社会数次技术革命，从机器刚出现时对手工劳动的替代，到复杂机器出现对体力劳动的大范围替代，劳动者知识和技能水平不断提高并向脑力劳动方向转变，每一次技术革命都表现为自动化程度的加深和对劳动过程的重塑。数字经济引领的新一轮技术革命在影响生产生活方式的同时，对劳动力市场产生巨大冲击和深远影响。其一，越来越多的工作可能被机器人和人工智能替代（Frey & Osborne，2017），形成替代效应；其二，数字经济发展显著提高生产效率，降低产品价格并增加有效需求，进而增加对劳动力的需求（Autor & Salomons，2018），产生补偿效应；其三，数字经济快速发展创造了大量新职业和新岗位（Bessen et al.，2018），产生了创造效应。学界围绕数字经济对就业总量的影响进行探讨并得出了不同的结论，本部分将围绕上述三种影响机制和综合影响效应评述现有文献。

### （一）数字经济对就业总量的影响机制

数字经济对就业总量的影响机制主要包括替代效应机制、补偿效应机制和创造效应机制，其中替代效应表现为就业岗位的减少，而补偿效应和创造效应增加了就业岗位，数字经济对就业总量的综合影响效应取决于三者的相对大小。

1. 替代效应机制。在技术进步过程中，机器对人的替代效应一直被关注和讨论。自动化进程的加速引发众多学者的担忧，认为新技术会使劳动力过剩（Brynjolfsson & McAfee，2014）。Acemoglu 和 Restrepo（2019）提出基于任务的框架来分析自动化对劳动力需求的影响，认为自动化技术影响了不同生产要素之间的任务分配，使资本在一系列任务中替代劳动力，产生就业替代效应。Frey 和 Osborne（2017）按照易受自动化影响的程度，将美国 702 种职业分为高风险、中风险和低风险三类，预测在未来 20 年有 47% 的美国工人存在因自动化快速发展而被替代的风险。Nedelkoska 和 Quintini（2018）基于国际成人能力评估调查（PIAAC）数据进一步将工作按照涉及的任务进行分类后发现，约有 14% 的工作面临自动化替代的高风险，32% 的工作由于受到自动化的影响，其执行方式和对技能的要求会发生改变。Zhou 等（2020）分析了人工智能对中国劳动力的替代程度，预计到 2049 年中国将有 2.78 亿劳动力被人工智能（AI）替代，占中国当前就业人数的 35.8%，并且人工智能对女性、老年、低教育和低收入劳动力的替代影响更大。数字经济是基于数字技术的新型经济形态，不仅是自动化程度的延续，而且呈现以人工智能为核心驱动的智能化特征，因此其可替代的就业范围呈现不断扩大的趋势，从对中低端、体力劳动的替代扩展至对中高端和脑力劳动的替代，就业岗位将进一步减少。

2. 补偿效应机制。补偿效应本质上是一种生产率效应，是指数字经济通过互联网、人工智能、区块链和云计算等数字技术应用显著提高生产效率（Tranos et al.，2021），使生产规模扩大和有效需求增加，进而增加对劳动力的需求。Gregory 等（2016）基于欧洲 27 个国家的数据研究发现，技术变革对劳动力的影响渠道不仅包括资本对劳动的直接替代效应，还包括通过产品需求和溢出效应引致的劳动力补偿效应。Aghion 等（2020）也验证了就业补偿效应机制，发现自动化程度提高有利于企业提高销售额和扩大生产规模，进而增加就业岗位。综上，数字经济的就业补偿效应机制可以归纳为如下三个方面：首先是"价格效应"，随着数字技术的广泛应用，自动化和智能化生产降低了生产成本和产品价格，进而增加消费者对相关产品的需求，扩大该行业生产规模，从而增加就业岗位（Autor & Salomons，2018）；其次是"溢出效应"，生产效率提高使生产成本和产品价格降低，增加了消费者实际收入，增加了对其他行业或部门产品的需求，扩大了相关行业或部门的生产规模并增加了就业岗位（Herrendorf et al.，2013）；最后是"规模效应"，产业数字化转型本质上提高了生产效率，降低了企业生产经营成本，从而自发地扩大生产规模，表现为所有行业对劳动力需求的增加

(Acemoglu & Restrepo, 2020)。

3. 创造效应机制。数字经济发展在替代劳动力的同时,也创造了大量新职业和新岗位。一方面,数字产业化的推进增加了对高端技术人才的需求,创造了人工智能工程技术人员、数据库运行管理员和工业互联网工程技术人员等新职业。另一方面,数字经济的发展催生出新业态和新模式,平台经济和共享经济的兴起突破了就业空间和时间限制,使就业形式更加灵活和多样化(Spreitzer et al., 2017),创造了网约车司机、外卖骑手和网络营销师等新职业,吸纳了大量因数字经济替代效应而失业的劳动力。一项基于美国劳动力市场的研究发现:与补偿效应相比,就业创造效应机制发挥的作用更强,新职业的出现解释了美国1980—2010年就业增长的一半左右(Acemoglu & Restrepo, 2018)。综上,数字经济依托数字技术发展和融合应用创造大量新岗位和新职业,成为新增就业机会的重要来源。

## (二)数字经济对就业总量的影响效应

从上述影响机制来看,数字经济对就业总量的影响存在不确定性,综合影响效应取决于替代效应、补偿效应和创造效应在动态平衡中如何发挥作用。既有研究分别得出了积极影响、消极影响和中性影响的观点。

1. 积极影响:数字经济的就业补偿效应和创造效应大于替代效应。在数字经济萌芽时期,互联网作为新兴技术在全球迅速普及,早期学者探讨了互联网对就业的影响。研究显示,互联网每摧毁一个工作岗位的同时能创造3.1个工作岗位,即就业创造效应大于替代效应(Nottebohm et al., 2012)。Avom 等(2021)考察了西非货币联盟国家采用信息和通信技术对就业的影响,每增加1%的信息通信技术应用,就会减少0.03%的中低技能工作岗位,同时创造0.05%的高技能工作岗位,最终产生净就业创造。Balsmeier 和 Woerter(2019)利用瑞士企业层面数据研究发现,基于机器的数字技术(3D打印、机器人和物联网)对就业具有正向净效应,而非机器数字技术(ERP、电子商务)对就业的影响不显著。Aghion 等(2020)利用法国制造业数据检验发现,自动化的生产率效应大于替代效应,整体上对就业具有促进作用。Koch 等(2021)使用西班牙1990—2016年的企业层面数据研究发现,采用机器人的企业在机器人使用的 4 年内产生了 20%—25% 的产出增长，并使就业机会以 10% 的速度增长。Cords 和 Prettner（2022）构建了具有技能异质性的劳动力市场搜寻匹配模型，在使用奥地利和德国的数据对模型进行校准后发现，采用机器人对低技能工作岗位数量的替代少于对其所创造的高技能工作岗位数量，使用澳大利亚和美国的数据则得出了相反的结论，但在考虑到工人内生技能获得后发现，机器人采用对四个国家的净就业效应均为正。

2. 消极影响：数字经济对就业的替代效应占主导地位。Acemoglu 和 Restrepo（2020）利用 1990—2007 年美国劳动力市场数据分析了自动化技术的影响，发现每 1000 名工人多 1 台机器人将使当地劳动力市场减少 6.2 名工人的就业。在考虑了行业之间溢出效应以及市场之间的贸易后发现，每 1000 名工人中增加 1 个机器人将减少 3.3 名工人的就业，即机器人使用对美国总就业产生负向影响。Aghion 等（2019）使用相同的方法研究了法国 1994—2014 年自动化对就业的影响，发现每 1000 名工人多 1 个机器人将导致就业人口比率下降 0.686 个百分点，多安装 1 个机器人会减少 10.7 个就业岗位。他们进一步考察了机器人对不同受教育水平群体就业的异质性影响，结果表明，机器人对受教育水平低的群体负向影响更大。这种异质性影响强调了教育的关键作用和公共政策的必要性，为缓解数字技术进步对就业的不利影响，公共政策应以提高教育水平和促进终身培训为目标。Chiacchio 等（2018）考察了六个欧盟国家工业机器人使用对就业的影响，发现就业替代效应占主导地位，每 1000 名工人增加 1 个机器人会使就业率降低 0.16—0.20 个百分点。Giuntella 等（2022）使用中国家庭追踪调查（CFPS）的研究也表明，机器人使用每增加 1 个标准差会导致中国劳动力参与率下降 1%，就业率就减少 7.5%。

3. 中性影响：数字经济对就业总量的影响不显著。Dauth 等（2017）使用 1994—2004 年德国劳动力就业数据与国际机器人联合会（IFR）数据相结合进行实证检验发现，机器人应用对就业总量的负向影响不显著。Graetz 和 Michaels（2018）使用 1993—2007 年 17 个国家的数据得出了一致的结论，使用机器人并未显著减少总就业人数。Arntz 等（2016）认为基于职业的分类方法会造成对自动化影响的高估，这是由于很多被归为高风险类的职业仍然包含大量难以自动化的任务，他们在考虑同一职业内任务的异质性后认为，数字化和自动化不太可能摧毁大量工作岗位。Acemoglu 等（2022a）在分析人工智能对美国劳动力市场的影响时发现，尽管人工智能技术的使用减少了企业的招聘人数，但从整体来看对就业的影响有限。以人工智能为主要代表的数字技术在减少一些就业岗位的同时创造了新职业和新岗位，在未来 10—20 年，整体上不会造成大范围失业，但在短期内对工人的再培训和使其向新岗位的过渡需要较大的社会成本（Bessen et al., 2018）。

既有研究在分析数字经济对就业总量的影响时得出了不同的结论，可能的原因包括如下两个方面：一方面，不同的数字技术可能会对生产率和就业产生不同的影响。上述研究分析了信息通信技术（Avom et al., 2021）、工业设备自动化（Aghion et al., 2020）、工业机器人（Acemoglu & Restrepo, 2020; Graetz & Michaels, 2018; Koch et al., 2021; Giuntella et al., 2022）以及 ERP、电子商务等非机器数字技术（Balsmeier & Woerter, 2019）对就业总量的影响，可能会导致研究结论不一致。另一方面，应将不同国家数字经济发展模式和劳动力市场特征纳入考虑。以德国和美国为例，使用工业机器人对美国就业总量产生了显著的负向影响（Acemoglu & Restrepo, 2020），但没有减少德国总就业人数（Dauth et al., 2017）。从数字经济发展模式来看，德国"工业 4.0"涉及政府、商业协会和工会之间的三方合作关系（Bosch & Schmitz-Kießler, 2020），而美国的数字创新计划更多地由机器人制造商、系统集成商和数据分析公司主导（Helper et al., 2019），在企业进行自动化战略决策时，德国工会给予工人发言权，而美国工人的参与权较弱。从劳动力市场特征来看，德国劳动力市场劳资关系的一个关键特征是制造业高度工会化，德国工会倾向保持高就业水平，并且愿意接受灵活的工资设定，在出现负面冲击时以保持就业（Dauth et al., 2017）。与美国相比，德国的就业保护政策在一定程度上缓解了数字经济发展对就业的负向影响。综上，不同的国家数字经济发展模式和劳动力市场特征可能使相关研究得出不一致的结论。

值得注意的是，上述研究结论有待进一步拓展。现有文献在实证研究中侧重人工智能、机器人等数字技术视角，而随着数字技术与实体经济深度融合发展，数字经济的内涵和外延也将发生深刻变化，数字经济对就业总量有何新的影响及趋势需要进一步深入探讨，并提供新的理论和经验证据。在该过程中，科学评价和测度数字经济是进行相关研究的前提，也是当前研究关注的焦点。以往文献在对数字经济进行测度时，由于研究目的不同，使用的测度方法有所差异，大致可以归纳为增加值法、指数编制法和构建卫星账户法三类。增加值法和构建卫星账户法本质上都是宏观统计核算方法，二者的不同之处在于，增加值法依托现有国民账户体系（SNA）基本框架，为构建卫星账户法奠定了基础，但测算体系和结果具有局限性，数字经济带来的新业态和产品质量提升难以被及时监测（Feldstein，2017）；构建卫星账户法将数字经济活动视为一个整体（Ahmad & Ribarsky，2018），能更全面系统地反映各行业数字经济活动的特征，但由于统计数据限制以及核算框架构建的复杂性，目前国内外构建数字经济卫星账户的理论和实践研究仍在不断完善和发展。国际组织和机构在数字经济指数编制方面开展了系统的研究，例如，OECD设计的信息与通信技术数字经济统计指标体系、欧盟统计局编制的数字经济与社会指数，以及中国信息通信研究院编制的数字经济指数，都可以用来评价国家或区域的数字经济发展水平。学者在实证研究中也通过测度数字经济指数，与宏观统计数据或微观层面调查数据进行匹配来探讨数字经济对就业的影响效应。从实证应用研究来看，目前尚未形成统一的数字经济指标体系，测度结果具有差异性，这也会影响到数字经济对就业影响机制和效应的判断。

## 三 数字经济对就业结构的影响

数字经济对就业结构的影响是多维度的。一方面，数字技术与不同产业的融合将引起产业结构的调整，进而影响劳动力在不同产业的分布；另一方面，数字技术变革引发了生产系统和工作组织的变化，对不同技能和不同性别的劳动力需求产生异质性影响，进而影响就业结构。因此，本部分将从产业结构、技能结构和性别结构三个维度阐述数字经济对就业结构的影响。

### (一) 产业结构视角

在产业层面,就业结构表现为在三次产业中的就业人数及其比重。从历次技术革命经验来看,技术变革引起产业结构变革进而影响就业结构。数字技术的研发创新和融合应用推动数字产业化和产业数字化发展,在加速产业结构升级的过程中造成劳动力在不同产业间的结构调整。Nedelkoska 和 Quintini(2018)研究发现,尽管服务业中快递和餐饮服务等容易实现自动化,但就整体而言,农业和制造业就业受到自动化的影响更大。Wu 和 Yang(2022)研究发现,数字经济发展显著减少了第二产业就业人数,使就业结构向第三产业转移。在第二产业中,工业机器人的崛起可能会替代一些重复性劳动任务,而数字经济在第三产业的快速渗透,尤其是平台经济下一些传统服务业数字化的就业创造效应显著。从整体趋势来看,数字经济发展将进一步释放农业部门劳动力,在减少制造业就业的同时促进服务业就业增长(Mann & Püttmann,2021;Dauth et al.,2017)。

1. 对农业部门的影响。前两次工业革命形成的机械化和大规模生产,使第一产业比重持续下降,农业部门就业人数急剧减少并向制造业部门转移,以信息技术广泛应用为标志的第三次工业革命进一步降低了第一产业就业比重。以美国为例,随着自动化技术的广泛应用,农业部门工作人数由 1900 年的 41% 下降到 2000 年的 2%(Autor,2014)。当前,数字技术驱动的第四次工业革命进一步推动了农业智能化生产,可能会进一步减少农业就业人数。由于农田布局、土壤条件、气候和产量等方面存在一定可变性,农业生产中的非常规任务一直以来受到自动化技术的影响较小(Bac et al.,2014),而人工智能等数字技术的创新和应用可能改变这一现状。例如,计算机视觉技术可以对农作物生长进行实时监测,及时了解作物的生长环境并进行适当优化和调整,有利于提高生产效率(Choudhury et al.,2017)。人工智能机器人可以在复杂地形中导航、识别作物和成熟度并进行准确采摘,进一步降低劳动力成本(Legun & Burch,2021)。农业智能化生产向非常规任务领域的拓展增大了农业部门劳动力被替代的风险,尤其是农民和农业机械驾驶员面临较高的自动化替代风险(Rijnks et al.,2022)。因此,数字技术的运用将推动劳动力由农业就业向非农就业转换，此种劳动力转换的趋势也将进一步推动数字技术与农业和非农产业融合格局的变化，产业结构发生转型调整。二者依此相互作用，循环演进。与此同时，数字技术应用于农业生产相应地增加了对高素质技术人员的需求，促使农业劳动者通过学习和再培训提升专业技能水平，有利于优化农业部门内部的劳动力行业和岗位结构。

2. 对工业制造业的影响。数字技术应用使制造业生产过程变得越来越自动化和智能化，机器替代的简单重复的任务，进而对制造业就业产生负向影响（Frey & Osborne，2017）。Dauth 等（2017）使用德国制造业数据的研究表明，每增加 1 个机器人将平均减少 2 个制造业岗位，意味着德国在 1994—2014 年由机器人替代的制造业工作岗位约为 27.5 万个。Mann 和 Püttmann（2021）利用文本分类算法构建自动化技术指标，发现美国自动化技术进步使制造业就业下降。也有研究认为，新技术对制造业就业并非一定是负向影响，这与技术对需求的影响有关，自动化技术不仅使机器替代了劳动力，同时将降低价格，提高产品质量、定制或交付速度，进而增加需求，如果需求充分增加，即使单位产出所需的劳动减少，最终也会促进就业增加。事实上，在技术进步和生产率持续增长的过程中，发达经济体和发展中经济体制造业就业人数先增长后下降，呈现"倒 U"形变化趋势。这是由于技术变革对制造业就业的影响取决于需求价格弹性，如果产品需求弹性足够大，自动化技术则将会增加就业（Bessen，2019）。Koch 等（2021）利用 1990—2016 年西班牙制造业企业数据集研究发现，使用机器人的制造业企业就业岗位增加，因为产出的增长远大于劳动力成本份额的下降。Parschau 和 Hauge（2020）关注了自动化对发展中国家制造业就业的影响。他们通过研究南非服装制造业发现，自动化技术进步不会导致服装行业就业减少，这是因为自动化使生产率提高，价格降低带来的业务增长促进了服装行业就业增加。由于样本数据、行业选择以及实证方法不同，现有研究得出的结论差异较大，研究结论是否可推广有待商榷。综上，数字经济发展对工业制造业就业的影响需结合不同国家、不同行业的具体情况进一步探讨。

3. 对服务业就业的影响。服务业高度依赖从业者灵活的人际沟通能力，难以实现高度的自动化，而自动化技术对常规任务的替代将低技能劳动力重新分配到服务业，促进了服务业就业增长（Autor & Dorn，2013）。Gaggl 和 Wright（2017）研究发现，ICT 往往会增加批发、零售和金融等服务行业就业。然而，随着人工智能技术的应用，这种状况也可能会发生改变。例如，Chui 等（2015）研究发现，在专业服务行业，即使是非常规的高技能工作，也面临越来越大的威胁，在医生和高级经理等工作人员执行的任务中，有很大一部分也可以通过当前技术实现自动化，从而导致少数专家指导大量专业服务的提供。Huang 和 Rust（2018）进一步将人工智能区分为机械智能、分析智能、直觉智能和共情智能四种发展程度，发展初期仅是对同质、重复的机械性服务工作的替代，在分析智能阶段将进一步替代技术分析性服务工作。随着发展程度的加深，人工智能将替代所有人工服务工作。尽管数字技术的创新和应用使更多的人工服务工作智能化，但能否普及还取决于消费者的偏好程度。Morikawa（2017）对消费者偏好的分析表明，儿童保育、医疗保健、教育等人力密集型服务很难被机器人取代。Giebelhausen 等（2014）也发现，短期内需要人与人之间互动和接触的服务将很难被替代。因此，整体而言，数字经济发展促进了服务业就业增长，未来服务业就业趋势将受到数字技术发展程度、应用成本以及消费者偏好等因素的共同影响。

### （二）技能结构视角

早期基于发达国家的研究表明，技术进步具有技能偏向性，使劳动力市场的技能结构发生变化，增加了高技能工人就业，同时降低了对低技能工人的需求（Berman et al.，1998）。然而，这种趋势不是一成不变的。在 20 世纪 90 年代之后，美国高技能工人和低技能工人就业均呈现增长趋势，这种两极分化现象也同样出现在欧洲（Acemoglu & Autor，2011）。例如，在西班牙，中等技能工人就业在 1981—2011 年仅增长了 5.1%，远低于低技能工人（40.9%）和高技能工人（57.3%）的增长，呈现典型的就业两极分化特征（Consoli & Sánchez-Barrioluengo，2019）。Autor 等（2003）较早提出"程式化任务"假设对这一现象进行解释，认为技术进步替代了执行常规任务的工人（从事文员、生产、记账等工作的中等技能工人），同时增加了对执行抽象任务和手工任务工人的相对需求（分别对应高技能工人和低技能工人）。在此基础上，学界进一步提出了"常规倾向性技术进步"（Routine-Biased Technological Change，RBTC）假设，认为技术变革具有替代常规任务的倾向，进而减少了中等技能职业相对于高技能和低技能职业的需求（Goos et al.，2014）。综上，新技术对就业技能需求的影响路径大致被归纳为技能偏向型和任务偏向型两类，使劳动力就业技能结构呈现不同的特征。

随着数字技术的革新与发展，对于劳动力就业技能结构呈现何种特征、数字经济对就业技能结构有何影响，目前学界存在不同的观点。Balsmeier 和 Woerter（2019）认为数字技术是一种通用技术，在各行业广泛使用将对现有生产线产生深远影响。他们利用微观数据检验发现，企业数字化技术投资对不同技能工人就业具有显著的异质性，数字化投资每增加10万瑞士法郎，高技能工人就业岗位将增加5.8个，中等技能工人和低技能工人就业岗位分别减少4个和2.3个，数字技术使劳动力就业技能结构呈现向高技能单向极化的特征。Acemoglu 等（2022b）使用美国2019年度商业调查（ABS）数据，评估了人工智能、机器人、专用设备、专用软件和云计算五项关键数字技术采用对劳动力市场的影响，对企业的自我评估结果表明，这些技术的采用增加了对高技能工人的相对需求。Graetz 和 Michaels（2018）也得出了相似的结论，相对于中等技能和高技能工人，工业机器人的使用显著减少了低技能工人的就业。也有研究认为，人工智能技术造成就业技能结构两极分化，高技能和低技能工作岗位增加，而处于技能分布中间的工作岗位减少。但该现象不会一直持续下去，未来大量将常规任务和非常规任务相结合的中等技能工作将迅速增长（Autor，2015）。Acemoglu 和 Loebbing（2022）建立的一个自动化的分配模型进一步阐释了就业两极分化的原因，在复杂任务中，熟练工人相对资本和其他劳动力具有比较优势，而低技能工人的工资足够低，自动化技术仅将中等复杂性任务分配给成本较低的资本，替代了中等技能工人的工作，从而造成就业两极分化。

数字经济对不同国家劳动力技能结构影响的差异可能与数字经济发展阶段有关。在数字经济技术发展初期，替代成本较高，通常对低技能劳动力进行替代，随着数字技术的深入发展和融合应用，开始对中高技能劳动力产生负向影响（Aghion et al.，2018）。此外，这也与不同国家的教育制度有关，例如德国的就业两极分化趋势不如其他欧洲国家明显（Goos et al.，2014），这可能与德国的双元制职业培训模式有关。未来职业教育和培训制度需要进行相应调整，加强大学、培训结构和企业之间的合作，使劳动者从教育系统中获得的技术能力与生产系统中需求的技能实现良好的匹配（Ruiz，2021），进而促进劳动力市场的就业技能结构升级。

### （三）性别结构视角

数字经济对改善就业的性别差距带来机遇和挑战。一方面，数字技术发展使工作安排更加灵活，如线上工作、电子商务和零工经济等新模式通过创造新的机会有利于缩小劳动力参与方面的性别差距（World Bank，2016）。Gómez 等（2014）研究发现，家庭 ICT 的使用显著提升了就业的概率，且对女性的影响效应更大，这可能是由于工作中使用 ICT 技术促进了性别中立的工作，减少了繁重的体力工作，同时促进了远程办公和多任务的执行，有助于女性更好地平衡工作和家庭，从而对女性劳动力需求产生积极影响。Dettling（2017）使用微观调查数据估计了互联网使用对劳动力供给的影响，结果显示，家庭高速互联网使已婚女性的劳动参与率提高 4.1 个百分点，而对男性和单身女性没有影响。Aly（2022）利用 25 个发展中国家的数据研究发现，数字化转型指数与经济发展、劳动生产率和就业呈正相关关系，通过数字化转型可能增加的就业预计为女性提供了更多的工作机会，从而增加女性就业。

另一方面，数字经济发展过程中也产生了数字鸿沟现象。数字鸿沟是指数字基础设施接入、使用和获益在不同地区和群体之间分布不均衡的现象（Wei et al.，2011）。数字鸿沟现象可能更多地惠及"优势群体"，而使弱势群体难以享有数字技术变革带来的发展机会，这种机会不平等现象涉及经济社会发展和个人教育、投资等多个方面，同时突出体现在就业领域，使劳动力市场分割进而对就业结构产生影响。数字性别鸿沟在许多国家存在，使女性在数字革命中处于天然劣势（Hafkin & Huyer，2007）。Hilbert（2011）认为，在就业、教育和收入等方面长期存在的不平等使女性无法使用数字技术，从而在数字鸿沟、失业和低收入之间形成恶性循环。Zhang 等（2023）提出，在制定支持数字经济、促进灵活就业的相关政策时，应引入性别视角，例如在职业技能培训方面，为女性提供更积极充分的数字技能培训，帮助更多女性从传统劳动力转型为数字经济从业者。未来应进一步研究缩小数字鸿沟的关键影响因素并考虑如何为女性提供数字机会，使数字技术成为改善就业性别不平等的有效工具。

## 四 数字经济对就业质量的影响

就业质量是一个综合性概念，国内外学者和国际组织分别从不同角度定义和测度就业质量。国际劳工组织较早提出体面劳动概念，在有工作机会的基础上强调在自由、公平、保障和尊严条件下获得体面的和收益丰厚的工作（Anker et al., 2003）。Nadler 和 Lawler（1983）提出工作生活质量概念，关注工作对个体的影响，应充分考虑劳动者工作和生活的平衡。也有研究从宏观层面将就业质量定义为劳动力市场运行状况及资源配置效率的反映（Bastelaer, 2002）。在就业质量指标选取和测度方面，既有研究侧重点不同，宏观视角是对某个国家或地区的就业质量进行测评，主要从就业环境、劳动报酬、社会保护、劳动关系和就业能力等方面选取指标，微观视角侧重劳动者个体就业质量的衡量和评价，关注劳动者的工资收入、工作时间、社会保障、工作满意度和劳动者与工作的匹配度等维度（OECD, 2015）。在探讨数字经济对就业质量的影响时，国外研究更多地探讨了数字经济对就业质量内涵中某一具体维度的影响，主要集中在工资收入、工作时间、社会保障和工作匹配度等方面，本部分将从这几个方面展开。

### （一）工资收入

数字经济对工资收入水平的影响存在争议，既有研究分别得出了存在积极影响和消极影响的结论。Chiacchio 等（2018）研究发现，机器人使用数量的增加对工资收入有显著负向影响，在每 1000 名工人中工业机器人数量每增加 1 台，工资就会降低约 0.63 个百分点。Acemoglu

和 Restrepo（2020）基于美国劳动力市场的研究得出了一致的结论，机器人使用对劳动力工资收入具有不利影响，每 1000 名工人增加 1 台机器人将使工资降低 0.25%—0.5%。Giuntella 等（2022）使用中国家庭追踪调查（CFPS）研究表明，机器人暴露增加 1 个标准差将会使个人的小时工资降低 7.7%，但对年工资的影响不显著。上述研究较为一致地得出了工业机器人使用对工资收入水平具有负向影响的结论。Lee 和 Clarke（2019）使用 2009—2015 年英国劳动力市场数据研究发现，高科技产业的增长降低了低技能工人的平均工资，这主要是由于高科技产业发展创造了非贸易服务的就业岗位，新进入劳动力市场的工人生产率低于已经就业的工人，从而降低了平均工资水平。Braxton 和 Taska（2023）进一步考察了技术变革在解释失业后收入大幅持续下降中的作用。他们通过分析计算机或软件技能的需求变化来衡量技术变革，并发现，在受技术变革影响更大的职业中，被替代的工人收入下降更多，很大一部分原因是工人不再具备在以前职业中的工作技能。也有研究认为，数字经济发展促进了生产力水平的提高，增加了对高技能劳动力的需求，从而显著提高了劳动者整体工资水平（Autor，2015）。Graetz 和 Michaels（2018）使用 1993—2007 年 17 个国家的数据进行实证检验发现，工业机器人的使用显著提高了全要素生产率和劳动力的平均时薪。

关于数字经济对工资收入不平等的影响方面，现有研究在构建理论模型时主要基于技能偏向性技术进步和任务偏向性技术进步视角。Lankisch 等（2019）通过构建包括低技能工人、高技能工人、传统物质资本和自动化资本四种生产要素的理论模型分析得出，自动化降低了低技能工人的实际工资，提高了技能溢价，应通过投资高等教育来提高高技能工人的比例，缓解自动化对工资不平等的影响。Prettner 和 Strulik（2020）建立了一个内生教育的研发驱动增长模型，在该模型中，高技能工人是机器的补充，而低技能工人是机器的替代品。随着技术的进步，生产中使用的机器越来越多，高技能工人的工资相对低技能工人有所增加，增长的技能溢价促使更多的人接受高等教育，该模型预测自动化将导致大学毕业生比例增加。同时，技能偏向性的技术进步使低技能劳动力无法从自动化中获益，而高技能工人的工资会随着技术进步的速度而增长，进而导致工资收入不平等加剧。Acemoglu 和 Restrepo（2018）通过将异质性技能引入基于任务的模型发现，自动化替代了非熟练工人，同时产生新的任务使熟练工受益，在短期内导致不平等加剧，但长期而言，新任务的标准化限制了不平等的加剧。在实证研究方面，Dauth 等 (2017) 利用德国机器人数据进行实证检验发现，使用机器人显著提高了高技能工人工资收入，但对低技能工人尤其是中等技能制造业工人产生了较大的负向影响，从而加剧了工资不平等。Brall and Schmid (2020) 将工人分为常规技能工人和非常规技能工人，研究表明，自动化和机器人化对德国制造业工资不平等具有显著的正向影响，这种不平等的加剧与高自动化和低自动化工作中工人间的相对工资回报变化相关，与面临高自动化风险的常规技能相比，自动化风险较低的非常规技能工人的相对工资会增加，该结论与技能偏向性技术变革假设具有一致性。Acemoglu 和 Restrepo (2022) 也发现，在经历快速自动化的行业中，专门从事常规工作工人的相对工资下降，解释了美国过去 40 年工资不平等的 50%—70%。然而，也有学者得出了较为积极的结论。Domini 等 (2022) 利用法国企业层面数据检验发现，企业自动化和人工智能产品进口的大幅度增加没有导致工资不平等和性别工资不平等的加剧，而是相同程度地提高了不同分位数工人的工资收入。

**(二) 工作时间**

数字技术有利于突破地理空间限制，促进信息和服务的持续提供，使工作能够在非标准时间进行，这种变化是对传统的时间和空间组织的颠覆性变革。一方面，在工作时间和工作频率方面为工人提供了更大的自主权，扩大了工人对工作模式的选择 (Schor et al., 2020)。另一方面，可能导致对工人进行更集中的控制和监督 (Rubery & Grimshaw, 2001)，例如数字平台的兴起扩大了全天候实时监控员工的可能性，增加员工因密切监控产生的精神压力。Green 等 (2000) 提出了努力偏向性技术变革假设，认为信息通信技术使管理层能够最大限度地利用劳动力以维持正常的工作流程，显著增加了工人的工作强度和工作压力。以意大利高科技汽车研发公司为例，在工人干预生产过程的权力方面，数字化和自动化减少了员工的自主空间，增加了管理控制的形式，使工人的工作时间普遍增加 (Cirillo et al., 2021)。Giuntella 等 (2022) 利用中国家庭微观数据实证检验发现，机器人暴露每增加 1 个标准差，工人的月平均工作小时数显著增加了 12.6%—14.2%，并且，在机器人使用更多的城市，工人工作时间更长，以弥补时薪的降低。Bauernschuster 等（2014）发现互联网平台的使用使随时随地办公成为可能，导致工作和生活界限模糊，进而延长了工人的工作时间。Cheng 等（2021）基于全国普通职工的调查数据发现，职业自动化的概率越大，工人将面临越高的工作不安全感，其职业倦怠感发生的概率也越高。综上，既有研究普遍认为互联网和人工智能等数字技术的普及延长了劳动者工作时间，增加了工作强度。

### （三）社会保障

数字经济发展催生了新业态和新就业模式，平台经济作为数字经济的一种特殊形态，使人们的工作方式从长期性的"标准合约"向"灵活任务型"转变（World Bank，2019）。依托平台的新就业形态可能使工人从获得工作机会中受益，增加了兼职的可能性，但也会使工人被排除在社会保障体系之外（De Stefano，2016）。按照传统的分类，平台就业者通常被归纳为自雇或自由职业者，这种非标准就业意味着风险和责任的转移，平台免除了其中的大部分责任，而将社会保障义务外部化到工人身上。当前的社会保障制度以传统的雇佣关系为基础，雇佣关系的模糊性也隐含着社会保障的不确定性，使平台工人无法像正式雇员一样参与现行的社会保障体系（Eichhorst & Rinne，2017）。同时，由于平台就业者被归为自由职业者，他们必须自己承担所有的社会保险费用，但与其他就业群体相比，平台就业者的工作具有碎片化和不稳定等特征，导致其收入低和收入不稳定，自己往往难以承担所有的社会保障成本，因而无法参加社会保险（Daugareilh，2021）。Chen 等（2020）调查研究发现，平台从业者参加城镇职工基本养老保险、城镇职工基本医疗保险、失业保险和工伤保险的比例很低，这些法律规定的保险形式参与率均不到 15%。即使平台经济中的劳动者被归类为雇员，临时性工作的普遍增加也使工人难以积累就业和社会保障权利，例如产假、带薪休假和失业救济金等（Konkolewsky，2017）。为了应对数字经济发展给劳动力社会保障带来的冲击，未来需建立公平、包容和可持续的社会保障制度。此外，有必要从法律框架上明确数字平台从业者的雇佣关系性质，以保障平台工人的福利和权益（Behrendt et al., 2019）。数字经济给劳动者社会保障带来冲击的同时也产生了一定的积极作用，例如大数据能够帮助确定社会保障覆盖范围，人工智能通过更加自动化的业务流程改善服务质量并降低成本，数字技术的发展为扩大社会保障覆盖范围开辟了新的政策空间（Konkolewsky，2017）。

### （四）工作匹配度

劳动者和工作匹配的过程主要取决于信息的可获得性，工人和雇主都在收集和评估信息，然而信息获取和评估成本往往较高。理论上，数字技术降低了搜索成本，同时扩大了经济主体之间匹配的潜在范围（Goldfarb & Tucker, 2019），基于匹配算法的识别和判断使在线招聘可以加快雇主和工人搜寻彼此的过程，而匹配效率的提高将进一步提高公司和工人之间的匹配质量（Gürtzgen et al., 2021）。

从实证研究来看，有研究认为互联网对劳动力市场匹配的影响有限。例如，Kuhn 和 Skuterud（2004）研究发现，在网上找工作的失业者比同等的非互联网搜索者失业时间更长。Gürtzgen 等（2021）利用德国早期高速互联网（DSL）扩张这一准自然实验分析发现，互联网扩张对新员工工作匹配的稳定性和工资没有显著影响，他们发现雇主通过在线招聘收到的申请显著多于其他招聘渠道，增加了申请人数和每个职位的不合适人选比例，过多的申请在一定程度上增加了筛选成本，从而抵消了在线招聘对新员工匹配质量的积极影响。随着互联网渗透率和连接性的快速增长以及在线招聘网站设计的改善，互联网对劳动力工作匹配的影响可能会发生变化。Kuhn 和 Mansour（2014）使用 2005—2008 年美国全国青年纵向调查数据研究发现，互联网求职在减少失业持续时间方面是有效的，同时与工资增长之间存在弱正相关关系，即失业工人在网上找工作有助于更快地找到更好的工作。Lederman 和 Zouaidi（2022）以互联网使用比例和过去一年使用互联网支付的成年人比例作为数字经济的代理指标，探讨了数字经济发生率与各国摩擦性失业之间的相关性，发现失业率和数字支付发生率之间显著负相关。Mang（2012）利用德国社会经济小组（SOEP）数据检验发现，网上求职显著提高了求职者的工作匹配质量，在线求职者在新工作中能更好地利用自己的技能，获得晋升的可能性将变大，对工作类型满意度将显著提升。

## 五　结论与研究展望

本文分别从数字经济内涵和测度、数字经济对就业的多维影响等方面对现有文献进行了考察，研究发现：首先，既有研究从不同角度界定数字经济内涵，尚未形成统一的定义，但几乎都认同数字经济是以数字技术和数据要素为核心的一种新经济形态。其次，数字经济主要通过替代效应、补偿效应和创造效应机制影响就业总量，既有研究关于总影响效应尚未形成一致的结论，包括积极影响、消极影响和中性影响三类观点。再次，在数字经济对就业结构的影响方面，从产业结构来看，数字经济对农业部门就业人数有一定的负向影响，同时促进了制造业就业向服务业就业转移；从技能结构来看，数字经济对就业技能结构的影响因不同国家的教育制度和不同的数字经济发展阶段而异，使技能结构呈现两端极化或单向极化特征，随着数字经济深度融合发展，中高技能劳动力就业可能进一步减少；从性别结构来看，数字经济有利于缩小劳动力参与的性别差距，但同时也应关注数字性别鸿沟的负向影响。最后，在数字经济对就业质量的影响方面，数字经济发展会影响劳动者工资收入水平和不平等程度、延长劳动者工作时间，产生的新就业形态将给劳动者社会保障水平带来负向影响，对工作匹配度产生一定的积极影响。综上，数字经济对就业影响的研究取得了丰富的成果，同时这一领域研究方兴未艾。我们应关注未来研究的关键着眼点，进一步拓展数字经济内涵界定和测度、研究视角等，重点包括以下三个方面。

### （一）数字经济内涵界定的准确性和测度的科学性

随着"数字中国"战略的推进实施，数字经济的内涵和外延已经并将继续发生深刻变化，因此应进一步拓展完善对数字经济的定义和测度研究。一方面，对数字经济形成更加准确的内涵界定。未来在对数字经济的内涵界定中应更为关注数据生产要素和数字化治理，厘清数字经济发展过程中数字产业化、产业数字化、数据要素价值化和数字化治理之间的联动关系。另一方面，对数字经济进行系统和科学的测度。可考虑从以下两个方面进行拓展：形成更加科学和相对统一的测度框架，选取指标时应充分考虑时间延续性和空间可比性，在具体测算时统一指数编制权重和整合的计算方法；现有研究囿于数据可得性，在指数编制和规模测算时仅从中观层面对数字产业化和产业数字化两部分内容进行测度，未能衡量数据生产要素的价值及其变动规律，未来在测度内容方面应增加对数据信息价值的衡量。随着数字产业化与产业数字化的融合发展以及数据生产要素的发展，要根据中国数字经济发展趋势，适时调整指数内各分项指标的权重，以更准确地反映数字经济发展特征和基本规律。这将为更科学准确地分析数字经济对经济社会的各种影响机制、效应和政策干预路径提供研究基础。

### （二）研究视角有待进一步拓展

第一，有关数字经济对就业影响的研究更多是从数字技术角度出发，缺乏对数字经济影响的全面考察。数字经济是数字技术和数据要素双轮驱动的新经济形态，而现有研究侧重分析人工智能和机器人等代表性数字技术应用对就业的影响，存在一定的局限性。未来研究应从以下三个方面进行拓展：在理论模型方面，现有研究在理论模型中强调了数字经济的技术特征，未来应紧扣数字经济内涵，进一步探索如何将数据要素这一数字经济的关键生产要素引入理论模型，结合不同国家或地区的场景，构建一般均衡理论框架，全面准确地刻画数字经济影响就业的内在机理；在实证估计方面，在简约式模型基础上引入结构估计，估计数字经济发展对就业影响的一般均衡效应，同时评估数字经济及相关政策对就业的影响机制及其产生的福利效应；在样本数据方面，现有研究多基于宏观统计数据，未来应加强微观数据集的搜集、挖掘和更新，将企业层面招聘数据或家庭层面调查数据相结合，充分运用大数据分析工具捕捉高频数据，并将其与传统低频数据相互融合、相互印证。这将有助于更好地理解数字经济背景下劳动者的就业决策行为及其演进规律，进一步探讨数字经济对就业影响的微观机制，为宏观理论和政府决策提供坚实基础。

第二，加强数字经济对就业结构影响方面的研究。在技能结构方面，数字经济的发展加速了对重复和简单工作即低技能就业岗位的替代，同时数字技术变革和产业结构升级也对劳动者技能提出了更高的要求。综合来看，劳动力技能供给结构与当前就业市场需求不匹配，结构失衡矛盾问题突出。从现实背景来看，中国劳动力市场面临招工难和就业难并存的结构性矛盾，要推动高质量充分就业目标的实现，需重点解决结构性就业矛盾。未来应进一步借鉴国外研究成果，把握数字经济发展过程中就业技能结构的演变规律，同时以农民工、高校毕业生和技术工人等重点群体为研究对象，加强数字经济对就业技能结构影响方面的实证研究。在人力资本结构方面，开展人的全生命周期人力资本与技能积累研究。从长期来看，中国劳动力供给的技能结构需要从青少年人力资本积累开始关注和研究，并持续至成年劳动力市场。从新一轮科技革命的性质来看，传统的人力资本培养机制难以与数字化转型速度相匹配，未来应针对人的不同发展阶段，探索针对不同目标人群的提升人力资本与劳动力就业技能的相关政策。此外，关于数字经济变革对劳动力就业的年龄结构、性别结构、区域结构等方面影响的研究，也有待进一步深入。

第三，就业质量是影响个人福利和宏观生产力的重要因素，而现有研究缺乏有关数字经济对就业质量影响的深入探讨。其一，在就业质量的测度方面，现有研究在构建指标体系时多基于传统就业形态和特点，而数字经济发展催生出大量新的就业形态，传统产业也在不断革新，对劳动力就业质量产生了深刻影响。因此，未来在构建就业质量评价指标体系时，应将反映数字经济新就业形态发展状况的指标纳入指标体系，以准确把握就业质量的现状和发展趋势。其二，劳动者工资收入是就业质量内涵中的重要维度，数字经济的就业极化效应对劳动者收入产生异质性影响，进而影响工资收入不平等，未来需加强数字经济对劳动者工资收入水平及收入不平等影响的研究，探索数字经济在促进劳动力市场化改革过程中如何协同推进共同富裕的理论和实践路径。其三，数字经济时代的新就业形态模糊了雇主与雇员之间的雇佣关系，对劳动者就业稳定性和社会保障水平造成一定冲击，未来应重视数字经济背景下劳动力市场的社会保障制度改革理论和政策适应性研究。在实证和政策研究层面，如何改善数字经济下劳动者就业的收入水平、工作匹配度、工作满意度、社会保障水平，提高新就业形态的就业稳定性，推动高质量就业，都将成为重要的研究方向。

### （三）加强对发展中国家数字经济与就业的理论和实证研究

既有研究主要聚焦欧美发达经济体，数字经济在发展中国家起步较晚。由于发达国家和发展中国家在数字经济发展模式、水平和劳动力市场结构方面均存在差异，数字经济对不同国家和地区就业的影响效应和传导机制具有异质性。此外，相当数量的发展中国家以劳动密集型产业为主，数字经济对发展中国家劳动力市场冲击的可能性更大，因此有必要加强数字经济对发展中国家就业影响的研究。

近十年来，中国数字经济发展取得了举世瞩目的成就，数字经济规模居世界第二位，数字经济在推进经济转型和高质量发展的过程中发挥了重要作用，但也面临多重挑战。在数字经济快速发展的环境中，如何稳就业、促进高质量就业是值得高度重视的问题。未来可拓展如下两方面的议题：一方面，中国数字资源规模庞大，但价值潜力仍未充分发挥，应将数字经济研究放在全球背景和中国特色社会主义经济进入新发展阶段的情境下，在快速老龄化和产业转型升级的背景下探讨中国数字经济发展对劳动力市场和就业的多维度、系统性、动态性影响。针对就业的数量、结构、质量、收入分配等方面，探索促进数字资源充分发挥、提升数字经济发展质量、带动形成高质量充分就业的路径。另一方面，深入数字经济内部比较研究"数字产业化"与"产业数字化"分别对劳动力市场及其就业的传导机制，研究不同数字经济发展政策和公共就业服务政策干预下的影响效应，探究不同维度数字经济发展及其引导政策的优先顺序，形成促进数字经济和劳动力市场高质量协同发展的路径。要把握中国宏观和区域发展的普遍规律和特殊规律，加快构建新发展格局，推动高质量发展，提供中国推动数字经济发展促进就业的有效方案。近年来，中国学者在此领域已经创造了大批优秀研究成果，在把握中国经济规律和特有场景、借鉴国外优秀成果基础上，继续拓展创新将有望取得更多成果。

**参考文献**

王春超、丁琪芯:《智能机器人与劳动力市场研究新进展》,《经济社会体制比较》2019 年第 2 期。

中国信息通信研究院:《中国数字经济发展白皮书(2020 年)》, http://www.caict.ac.cn/kxyj/qwfb/bps/202104/P020210424737615413306.pdf。

Acemoglu, D. & D. Autor (2011), "Skills, Tasks and Technologies: Implications for Employment and Earnings" in: D. Card & O. Ashenfelter (eds.), *Handbook of Labor Economics*, Vol. 4, Elsevier.

Acemoglu, D. & P. Restrepo (2018), "The Race between Man and Machine: Implications of Technology for Growth, Factor Shares, and Employment", *American Economic Review* 108 (6): 1488-1542.

Acemoglu, D. & P. Restrepo (2019), "Automation and New Tasks: How Technology Displaces and Reinstates Labor", *Journal of Economic Perspectives* 33 (2): 3-30.

Acemoglu, D. & P. Restrepo (2020), "Robots and Jobs: Evidence from U. S. Labor Markets", *Journal of Political Economy* 128 (6): 2188-2244.

Acemoglu, D. et al. (2022a), "Artificial Intelligence and Jobs: Evidence from Online Vacancies", *Journal of Labor Economics* 40 (S1): S293-S340.

Acemoglu, D. et al. (2022b), "Automation and the Workforce: A Firm-Level View from the 2019 Annual Business Survey", NBER Working Papers, No. w30659.

Acemoglu, D. & J. Loebbing (2022), "Automation and Polarization", NBER Working Papers, No. w30528.

Acemoglu, D. & P. Restrepo (2022), "Tasks, Automation, and the Rise in U. S. Wage Inequality", *Econometrica* 90 (5): 1973-2016.

Aghion, P. et al. (2020), "What are the Labor and Product Market Effects of Automation? New Evidence from France", CEPR Discussion Papers, No. 14443.

Aghion, P. et al. (2019), "Artificial Intelligence, Growth and Employment: The Role of Policy", *Economie et Statistique* 510 (1): 149–164.

Aghion, P. et al. (2018), "Artificial Intelligence and Economic Growth", in: Agrawal et al. (eds.), *The Economics of Artificial Intelligence: An Agenda*, University of Chicago Press.

Ahmad, N. & J. Ribarsky (2018), "Towards a Framework for Measuring the Digital Economy", 16th Conference of the International Association of Official Statisticians (IAOS), OECD Headquarters.

Aly, H. (2022), "Digital Transformation, Development and Productivity in Developing Countries: Is Artificial Intelligence a Curse or a Blessing?", *Review of Economics and Political Science* 7 (4): 238–256.

Anker, R. et al. (2003), "Measuring Decent Work with Statistical Indicators", *International Labour Review* 142 (2): 147–178.

Arntz, M. et al. (2016), "The Risk of Automation for Jobs in OECD Countries: A Comparative Analysis", OECD Social Employment and Migration Working Papers, No. 189.

Autor, D. H. et al. (2003), "The Skill Content of Recent Technological Change: An Empirical Exploration", *Quarterly Journal of Economics* 118 (4): 1279–1333.

Autor, D. H. (2014), "Skills, Education, and the Rise of Earnings Inequality Among the 'Other 99 Percent'", *Science* 344 (6186): 843–851.

Autor, D. H. (2015), "Why are There Still So Many Jobs? The History and Future of Workplace Automation", *Journal of Economic Perspectives* 29 (3): 3–30.

Autor, D. H. & D. Dorn (2013), "The Growth of Low-skill Service Jobs and the Polarization of the U. S. Labor Market", *American Economic Review* 103 (5): 1553–1597.

Autor, D. & A. Salomons (2018), "Is Automation Labor-Displacing? Productivity Growth, Employment, and the Labor Share", NBER Working

Papers, No. w24871.

Avom, D. et al. (2021), "Does Digitalization Promote Net Job Creation? Empirical Evidence from WAEMU Countries", *Telecommunications Policy* 45 (8), No. 102215.

Bac, C. W. et al. (2014), "Harvesting Robots for High-Value Crops: State-of-the-Art Review and Challenges Ahead", *Journal of Field Robotics* 31 (6): 888–911.

Balsmeier, B. & M. Woerter (2019), "Is This Time Different? How Digitalization Influences Job Creation and Destruction", *Research Policy* 48 (8), No. 103765.

Barefoot, K. et al. (2018), "Defining and Measuring the Digital Economy", U.S. Department of Commerce Bureau of Economic Analysis, Washington, D.C..

Bastelaer, V. A. (2002), "Work Organization, a Dimension of Job Quality: Data from the Ad Hoc Module of the 2001 Labour Force Survey in the EU", Joint ECE-Eurostat-ILO Seminar on Measurement of the Quality of Employment, Geneva.

Bauernschuster, S. et al. (2014), "Surfing Alone? The Internet and Social Capital: Evidence from an Unforeseeable Technological Mistake", *Journal of Public Economics* 117: 73–89.

Behrendt, C. et al. (2019), "Social Protection Systems and the Future of Work: Ensuring Social Security for Digital Platform Workers", *International Social Security Review* 72 (3): 17–41.

Berman, E. et al. (1998), "Implications of Skill-Biased Technological Change: International Evidence", *Quarterly Journal of Economics* 113 (4): 1245–1279.

Bessen, J. (2018), "AI and Jobs: The Role of Demand", NBER Working Papers, No. w24235.

Bessen, J. (2019), "Automation and Jobs: When Technology Boosts Employment", *Economic Policy* 34 (100): 589–626.

Bosch, G. & J. Schmitz-Kießler (2020), "Shaping Industry 4.0 An

Experimental Approach Developed by German Trade Unions", *Transfer: European Review of Labour and Research* 26 (2): 189-206.

Brall, F. & R. Schmid (2020), "Automation, Robots and Wage Inequality in Germany: A Decomposition Analysis", Hohenheim Discussion Papers in Business, *Economics and Social Sciences*, No. 14-2020.

Braxton, J. C. & B. Taska (2023), "Technological Change and the Consequences of Job Loss", *American Economic Review* 113 (2): 279-316.

Brynjolfsson, E. & A. McAfee (2014), *The Second Machine Age: Work, Progress, and Prosperity in a Time of Brilliant Technologies*, W. W. Norton & Company.

Bukht, R. & R. Heeks (2017), "Defining, Conceptualising and Measuring the Digital Economy", *Development Informatics Working Paper Series*, No. 68, University of Manchester.

Chen, B. et al. (2020), "The Disembedded Digital Economy: Social Protection for New Economy Employment in China", *Social Policy & Administration* 54 (7): 1246-1260.

Cheng, W. J. et al. (2021), "Occupation-Level Automation Probability is Associated with Psychosocial Work Conditions and Workers' Health: A Multilevel Study", *American Journal of Industrial Medicine* 64 (2): 108-117.

Chiacchio, F. et al. (2018), "The Impact of Industrial Robots on EU Employment and Wages: A Local Labour Market Approach", Bruegel Working Paper, No. 2018/02, Bruegel.

Choudhury, S. D. et al. (2017), "Automated Stem Angle Determination for Temporal Plant Phenotyping Analysis", in *Proceedings of the IEEE International Conference on Computer Vision Workshops*, ACM Press.

Chui, M. et al. (2015), "Four Fundamentals of Workplace Automation", *McKinsey Quarterly* 29 (3): 1-9.

Cirillo, V. et al. (2021), "Technology vs. Workers: The Case of Italy's Industry 4.0 Factories", *Structural Change and Economic Dynamics* 56: 166-183.

Consoli, D. & M. Sánchez-Barrioluengo (2019), "Polarization and the Growth of Low-Skill Service Jobs in Spanish Local Labor Markets", *Journal of Regional Science* 59 (1): 145-162.

Cords, D. & K. Prettner (2022), "Technological Unemployment Revisited: Automation in a Search and Matching Framework", *Oxford Economic Papers* 74 (1): 115-135.

Daugareilh, I. (2021), "Introduction: Social Protection for Digital Platform Workers in Europe", *International Social Security Review* 74 (3-4): 5-12.

Dauth, W. et al. (2017), "German Robots-the Impact of Industrial Robots on Workers", CEPR Discussion Papers, No. 12306.

De Stefano, V. M. (2016), "Introduction: Crowdsourcing, the Gig-economy, and the Law", *Comparative Labor Law and Policy Journal* 37 (3): 461-470.

Dettling, L. J. (2017), "Broadband in the Labor Market: The Impact of Residential High-Speed Internet on Married Women's Labor Force Participation", *Industrial and Labor Relations Review* 70 (2): 451-482.

Domini, G. et al. (2022), "For Whom the Bell Tolls: The Firm-Level Effects of Automation on Wage and Gender Inequality", *Research Policy* 51 (7), No. 104533.

Eichhorst, W. & U. Rinne (2017), "Digital Challenges for the Welfare State", IZA Policy Paper, No. 134.

Feldstein, M. (2017), "Underestimating the Real Growth of GDP, Personal Income, and Productivity", *Journal of Economic Perspectives* 31 (2): 145-164.

Frey, C. B. & M. A. Osborne (2017), "The Future of Employment: How Susceptible are Jobs to Computerisation?", *Technological Forecasting and Social Change* 114: 254-280.

Gaggl, P. & G. C. Wright (2017), "A Short-Run View of What Computers Do: Evidence from a UK Tax Incentive", *American Economic Journal: Applied Economics* 9 (3): 262-294.

Giebelhausen, M. et al. (2014), "Touch Versus Tech: When Technology Functions as a Barrier or a Benefit to Service Encounters", *Journal of Marketing* 78 (4): 113-124.

Giuntella, O. et al. (2022), "How Do Workers and Households Adjust to Robots? Evidence from China", NBER Working Papers, No. 30707.

Goldfarb, A. & C. Tucker (2019), "Digital Economics", *Journal of Economic Literature* 57 (1): 3-43.

Gómez, N. et al. (2014), "Employment Opportunities in Spain: Gender Differences by Education and ICT Usage", *Regional and Sectoral Economic Studies* 14 (3): 105-130.

Goos, M. et al. (2014), "Explaining Job Polarization: Routine-Biased Technological Change and Offshoring", *American Economic Review* 104 (8): 2509-2526.

Graetz, G. & G. Michaels (2018), "Robots at Work", *Review of Economics and Statistics* 100 (5): 753-768.

Gregory, T. et al. (2016), "Racing with or against the Machine? Evidence from Europe", ZEW Discussion Papers, No. 16-053.

Green, F. (2000), "Why Has Work Become More Intense? Conjectures and Evidence about Effort-Biased Technical Change and Other Stories", Annual Conference of the International Working Party on Labour Market Segmentation, Manchester, July.

Gürtzgen, N. et al. (2021), "Does Online Search Improve the Match Quality of New Hires?", *Labour Economics* 70, No. 101981.

Hafkin, N. J. & S. Huyer (2007), "Women and Gender in ICT Statistics and Indicators for Development", *Information Technologies & International Development* 4 (2): 25-41.

Helper, S. et al. (2019), "Who Profits from Industry 4.0? Theory and Evidence from the Automotive Industry", Available at SSRN: https://papers.ssrn.com/abstract=3377771.

Herrendorf, B. et al. (2013), "Two Perspectives on Preferences and

Structural Transformation", *American Economic Review* 103（7）：2752－2789.

Hilbert, M.（2011）,"Digital Gender Divide or Technologically Empowered Women in Developing Countries? A Typical Case of Lies, Damned Lies, and Statistics", *Women's Studies International Forum* 34（6）：479-489.

Huang, M. H. & R. T. Rust（2018）,"Artificial Intelligence in Service", *Journal of Service Research* 21（2）：155-172.

Koch, M. et al.（2021）,"Robots and Firms", *Economic Journal* 131（638）：2553-2584.

Konkolewsky, H. H.（2017）,"Digital Economy and the Future of Social Security", *Administration* 65（4）：21-30.

Kuhn, P. & H. Mansour（2014）,"Is Internet Job Search Still Ineffective?", *Economic Journal* 124（581）：1213-1233.

Kuhn, P. & M. Skuterud（2004）,"Internet Job Search and Unemployment Durations", *American Economic Review* 94（1）：218-232.

Lankisch, C. et al.（2019）,"How Can Robots Affect Wage Inequality?", *Economic Modelling* 81：161-169.

Lederman, D. & M. Zouaidi（2022）,"Incidence of the Digital Economy and Frictional Unemployment: International Evidence", *Applied Economics* 54（51）：5873-5888.

Lee, N. & S. Clarke（2019）,"Do Low-Skilled Workers Gain from High-Tech Employment Growth? High-Technology Multipliers, Employment and Wages in Britain", *Research Policy* 48（9）, No. 103803.

Legun, K. & K. Burch（2021）,"Robot-Ready: How Apple Producers are Assembling in Anticipation of New AI Robotics", *Journal of Rural Studies* 82：380-390.

Malos, S. et al.（2018）,"Uber Drivers and Employment Status in the Gig Economy: Should Corporate Social Responsibility Tip the Scales?", *Employee Responsibilities and Rights Journal* 30（4）：239-251.

Mang, C.（2012）,"Online Job Search and Matching Quality", Ifo

Working Paper, No. 147.

Mann, K. & L. Püttmann (2021), "Benign Effects of Automation: New Evidence from Patent Texts", *Review of Economics and Statistics*, Forthcoming, Available at DOI: https://doi.org/10.1162/rest_a_01083.

Mesenbourg, T. L. (2001), *Measuring the Digital Economy*, U. S. Bureau of the Census.

Morikawa, M. (2017), "Who are Afraid of Losing Their Jobs to Artificial Intelligence and Robots? Evidence from a Survey", GLO Discussion Paper, No. 71.

Nadler, D. A. & E. E. Lawler (1983), "Quality of Work Life: Perspectives and Directions", *Organizational Dynamics* 11 (3): 20–30.

Nedelkoska, L. & G. Quintini (2018), "Automation, Skills Use and Training", OECD Social Employment and Migration Working Papers, No. 202.

Nottebohm, O. et al. (2012), *Online and Upcoming: The Internet's Impact on Aspiring Countries*, McKinsey & Company.

OECD (2015), "Enhancing Job Quality in Emerging Economies", in: M. Keese & P. Swaim (eds.), *OECD Employment Outlook 2015*, OECD Publishing.

Parschau, C. & J. Hauge (2020), "Is Automation Stealing Manufacturing Jobs? Evidence from South Africa's Apparel Industry", *Geoforum* 115: 120–131.

Prettner, K. & H. Strulik (2020), "Innovation, Automation, and Inequality: Policy Challenges in the Race against the Machine", *Journal of Monetary Economics* 116: 249–265.

Rijnks, R. H. et al. (2022), "Regional Variations in Automation Job Risk and Labour Market Thickness to Agricultural Employment", *Journal of Rural Studies* 91: 10–23.

Rubery, J. & D. Grimshaw (2001), "ICTs and Employment: The Problem of Job Quality", *International Labour Review* 140 (2): 165–192.

Ruiz, A. C. (2021), "ICTs Usage and Skills Matching at Work:

Some Evidence from Spain", *International Journal of Manpower* 42（6）：1064-1083.

Schor, J. B. et al.（2020）, "Dependence and Precarity in the Platform Economy", *Theory and Society* 49（5）：833-861.

Spreitzer, G. M. et al.（2017）, "Alternative Work Arrangements: Two Images of the New World of Work", *Annual Review of Organizational Psychology and Organizational Behavior* 4（1）：473-499.

Tapscott, D.（1996）, *The Digital Economy: Promise and Peril in the Age of Networked Intelligence*, McGraw-Hill.

Tranos, E. et al.（2021）, "Digital Economy in the UK: Regional Productivity Effects of Early Adoption", *Regional Studies* 55（12）：1924-1938.

Wei, K. K. et al.（2011）, "Conceptualizing and Testing a Social Cognitive Model of the Digital Divide", *Information Systems Research* 22（1）：170-187.

World Bank（2016）, *World Development Report 2016: Digital Dividends*, Washington, D.C.：World Bank Publications.

World Bank（2019）, *World Development Report 2019: The Changing Nature of Work*, Washington, D.C.：World Bank Publications.

Wu, B. & W. Yang（2022）, "Empirical Test of the Impact of the Digital Economy on China's Employment Structure", *Finance Research Letters* 49, No. 103047.

Zhang, C. et al.（2023）, "The Iron-Out Effect of Digital Economy: A Discussion on Gender Wage Rate Discrimination for Working Hours", *Journal of Business Research* 156, No. 113399.

Zhou, G. et al.（2020）, "The Effect of Artificial Intelligence on China's Labor Market", *China Economic Journal* 13（1）：24-41.

（原载《经济学动态》2023年第4期）

# 数字货币理论与实践研究进展

李建军  朱烨辰

随着区块链技术的应用，数字货币逐步替代原网络虚拟货币，出现了快速发展的势头，由此，数字货币的属性、定位、规制等问题引发了金融业界和学术界的广泛讨论。2009—2017年，数字货币由小到大，特别是在近两年中，全球数字货币种类与规模快速膨胀，一些国家和地区出现了利用私人数字货币开展非法融资的现象，给主权货币运行与金融监管带来了新的挑战。那么，如何看待数字货币现象，理论界的研究进展到什么程度？以中国人民银行为代表的全球主要央行开展的主权数字货币实践探索有何现实意义？本文将试图回答以上问题。

## 一　数字货币发展源流与理论归纳

自2013年以来，国内外研究数字货币的理论文献开始增多。最初，大部分文献聚焦讨论比特币（Bitcoin）的属性和其价格变化，分别从理论和技术角度研究比特币是否具有货币属性、比特币的价格波动特征等。近年来，随着多国央行着手研究主权数字货币的发行技术、模式和制度等关键问题，学术界开始从央行数字货币的实践层面分析未来数字货币的发展方向。那么，数字货币与传统货币相比，其出现和发展与哪些因素有关呢？

从货币史的角度来看，货币起源于人类商品交换过程，货币形态的演进正是在不断适应着交换过程便捷性的基本需要中，逐步从有价值的实物货币转向了依靠国家主权担保的无内在价值的信用货币。在货币形态演进过程中，科技的发展起到了重要支撑作用，货币形态的每一次演变都伴随技术的重大进步。从商品货币到金属货币，得益于冶炼技术进步；从金属货币到纸质货币，是造纸与印刷技术推动的；从纸质实体货币到电子货币，是计算机技术的应用体现。今天的数字货币与互联网、云计算、区块链等技术的应用有直接关系。

### （一）数字货币的形式演变与技术进步的关系

数字货币不是凭空出现的，它源自电子支付，由电子货币、虚拟货币演化而来，并逐渐与电子货币和网络虚拟货币分离。学术界普遍认为电子支付源于荷兰，在20世纪80年代末期，荷兰偏远地区的加油站经常发生抢劫现金的事件，安保人员工作危险大，而且对于加油站来说聘用成本过高。后来，有人将钱储存在新型智能卡上，提供给卡车司机消费，避免了卡车司机使用现金从而面临被抢劫的风险。与此同时，荷兰当时最大的零售商Albert Heijn推动银行发明了一种新的支付方式，可以让购买者直接用银行账户来支付，这就是现在POS（point of sale）机的前身。在电子支付的依托下，部分学者和研究机构持续开展了对数字货币的理论探索和实践应用的研发工作。

Chaum（1983）首先提出了电子货币的概念，并在其论文中构造了一个具有匿名、不可追踪等特性的货币系统，该系统被认为是最早的数字货币方案，其构造原理采用了密码学技术——盲签名。盲签名技术可以使签名者在不获取所签署具体内容信息的情况下完成签名。在该电子货币方案中，货币发行方使用盲签名技术对付款方的支付信息进行签名，签名后付款方可以进行验证，并将支付信息发往收款方完成收款，从而实现了电子货币的匿名性和不可追踪性。由此，密码学的原理和方法可被认为是构造电子货币系统的基础。Chaum随后创建了DigiCash公司，并将其技术产业化为E-cash系统。这种不可追踪的现金引起了媒体前所未有的关注。但是，E-cash系统采用中心化的架构，从而导致其应用范围较小，一旦中心化的公司、中央服务器崩溃，该系统就不可维持。

随着近30年来密码技术的发展，数字货币方案也得到了不断优化。主流数字货币大致分为两种类型：一是在E-cash系统基础上进行扩展的未使用区块链技术的数字货币，二是以比特币的诞生为起点，使用区块链技术的分布式记账数字货币。1996年出现的E-gold电子货币系统完全独立于常规金融机构，E-gold 软件保证支付过程的安全和高效。E-gold 的发明者力求创建一个私人黄金货币体系，包括基于互联网的交易，其表现优于国家货币（Mullan，2014）。然而 E-gold 最后演化成一种被犯罪分子利用的传销手段，已经被各国政府封杀。1997 年，Adam Back 发明了 HashCash，用到了工作量证明（Proof of Work，PoW）(Back，2002)。Szabo（1998）所发明的 BitGold，利用 PoW 将困难问题解答结果用加密算法串联在一起公开发布，构建了一个产权认证系统。Dai（1998）提出了匿名的分布式电子现金系统：B-money。1998 年还曾出现过两个生命十分短暂的数字货币：BEENZ 和 FLOOZ，二者十分相似，它们都声称将创造一种用于网络消费的统一货币，并且将挑战传统货币。然而，在与信用卡的竞争中，它们败下阵来，在 2001 年宣布失败。在比特币出现之前的所有数字货币中，Q 币比较特殊，它一开始是作为腾讯公司开发的仅能用于购买腾讯内部虚拟商品或服务的虚拟货币被大家熟知的。但是随着 Q 币被越来越多人接受，许多线下的商品和服务也开始接受 Q 币支付，Q 币的使用范围大大超越了虚拟货币的范畴。随之而来的是，市场的混乱和被不法分子的利用，使 Q 币最终被政府限制了使用范围，恢复了虚拟货币的身份。

然而，数字货币在这一阶段的探索很多只限于纸面设计，少数付诸实施的系统也均以失败告终，要么根本未流通，要么流通的范围极其有限。失败的原因大多可归结为中心化的组织结构。在缺乏国家信用支撑的情况下，一旦发行和维护组织破产或遭受法律制裁、道德指责，或保管总账的中央服务器被黑客攻破，这些货币系统将面临信用破产与内部崩溃的风险。如果不使用中心化的组织结构，那么如何对数字货币的流通进行监管就成了一个棘手的问题。数字货币也容易遭受复制和篡改，而且数字货币在网络中的流通记录必然要记录于某个"账本"中，如果遭受黑客攻击和篡改，将带来毁灭性的破坏。因此，要保障数字货币系统的安全性，需要解决两个问题：避免货币伪造；避免双重支付，即利用货币的数字特性两次或多次使用"同一笔钱"完成支付。早期的数字货币也曾在这两个问题上进行了尝试，归纳起来，B-money 是一种匿名的分布式电子现金系统，使用工作量证明机制发行数字货币，通过网络广播交易信息并进行真实性证明，解决伪造货币和双重支付的问题

(Dai，1998)。BitGold 方案也是采用工作量证明的方法解决货币伪造和双重支付问题(Szabo，1998)。在 DigiCash 方案中,首次在数字货币中引入密码学方法,使用盲签名算法切断了货币提现与支付之间的联系(Chaum，1983)。

之后的数字货币技术又有了新的发展。Nakamoto (2008) 在密码学邮件组发表了一篇论文,提出了比特币的概念。Nakamoto 认为,借助金融机构作为可信赖的第三方来处理电子支付信息,受制于"基于信用的模式"(Trustbased Model)的弱点,因此希望创建一套基于密码学原理,使任何达成一致的双方不需要第三方中介参与,能够直接进行支付的电子支付系统,该系统能够杜绝伪造货币和双重支付。比特币的核心支撑技术是区块链,其主要特点是去中心化,能够运用数据加密、时间戳、分布式共识和经济激励等手段,在节点无须互相信任的分布式系统中实现基于去中心化信用的点对点交易、协调与协作,从而为解决中心化机构普遍存在的高成本、低效率和数据存储不安全等问题提供了一种可选的解决方案。比特币是一个开源项目,其源代码也作为其他的一些软件项目的基础。由比特币衍生出来的最常见的形式,就是替代性的去中心化货币,简称"竞争币",这类货币使用与比特币相同的模式,创建区块链来构建自己的电子货币系统。竞争币中较为知名的有莱特币(Litecoin)、狗狗币(Dogecoin)、点点币(Peercoin)、门罗币(Monero)、达世币(Dash)等。

从上述货币发展以及数字货币的源流分析,可以归纳出数字货币发展演变的决定因素,表示成四元组模型:$DF=f(T, A, P, L)$。其中,$T$ 表示技术(Technology)条件,数字货币是随着信息技术的发展而产生与发展的。正是由于互联网的普及和发展,分布式网络、云计算等技术的普及,才有了区块链技术,才有了工作量证明和比特币的出现,才有了更多形式的数字货币。$A$ 表示应用(Application)需求,数字货币的发展是由应用需求驱动的,实践探索出的经验对数字货币的发展起到了关键性作用。$P$ 表示支付环境(Payment),数字货币的发展与支付环境密切相关,数字货币与电子支付、移动支付的发展密不可分,是数字货币发展的前提条件之一。$L$ 表示法制(Law),数字货币的发展受到法规制度与政策环境的影响,从各国政策对比特币价格的影响可以看出，法规制度与政策环境能够显著影响数字货币的发展。

### (二) 数字货币内涵的拓展：官方定义与学者观点

关于数字货币内涵的界定，也是一个伴随实践发展逐步深化认知的过程。在数字货币之前出现的类似概念是电子货币（Electronic Money），之后出现了虚拟货币（Virtual Currency）和数字货币（Digital Currency），此时的数字货币仅是指利用数字技术承载的交易媒介。在数字货币概念的基础上，衍生出加密货币（Cryptocurrency），成为目前数字货币的主流概念。各国央行的研究报告对数字货币的相关概念给出了官方注解，学者在相关研究中或沿用央行的解释，或对央行的定义进行修正与拓展。目前，对数字货币、电子货币和虚拟货币内涵经常交叉混合。

从世界主要央行对数字货币的研究来看，欧洲中央银行（European Central Bank）最早定义了虚拟货币。其定义虚拟货币为不受监管的数字货币，同时，定义电子货币和商业银行存款为受监管的数字货币，等同于法定货币。加密数字货币则是除受监管的数字货币和不受监管的数字货币之外的第三类数字货币（European Central Bank，2012）。英格兰银行2014年第三季度的报告明确将分布式记账技术作为数字货币的分类标准，一类是加密数字货币，即运用分布式记账技术生成的数字货币，并指出比特币是史上第一个加密数字货币；另一类是非加密数字货币，典型代表有瑞波币（Ripple）。法国金融行动特别工作组定义虚拟货币为以数据形式表现的交换媒介、记账单位、价值储存等，但它不是法定货币，没有任何货币当局为其提供担保。电子货币则与之不同，是法定货币的电子形式。数字货币则代表了虚拟货币（非法定货币）和电子货币（法定货币）的总和。Barrdear 和 Kumhof（2016）在英格兰银行的工作论文中，将中央银行数字货币定义为通过分布式分类账实施的普遍认可且有息的中央银行负债，与同为交换媒介的银行存款相竞争。

目前学术成果中对数字货币内涵进行明确定义的并不多，大多数学者直接沿用了各国政府发布的定义，一部分学者对数字货币的内涵进行了讨论和拓展。Wagner（2014）将数字货币定义为以电子形式储存和转移的货币。这一定义较为笼统，不仅包含数字货币，还包含电子货币。Dwyer（2015）从功能视角讨论了数字货币的内涵，认为最关键的问题是防止双重支付,比特币的点对点支付系统在一定程度上可以解决该问题。Bissessar（2016）借鉴英格兰银行的定义,明确提出数字货币是去中心化的运用分布式记账系统的货币,如比特币、莱特币、狗狗币等。这一定义将没有采用分布式记账系统的诸如瑞波币等产品排除在外。Kraus（2017）认为数字货币包括虚拟货币和加密数字货币,而虚拟货币和加密数字货币的区别是,虚拟货币仅在特定的虚拟空间内流通,而加密数字货币打通了虚拟和现实的界限,可以在现实中购买商品或服务,也可以与现实中的货币相互兑换。加密数字货币的另一个重要特征是采用分布式记账,实现了去中心化,没有管理者管理其发行和运营。

本文认为,数字货币可以分为宽口径数字货币和窄口径数字货币。宽口径数字货币包括电子货币,属于主权法定货币的数字化;虚拟货币是私人发行的在特定网络范围使用的支付手段;加密数字货币包括央行发行的主权数字货币与私人发行的去中心化的数字货币。窄口径数字货币专指加密数字货币,中央银行发行的主权数字货币是真正意义上的货币,有主权信用担保;私人发行的加密数字货币,由于缺乏信用,容易被操控,投机性强、竞争无序,无法成为价值稳定的数字货币,难以归入真正意义上的流通计价和储值货币。

### （三）数字货币的理论归纳

货币理论阐释了货币的起源、属性、形态演进、规制设计等基本规律,数字货币作为货币体系发展演进到后现代化阶段的产物,与以往的货币形态相比具有特殊性,但又继承了货币的内涵与发展规律。它在以下三个方面拓展了货币理论的范围:①主权数字货币是货币演进的主要形式。数字货币作为货币只能走向主权数字货币形式,私人数字货币只是一种超越网络虚拟应用范围的有限支付工具,如果长期缺乏规制政策环境的支持,其生命力不可能长久。而中央银行基于现代科技发行的主权数字货币,具有现代货币的本质属性,那就是国家主权的背书,其具有广泛的可接受基础,也具有持久的公信力。②数字货币较之非数字货币具有支付效率与行为约束力的先天优势,这一优势来自现代金融科技的应用与支持,如区块链技术、深度学习与交互学习应用、人工智能技术等。主权数字货币的应用在一定程度上可以防控社会经济活动中的道德风险，抑制黑色经济、腐败、经济犯罪等问题。在这方面，私人数字货币不具有优势。③数字货币运行需要建立在现代国家金融制度与国际金融规则之下，货币法规、制度与政策等环境是确保数字货币稳健运行的基础条件。尽管技术在一定程度上可以替代制度功效，但不能取代制度，制度设计是货币运行的生态要素，技术是保障基础。因此，数字货币必然要以主权货币形式发展，非主权的私人信用货币，由于不具有主权信用，其价值的不稳定决定了其难以成为真正意义上的货币。另外，数字货币带来的现代货币体系变革，也需要构建相应的理论研究分析框架。

结合以上对数字货币、电子货币和虚拟货币的讨论，本文对数字货币相关理论认知问题归纳如下：按照窄口径数字货币界定，它是以加密数字形式存在于网络空间的、可以行使货币职能的可监管的交换媒介。从发行方式、流通范围和与法定货币的关系来看，这三者之间有显著的不同，从出现的时间来看，它们之间互相承接、互相启发。电子货币出现最早，在电子支付应用之后，主权货币电子化便是电子货币。随着第三方支付的出现，电子货币的范围从金融机构拓展到非金融机构。虚拟货币是随着虚拟社区的问世而出现的，它实际上并不是货币，而是虚拟商品的一种，可以在指定范围内兑换虚拟商品和虚拟服务。数字货币的概念则不同于前两者，它是一种以数字符号表示的能够在国际范围流通的交换媒介。数字货币与电子货币的区别是，发行和流通是否与法定货币挂钩；数字货币与虚拟货币的区别是，流通范围不仅仅局限于虚拟空间，而是可以在现实世界流通，甚至可以跨境流通。从虚拟货币、电子货币、数字货币的概念中，我们能够归纳出数字货币发展的基本路径。

## 二 数字货币的实践与研究进展

### （一）数字货币发行：私人数字货币的研究进展

私人数字货币是以非国家为发行主体的数字货币，例如以企业信用背书发行的数字货币和无发行主体的去中心化数字货币等。不同主体发行的数字货币之间将形成竞争关系，为了检验竞争货币之间是否存在有效竞争，Fernández-Villaverde 和 Sanches（2016）建立私人货币竞争模型，从模型中并不能得出竞争性货币更加有效和稳定。但是，生产性资本的引入从根本上改变了模型的基本属性，所以，存在一个唯一的均衡分配，可以根据技术资本回报率任意地接近效率分配。该研究的意义在于，明确了有利于社会的私人货币体系的特征。私人数字货币能否打破主权货币的垄断局面？在19世纪至20世纪初期的北美曾出现"自由银行"（Free Banking），在这一政策之下，私有银行可以发行自己的货币，国家对货币发行没有垄断地位。货币自由发行的结果是带来更加严格的监管措施，在竞争环境中银行的频繁倒闭破坏了金融稳定，削弱了人们对纸币的信任。最终在20世纪初期，私人银行发行货币被禁止，只有国家拥有发行货币的权力（Frankel，1998）。

学者对私人数字货币的探讨主要分为两部分，一部分学者讨论了数字货币是否具有货币属性的问题，另一部分学者从数字货币市场的产品特征研究数字货币的特点。在研究数字货币的文献中，目前研究比特币这一代表性数字货币的文献占比很大，尤其在2013年比特币价格大涨之后，对比特币市场特征、价格形成等方面的研究开始增多。

1. 私人数字货币的货币属性研究。比特币能否被称为货币存在较大争议，Wallace（2011）、Grinberg（2011）认为比特币是一种高效率、低成本的价值交换方式，是理想的货币形式。Chowdhury和Mendelson（2014）认为在虚拟货币和金融体系的框架下，人们对于比特币类的虚拟货币的认可程度还需要以虚拟货币不断发现其内在价值为依据。Swan（2015）为数字货币的职能划分了三个层次，从高到低分别是交换媒介、交易软件、记账工具。Glass（2016）援引Swan的划分，认为比特币在设计之初就作为交换媒介，属于数字货币的最高层智能，所以比特币属于数字货币的范畴。但是更多的学者并不认可比特币的货币身份。Yermack（2013）的观点是，比特币与其说是一种货币，不如说是一种投机性工具。因为，一方面，比特币的每日汇率走势与其他主要货币汇率走势没有相关性，使比特币无法用于风险管理的目的，比特币的持有者也很难对比特币持有头寸进行套期保值；另一方面，比特币无法用来为消费信贷或其他贷款合同计价，也难以被纳入具有存款保险特征的银行体系。Šurda（2012）认为经济参与者之间的信任保证了比特币市场体系的稳定，但比特币既没有内在价值又没有代表性，它的价值取决于市场力量和使用者信心。这表明比特币的价值是没有保证的，无法得到任何货币权威机构的支持，但同时这也意味着除了消费者信心，没有其他因素能够操控比特币的价值和供给。实际上，比特币的价值就来源于市场对比特币的信心。就这个角度而言，比特币与其说是一种货币，不如说是一种商品。Woo 等（2013）、Bouoiyour 等（2014）、Alstyne（2014）、Hanley（2013）研究了比特币的内在价值，他们一致认为比特币内在价值为0，其价值仅为纯粹的市场价值，是一种投机性商品。目前，大部分学者对以比特币为代表的私人数字货币的货币属性不予认同，只认为其属于数字商品或资产，是投机的工具。

2. 私人数字货币的市场特征研究。除以上讨论之外，研究比特币的大多数学者回避了讨论其货币属性，而专注研究比特币市场的各方面特征，默认其为一种金融资产。其中，对于比特币市场有效性问题的研究目前仍没有定论。Brown（2014）通过检验对超额回报和市场流动性的预测能力，认为比特币市场存在短期价格可预测性，证实比特币市场不符合弱有效市场假说。Bartos（2015）运用误差修正模型分析比特币的价格特征，认为比特币遵循弱有效市场假说，其价格会立即对公开市场信息作出反应。Urquhart（2016）及 Nadarajah 和 Chu（2017）对比特币的市场收益率序列进行了统计分析，但二者得出了相反的结论。Urquhart（2016）的实证结果表明比特币市场还未达到弱有效市场，而 Nadarajah 和 Chu（2017）改进了分析过程，得出比特币市场已经符合弱有效市场假说的结论。Kurihara 和 Fukushima（2017）通过研究比特币的每周价格数据发现比特币市场的有效性越来越高，这就意味着比特币收益率在未来将越来越具有随机性。可以得出的判断是，随着时间的推移，比特币市场正在逐步完善，趋向满足弱有效市场假说。在市场波动性检验方面，Ortisi（2016）、Bouri 等（2016）、Katsiampa（2017）等学者一致认为比特币市场波动性大，投机性高。Katsiampa（2017）测量了多个时间序列模型，认为 AR-CGARCH 是研究比特币数据最理想的模型。Donier 和 Bouchaud（2015）通过实证分析发现，比特币价格的大幅下跌并不是由市场出现的新信息引起的，而是内生性循环的结果。他们认为这一结果可以为动态评估市场不稳定性和流动性风险预警提供依据，并且可能实现对市场崩溃现象的定量分析。Zhu 等（2017）用

VCEM 模型验证了影响比特币价格的若干宏观经济因素，认为宏观经济指标对比特币价格存在一定的影响。Cretarola 等（2017）认为市场信心对比特币价格有重要影响，他们建立了一个二元模型来描述比特币价格和信心因子之间的关系，并认为二者存在正相关性。

3. 关于 ICO 的研究。对于 ICO（Initial Coin Offering 或 Initial Crypto-Token Offering），目前尚没有明确的定义，仅从字面来看，ICO 显然是从 IPO（Initial Public Offering）延伸而来，可以理解为首次数字货币代币发行。ICO 已经成为区块链项目非常重要的融资手段。Chuen 等（2017）将 ICO 描述为基于区块链和加密数字货币的融资项目，投资人通过项目白皮书或其他文件评估项目价值并决定是否投资。Conley（2017）初步评估了 ICO 的可行性和定价等问题，并为创业者和投资者提出一些建议。

Conley 对数字货币创始人提出了三点建议：①设计一个成功的代币必须参照货币理论、金融经济学、博弈论等理论，货币市场需要多方均衡，数字货币的使用率是增值的关键。②建议设计者为交易型数字货币设置以稳定数字货币价格为目的的基金。③创始人应注意，在 ICO 时不留存初始货币。多数 ICO 中最大的问题是，无论是营利性还是非营利性的公司，几乎所有公司的创办者都会留存一部分数字货币，大约占到总额的 20%（瑞波币的创始人持有 70% 的瑞波币）。考虑到初创的数字货币只有一小部分流通，20% 也代表了数倍的份额。特别是在卖出这些持有的原始币时，很可能被当作管理团队失去信心和套现的信号，或者该项目的成本远高于预期。所以，最好的做法是在 ICO 时卖掉所有的货币，将收益的 20% 放入运营管理账户，或者其他需要使用的途径。

对于数字货币投资者，Conley 也提出三点建议：①投资 ICO 以期其增值并不是一个良好的长期策略，交易型数字货币的价格建立在对未来价格的预期上，这种预期是十分脆弱的。②投资组合中数字货币价格的上涨并不能说明该投资的正确性，运气的成分很大，仍要警惕泡沫破裂的风险。③慎重投资那些名目不清、不完整或者根本不存在的项目白皮书，这可能意味着该项目不成熟或公司对投资人有所隐瞒，对于这样缺乏透明度的投资应谨慎。投资者应选择有明确收入来源的、公司拥有健全营业模式和技术的数字货币项目。

ICO 背后的金融诈骗问题已经引起各国的重视，美国、日本、加拿大等国的政府金融监管部门也对 ICO 进行了风险警示，美国证券交易委员会拟将 ICO 纳入监管。与早期的 E-GOLD 类似，加密数字货币被非法利用，成为传销的手段，应该予以严厉打击。

### （二）主权数字货币发行：中央银行数字货币的实践与研究进展

与私人数字货币市场的竞争不同，中央银行数字货币具有天然的发展优势。中央银行数字货币是国家结合自身货币发展需求，利用现有技术，以国家信用背书发行的货币，具有法定货币的性质。2016年1月20日，中国人民银行数字货币研讨会在北京召开，数字货币研究专家分别就数字货币发行的总体框架、货币演进中的国家数字货币、国家发行的加密电子货币等专题进行了研讨和交流，提出在前期工作的基础上继续推进，争取早日推出央行发行的数字货币。纵观世界各国，中央银行发行数字货币已经成为一种全球性趋势，英国、加拿大、瑞典等国的中央银行已经出台了发行自己的数字货币的相关计划，欧盟中央银行也在考虑发行中央银行数字货币。

在中央银行数字货币的概念提出之前，Shoaib 等（2013）就提出官方数字货币系统（Official Digital Currency System）的概念，这一概念与中央银行数字货币（Central Bank Digital Currency）相似，即由央行或政府控制和发行数字货币。数字货币的发行方式与主权货币相同，但是控制系统完全不同。相比主权货币，数字货币更加安全、高效、便捷。较早出现的中央银行数字货币发行方案来自 Koning（2014）在博客中发表的题为"联储币"（Fedcoin，设想中的联储数字货币方案）的文章，其中详细描述了中央银行数字货币的发行方案。Fedcoin 允许个人和企业直接在中央银行开户，而不需要商业银行作为中介机构。私人数字货币去中心化的设计牺牲了价格的稳定性，在未稳定的后备基础的情况下，诸如比特币等私人数字货币面临剧烈的价格波动，这种价格波动还具有强烈传导性。Fedcoin 可以解决价格波动这一难题，重新引入中央控制节点来管理货币系统，使央行可以在调节货币供给方面发挥作用。Fedcoin 保留了比特币除去中心化以外的其他特征，同时还赋予了中央银行纸币没有的功能——负利率。Haldane（2015）就指出，中央银行数字货币可以解决利率"零下限"的问题，允许央行将利率降低至零以下，可以作为一种鼓励消费和投资的策略。Fedcoin 的思路被英格兰银行借鉴。英国央行发行数字货币的目的有两点：一是创造一种交易更高效、透明度更高、成本更低的货币；二是为数字货币市场注入信心，同时对数字货币市场实行监管，解决现存的若干不良因素。Raskin 和 Yermack（2016）针对中央银行发行数字货币进行了拓展研究，他们认为，数字货币背后的区块链技术有可能改善中央银行的支付和结算业务，并可能成为中央银行推出自己的数字货币的平台；而且，主权数字货币可能对银行体系产生深远的影响，缩小公民与中央银行之间的距离，减少公众对商业银行存款的需求。本·布劳德本特（2016）指出，如果央行数字货币允许个人在央行直接开户，则意味着基础货币和货币乘数效应不再存在，央行数字货币成为一种结算货币，绕过银行间清算过程，实现点对点的资金转移。在这种情况下，央行数字货币将与商业银行存款形成竞争关系，可能导致银行存款流失，对现代金融体系的基础结构产生重要影响。数字货币竞争会削弱中央银行实施货币政策的能力。当央行不再作为货币发行的唯一主体，而是成为竞争者与其他中央银行和私人行为者竞争时，市场的供给和需求将决定哪些货币成为普遍接受的交换媒介。Raskin 和 Yermack（2016）表示，中央银行是在政治体制下运作的，法律制度保证了其发行的纸币的强制流通。这样的法律不要求当事人与中央银行签订合约，而是拒绝向不接受国家法定货币而使用其他交换媒介作为债务承付的当事人提供法律帮助。这就出现了格雷欣法则中的劣币驱逐良币。法律制度赋予了政府垄断货币发行的特权，允许其印制货币。如果没有这类法律，中央银行就仅仅是银行。日本银行也开始关注央行数字货币的发行，副行长 Nakaso（2017）认为央行数字货币一定程度上代替了纸币的角色，将影响中央银行支付结算系统的运作。发行央行数字货币将拓宽公众与中央银行的接口，假设央行数字货币可以完全行使与纸币相同的功能，将导致所有人都能全年获得与中央银行的接口，中央银行将完全开放。央行数字货币的出现固然会对现有的货币体系形成挑战，但与此同时，也为经济发展提供了新的机遇。另外，央行数字货币在便利跨国结算方面也有显著优势，在跨国结算中往往会经过多层检查与验证，这一过程不仅耗费时间，还有众多中介机构参与，增加了交易行为的不可控性。数字货币可以实现中央银行直接监督存款人的行为：一方面提高交易效率，另一方面有助于打击洗钱、逃税等行为（Raskin & Yermack, 2016）。总体来说，央行数字货币的发行对宏观经济有正向影响，英格兰银行的研究员 Barrdear 和 Kumhof (2016) 运用 DSGE 模型，在符合国际金融危机前美国的框架中分析得出，由于实际利率、扭曲性税收和货币交易成本的减少，央行发行的数字货币如果占到国民生产总值的 30%，则可以永久性提高 3% 的国民生产总值。同时，央行数字货币将作为货币政策工具，提高中央银行稳定经济周期的能力。

### （三）各国政府对私人数字货币的监管措施

随着比特币等数字货币的发展，许多国家基于其具体国情选择合适的监管举措。英国、美国、日本等一些国家以及欧盟积极探讨监管规则与监管体系的建立，包括开展试点、立法支持、加强应用等。2014 年，英格兰银行发布了两份报告（Ali et al., 2014），称比特币是一种"商品"，是"真正的技术创新"。2016 年 3 月，英国率先提出可由央行调控的法定数字货币原型系统——中央银行加密数字货币 RScoin，开启了由央行主导的数字货币研究工作。美国政府对比特币存在的风险进行了多次警示。2013 年，美国金融犯罪执法网络（FinCEN）出台了有关虚拟货币的指导意见（VC Guidance）[①]，指出比特币属于"可转化的虚拟货币"，应纳入反洗钱监管范围，受《银行保密法》监管。美国证券交易委员会（SEC）对比特币投资者给予风险预警。美国国税局（IRS）出台了适用于比特币和其他可转化货币的指导意见，将虚拟货币看作一种需要缴纳联邦税的财产。2013 年 8 月，德国宣布将比特币纳入国家监管体系，法国也提出任何比特币的交易平台必须通过法国央行的认证或者已注册的公司来留存平台交易的基金。2016 年 5 月，日本批准有关加密电子货币的新法案，将加密电子货币交易所归到金融厅（FSA）下进行监管，要求由注册会计师对这些交易所进行审计。2014 年，俄罗斯

---

① https://www.fincen.gov/sites/default/files/shared/FIN-2013-G001.pdf.

央行针对数字货币发表声明，指出比特币等数字货币"没有国家实体支持，投机性较强，其在相关虚拟交易中的交易具有高风险特征"（万晨，2016）。2015年，俄罗斯财政部制定了一项新的法律草案，将涉及数字货币的活动列为非法，并实行刑事处罚，个人发行货币替代品将会面临四年的有期徒刑。

总体来看，世界各国对以比特币为代表的私人数字货币多采用严格的监管态度，将其交易纳入现有的监管框架，适用相关监管法律法规。

## 三　中国数字货币理论与实践研究的进展

国内学者主要关注对数字货币内涵的理解、对央行发行数字货币的研究及发行央行数字货币对金融体系的影响等方面，近年来也取得了一定的成果。

### （一）对数字货币内涵的理解

国内学者对数字货币内涵的理解是从虚拟货币开始的。贾丽平（2009）关注网络虚拟货币，并定义广义的网络虚拟货币为高科技中代替实体货币流通的信息流或数据流；狭义的网络虚拟货币具有支付功能，由各网络机构自行发行，不能实现现实的价值，不能通过银行转账，未形成统一的发行和管理规范，只能流通于特定网络世界。随后，贾丽平（2013）进一步总结了比特币的五个特点：信息货币和私人货币的结合、不会发生通货膨胀和通货紧缩、高度匿名、使用方便、交易成本低廉。谢平和刘海二（2013）对电子货币的定义是，以虚拟账户代表货币价值，储存于电子装置，是发行机构及其密切商业伙伴以外的实体可以接受的支付手段。周光友和施怡波（2015）将电子货币总结为：发行主体趋于分散，流通突破主权范围，交易更加隐秘，交易过程更加安全，交易成本更低。显然，上述两种电子货币的定义并不属于同一范畴。前一种实际上与本文数字货币的概念较为一致。后一种对电子货币特点的总结也可以看作私人数字货币的发展特点，尤其是发行主体趋于分散和流通突破主权范围两点。李志杰等（2017）明确定义了基于区块链的数字货币，他认为，数字货币来自开放的共识算法，基于发行机构的发行策略或基于算法解得确定数量，需要经过网络中达到一定数量节点的认可，保证交易过程完整。这一定义较为全面地概括了目前出现的分布式记账数字货币的特征，并且包含可能出现的央行数字货币。

### （二）对央行发行数字货币的研究

国内学者对于央行发行数字货币大多持乐观看法，并且认为央行数字货币比私人数字货币更有发展空间。盛松成和蒋一乐（2016）就提出"只有央行发行的数字货币才是真正的数字货币"，只有中央银行对数字货币进行发行和调控，才能维持由国家信用支撑的现代货币体系的稳定。发行数字货币也将提升中央银行对货币发行和流通的控制力，加强货币政策的传导和运行。姚前（2016）也强调，不能狭隘地将数字货币理解为比特币，要区分法定数字货币与私有数字货币在技术特性、经济特性和制度安排上的异同和关联，讨论数字货币履行货币职能的过程，以及满足高质量货币体系的条件。张正鑫和赵岳（2016）认为央行发行数字货币具有很大优势，表现在总量可控、可以降低信用风险和具有公平性和非营利性。徐忠等（2016）借鉴以太坊创始人提出的完全开放、联盟、完全封闭三种可行系统的设想，为中央银行发行数字货币提出三种方案：完全开放系统、联盟系统、完全封闭系统。这三种方案都是基于分布式账本技术的不同程度的应用。相对于传统货币，数字货币可以降低交易过程中的信息不对称，减少市场摩擦，提高交易的效率和质量。中心化的金融系统很难抵御黑客进攻，若采用区块链技术，具有全网记账、分布式等特点，则可以抵御一部分黑客的攻击。即使局部节点遭受攻击，全网各个节点中的交易数据仍然安全（李志杰等，2017）。所以，央行数字货币不仅代表了一种新型货币，更是一种新型记账系统。此外，相比中心化的货币体系，分布式账本保证了金融数据的安全性和完整性，可以降低洗钱、逃税、贪污等经济犯罪行为的发生率。就目前的发展来看，短期内数字货币难以成为主流货币体系，但是可能成为现有货币体系的良好补充。

### （三）发行央行数字货币对金融体系的影响

数字货币仍处于动态的发展过程中，对央行数字货币的技术路线并未达成一致，目前普遍认可的形式有两种：一是央行直接发行数字货币，市场交易主体可以直接在央行开立账户；二是依旧遵循央行—商业银行的二元模式。但本文对数字货币与金融体系的关系的分析不仅仅局限于某一种数字货币框架。

首先，数字货币的发行意味着货币发行方式和结算方式的重大变革，将引发货币供求方式的改变。随着信息技术的发展，个人、企业、金融机构等主体之间的资金清算越来越多地由现钞清算转变为记账清算。记账清算可以降低流通成本，而且每笔交易都可追踪，可以降低交易风险、优化资源配置（王永利，2016）。数字货币将实现完全的记账式清算。在货币投放方面，如果央行数字货币仅作为电子现金的一种，用于减少部分实物现金的需求，将会令小额支付系统更高效，对货币政策和商业银行的影响并不显著（温信祥等，2016）。在货币结算方面，数字货币的应用将提高使用的便捷性，便捷程度的提高会使交易总量上升，提高整个经济体系的流动性、降低交易成本（徐忠等，2016）。从央行管理货币角度分析，法定数字货币会极大地提升货币运行效率。

其次，数字货币作为一种补充性货币，其应用将直接影响货币政策传导与效果。补充性货币投放扩大了货币乘数，它对货币存量、货币流通速度和价格水平的影响取决于该种货币与法定货币的兑换方式（贝多广等，2013）。央行发行的数字货币本身就是法定货币，具有完全的兑换性。数字货币的技术创新无法完全取代中央银行货币发行和货币政策，但是，央行数字货币可以提升货币供给和货币政策的有效性。数字货币分布式记账功能使交易信息无法篡改，便于追踪资金流向，有利于货币当局准确灵活地运用货币政策工具，全面监测和评估金融风险；数字货币点对点的支付结算方式可以提高货币政策的传导效率，降低金融体系的利率水平，平滑利率期限结构，实现物价稳定和经济发展（盛松成等，2016）。从这个角度来讲，法定数字货币的推行有助于货币政策目标的实现。

最后，数字货币进入大规模运用之后，货币结构出现较大变化，原有货币运行机制会出现新的特征，可能引起金融市场波动，数字货币必然引发金融监管体系的革新。数字货币作为互联网金融发展中出现的新货币形态，对其进行统一的规范监管是必要的（刘澜飚等，2013），所以由央行发行法定数字货币是一种必然选择。法定数字货币也将给金融体系带来一定的不确定性。一方面，法定数字货币可能会使货币结构发生变化，由于数字化，实物货币需求量下降，金融资产的转换速度加快。另一方面，法定数字货币会影响货币创造，在法定数字货币之下，存款货币向现金货币的转换更加迅速，当金融危机出现时，金融恐慌和金融风险的传播速度也将加快，从而影响金融稳定。所以，私人数字货币的监管，必须明确其地位和性质，以引导为主、管制为辅。货币当局要为数字货币交易平台设立准入门槛，明确交易规则，促进数字货币的良性竞争，还要防止数字货币成为非法经济活动的工具（李志杰等，2017）。监管方式可以采取小范围试点，取得经验后再进行推广。不过，私人数字货币发行需要限定在一个合理范围之内。

### （四）对私人数字货币的监管实践

比特币进入中国以后，对金融领域的影响越来越大，引发的投机活动造成了市场混乱。从一开始，中国人民银行对比特币的态度就十分谨慎，2013 年 12 月下发的《关于防范比特币风险的通知》[①] 指出，比特币不是由货币当局发行的，不具有法偿性与强制性等货币属性，并不是真正意义的货币，不能且不应作为货币在市场上流通使用，比特币交易是一种互联网商品的买卖行为。2014 年 3 月，中国人民银行又下发了《关于进一步加强比特币风险防范工作的通知》，要求各银行和第三方支付机构关闭十多家境内比特币平台的所有交易账户。2017 年 9 月，中国人民银行牵头的互联网金融工作组起草相关规则，禁止境内比特币和其他数字货币交易平台。

利用代币发行（ICO）进行融资在中国始于 2015 年，之后，ICO 规模快速扩大，到 2017 年上半年进入高潮阶段。由于缺乏监管，不少企业利用 ICO 进行集资诈骗，演化为传销闹剧，造成市场混乱，积聚了较大的风险。2017 年 9 月 4 日，中国人民银行、中央网信办等七部委发布的《关于防范代币发行融资风险的公告》[②] 明确提出，国内通过

---

[①] http://www.gov.cn/gzdt/2013-12/05/content_2542751.htm.

[②] http://www.pbc.gov.cn/goutongjiaoliu/113456/113469/3374222/index.html.

发行代币形式包括首次 ICO 进行融资的活动涉嫌从事非法金融活动，严重扰乱了经济金融秩序，应当立即停止。这一政策的出台，有助于控制市场风险，保护投资者利益，维护金融稳定。在严监管下，代币交易平台被清理关闭。利用数字货币开展金融诈骗给社会带来的危害是巨大的，货币当局、金融监管部门及时出台政策、采取行动是非常必要的。

当然，中国人民银行对区块链技术的应用价值及主权加密数字货币还是予以肯定，2015 年 1 月，中国人民银行召开数字货币研讨会，对数字货币发行和业务运行框架、数字货币的关键技术等进行了深入研究。2016 年 2 月，中国人民银行行长周小川在谈到数字货币相关问题时曾提及，区块链技术是一项可选的技术。2016 年 10 月 18 日，工业和信息化部发布了《中国区块链技术和应用发展白皮书》，围绕扶持政策、技术攻关和平台建设、应用示范等方面提出了相关建议，认为由央行发行主权加密数字货币、规范数字货币的应用、维护数字货币体系的稳定，是摆在货币当局面前的重要课题。

## 四　结论与展望

通过对数字货币理论与实践进展的研究进行梳理，我们得出以下结论：第一，数字货币的出现是技术进步推动下的产物，中央银行发行主权数字货币可能代表未来数字时代的货币发展方向。从现代科技发展阶段来看，创新来自私人部门，私人数字货币先行发展，央行数字货币凭借主权优势迅速成为数字货币的主流形式是数字货币演进的基本路径。第二，数字货币的发展不是一蹴而就的，理论与实践还在不断探索当中，技术支持与制度建设还处在螺旋式上升的过程中。央行数字货币还将面临来自技术与规制层面的各种挑战。第三，数字货币是伴随信息技术的发展而产生与发展的，是由应用实践驱动的，数字货币的发展与支付环境密切相关，而支付技术的不断进步也会为数字货币形态的演进与创新提供更广阔的空间。第四，数字货币的规制建设与监管至关重要。需要对私人数字货币的定位、监管和准入制定权威标准，必须把私人数字货币纳入货币监管框架，与主权货币的边界区别清楚，其使用范围需要限定在局部范围之内。第五，数字货币的使用必然会对现代货币金融体系产生深远影响。在社会流通中表现为货币结构多元化，央行数字货币价值相对稳定，而私人数字货币由于不具有主权信用且价值波动频繁，货币领域的套利问题有可能引起市场波动。另外，货币运行机制会出现新的架构，传统的货币政策传导机制将会失效，重构货币政策体系与国家之间政策协调机制成为摆在各国央行面前的新课题。在国际货币体系中，超主权数字货币能否实现也取决于数字货币理论创新和各国数字货币实践政策的共同支撑，更需要国际组织的积极协调推进，构建相应的制度框架。

对于未来数字货币理论研究与实践发展的方向，本文认为主要集中在以下四个方面。

1. 数字货币的技术创新与研究。区块链技术是构造数字货币的基础技术，从比特币的区块链到以太坊、超级账本①，区块链的技术还处于不断发展和完善的过程中，需要根据央行数字货币的实际需求，研究一种适合中国的数字货币技术理论和构造方法。其中包括账本的格式、账本的内容、账本的溯源机制、账本的查询机制、账本的验证机制、账本的索引机制、账本的 Merkle 树②验证机制等。此外，还需要研究新的算法，解决系统效率及可扩展性问题等。

2. 数字货币的发行、存储、交易、结算理论的研究。在数字货币发行理论方面，根据数字货币的特点，在现有货币发行理论的基础上，借鉴国际数字货币实践经验，研究符合中国国情的数字货币发行理论，重点解决数字货币的需求、发行数量、发行方式、发行时间等一系列基础性理论命题。在数字货币存储理论方面，数字货币以分布式账本形式存储在区块链中，需要研究数字货币在商业银行账本的存储理论，以及在中央银行的区块链中存储的理论。商业银行存储部分的区块，会形成一个局部的区块链，中央银行将存储所有的数字货币交易的记录，并形成一个最终的区块链。需要重点研究数字货币在商业银行局部区块链的存储格式、存储位置、存储方法，在中央银行全球区块链的存储格式、存储位置、存储方法等。在数字货币交易理论方面，需要研究数字货币

---

① 超级账本（Hyperledger）是 Linux 基金会于 2015 年发起的推进区块链数字技术和交易验证的开源项目。

② Merkle 树，通常也被称作 Hash Tree，顾名思义，就是存储 Hash 值的一棵树。

交易双方真实性验证、交易信息记账方法、交易信息账本确认方法、交易前的准备、交易中的处理机制、交易后的处理方法等理论问题。在数字货币清算结算理论方面，需要研究数字货币的清算机制、模式与技术问题，可以借鉴 CBDC（Central Bank Issued Digital Currency）北航链的 ABC 和 TBC[①] 的清算与结算理论，进行相应的清算机制设计。

3. 数字货币的安全与隐私保护机制。当前，在数字货币应用中，普遍存在分布式账本中交易数据的保密问题、隐私与特权机制问题、计算和存储效率问题等。因此，需要研究构建新型电子货币安全账本模型，研究分布式数字货币账本密钥泄露追踪和撤销技术，研究电子货币账本的隐私和匿名性等，以建立保证数字货币的安全与隐私的机制。

4. 数字货币的监管理论。由于数字货币的特殊性，需要重点研究数字货币在监管上的基础理论和技术应用，主要包括研究数字货币监管模型、数字货币利率实施理论、数字货币用户识别理论、数字货币反洗钱监管理论、数字货币大数据分析决策模型、数字货币"链上代码"[②] 执行理论等。通过研究数字货币的监管理论，实现中央银行对国民经济的宏观调控和各项货币政策的具体实施。

综上所述，数字货币理论研究与实践还在不断创新与探索之中，现代科技进步推动了数字货币形式的创新，中央银行主权数字货币代表未来数字货币的方向，与之对应的货币机制、货币理论与政策框架、货币规制与监管模式、国际协同模式等都需要在实践中不断完善。

**参考文献**

贝多广、罗煜：《补充性货币的理论、最新发展及对法定货币的挑战》，《经济学动态》2013 年第 9 期。

本·布劳德本特：《中央银行与数字货币》，《中国金融》2016 年第 8 期。

贾丽平：《比特币的理论、实践与影响》，《国际金融研究》2013 年第 12 期。

---

① ABC 和 TBC 是北航链中的交易链和账目链的简称，北航链是北京航空航天大学与北京大学联合开发的许可链。
② 链上代码是对智能合约的一种形象的表达。

贾丽平：《网络虚拟货币对货币供求的影响及效应分析》，《国际金融研究》2009年第8期。

李志杰、李一丁、李付雷：《法定与非法定数字货币的界定与发展前景》，《清华金融评论》2017年第4期。

刘澜飚、沈鑫、郭步超：《互联网金融发展及其对传统金融模式的影响探讨》，《经济学动态》2013年第8期。

盛松成、蒋一乐：《央行数字货币才是真正货币》，《中国金融》2016年第14期。

万晨：《数字货币国际监管动态及启示》，《金融时报》2016年8月15日理论前沿版。

王永利：《央行数字货币的意义》，《中国金融》2016年第8期。

温信祥、张蓓：《数字货币对货币政策的影响》，《中国金融》2016年第17期。

谢平、刘海二：《ICT、移动支付与电子货币》，《金融研究》2013年第10期。

徐忠、汤莹玮、林雪：《央行数字货币理论探讨》，《中国金融》2016年第17期。

姚前：《中国版数字货币设计考量》，《中国金融》2016年第12期。

张正鑫、赵岳：《央行探索法定数字货币的国际经验》，《中国金融》2016年第17期。

周光友、施怡波：《互联网金融发展、电子货币替代与预防性货币需求》，《金融研究》2015年第5期。

Ali, R. et al. (2014), "Innovations in Payment Technologies and the Emergence of Digital Currencies", *Bank of England Quarterly Bulletin* 2014 (Q3): 262-275.

Ali, R. et al. (2014), "The Economics of Digital Currencies", *Bank of England Quarterly Bulletin* 2014 (Q3): 276-286.

Alstyne, M. V. (2014), "Why Bitcoin Has Value", *Communications of the ACM* 57 (5): 30-32.

Back, A. (2002), "Hashcash—A Denial of Service Counter-Measure",

USENIX Technical Conference.

Barrdear, J. &M. Kumhof (2016), "The Macroeconomics of Central Bank Issued Digital Currencies", Bank of England, Staff Working Paper, No. 605.

Bartos, J. (2015), "Does Bitcoin Follow the Hypothesis of Efficient Market?", *International Journal of Economic Sciences* 4 (2): 10-23.

Bissessar, S. (2016), "Opportunities and Risks Associated with the Advent of Digital Currency in the Caribbean", Studies and Perspectives—ECLAC Subregional Headquarters for the Caribbean, No. 46.

Bouoiyour, J. et al. (2014), "Is Bitcoin Business Income or Speculative Bubble? Unconditional vs. Conditional Frequency Domain Analysis", MPRA Paper No. 59595.

Bouri, E. et al. (2016), "Modelling Long Memory Volatility in the Bitcoin Market: Evidence of Persistence and Structural Breaks", Department of Economics, University of Pretoria, Working Paper Series, No. 54.

Brown, W. L. (2014), "An Analysis of Bitcoin Market Efficiency Through Measures of Short-Horizon Return Predictability and Market Liquidity", CMC Senior Theses.

Chaum, D. (1983), "Blind Signatures for Untraceable Payments", in: *Advances in Cryptology: Proceedings of Crypto*, Springer.

Chowdhury, A. & B. K. Mendelson (2014), "Digital Currency and Financial System: The Case of Bitcoin", *Journal of Soils & Sediments* 6 (4): 268-268.

Chuen, D. L. K. et al. (2017), "Cryptocurrency: A New Investment Opportunity?", https://ssrn.com/abstract=2994097.

Conley, J. P. (2017), "Blockchain and the Economics of Crypto-tokens and Initial Coin Offerings", Vanderbilt University, Department of Economics Working Papers, VUECON-17-00008.

Cretarola, A. & G. Figà-Talamanca (2017), "A Confidence Based Model for Asset and Derivative Prices in the Bitcoin Market", arXiv: 1702.00215v1.

Dai, W. (1998), "B-Money", http://www.weidai.com/bmoney.txt.

Donier, J. & J. P. Bouchaud (2015), "Why Do Markets Crash? Bitcoin Data Offers Unprecedented Insights", *Plos One* 10 (10).

Dwyer, G. P. (2015), "The Economics of Bitcoin and Similar Private Digital Currencies", *Journal of Financial Stability* 17: 81-91.

European Central Bank (2012), "Virtual Currency Schemes", http://www.ecb.europa.eu.

Fernández-Villaverde, J. & D. R. Sanches (2016), "Can Currency Competition Work?", NBER Working Paper No. 22157.

Frankel, A. S. (1998), "Monopoly and Competition in the Supply and Exchange of Money", *Antitrust Law Journal* 66 (2): 313-361.

Glass, J. E. (2016), "What is a Digital Currency", *Journal of the Franklin Pierce Center for Intellectual Property* 57 (3): 455-517.

Grinberg, R. (2011), "Bitcoin: An Innovative Alternative Digital Currency", *Hastings Science & Technology Law Journal* 4 (1): 160-207.

Haldane, A. (2015), "How Low Can You Go?", Speech Given at the Portadown Chamber of Commerce, Northern Ireland, http://www.bankofengland.co.uk.

Hanley, B. P. (2013), "The False Premises and Promises of Bitcoin", arXiv: 1312.2048v7.

Katsiampa, P. (2017), "Volatility Estimation for Bitcoin: A Comparison of GARCH Models", *Economics Letters* 158: 3-6.

Koning, J. P. (2014), "Fedcoin", http://jpkoning.blogspot.com/2014/10/fedcoin.html.

Kraus, P. (2017), "Digital Currency: Risks, Rewards and Investigative Techniques", Doctoral Dissertation, Utica College.

Kurihara, Y. & A. Fukushima (2017), "The Market Efficiency of Bitcoin: A Weekly Anomaly Perspective", *Journal of Applied Finance & Banking* 7 (3): 57-64.

Mullan, P. C. (2014), *The Digital Currency Challenge: Shaping Online Payment Systems through US Financial Regulations*, Palgrave Pivot.

Nadarajah, S. & J. Chu (2017), "On the Inefficiency of Bitcoin", *Economics Letters* 150: 6-9.

Nakamoto, S. (2008), "Bitcoin: A Peer-to-Peer Electronic Cash System", http://bitcoin.org/bitcoin.pdf.

Nakaso, H. (2017), "Future of Central Bank Payment and Settlement Systems Under Economic Globalization and Technological Innovation", Bank of Japan, Remarks at the Forum Towards Making Effective Use of the BOJ-NET.

Ortisi, M. (2016), "Bitcoin Market Volatility Analysis Using Grand Canonical Minority Game", *Ledger* 1: 111-118.

Raskin, M. & D. Yermack (2016), "Digital Currencies, Decentralized Ledgers, and the Future of Central Banking", NBER Working Paper No. 22238.

Shoaib, M. et al. (2013), "Official Digital Currency", 8th International Conference on Digital Information Management (ICDIM), http://ieeexplore.ieee.org.

Šurda, P. (2012), "Economics of Bitcoin: Is Bitcoin an Alternative to at Currencies and Gold?", WU Vienna University of Economics and Business, http://nakamotoinstitute.org.

Swan, M. (2015), *Blockchain: Blueprint for a New Economy*, O'Reilly Media Inc.

Szabo, N. (1998), "Secure Property Titles with Owner Authority", http://nakamotoinstitute.org.

The Financial Action Task Force (FATF) (2014), "Virtual Currencies: Key Definitions and Potential AML/CFT risks", http://www.fatf-gafi.org.

Urquhart, A. (2016), "The Inefficiency of Bitcoin", *Economics Letters* 148: 80-82.

Wagner, A. (2014), "Digital vs. Virtual Currencies", *Bitcoin Magazine*, https://bitcoinmagazine.com.

Wallace, B. (2011), "The Rise and Fall of Bitcoin", *Wired Magazine, http://laapush.org.

Woo, D. et al. (2013), "Bitcoin: A First Assessment", FX and Rates Research Report from Merrill Lynch, http://www.w-t-w.org.

Yermack, D. (2013), "Is Bitcoin a Real Currency? An Economic Appraisal", NBER Working Paper No. 19747.

Zhu, Y. et al. (2017), "Analysis on the Influence Factors of Bitcoin's Price Based on VEC Model", *Financial Innovation* 3 (Article 3): 1-13.

(原载《经济学动态》2017年第10期)

# 数字货币及其经济影响研究新进展

米晋宏　王乙成

随着数字化时代的到来，区块链（blockchain）和大数据（big data）等数字技术的快速发展孕育了各种类型的数字货币，衍生出层出不穷的新支付工具，一场数字革命正在颠覆全球支付与货币体系。2017年1月29日，中国央行正式成立数字货币研究所；2019年6月，Facebook宣布启动全球最大数字货币项目——天秤币（Libra，现更名为Diem）；国际清算银行（BIS）的一项调查研究发现，大部分国家的央行在合作研究和推进数字货币发行（Barontini & Holden，2019）。近年来，国内外高度重视数字货币的研究与发展，掀起了学术界深入细致研究数字货币的热潮。那么迄今为止，数字货币的实践与理论研究进展如何、数字货币快速发展会对未来的支付体系带来什么样的冲击、央行数字货币的推行将如何实现等一系列关于数字货币的问题备受学术界和决策者的关注，并引起广泛讨论。

已有文献对数字货币进行了多方面的研究，包括不同类型数字货币的发展，各类数字货币的特征属性、发行、支付与监管、前景等问题。数字货币支付及其经济影响相关的研究文献近年来呈现爆发式增长，但对于这些研究的最新进展，国内尚少有文献对相关研究进行系统梳理。本文旨在对数字货币及其经济影响的相关国外研究文献进行系统、全面的梳理，以展示数字货币领域的最新研究进展。最后，针对研究现状进行总结，并在此基础上展望数字货币领域未来的发展和研究方向。

# 一 数字货币概念内涵与特性归纳

伴随经济发展和技术进步,人们对交易便利性和安全性的追求促使货币形态不断变化。在讨论数字货币之前,回顾货币的发展会发现,人们对货币的定义和分类五花八门。最初人们依据货币职能对货币进行定义,货币被认为是人们普遍接受的可用于商品劳务支付和债务清偿的物品。进入21世纪,Alipay、WeChat Pay、Libra、M-Pesa等越来越多的支付工具被广泛使用,无纸化支付方式逐渐流行,电子支付的发展带动了数字货币的快速兴起与支付工具的不断创新。

随着研究的不断深入以及数字货币的不断发展,世界各国央行和学者对数字货币的定义也在与时俱进。综合以往学者和世界主要央行的观点来看,广义的数字货币是各类电子形式和数字化的替代货币,并受到不同程度的监管,主要包括虚拟货币、加密数字货币、电子货币以及法定央行数字货币四大类(European Central Bank, 2012; Chuen, 2015; Barrdear & Kumhof, 2016; Rahmatian, 2019; He et al., 2020)。与世界主要央行和学者对数字货币的定义方式不同,2021年国际货币基金组织(IMF)发布了一份关于数字货币的专题报告《数字货币的崛起》(*The Rise of Digital Money*),报告中提出以类型(type)、价值(value)、支持方(backstops)和技术(technology)四个属性对各类支付方式进行定义的新框架(Adrian & Mancini-Griffoli, 2021)。根据上述支付方式的四大属性,可将数字货币分为五类,即央行数字货币(Central Bank Digital Currency, CBDC)、加密货币(Cryptocurrency)等物权型货币,以及由银行发行的B-money(Bank money)、由私人部门发行的E-money(Electronic money)和由私募投资基金发行的I-money(Investment money)等债权型货币,详见表1。

表1 数字货币分类及其特性

| | 类型 | 价值 | 支持方 | 技术 | 举例 |
|---|---|---|---|---|---|
| 物权型 | 央行数字货币 | 记账单位 | — | 中心化+区块链 | DC/EP |
| | 加密货币 | 其他 | — | 区块链 | 比特币、以太坊 |

续表

|  | 类型 | 价值 | 支持方 | 技术 | 举例 |
|---|---|---|---|---|---|
| 债权型 | B-money | 固定价格赎回 | 政府 | 中心化+区块链 | 借记卡、电汇 |
|  | E-money | 固定价格赎回 | 私人 | 中心化+区块链 | 支付宝、微信支付 |
|  | I-money | 浮动价格赎回 | — | 区块链 | 天秤币 |

注：根据 IMF 专题报告整理所得。

根据 Adrian 和 Mancini-Griffoli（2021）的定义，央行数字货币取代了实体形式的货币，实现了纸质货币的完全虚拟数字化，即央行数字货币是法定货币的数字形式。从技术角度来看，大多数央行数字货币采用了区块链技术。由于它只是对法定货币的数字化，央行数字货币也是由政府或者中央银行集中控制的，采用账户记账的方式记录货币的价值，其在本质上仍是一种基于物权的支付方式。加密货币是另一种物权型数字货币，代表性的加密货币有比特币、以太坊等，它们基于点对点的网络系统，采用自己的记账单位进行计价，并允许货币在不受中央权威机构控制的情况下得以发行和价值转移，这是加密货币与央行数字货币的一个本质区别。加密货币的技术原理源自密码学，即基于对信息进行编码和解码的数学原理与方法以保证交易的安全，是一种典型的基于区块链技术的去中心化交易过程。基于债权的数字货币主要包括三种，B-money、E-money 和 I-money。其中，应用最广泛的是 B-money，它提供了一个无须公开个人信息的货币系统，实际上是对传统银行账户货币的数字化，通过将一个银行账户的资金转移到另一个银行账户实现资金的转移。B-money 最主要的特点是由政府对其固定的赎回价值进行担保，因此，银行在货币发行过程中会受到央行的严格监管。近年来，由私人部门发行的电子货币 E-money 在支付领域也发挥了重要的作用，例如，以中心化为核心思想的 M-Pesa 以及基于区块链和去中心化思想的 Paxos、TrueUSD、USD coin 等稳定币（stablecoin）均可归为这个范畴。E-money 与 B-money 唯一的区别在于其价值赎回担保没有政府支持，而仅依赖私人机构对可赎回资产的审慎管理与法律保护。因此，如果没有存款保险制度的保障，商业银行发行的电子货币也是 E-money 的一种形式。与 E-money 极其相似的另一种数字货币为 I-money，除 I-money 按照浮动价格进行价值赎回这一显著差异之外，二者几乎是等同的。这一差异主要源于 I-money 是以黄金、股票投资组合或一篮子货币等浮动资产作为支持的，其交易的过程即所有权的转移过程。按照世界货币基金组织的说法，天秤币是以一篮子货币为基础的 I-money 代表，私人投资基金的股票等被代币化后也可以作为 I-money。此外，还有以黄金作为资产基础的 DSG（digital Swiss gold）和 Novem，这些数字货币可以将传统黄金公司与具有黄金实物支撑、安全性较高的数字代币结合起来，进行黄金的购买、销售和存储等行为。

关于数字货币的优点，学者的研究与阐述主要集中在如下几个方面。

（1）便利性。相较传统货币，数字货币的使用将大大减少携带现金等实体货币的负担（Vovchenko et al., 2017），并且这种价值转移是即时的、点对点的（Brunnermeier et al., 2019）。数字货币与支付的出现使大众能更好地融入数字时代生活，在中国流行的微信和支付宝支付就很好地证明了这一点。

（2）提高跨境支付效率。在跨境支付方面，数字货币比现金和银行存款等支付方式更便宜、更快捷，效率大大提高，使跨境支付更为容易，从而进一步扩大数字货币的使用范围（He et al., 2020）。

（3）低成本交易。使用数字货币进行交易和转账的成本大大降低，没有烦琐的手续，没有纸币印刷和硬币铸造等工序，并且交易迅速、即时，相较传统货币支付更具有吸引力。

（4）可追溯与可信任性。首先，由于区块链等技术的特性，数字货币兼具可追溯与数据难以篡改的优点。其次，2007 年美国次贷危机爆发后，雷曼兄弟的破产使美国与世界经济快速衰退，Sapienza 和 Zingales（2012）认为造成这种衰退的一个极其重要的原因是，人们对金融部门和整个经济体系的信任急剧下降。据调查，用户对大型科技公司的信任与青睐往往要高于当地银行等金融部门（Cuthell, 2019），这是因为大型科技公司通常在让用户感知到更高的价值与更好的体验方面具有强劲的竞争力（Du Toit et al., 2018）。而信任会提高客户尝试科技公司提供银行服务的意愿，因此一些电子货币通常由科技巨头公司支持发行。

（5）网络效应。现阶段互联网的发展已经较为成熟，互联网的网络效应能够让新鲜事物在全球得到迅速推广，进而可以对整个社会产生正向溢出效应。Huang（2019）的研究表明，信息传递可以通过用户数量和交易频率对网络系统产生一定规模和可持续的积极影响，并且用户数量是网络效应的初始驱动力。例如，E-money 的使用就具有典型的网络外部性特征：一方面，可以融入各大社交软件实现电子支付，具有广泛的用户基础和较大的用户增长潜力；另一方面，随着用户量逐渐增多，E-money 系统中所有现有和潜在的参与者的价值会进一步得到提升。

## 二 数字技术发展与货币支付系统变革

### （一）从数字技术到数字货币

数字货币的发展离不开数字技术的支撑。近年来，移动互联网、大数据、人工智能、物联网与区块链等新技术的发展呈现爆发态势，带来了以技术驱动创新的扩张。区块链技术是目前数字货币的主要技术支撑，受到公众与学者的空前关注，成为最流行的数字化技术之一，也通常被称为"分布式账本技术"（distributed ledger technology，DLT）。早在 20 世纪 90 年代，Haber 和 Stornetta（1990）就提出了如何为数字文档文件设置时间戳并产生相应历史数据记录的方法，更准确地说，提出了一种协议，这种协议可以很容易发现记录是否被篡改，这与比特币的底层技术十分相似，是与区块链技术相关的最早的概念来源。

然而，真正让区块链迅速流行起来的契机是，在美国次贷危机爆发后，Nakamoto（2008）发布了一份关于点对点支付系统的白皮书，正式创立了第一个开源、去中心化的虚拟加密货币——比特币。此后，随之兴起众多与比特币大同小异的虚拟加密货币，区块链则是虚拟加密货币的主要创新，作为比特币等加密货币的底层技术而声名鹊起（Beck & Müller-Bloch，2017），加之它在成本效益、速度和安全性等方面的潜在优势，目前引起了许多机构和企业的兴趣，并逐步扩展应用于供应链、贸易融资和金融交易等众多领域（Wörner et al.，2016）。

根据 Risius 和 Spohrer（2017）对近年来区块链技术相关研究的总结，区块链在本质上可被视为一个对分布式数据进行存储和传输的去中心化数据库，每个区块都是由分散的共识机制、密码学和加密算法等相关技术方法产生的数据块，这些数据区块持续增长并连接形成有序的数据链，记录了网络中所有用户的交易日志，具有公开、匿名、共享、自治、防篡改、可追溯等众多特征。共识机制是区块链技术的核心。Kroll 等（2013）指出，比特币的成功主要依赖三种类型的共识：一是关于规则的共识，二是关于唯一分类账本的共识，三是认为比特币具有价值的共识。

按照不同的参与方式，当前区块链系统可分为公链（public blockchain）、私链（private blockchain）和联盟链（consortium blockchain）三种。在公链中，所有记录均对公众可见，每个人都可以匿名参与到区块链的共识流程之中；私链完全由某个特定组织所控制，只允许来自该组织的节点进行共识，因此私链也被视为一种集中化的网络结构；而由多个组织联合形成的联盟链是部分分散的，网络中的交易由一组选定的节点进行验证（Zheng et al., 2017）。大多数为人熟知的虚拟加密货币是采用公链方式，比特币和以太坊就是以公链为基础与核心的应用典例。

### （二）基于区块链技术的货币交易系统

货币和支付系统是内在联系的，货币发挥交换媒介作用的重要前提是有一种安全可靠的方式实现资产转移，即支付系统（Ali et al., 2014）。以区块链为主的数字化技术彻底改变了货币形态和支付系统，使货币交易系统变得较为复杂，并且具有跨学科性，同时涉及经济学、密码学和计算机科学等多个学科。一般来说，货币交易处理需要满足三个要求，即交易能力、交易合法性和交易共识，对于没有中央集权机构支持的虚拟加密货币来说，如何实现这三点尤为重要（Berentsen & Schär, 2018）。

交易能力方面。在传统的银行系统中，客户可通过网上银行服务进行交易，这一过程由商业银行和中央机构提供的基础设施来确保交易指令被执行。而在加密货币交易系统中，这种传统的方式不再适用。以比特币系统为例，每笔交易指令由发起方向周围节点进行广播，节点收到后再广播给周围的节点，各节点连接在一起并转发这一指令，直至网络中所有节点均被告知该交易的发生，这种分散化的交易系统具有安全、稳健、可信任等优点，保障了比特币在系统中的正常交易。

交易合法性方面。在数字加密货币系统中，每个参与者都可以产生新的支付订单并将其散布到整个网络中，这一过程需要保证每个节点的交易发起者具有合法转移相应数量比特币的权利且信息在各节点之间的传递中不会被篡改。加密货币系统使用非对称加密技术，即由私钥和公钥组成密钥对，当一条支付指令发出时，已使用私钥进行加密，并自动对应形成一个公钥，系统中所有的参与者均可使用公钥解密该指令以记账，但无法破解私钥而进行篡改，这防止了系统中各节点对交易指令进行伪造。

交易共识方面。加密货币系统依赖一个全网矿工的强共识协议，如工作量证明，确保了交易不会被轻易篡改（Vranken，2017），这一强大共识形成的关键在于对矿工的激励措施（Biais et al., 2019），以保证即使没有中央权威机构强制执行交易规则，矿工也能够积极、自愿地进行工作，维护加密货币交易系统的正常运行。

### （三）关于区块链技术引发支付系统变革的争议

从目前的发展趋势来看，虽然央行数字货币也采用区块链技术，但由于其本质上仍然是中心化发行管理，如果仍将商业银行作为央行和公众的中介，对境内的货币支付体系不会产生很大的变革性影响。而以比特币为代表的虚拟加密货币等以其去中心化思想或将从本质上冲击现有货币支付体系，引起各国政府和央行的关注与担忧。学者对相关问题的观点莫衷一是。

一方面，Yermack（2015）从货币职能的角度深入剖析了比特币等加密货币的特性，认为加密货币在流通手段、价值尺度和贮藏手段三个方面都不具备成为真正货币的条件。首先，由于没有实物资产作为支持，比特币并不具备内在价值，其价值最终取决于它在消费中作为货币的有用性，迄今为止，全球范围内接受并使用比特币进行商品和服务的交易规模仍远小于传统货币支付，限制了其作为交换媒介履行货币流通手段的基本职能。其次，比特币的价值频繁发生变化，使其难以成为稳定的计价单位，不仅为商家计算价格带来较高成本，也不利于消费者进行价格比较。最后，比特币价格的高波动性也使其作为一种价值存储的货币显得有些不切实际。因此，从这一角度来看，加密货币对现有货币体系不存在较大的取代性威胁。

另一方面，现代支付系统已经实现信息化，大多数货币只是作为数字记录在商业银行的账户中。而分布式账本技术作为加密货币交易系统的基础与核心，彻底打破了这种传统模式，是支付系统的一项重大技术创新，代表了支付系统工作方式的根本改变。在加密货币交易系统中，用户可以不依赖第三方（如商业银行）进行自由交易。如果加密货币作为一种新的支付手段被大多数人接受，由于加密货币是去中心化发行，央行对经济活动的干预会大大降低，不利于宏观经济的稳定（Smith & Kumar, 2018）；同时，加密货币自身的特性也决定了它会对金融市场的稳定带来重大挑战。

尽管目前学界对于加密货币的认可度存在较大争议，但不可否认的是，加密货币（尤其是比特币）的流行程度已经远超预期，加密货币和去中心化分类账技术很有可能成为全球支付系统的重要组成部分。例如，在跨境支付领域，采用区块链技术能够实现免去多级中介代理行的点对点支付，便利且高效。但这一技术能否大规模采用则取决于货币交易技术之间的替代性竞争（Smith & Kumar, 2018）。综合来说，数字加密货币的交易系统与去中心化交易实践已经对现有货币支付体系产生重大影响，这一影响或将是十分深远且具有颠覆性的。虽然加密货币在目前来看还不具备完全替代现行法定货币的条件，但可预见的是，未来虚拟货币很可能在货币支付体系中发挥更重要的作用，尤其是分布式账本技术必然会得到更广泛的应用，支付体系的变革是大势所趋。

除上述之外，根据加密货币市值排行榜的最新数据[①]，在全球发行的数千种数字货币中，稳定币在私人发行数字货币中的市值占比仅次于比特币和以太币。稳定币作为一种不同于传统加密货币的新型资产，不仅具有加密货币透明、安全、交易快速、隐私性好等优点，而且兼具法定货币的稳定保障，是对货币支付的巨大创新。根据 Christensen 等（2015）的创新理论，创新有两种形式，即持续性创新和颠覆性创新。持续性创新以改进为主要目的；而颠覆性创新着眼基础广泛的低端市场或新市场，进而扩大其应用覆盖范围，产生颠覆性影响。有学者依据这

---

① https://coinmarketcap.com/zh/.

一理论就数字货币对支付的创新是否为颠覆性的问题作出探讨。Lipton 等（2020）分析了 USDT 和 Libra 等数字货币的发行方式，认为稳定币表现出明显的颠覆性创新的特征。USDT 起源于低端交易市场，为加密货币用户提供一种间接交易美元的方式，而不需要通过传统的支付系统或银行服务，此后随着规模扩大开始逐步渗透至其他区块链网络和货币体系；Libra 发行的愿景是为全球数十亿用户提供低成本且安全可靠的货币支付服务，为经济赋能。如果 Libra 的创始人兑现这一承诺并在无银行市场占据主导地位，那么 Libra 就具有强大的潜力覆盖整个市场，并最终颠覆传统支付服务，实现传统货币支付体系变革。

总的来说，数字技术和数字货币是新时代技术进步的产物，并且在全球范围掀起热潮。与此同时，数字货币迅速发展所带来的变化和风险也是前所未有的。数字加密货币对全球范围支付体系（尤其是分布式账本技术）的影响是不可估量的，已经逐渐开始促进现有支付体系的变革。

## 三 私人数字货币的经济影响

### （一）数字加密货币的价格波动与决定因素

数字加密货币的技术基础使其具有许多传统货币不可比拟的优势，但同时也具有不可忽视的众多风险，其中价格问题一直是经济学者十分感兴趣的话题。自比特币诞生十多年来，加密货币获得了广泛认可，从其价格方面的表现可以验证。比特币的价格最初每个不到 1 美分，而截至 2021 年 3 月，比特币的价值一度突破 6 万美元一个，在此期间，有关比特币大幅涨跌的报道不计其数。尽管这些虚拟加密货币没有任何实物资产或政府信用的支持，但依然为众多投资者所青睐，从这一方面来说，加密货币其实更符合投机品的范畴（Yermack，2015）。这一观点也得到了许多学者的实证支持。Badev 和 Chen（2014）的调查结果显示，流通中的加密货币只有不到 50% 是用于实际商品和服务的交易，而对加密货币未来的升值预期是更多持有者的主要动机（Schuh & Shy，2016）。进一步，Bolt 和 Van Oordt（2020）开发了一个理论模型，将加密货币价格构成分解为由投机动机造成的和由交易动机造成的两方面。研究结论表明，在加密货币发行的早期阶段，投机者持有大量货币，加密货币的价格对投机者的预期十分敏感,这是加密货币价格波动的重要原因。随着加密货币的接受度和使用该货币的支付量增加,加密货币的价格会上升,同时,投机者的持有量会下降,直至达到一种均衡的规模后,价格便不再上涨。

近年来,大量文献聚焦研究加密货币的价格波动,并提出了许多理论模型,试图探究加密货币价格的决定因素,进而对加密货币的价值进行合理估计和预测。综观现有研究成果,加密货币的价格是由多方面因素共同决定的。

1. 众多学者强调了网络因素在加密货币估值中的重要性。Pagnotta 和 Buraschi(2018)从供需的角度对这一问题进行了阐述。在供给方面,矿工数量的增加可以为系统网络提供更多的算力,并加剧竞争,导致更高的均衡价格;在需求方面,预期网络规模的增加会提升持有加密货币的预期边际效用,从而增加加密货币的需求并提高加密货币的价格。在 Biais 等(2020)构建的加密货币定价结构模型中,进一步考虑了网络黑客窃取加密货币的交易收益与成本等因素。Cong 等(2021)从平台经济模式的角度出发,通过构建加密货币的动态模型,研究用户采用和代币价格反应对平台未来增长预期响应之间的动态反馈,分析并强调了平台用户的强大网络效应。类似地,Sockin 和 Xiong(2020)的定价模型分析了在加密货币的交易利益中,以及矿工战略攻击和加密货币脆弱性之间相互作用而产生的强大网络效应,认为网络效应的正外部性可以引起加密货币的价格发生大幅波动。此外,Liu 和 Tsyvinski(2021)也证实了网络效应的重要作用。

2. 社交网络、媒体与信息因素的影响。在信息时代,网络与媒体在信息传播方面发挥了重要作用。通常来说,在有效市场中,信息因素并不会影响价格的随机波动,而 Urquhart(2018)对 2010—2016 年比特币价格的每日数据进行检查后发现,数据在生成的过程中具有可预测性,即价格不是完全随机波动的,尤其在比特币发行的早期阶段(2009—2013 年),市场不成熟,大量的价格波动可能都是来源于市场参与者缺乏对新信息的及时掌握。虽然社交网络与媒体在帮助市场参与者了解和掌握信息方面能够发挥重要作用,但是新闻媒体报道同样可以增加市场对比特币的兴趣,从而推动比特币价格上涨,比特币价格上涨又可进一步推动社交网络中对加密货币的搜索,从而形成相互作用的循环(Glaser et al.,2014;Kaminski,2014),导致比特币的价格波动。此外,Mai 等(2015)还发现社交网络中与加密货币相关帖子的情绪与加密货币的价格也存在正相关关系。

3. 其他因素对加密货币价格的影响。其一,加密货币价格的变动与"挖矿"的边际成本密切相关(Sockin & Xiong,2020),采矿的奖励以及采矿的成本会影响加密货币的供应,加密货币的价格会随着采矿边际成本的降低而降低;此外,在矿工报酬一定时,加密货币的价格也会因供给量的减少而下降。其二,加密货币价格会受到法定货币等传统货币资产变动的影响。在法定货币和加密货币共存且互相竞争的禀赋经济(endowment economy)中,加密货币价格的演变与法定货币的价格演变具有相关性(Schilling & Uhlig,2019)。经济的基本面可以决定性地影响法定货币与加密货币之间的兑换率(Athey et al.,2016)。

### (二)对数字加密货币经济影响的争议

关于私人数字货币支付及其经济影响的研究,绝大多数学者认为私人数字货币支付在众多方面均存在较大风险,对经济的影响是消极的,包括在金融、安全、环保等方面存在的巨大风险,对加密货币的发展造成负面影响,这也给各国监管加密货币带来新的挑战。

1. 利用加密货币进行网络犯罪和非法交易是加密货币的重大风险之一。尽管区块链技术本身在很大程度上保证了交易的安全性和可靠性,但由于比特币的交易是公开的,用户信息难以被完全保护,从这一方面来说,加密货币市场和比特币的隐私保护机制其实是存在漏洞的,恶意攻击者可以轻松获得有价值的信息来分析加密货币市场中的交易活动,进行非法操作(Chen et al.,2019)。基于区块链技术的加密货币交易在本质上具有自由和无国界的性质,导致了加密货币市场成为世界上最大的不受监管的市场之一。由于比特币在加密货币市场的交易中占有绝对主导地位,难免被不法分子利用,给比特币带来不良声誉;再者,比特币具有匿名性,许多违法犯罪活动正是利用其匿名性和市场监管漏洞进行交易,其他特征相近的加密货币也同样可能成为犯罪分子的工具。Foley 等(2019)的研究表明,每年约有 760 亿美元的非法活动涉及比特币，占比特币交易的46%。

2. 加密货币的价格操纵问题也是监管部门关注的重点。P&D（pump and dump）是证券欺诈的一种常见形式，通过散布虚假和误导性消息人为操纵价格以达到获利的目的。近年来，加密货币作为新型投机品受到大量投资者青睐，P&D欺诈性价格操纵行为在加密货币市场中也屡见不鲜（Kamps & Kleinberg，2018），加密货币的监管漏洞纵容了可疑交易的频繁发生，从而使其价格极易受到操纵。Gandal等（2018）分析了全球最大的加密货币交易所——Mt. Gox比特币交易所在比特币价格剧烈波动期间（2013—2014年）的可疑交易，当存在可疑交易时，美元对比特币的汇率平均上升了4%；而在没有可疑活动的时候，汇率相对下降。

3. 节能减排等环保问题伴随加密货币的流行也逐步显现出来。加密货币在设计最初并未考虑对环境可能造成的影响，而随着加密货币越来越受欢迎，矿工必须加倍努力"挖矿"才能获得加密货币，这一计算过程需要消耗大量电力，并且越来越依赖高度专业化的硬件设备，只有应用具有竞争力的计算机设备且受益于最低耗电成本的矿工才能获取货币奖励。Li等（2019）以门罗币为例，探讨了加密货币挖矿的能耗情况，研究表明门罗币挖矿每年会消耗全球645.62GW·h的电力。Carter（2021）指出比特币目前每年消耗电力约110TW·h，占全球电力生产的0.55%，大致相当于马来西亚或瑞典等小国的年度能源消耗。毋庸置疑，加密货币挖矿的巨大能耗必然对环境会产生不可忽视的负面影响。就环境与能耗问题，Truby（2018）提出了针对数字加密货币脱碳的监管方法和政策选择。一方面，对于进行大量挖矿活动的国家有必要采取相应的监管措施以减少挖矿的能耗，同时也可制定技术标准规范限制肆意的挖矿活动。另一方面，对于进口挖矿设备，各国政府可以根据能耗征收关税或消费税，对于国产挖矿设备，可以采取征收高额增值税以及利润附加税的方法；进一步，可以要求各类挖矿设备进行注册并根据碳排放量等环境指标进行等级收费。此外，提高能源价格也是减少能耗行为的有效措施之一。

4. 对金融与货币支付体系稳定的破坏。众所周知，传统加密货币具有高风险性，对金融市场与货币体系运行的负面影响是不言而喻的。

因此，伴随加密货币的流行，稳定币作为一种新型相对稳定的加密货币工具而迅速兴起（Moin et al.，2019；FSB，2020）。然而，稳定币的价值也并非绝对"稳定"。理论上，稳定币的显著特点是低波动、安全、稳定，但在实践过程中结果并不尽如人意（Sidorenko，2019）。稳定币由于与不同资产挂钩以及存在不同的抵押机制，其市场价值和稳定性也会受到相应挂钩资产或机制的影响（Jeger et al.，2020）。同时，在监管制度仍不完善的情况下，稳定币发行者的不当行为也会造成稳定币价格的波动。例如，最受全球关注的稳定币之一的天秤币，尽管进行了多个版本的设计修改，但是仍存在许多潜在的重大风险（Schmeling，2019）。第一，天秤币的储备资产大多由交易量大且币值稳定的货币组成，因此天秤币的价值会随其背后储备资产市场价值的变化而波动，这种现象与证券投资极为相似，一旦市场环境发生不利变化，天秤币的持有者也会遭受相应的损失（Kovanen，2019）。同时，天秤币被广泛使用意味着大量外汇储备将集中于天秤币上，会增加系统性风险以及各国外汇管制的难度。第二，大规模采用天秤币可能会严重破坏央行货币政策传导机制及其对支付系统的控制，这与天秤币的稳定性有所矛盾。天秤币之所以稳定，其中一个重要原因在于天秤币背后由央行支持的法定储备资产的稳定性，然而天秤币的发行可能会限制央行履行相应职责的能力，从而削弱天秤币的安全性与稳定性。第三，天秤币的广泛采用必然会引起系统中对其衍生品和信贷产品的强烈需求，以规避汇率风险，增加金融杠杆，进一步引发更多监管问题。

但是，也不乏学者对此问题持相反的态度，认为私人数字货币的存在能够促进经济社会发展，并使经济主体从中受益。例如，Dyhrberg（2016）使用非对称 GARCH 方法来探索比特币的对冲能力，结果表明，比特币可以用来对冲股票与美元的风险，具有与黄金相同的一些对冲能力。无独有偶，Guesmi（2019）的研究进一步指出，比特币的空头头寸可以对冲所有不同金融资产的投资风险。此外，Corbet 等（2018）认为加密货币还可以为投资期限较短的投资者提供多元化收益。Raskin 和 Yermack（2018）的研究指出，私人数字货币的出现可与地方投资品产生竞争，一方面能够鼓励投资，另一方面在一定程度上制约了货币政策，从而降低当地的通货膨胀率，政府和公众都可能从中获益。总的来说，学界对于私人数字货币产生的经济影响消极与否仍存在争议。

**（三）各国对私人数字货币的监管研究**

近年来，各类数字货币的发行与交易逐步引起各国监管部门重视。2017年7月，美国通过《虚拟货币商业统一监管法》，明确规定只有通过许可并颁发执照的机构才可以开展虚拟货币业务活动。2018年6月，欧盟发布了第五个反洗钱指令"5AMLD"，旨在提高加密货币交易的透明度，以打击在欧洲洗钱和恐怖主义融资等活动，这也同时增强了欧洲金融监管机构获取信息的便利性。2020年12月，为了打击加密货币的匿名交易，法国宣布计划对所有加密货币严格执行KYC（Know Your Customer）法则，要求对客户的身份进行识别和验证等。

大多数人通常认为私人数字货币的运作超出了国家监管的范围，因为在私人数字货币市场发展初期，存在众多利用加密货币监管漏洞进行非法交易活动的行为。但实际上，各国政府对私人数字货币市场是存在有效监管的可能性的。Auer和Claessens（2018）指出，传统货币转化为加密货币要依赖受监管的金融机构来实现，而这些机构分布于不同的司法管辖区，使加密货币可以在一定程度上受到国家监管。并且研究表明，加密货币的估值、交易量和用户群体会受到监管行动及相关新闻的强烈影响。因此，许多国家近年来也开始加强对私人数字货币市场监管的研究，并推出一系列监管举措。瑞士金融市场监督管理局（FINMA）指出，目前全球缺乏针对监管稳定币的具体法律法规，但按照《银行法》（BA）和《集体投资计划法》（CISA）的规定，许多稳定币项目会被合理要求取得相应执照；再者，出于成为一种支付手段的目的，《反洗钱法》（AMLA）基本适用于稳定币的交易监管，例如KYC法则等；此外，如果稳定币的创建过程涉及全新支付系统的启动，应当依照《金融市场基础设施法》（FMIA）的规定，获取合法执照并受到相应监管（FINMA，2019）。美国的政策制定者对稳定币也主张采取"风险相同，规则相同"的原则，提议将稳定币划分为遵循现行《1933年证券法》的证券类别（Garcia，2019）。欧洲央行（ECB）对稳定币的监管处理采取了与瑞士金融市场监督管理局和美国政策制定者类似的立场，虽然欧洲央行承认一些稳定币可能不在当前监管范围内，但是在许多情况下，稳定币的风险与其非 DTL 技术的竞争性货币相同；特别是，作为代币化基金发行的稳定币在很多方面明确符合 E-money 的条件，并且欧盟现有第二个电子货币指令（EMD2）对电子货币具有明确的监管规定（Bullmann et al.，2019）。此外，美国、日本等许多国家已经开始警惕 DeFi（decentralized finance）协议的风险，这种协议旨在提供一种完全去中心化的金融服务，与近年来许多非法的加密货币交易活动有着密切关系。

综上，数字货币，尤其是私人发行的数字货币具有许多不确定性和风险，如币值不稳定、违法犯罪交易、监管不到位以及能耗过大等。就目前来看，各类数字货币已经引起各国及其监管部门的重视，积极的监管措施以及实施刑事制裁是打击利用数字货币进行非法犯罪活动、促进数字货币更加健康绿色发展的有效方式。

## 四 央行数字货币基础理论研究

相对而言，关于私人发行数字货币的大多数研究主要集中探讨其价格波动、支付优势与发展潜力、风险与监管等问题，较少关注其对国家货币政策实施可能产生的影响。事实上，各类数字货币的出现对国家发行货币主权发起了挑战，不受央行控制的私人数字货币会严重阻碍央行货币政策传导，进而影响货币支付体系、金融体系与经济社会的稳定。在私人发行数字货币日益泛滥的形势下，为了维持货币支付体系稳定、保持货币政策的有效性以及维护国家货币发行主权，央行最终也不得不发行自己的数字货币。迄今为止，比特币等加密货币和稳定币的普及率都尚未达到使用现金或已存在的无现金支付方式的水平，为各国央行数字货币提供了机会。随着各国对央行数字货币发行逐步进入实施阶段，央行数字货币发行也面临许多实际问题。近年来，更多研究开始聚焦探讨央行数字货币支付体系的设计以及与央行数字货币相关的货币政策传导等问题。本节将重点讨论央行数字货币及其影响的相关研究进展。

### （一）全球央行 CBDC 设计研究

CBDC 是中央银行发行法定货币的数字形式，是中央银行数字形式的负债。近年来，全球各国央行都开始加快关于设计和发行法定数字货币的研究工作，包括加拿大银行（Bank of Canada, 2017）、欧洲中央银行（Lagarde, 2020）、中国人民银行（People's Bank of China, 2021）、瑞典中央银行（Sveriges Riksbank, 2021）、英格兰银行（Bank of England, 2015）等。随着数字货币的不断发展，有关 CBDC 的分类、基于需求层次理论的 CBDC 设计与研究问题已引起学术界的广泛关注与探讨。

1. CBDC 的分类。根据交易目的不同，CBDC 可以分为批发型 CBDC 和零售型 CBDC，从优势来说，二者均可以提高支付效率与安全。批发型 CBDC 不面向公众，其金融交易的参与者主要为中央银行和金融机构，用于金融系统中的结算与清算等场景。零售型 CBDC 的使用较为广泛，多用于日常零售支付，商业银行、公司以及个人均可以使用零售型 CBDC 进行交易。零售型 CBDC 可以作为现金或者电子货币 E-money 的替代品，并可以采取不同形式发行，比如，基于账户的（account-based CBDC）方式发行、基于代币的（token-based CBDC）方式发行。自 2019 年起，国际清算银行（BIS）对全球六十多个国家就发行央行数字货币相关问题展开调研（Barontini & Holden, 2019）。Boar 等（2020）的最新调研结果显示，目前设计研发批发型 CBDC 的央行占 15%，如新加坡的 Ubin；设计研发零售型 CBDC 的央行约占 30%，如中国的 DC/EP；而将近 50% 的央行在同时进行二者的研究。这一调查结果是具有代表性的，受访者来自全球 21 个发达经济体和 45 个市场新兴市场经济体，覆盖全球 75% 的人口与 90% 的经济产出。由此可见，全球主要国家和地区的央行对于 CBDC 支付如何设计尚未有统一的答案，但根据上述国际清算银行的调查，大多数国家更专注开发零售型 CBDC（Boar et al., 2020）。

2. 基于需求层次理论的 CBDC 设计与研究。对于零售型数字货币来说，Auer 和 Böhme（2020）认为央行数字货币的设计应与用户需求相适配，并提出一种 CBDC 金字塔设计图，将消费者的需求反映在央行数字货币的相关设计选择上。这一设计方案较为全面地考虑了零售型 CBDC 设计的多方面问题，形成了一个层次结构，其中较低层的设计决策将作为后续更高级别决策的基础。首先，在 CBDC 作为央行直接或间接负债以及央行的业务角色方面，零售型 CBDC 应当能够满足像使用现金一样安全与便利地进行点对点支付。其次，在分布式账本技术与传统中央机构控制的选择方面，零售CBDC系统应当兼具弹性与稳健性，防止系统故障与网络攻击等技术问题。虽然Danezis和Meiklejohn（2016）提倡使用分布式账本技术，但Scorer（2017）认为对于CBDC来说使用分布式账本技术不是必要的，尽管分布式账本技术在特定领域（如弹性方面）可能比集中式账本更具有优势，然而，就目前来说这项技术其实尚不成熟，在交易量非常大的时候，无法为诸如英格兰银行的实时总结算（RTGS）系统等一些关键的国家支付系统提供足够支持。再次，在有关消费者对CBDC通用性以及隐私保护的需求方面，这一问题对应于零售型CBDC采取基于账户还是基于代币的发行方式选择，前者安全性较高但通用性不足，后者通用性较强但通常会产生隐私泄露等不合规行为。对此，匿名性问题是设计者应当关注的重点问题之一，一方面要保护数字化支付系统中用户的隐私与安全，另一方面要兼顾防止、打击利用匿名性进行反洗钱和违法融资等问题。因此，CBDC的"匿名"程度如何在二者之间建立平衡是央行设计数字货币面临的重要挑战。最后，在跨境支付需求方面，Auer和Böhme（2020）提供了两条实现对外支付的思路：一是建立批发型CBDC与零售型CBDC的联系，以打通跨境支付渠道；二是在零售型CBDC层面上建立新的联系，允许消费者直接持有外国数字货币。基于CBDC的金字塔设计结构，Auer等（2020）进一步探讨了中国、瑞典和加拿大央行关于CBDC的三种不同设计实践，并表明针对不同国情来研究和设计CBDC支付体系以及相应实施不同政策方法是必要且重要的。

### （二）CBDC的"三元悖论"与银行去中介化之争

CBDC的发行对现阶段银行的商业模式和支付生态系统可能是一个重大冲击，学术界对此问题的看法主要分为两大派系：一些学者认为，发行CBDC会加速银行挤兑，迫使央行面临"三难选择"；另一些学者认为，虽然CBDC将与银行存款产生竞争，但是不一定导致银行脱媒。

较为普遍的观点倾向认为，发行CBDC将对银行业产生负面影响，比如市场发生金融动荡（Williamson，2021），因不利竞争产生的央行垄断削弱了其提供实现经济体最优期限转换的力量（Fernández-Villaverde et al.，2021）等。Diamond和Dybvig（1983）提出的著名银行挤兑论认为，银行作为金融中介机构的最基本功能是将长期不具有流动性的资产转化为短期流动性资产，但也正是因为该功能，导致经济社会通过银行这一金融中介机构实现期限转换最优的代价是使银行本身很容易发生挤兑。中央银行发行 CBDC 很可能会排挤银行业务，减少存款和信贷创造，加剧央行与商业银行的竞争。Cukierman（2020）讨论了发行央行数字货币的两种方案：一是激进型，公众可以直接在中央银行持有数字货币账户，并进行私人交易支付与结算；二是温和型，即中央银行保持长期的制度传统，只有商业银行可以在中央银行保留存款。在第一种方案下，银行会失去一大部分传统业务；而第二种方案是通过商业银行系统实现的。从经济效率的角度来看，第一种方案是具有更大风险且不切实际的，这一措施可能导致银行的非中介化，使商业银行失去相对充裕和低成本的资金来源，减少银行信贷，增加银行倒闭的风险。进一步，Schilling 等（2020，2021）研究认为，即便在不考虑 CBDC 和银行存款之间竞争的情况下，央行提供 CBDC 也会使原来传统银行发生挤兑的两难局面演变成三难困境。虽然央行在政策制定方面占据优势，可以通过发行额外的 CBDC 以避免挤兑发生，但是这同时涉及价格稳定的问题，如果央行的目标是实现价格稳定，那么这一政策威胁将不具有可信度，从而容易出现挤兑，即中央银行只能同时实现以下目标：经济效率、金融稳定（不发生挤兑）以及价格稳定，我们可称之为 CBDC 发行的"三元悖论"。

部分学者与上述观点不尽相同，Chiu 等（2019）构建了一个理论模型，假设银行业面临不完全竞争，银行是提供贷款的中介机构并创造存款。根据这项研究，当银行在存款市场具有一定市场支配力时，引入 CBDC 并不一定会导致脱媒，且通过向储蓄人提供更多外部选择，使 CBDC 还有助于约束银行的市场力量，改善市场环境。Andolfatto（2021）的研究也表明，发行 CBDC 不仅对银行借贷活动没有较大影响，相反，在某些情况下甚至可能起到促进作用。竞争压力导致更高的银行垄断存款利率，这虽然降低了利润，但是通过更强的金融包容性和更高的期望储蓄扩大了存款资金。Ricks 等（2018）的研究表明，CBDC 不仅能够提高金融包容性，而且可以减少政府对银行的隐性补贴；此外，由于 CBDC 在某些方面类似于狭义银行，因此反而可能对金融稳定起到促进作用。总而言之，现阶段也有很多理论和研究认为设计合理的 CBDC 不太可能威胁到金融稳定，即不会产生银行挤兑问题。

### (三) CBDC 对货币政策传导机制的影响

与私人发行的数字货币不同，央行数字货币具有法定货币的地位，是一种基础货币，扩展了狭义货币（M1）的传统定义，即央行发行 CBDC 后，狭义货币将包括公众持有的现金、活期存款以及 CBDC。从货币供应的角度来说，这对数量型货币政策的影响将是重大的，央行发行数字货币会以数字形式提高公众对现金的偏好，从而降低货币乘数，导致货币供应量紧缩，进而改变央行的行为并调整其货币政策。对于此方面问题的研究，不同学者的看法见仁见智。

1. CBDC 对货币政策影响的利率传导机制。许多学者认为现代货币政策的核心是央行货币如何在市场中设定和引导利率，利率变化是货币政策传导的关键中间步骤，并对 CBDC 与货币政策的利率问题展开深入探讨。从理论上说，在经济周期的不同阶段，央行可以选择对计息的货币支付正利率、零利率甚至负利率以调节经济活动，但在实际操作中，央行货币政策的有效性具有利率下限限制。传统上，这一过程主要通过银行存款准备金来实现，而 CBDC 提供了一种新的货币政策工具，以克服利率下限问题。由于银行在货币政策传导方面发挥着特殊作用，一种可行的政策设想是央行向不同类型的 CBDC 持有者支付不同利率，以影响银行机构的货币创造与信贷分配，即利用支付给银行与非银行的利率差作为一种货币政策工具（Meaning et al., 2018）。当今，央行实施降息至负利率的现象在越来越多国家屡见不鲜，使传统非常规货币降息政策也变得"常规"起来，而 CBDC 可能为各国实施非常规货币政策提供一种更有效的利率渠道。部分学者建议对 CBDC 采用负利率，同时完全取代实物现金，以此规避货币政策利率的零下限或有效下限。例如，Agarwal 和 Kimball（2015）、Goodfriend（2016）、Bordo 和 Levin（2019）都认为用带息的 CBDC 对实物现金取而代之可以缓解名义利率的有效下限，更容易实现央行货币的负利率，并允许央行仅通过改变 CBDC 的利率来实施货币政策。尽管现金的使用在瑞典和其他一些发达经济体正在下降，但在大多数国家，包括英国、德国和日本，现金的使用仍然很重要。因此，至少在可预见的未来，大多数国家的CBDC可能会与实物现金并存，并成为提高量化宽松（QE）政策有效性的一个有用工具。

2. CBDC对货币政策传导影响的其他机制。第一，学界认为CBDC对货币政策的影响程度取决于调节货币供给的方式。Carstens（2021）认为CBDC的货币供应量是根据交易需求提供的，这意味着CBDC对货币政策及其传导的影响将会是有限的。而且，尽管从理论上讲，零售CBDC可以产生利息，影响货币政策传导，但是目前来看，CBDC是对现金等支付方式的补充而非取代。但也有学者认为，CBDC可以通过影响银行选择发放贷款方式引起货币政策传导机制的变化。一些学者指出，银行在货币创造上发挥了关键性作用，银行通过发行新的存款并放贷实际上是创造了新的货币和购买力（McLeay et al.，2014；Jakab & Kumhof，2015）。相比之下，非银行贷款人也可以将其现有购买力（银行存款或CBDC）从储蓄者转移给借款人，但在此过程中并未创造任何新的购买力。随着CBDC的引入，CBDC为银行发行新的存款和放贷提供了一种新的途径，银行可以选择贷出CBDC（通过将CBDC转移到借款人的CBDC账户），这一业务操作与非银行贷款人的行为极为相似，并降低了货币创造对货币政策变化的敏感性。第二，Meaning等（2018）的分析指出，CBDC可能会使各项利率对政策利率的变化更加敏感，从而增强政策利率在若干渠道中的实施效果，包括实际利率渠道、现金流渠道等；同时，银行融资成本将对政策利率的变化更加敏感，加强了银行贷款传导渠道；此外，信贷供给方面的额外竞争可能会使贷款利率的传导更为全面。但如果存款利率高于政策利率，效果可能适得其反，较高的政策利率会挤压银行业的净息差，从而导致银行利润下降，导致银行资本增速放缓，限制银行放贷能力，从而削弱银行放贷渠道。第三，对于CBDC对开放经济中货币政策的影响，学者研究了一个动态与随机环境下两国开放经济模型中的货币传导问题。在该模型中，国内CBDC可以作为外国经济活动的支付手段；信贷专门为资本投资提供资金，银行则有效地发挥着股东的作用；银行存款被视为定期存款，不能被用作交易媒介，而在银行系统外持有的现金余额可以用于交换。研究结果表明，引入CBDC会在外国利率和CBDC利率之间引入一个新的无套利条件，增加汇率应对经济冲击时的波动性。进一步研究发现，CBDC 的跨国使用对两国经济体的货币政策均会产生显著影响，并加强国际货币体系的不对称性。发行可以在国外流通的 CBDC 能够限制国外经济与货币政策的自主性，具有明显的国际溢出效应，因此，尽早发行 CBDC 可能存在很大的先发优势。

总体来说，关于 CBDC 的发行与研究仍需在实践中不断完善，CBDC 对货币政策传导的影响渠道并不是唯一的，包括利率、银行信贷、货币供应量、汇率等多方面因素。CBDC 很可能会加强政策利率变化对实体经济的影响，这主要是通过影响政策利率对经济活动中其他利率的传导。对于央行货币政策实施来说，更为敏感的利率变化可以减少政策利率在经济周期内为稳定经济所要作出的调整。并且，CBDC 能够实现缩小政策利率的受限范围，为央行政策制定提供更大的发挥空间。

## 五 总结与展望

当前，以区块链技术为代表的数字技术迅猛发展，掀起一股数字货币发行热潮，传统货币交易方式逐步被数字货币交易取代已然成为大势所趋。未来，伴随数字技术和应用生态的进一步发展与完善，数字货币的服务能力与社会认可度也必定会迅速提升。全球迄今已发行数千种数字货币，本文通过对目前货币体系中各类数字货币的研究进行梳理，得出以下主要结论。

第一，类型、价值、支持方和技术四个属性对区分和定义不同类型数字货币作出了新的贡献，依据支付方式的不同属性，各类数字货币具有显著的特征。其中，是否中心化发行是区别不同类型数字货币非常关键的一点，这决定了在长期中不同的数字货币在货币支付体系中发展的趋势与稳定性也必然是不同的。从货币演化的历史长河来看，货币制度的稳定发展趋势是中心化（Eichengreen，2019）。因此，相较私人发行数字货币支付，央行数字货币支付在未来普及使用上具有更大潜力与可能性。

第二，因数字货币的底层数字技术的特性，数字货币具有众多纸币不具备的支付优势，如携带与支付便利、不易磨损、安全可靠、可追溯，并且能够在反地下经济与金融犯罪活动、减少洗钱行为等方面发挥巨大优势，这是数字货币在货币支付体系中越来越受欢迎的重要原因之一。

第三，层出不穷的私人数字货币发行给金融市场注入了新的活力，同时也带来了许多困扰。数字货币所带来的风险是不容忽视的，不同的数字货币往往对应着对原有支付体系的颠覆，进而影响金融体系的稳定与货币政策的传导。此外，以加密货币为代表的私人发行数字货币常被作为投机品用于非法交易活动，因此，将各类数字货币纳入支付监管框架是十分必要的。近年来，各类私人数字货币支付开始受到各国政府与央行的密切关注和积极监管。

第四，私人发行数字货币的最大意义不在于其类型，而重点在于数字货币为全球货币支付和金融体系发展带来的启示。无论成功与失败，对于各类数字货币来说都是一次全新的尝试，对于各国来说也是一次全新的挑战。此外，现阶段以发行私人数字货币实现全球普惠金融的构想尚不现实，但数字货币的发展揭示了未来货币支付与金融体系将会是全新、高效和更加开放包容的。因此，目前各国央行和金融机构亟待考虑的一个问题或许是如何在未来先进的普惠金融秩序中定位自身价值和作用，与私人发行数字货币稳定共存。

第五，CBDC作为法定数字货币具有很大的发展潜力，各国央行纷纷加快CBDC的设计研究，并且进入逐步推广阶段。但CBDC推行中面临的金融市场稳定、货币政策效果等问题，学界尚未给出统一的结论与建议。总而言之，数字货币支付未来如何发展仍然具有较大的不确定性，有关数字货币及货币支付体系变革的理论与实践研究依然会是学界和业界关注的焦点。

综合来说，数字货币支付的普及已经成为一种宏观现象，对其展开更为深入、全面、系统的研究是有必要的。结合数字货币支付体系的发展与研究现状，本文认为数字货币支付体系相关领域的研究仍存在许多不足，并对未来数字货币支付体系的研究方向提供如下建议。

首先，尽管目前已有大量关于数字货币的研究文献，但是必须认识到全球各国数字货币的发展仍处于初始阶段，数字货币相关的理论研究明显不足，未来无论是私人发行数字货币逐步发展成为主流货币与支付工具，还是央行发行的法定数字货币逐步从研发走向实践推广阶段，都需要进一步的研究作为理论支撑，因此，加强与数字货币相关的理论研究是必要的，研究方向包括数字货币的交易定价、支付结算、监管制度、技术创新、经济效应、企业货币、货币政策等。

其次，关于数字货币的研究已经取得一定进展，但目前大多数学者对数字货币的相关研究是定性的，尤其是对央行数字货币的研究。随着私人和央行发行的数字货币在应用实践中不断推进，未来的研究应加强对数字货币发行及其产生经济效应的定量研究，进一步完善数字货币研究方法，综合运用定性与定量方法深入探究数字货币对经济社会的微观影响与货币政策传导规律，为央行制定货币政策提供精准有力依据，促进数字货币支付体系更好地发展。

最后，随着数字技术的不断发展，数字货币支付的普遍使用是大势所趋，并且在可以预见的未来，将产生一个全新、高效与更加开放包容的货币支付与金融体系。因此，各类数字货币在长期中的竞争与共存问题也是值得进一步探索与研究的方向，以帮助构建更加良好的数字货币生态系统。

**参考文献**

Adrian, T. & T. Mancini-Griffoli (2021), "The Rise of Digital Money", *Annual Review of Financial Economics* 13: 57-77.

Agarwal, R. & M. Kimball (2015), "Breaking Through the Zero Lower Bound", IMF Working Paper, No. 15/224.

Ali, R. et al. (2014), "Innovations in Payment Technologies and the Emergence of Digital Currencies", Available at SSRN: https://ssrn.com/abstract=2499397.

Andolfatto, D. (2021), "Assessing the Impact of Central Bank Digital Currency on Private Banks", *Economic Journal* 131 (634): 525-540.

Athey, S. et al. (2016), "Bitcoin Pricing, Adoption, and Usage: Theory and Evidence", Stanford University Graduate School of Business Research Paper, No. 16-42.

Auer, R. & R. Böhme (2020), "The Technology of Retail Central Bank Digital Currency", Available at SSRN: https://ssrn.com/abstract=3561198.

Auer, R. & S. Claessens (2018), "Regulating Cryptocurrencies: Assessing Market Reactions", Available at SSRN: https://ssrn.com/abstract=3288097.

Auer, R. A. et al. (2020), "Rise of the Central Bank Digital Currencies: Drivers, Approaches and Technologies", CESifo Working Paper, No. 8655.

Badev, A. I. & M. Chen (2014), "Bitcoin: Technical Background and Data Analysis", *Federal Reserve Board Working Paper*, No. 2014-104.

Bank of Canada (2017), "Digital Currencies and Fintech", https://www.bankofcanada.ca/research/digital-currenciesand-fintech/.

Bank of England (2015), "*Sterling Monetary Framework Annual Report 2014-15*", https://www.bankofengland.co.uk/-/media/boe/files/sterling-monetary-framework/annual-report-2014-15.pdf.

Barontini, C. & H. Holden (2019), "Proceeding with Caution: A Survey on Central Bank Digital Currency", BIS Paper, No. 101.

Barrdear, J. & M. Kumhof (2016), "The Macroeconomics of Central Bank Issued Digital Currencies", Bank of England Working Paper, No. 605.

Beck, R. & C. Müller-Bloch (2017), "Blockchain as Radical Innovation: A Framework for Engaging with Distributed Ledgers as Incumbent Organization", https://aiselaisnet.org/hicss-50/os/practice-based_research/3/.

Berentsen, A. & F. Schär (2018), "A Short Introduction to the World of Cryptocurrencies", Available at SSRN: https://ssrn.com/abstract=3843836.

Biais, B. et al. (2019), "The Blockchain Folk Theorem", *Review of Financial Studies* 32 (5): 1662-1715.

Biais, B. et al. (2020), "Equilibrium Bitcoin Pricing", Available at SSRN: https://ssrn.com/abstract=3261063.

Boar, C. et al. (2020), "Impending Arrival-A Sequel to the Survey on Central Bank Digital Currency", BIS Paper, No. 107.

Bolt, W. & M. R. Van Oordt (2020), "On the Value of Virtual Currencies", *Journal of Money, Credit and Banking* 52 (4): 835-862.

Bordo, M. D. & A. T. Levin (2019), "Digital Cash: Principles & Practical Steps", NBER Working Paper, No. 25455.

Brunnermeier, M. K. et al. (2019), "The Digitalization of Money", NBER Working Paper, No. 26300.

Bullmann, D. et al. (2019), "In Search for Stability in Crypto-assets: Are Stablecoins the Solution?", ECB Occasional Paper, No. 230.

Carstens, A. (2021), "Digital Currencies and the Future of the Monetary System", *Hoover Institution Policy Seminar* 89 (1): 1-17.

Carter, N. (2021), "How Much Energy Does Bitcoin Actually Consume?", https://hbr.org/2021/05/how-much-energy-does-bitcoin-actually-consume.

Chen, X. et al. (2019), "Characteristics of Bitcoin Transactions on Cryptomarkets", in: *International Conference on Security, Privacy and Anonymity in Computation, Communication and Storage*, Springer.

Chiu, J. et al. (2019), "Bank Market Power and Central Bank Digital Currency: Theory and Quantitative Assessment", SSRN Working Paper, No. 3331135.

Christensen, C. M. et al. (2015), "What is Disruptive Innovation?", *Harvard Business Review* 93 (12): 44-53.

Chuen, D. L. K. (ed) (2015), *Handbook of Digital Currency: Bitcoin, Innovation, Financial Instruments, and Big Data*, Academic Press.

Cong, L. W. et al. (2021), "Tokenomics: Dynamic Adoption and Valuation", *Review of Financial Studies* 34 (3): 1105-1155.

Corbet, S. et al. (2018), "Exploring the Dynamic Relationships between Cryptocurrencies and Other Financial assets", *Economics Letters* 165: 28-34.

Cukierman, A. (2020), "Reflections on Welfare and Political Economy Aspects of a Central Bank Digital Currency", *Manchester School* 88 (S1): 114-125.

Cuthell, K. (2019), "Many Consumers Trust Technology Companies

More Than Banks", https://www.bain.com/insights/many-consumers-trust-technology-companies-more-than-banks-snap-chart/.

Danezis, G. & S. Meiklejohn, (2016), "Centrally Banked Cryptocurrencies", https://arxiv.org/abs/1505.06895.

Diamond, D. W. & P. H. Dybvig (1983), "Bank Runs, Deposit Insurance, and Liquidity", *Journal of Political Economy* 91 (3): 401–419.

Du Toit, G. et al. (2018), "In Search of Customers Who Love Their Bank", https://www.bain.com/insights/in-search-of-customers-who-love-their-bank-nps-cx-banking/.

Dyhrberg, A. H. (2016), "Hedging Capabilities of Bitcoin. Is It the Virtual Gold?", *Finance Research Letters* 16: 139–144.

Eichengreen, B. (2019), "From Commodity to Fiat and Now to Crypto: What Does History Tell Us?", NBER Working Paper, No. 25426.

European Central Bank (2012), "Virtual Currency Schemes", https://www.ecb.europa.eu/pub/pdf/other/virtualcurrencyschemes201210en.pdf.

Fernández-Villaverde, J. et al. (2021), "Central Bank Digital Currency: Central Banking for All?", *Review of Economic Dynamics* 41: 225–242.

FINMA (2019), "Supplement to the Guidelines for Enquiries Regarding the Regulatory Framework for Initial Coin Offerings (icos)", https://www.finma.ch/en/documents/.

Foley, S. et al. (2019), "Sex, Drugs, and Bitcoin: How Much Illegal Activity is Financed Through Cryptocurrencies?", *Review of Financial Studies* 32 (5): 1798–1853.

FSB (2020), "Regulatory, Supervisory and Oversight Challenges Raised by 'Global Stablecoin' Arrangements", https://www.fsb.org/wp-content/uploads/P131020-3.pdf.

Gandal, N. et al. (2018), "Price Manipulation in the Bitcoin Ecosystem", *Journal of Monetary Economics* 95: 86–96.

Garcia, S. R. (2019), "Managed Stablecoins are Securities Act of

2019", https://www.congress.gov/bill/116th-congress/house-bill/5197/text.

Glaser, F. et al. (2014), "Bitcoin-Asset or Currency? Revealing Users' Hidden Intentions", SSRN Working Paper, No. 2425247.

Goodfriend, M. (2016), "The Case for Unencumbering Interest Rate Policy at the Zero Bound", https://www.kansascityfed.org/.

Guesmi, K. et al. (2019), "Portfolio Diversification with Virtual Currency: Evidence from Bitcoin", *International Review of Financial Analysis* 63: 431-437.

Haber, S. & W. S. Stornetta (1990), "How to Time-stamp a Digital Document", in: *Conference on the Theory and Application of Cryptography*, Springer.

He, D. et al. (2020), "Digital Money Across Borders: Macro-financial Implications", IMF Policy Papers, No. 2020 (050).

Huang, H. (2019), "How Does Information Transmission Influence the Value Creation Capability of a Digital Ecosystem? An Empirical Study of the Crypto-digital Ecosystem Ethereum", *Sustainability*, https://doi.org/10.3390/su11195345.

Jakab, Z. & M. Kumhof (2015), "Banks are not Intermediaries of Loanable Funds-And Why This Matters", Bank of England Working Paper, No. 529.

Jeger, C. et al. (2020), "Analysis of Stablecoins During the Global COVID-19 Pandemic", in: 2020 *IEEE Second International Conference on Blockchain Computing and Applications*, pp. 30-37.

Kaminski, J. (2014), "Nowcasting the Bitcoin Market with Twitter Signals", https://arxiv.org/abs/1406.7577.

Kamps, J. & B. Kleinberg (2018), "To the Moon: Defining and Detecting Cryptocurrency Pump-and-Dumps", *Crime Science* 7 (1): 1-18.

Kovanen, A. (2019), "Will the Libra Become a Supranational Currency? -Some Thoughts", https://www.academia.edu/.

Kroll, J. A. et al. (2013), "The Economics of Bitcoin Mining, or Bitcoin in the Presence of Adversaries", *Proceedings of WEIS*, 2013 (11).

Lagarde, C. (2020), "The Future of Money—Innovating While Retaining Trust", https://www.ecb.europa.eu/.

Li, J. et al. (2019), "Energy Consumption of Cryptocurrency Mining: A Study of Electricity Consumption in Mining Cryptocurrencies", *Energy* 168: 160-168.

Lipton, A. et al. (2020), "From Tether to Libra: Stablecoins, Digital Currency and the Future of Money", https://arxiv.org/abs/2005.12949.

Liu, Y. & A. Tsyvinski (2021), "Risks and Returns of Cryptocurrency", *Review of Financial Studies* 34 (6): 2689-2727.

Mai, F. et al. (2015), "From Bitcoin to Big Coin: The Impacts of Social Media on Bitcoin Performance", https://scholar.archive.org/.

McLeay, M. et al. (2014), "Money Creation in the Modern Economy", SSRN Working Paper, No. 2416234.

Meaning, J. et al. (2018), "Broadening Narrow Money: Monetary Policy with a Central Bank Digital Currency", Bank of England Working Paper, No. 724.

Minesso, M. F. et al. (2022), "Central Bank Digital Currency in an Open Economy", *Journal of Monetary Economics* 127: 54-68.

Moin, A. et al. (2019), "A Classification Framework for Stablecoin Designs", https://arxiv.org/abs/1910.10098.

Nakamoto, S. (2008), "Bitcoin: A Peer-to-peer Electronic Cash System", https://bitcoin.org/bitcoin.pdf.

Pagnotta, E. & A. Buraschi (2018), "An Equilibrium Valuation of Bitcoin and Decentralized Network Assets", SSRN Working Paper, No. 3142022.

People's Bank of China (2021), "Progress of Research & Development of E-CNY in China", http://www.pbc.gov.cn/.

Rahmatian, A. (2019), "Electronic Money and Cryptocurrencies (bitcoin): Suggestions for Definitions", *Journal of International Banking*

*Law and Regulation* 34 (3): 115-121.

Raskin, M. & D. Yermack (2018), "Digital Currencies, Decentralized Ledgers and the Future of Central banking", in: P. Conti-Brown & R. M. Lastra (eds.), *Research Handbook on Central Banking*, Edward Elgar.

Ricks, M. et al. (2018), "Fed Accounts: Digital Dollars", UC Hastings Research Paper, No. 287.

Risius, M. & K. Spohrer (2017), "A Blockchain Research Framework", *Business & Information Systems Engineering* 59 (6): 385-409.

Sapienza, P. & L. Zingales (2012), "A Trust Crisis", *International Review of Finance* 12 (2): 123-131.

Schilling, L. & H. Uhlig (2019), "Some Simple Bitcoin Economics", *Journal of Monetary Economics* 106: 16-26.

Schilling, L. et al. (2020), "Central Bank Digital Currency: When Price and Bank Stability Collide", NBER Working Paper, No. 28237.

Schilling, L. et al. (2021), "Facing the Central Bank Digital Currency Trilemma", in: D. Niepelt (ed), *Central Bank Digital Currency Considerations, Projects, Outlook*, Centre for Economic Policy Research Press.

Schmeling, M. (2019), "What is Libra? Understanding Facebook's Currency", SAFE Policy Letter, No. 76.

Schuh, S. & O. Shy (2016), "US Consumers' Adoption and Use of Bitcoin and Other Virtual Currencies", https://www.banqueducanada.ca/wp-content/uploads/2015/12/us-consumers-adoption.pdf.

Scorer, S. (2017), "Central Bank Digital Currency: DLT or not DLT? That is the Question", https://bankunderground.co.uk/.

Sidorenko, E. L. (2019), "Stablecoin as a New Financial Instrument", in: *International Scientific Conference "Digital Transformation of the Economy: Challenges, Trends, New Opportunities"* (pp. 630-638), Springer.

Smith, C. & A. Kumar (2018), "Crypto-Currencies–An Introduction to Not-So-funny Moneys", *Journal of Economic Surveys* 32 (5): 1531-1559.

Sockin, M. & W. Xiong (2020), "A Model of Cryptocurrencies", NBER Working Paper, No. 26816.

Sveriges Riksbank (2021), "E-Krona", https://www.riksbank.se/en-gb/payments--cash/e-krona.

Truby, J. (2018), "Decarbonizing Bitcoin: Law and Policy Choices for Reducing the Energy Consumption of Blockchain Technologies and Digital Currencies", *Energy Research & Social Science* 44: 399-410.

Urquhart, A. (2018), "What Causes the Attention of Bitcoin?", *Economics Letters* 166: 40-44.

Vovchenko, N. G. et al. (2017), "Competitive Advantages of Financial Transactions on the Basis of the Blockchain Technology in Digital Economy", *European Research Studies* 20 (3B): 193-212.

Vranken, H. (2017), "Sustainability of Bitcoin and Blockchains", *Current Opinion in Environmental Sustainability* 28: 1-9.

Williamson, S. D. (2021), "Central Bank Digital Currency and Flight to Safety", *Journal of Economic Dynamics and Control*, https://doi.org/10.1016/j.jedc.2021.104146.

Wörner, D. et al. (2016), "The Bitcoin Ecosystem: Disruption beyond Financial Services?", in: 24th European Conference on Information Systems, Istanbul.

Yermack, D. (2015), "Is Bitcoin a Real Currency? An Economic Appraisal", in: D. L. K. Chuen (ed), *Handbook of Digital Currency*, Academic Press.

Zheng, Z. et al. (2017), "An Overview of Blockchain Technology: Architecture, Consensus, and Future Trends", in: 2017 *IEEE International Congress On Big Data (Big Data Congress)*, pp. 557-564.

（原载《经济学动态》2022 年第 5 期）

# 央行数字货币创新研究新进展

宋　敏　徐瑞峰

数字货币是目前区块链技术的最热门应用，也是一个创新机遇和风险挑战共存的全新领域，包括以比特币、稳定币为代表的私人数字货币和各国央行发行的央行数字货币。截至 2022 年 6 月，全球共有 10020 项私人数字货币项目[①]。据估计，约 25% 的比特币用户和 44% 的比特币交易与非法活动有关（Foley et al., 2019）。此外，以掩盖使用者身份为目的的比特币混淆器产业不断发展壮大，匿名性更强的门罗币、匿名且币值稳定的各类稳定币也不断出现。为应对私人数字货币带来的风险挑战，央行数字货币的研究逐渐受到重视。美国总统拜登 2022 年 3 月 9 日签署《确保负责任地开发数字资产的行政命令》，提出防范数字货币可能带来的金融系统性风险、非法融资风险、国家安全风险，同时积极探索研发央行数字货币以应对上述风险。为了对抗私人数字货币的潜在风险，已有近 50 家央行推出央行数字货币（CBDC）或其原型设计（Auer & Boehme, 2021）。世界上超过 1/3 的受调查央行表示，发行央行数字货币将成为一种中期可能性（Boar et al., 2020）。

Broadbent（2016）首次提出央行数字货币的概念，但学术界目前对于央行数字货币的定义存在争议，Ozili（2022）认为，央行数字货币是一种由中央银行发行的数字形式货币，是中央银行的负债。Ward 和 Rochemont（2019）将央行数字货币定义为不同于传统储备或结算账户余额的中央银行货币的数字形式。Bitter（2020）将央行数字货币定义为一种潜在的有利息、中央银行发行、基于账户、可供公众使用的

---

① https://finance.yahoo.com/cryptocurrencies/.

中央银行负债的数字类型。Kiff 等（2020）认为，央行数字货币是由辖区中央银行或其他货币当局发行的主权货币的数字表示。上文美国总统拜登签署的行政命令将央行数字货币定义为"国家记账单位计价的一种数字货币或货币价值形式，是中央银行的直接负债"。美联储则认为，央行数字货币应当被定义为"中央银行的数字负债，并面向公众广泛可用"[①]。

央行数字货币分为零售型和批发型，批发型央行数字货币仅面向央行与金融机构而不面向公众（Bech & Garratt，2017）。根据 Auer 等（2020），目前世界上共有 66 项零售型央行数字货币项目，25 项批发型央行数字货币项目。虽然已有不少国家的央行进行了央行数字货币的研究，但世界各主要经济体的央行数字货币项目大部分仍处于实验或试运行阶段，如加拿大的 Jasper、欧洲央行的 Stella、中国的数字人民币等。学界对央行数字货币的研究集中在发行央行数字货币应当使用什么样的技术架构，央行数字货币与私人数字货币的全球竞争，以及发行央行数字货币可能带来的影响与应对措施等。因此，本文首先对央行数字货币的技术架构研究进行梳理，其次总结央行数字货币与全球货币的竞争研究有关文献，再次就央行数字货币对银行系统、货币政策、跨境支付、经济产出和社会福利影响的研究进展进行归纳，最后对央行数字货币未来的研究方向进行展望。

## 一　央行数字货币的技术架构研究

目前，仅有巴哈马、尼日利亚和东加勒比央行的央行数字货币项目已正式发行，其余大部分仍处于研究或试运行阶段。在区块链等数字技术日新月异的背景下，应当采用何种技术架构是当下央行数字货币研究的基础。目前，央行数字货币的技术架构研究主要集中于央行数字货币的数据存储架构、呈现形式选择、开源项目和互操作性研究。

---

[①] The Federal Reserve（2022），"What is a Central Bank Digital Currency?", https://www.federalreserve.gov/faqs/what-is-a-central-bank-digital-currency.htm.

### （一）央行数字货币的数据存储架构：公链、许可链还是完全中心化

普华永道 2021 年 4 月发布的央行数字货币全球指数报告①显示，各国进入试点阶段的央行数字货币项目中，超过 88% 采用了区块链技术。不过，虽然主流的私人数字货币均使用公链，但各央行数字货币试点项目大部分倾向采用许可链。目前，学界对央行数字货币应当使用公链②架构、许可链③架构还是传统金融机构所采用的完全中心化的数据库进行了大量研究。Cukierman（2020）认为，基于许可链的央行数字货币在多个维度上均优于基于公链的央行数字货币。第一，完全去中心化的公链为防范双花攻击（double spend attack）④而采取的措施将带来更高的运行成本。第二，一旦遭受黑客攻击，相较匿名的公链，许可链架构下央行将可以对遭受损失的个人进行补偿，而公链上的损失一般难以追回。第三，不受央行控制、难以监管的公链为获取垄断租金打开了大门，而许可链架构下公众可以通过公众监督、立法和选举对央行进行监督，进而防范此类风险。第四，如果采用完全去中心化的公链，将无法基于公众利益而利用央行数字货币执行货币政策。Keshav（2019）也认为，应当更加关注许可链技术，因为传统的公链无法提供安全性、可验证性、隐私性和公平性，而许可链可以通过降低其分散程度实现这些

---

① 普华永道：《普华永道全球央行数字货币指数报告 2021》，https://www.pwc.ch/en/insights/digital/pwc-global-cbdc-index-2021.html。
② 公链又称公有链，是指全世界任何人都可读取、发送交易且能获得有效确认的共识区块链。
③ 许可链又称联盟链（consortium blockchain），是指由若干组织或机构共同参与管理的区块链，每个组织或机构控制一个或多个节点，共同记录交易数据，并且只有这些获得授权许可的组织或机构能够对许可链中的数据进行读写和发送交易。
④ 双花攻击指的是在去中心化的数字支付系统中，如果缺乏中央验证机构，由于数据的可复制性，一笔数字资产存在被重复使用的可能。比特币使用工作量证明（PoW）机制解决双花攻击问题。具体而言，每笔交易被加上时间戳，并经过交易者数字签名后加入最新区块中存储。交易记录存储进区块中，需要附近节点验证数字签名的真伪，而矿工打包区块数据并获得区块奖励需要进行竞争性数学运算。在比特币系统中，区块链最长链原则决定只有最长的区块链是有效的，而余额检查机制要求每笔花费前遍历所有历史区块数据。如果要在公链系统中实现双花攻击，即将带有时间戳、已数字签名并计入历史区块的某笔数字资产再次消费，需要重新伪造一个不包含该交易的区块，并使伪造区块之后的区块链长度一直长于原主链，这需要伪造者算力高于全网其余所有算力的总和，一般需要至少 51% 的算力，因此双花攻击也被称为 51% 攻击。虽然工作量证明解决了双花攻击问题，但这一机制带来了耗电量大等缺陷。

目标。具体而言，一方面，公链会导致央行数字货币交易数据完全暴露于互联网，进而带来隐私泄露风险；另一方面，若使用公链，一旦发生黑客攻击，央行数字货币将不得不采取硬分叉的模式进行"复原修复"，从而导致央行数字货币出现"分裂风险"。例如"以太坊"在 2016 年 6 月即因为其链上的去中心化自治组织 The DAO 被黑客攻击，导致 5000 万美元的以太币被移至黑客组织控制的"分身 DAO"。以太坊为保护投资人权益取回被盗资金而实施了硬分叉，利用回滚交易保护投资人权益，即强行将黑客的违法转账记录从硬分叉后的新链（ETH）中删除。但由于以太坊使用公链架构，全网节点均备份有全部历史数据，因此部分认为回滚交易违反了区块链不可篡改特性的反对者继续在旧链（经典 ETC）上挖矿，引发了以太坊的分裂。

既然许可链优于公链，各国央行数字货币为何不采用完全中心化的运营方式而抛弃区块链技术？英格兰银行在 2020 年的央行数字货币讨论文件①中曾明确反对央行数字货币依赖分布式账本技术或区块链。Sveriges Riksbank (2018) 也指出，分布式账本技术仍然存在性能和可扩展性不足的问题。乌克兰国家银行（National Bank of Ukraine, 2019）认为，分布式账本技术在集中发行的系统中可能不会有任何优势。东加勒比央行（Eastern Caribbean Central Bank, 2020）更进一步指出，分布式账本技术无法在长时间停电的情况下确保如现金一般的韧性。

然而，在特定情况下，分布式账本技术在金融市场和支付方面确实具有经济潜力，因为与中心化的验证体系相比，在去中心化的验证网络中实现良好治理的稳健性更强、成本更低（Auer et al., 2021a）。日本央行 2020 年 7 月宣布开始试验数字日元后发布的研究报告②，强调日本央行将会把区块链技术纳入其央行数字货币计划，并指出不包括分布式账本的中心化系统虽然具有更大的容量并且通常速度更快，但一旦出现单点故障，将可能破坏整个系统，而基于区块链的央行数字货币将不受单点故障的影响并具有韧性。中国人民银行数字货币研究所前所长姚

---

① Bank of England (2020), "Central Bank Digital Currency: Opportunities, Challenges and Design", https://www.bankofengland.co.uk/paper/2020/central-bank-digital-currency-opportunities-challenges-and-design-discussion-paper.

② https://www.boj.or.jp/research/brp/psr/psrb200702.htm/.

前（2018）也对区块链分布式账本技术应用于数字人民币予以肯定，提出"在数字人民币系统下，应当利用分布式账本构建一个央行数字货币确权信息副本，并对外通过互联网提供查询服务"。而且，如果央行数字货币的数据完全以中心化的形式集中存储，一旦中心服务器发生故障，或货币投放系统、登记系统的私钥泄露，将可能导致整个央行数字货币系统崩溃。普华永道2021年4月发布的央行数字货币全球指数报告则认为，虽然区块链技术在央行数字货币中并非必需，但可带来很多益处。首先，区块链技术带来了智能合约可编程性，从而支持央行数字货币成为一种新形式的、可以基于预先设定条件触发自动付款的可编程货币工具。此外，区块链技术还将为央行数字货币带来透明的审计跟踪、可配置的保密功能、通过原子交换（atomic swap）提高与其他数字资产的互操作性等优点。Kiff等（2020）也从安全性、韧性和性能三个方面对央行数字货币分布式和集中式架构的优劣进行了分析。在安全性方面，相较中央银行安全成熟的集中式数据库，央行数字货币项目的数据公开会带来新的安全问题，而基于分布式账本的平台在多个参与者或"节点"中保留多个数据库副本，将使恶意尝试更改数据变得更加困难。在韧性方面，虽然集中式平台和基于分布式账本的央行数字货币都未提供完全的弹性，即两者都面临网络安全风险、硬件问题、电力或网络中断或云服务中断，但分布式账本架构可以通过减少单点故障提供更强的弹性。不过，在性能方面，集中式的平台通常能更快地处理交易。Barr等（2021）则认为，央行使用分布式账本技术和发行央行数字货币还能够有效推进普惠金融。

**（二）央行数字货币的呈现形式选择：基于账户还是基于代币**

Kahn和Roberds（2009）首次将支付方式分为"基于账户"和"基于价值"（基于代币）两种呈现形式。此后，国际清算银行支付和市场基础设施委员会将央行数字货币也分为"基于账户"和"基于代币"两种[①]。Lee等（2021）认为，基于代币的央行数字货币是指通过

---

[①] BIS Committee on Payments and Market Infrastructures（2018），"Central Bank Digital Currencies"，https://www.bis.org/cpmi/publ/d174.pdf.

集中式或分布式结算系统使用代币在数字钱包之间进行交易。而基于账户的央行数字货币是指通过在中央银行或商业银行等其他委托实体开户进行交易。基于账户的央行数字货币将央行数字货币与身份系统联系起来，在该系统中，发送方首先验证接收方是否有账户，然后在进行支付或转账之前验证接收方的身份（Terracciano & Somoza, 2020）。相反，基于代币的央行数字货币不依赖身份系统。具体而言，用户可以在每笔支付交易中验证代币的真实性（Terracciano & Somoza, 2020），而代币是一种数字对象，具有以国家记账单位表示的给定价值，是对中央银行的债权（Armelius et al., 2021）。

学术界对于上述二者的优劣进行了大量研究。Bordo 和 Levin（2017）认为，基于账户的系统的一个关键优势是，央行数字货币支付实际上可以是即时且无成本的，在该机制下，中央银行将通过简单地从付款人的央行数字货币账户借记并贷记收款人的央行数字货币账户来处理每笔支付交易。不过，Bordo 和 Levin（2017）认为，虽然央行数字货币账户的初始创建过程需要较为烦琐的 KYC 验证程序，但是也将使中央银行能够监控任何异常活动并实施额外的反欺诈保护措施。相比之下，基于代币的央行数字货币的验证成本则更高，因为每个代币的整个所有权链都必须存储在区块链中，并且该账本的副本必须存储在支付网络的每个节点上，而新的支付交易在永久添加到分布式账本之前必须对其进行涉及高度复杂计算的验证。Carstens（2019）则认为，基于代币的央行数字货币比基于账户的版本更容易复制现金的属性。Lee 等（2021）也指出，基于代币的央行数字货币可能具有更多潜力，例如匿名性和离线交易。但是，Carstens（2019）提出，数字代币技术仍然未经广泛测试，而基于账户的央行数字货币技术已经使用了几十年。过去中央银行通常选择不对外提供账户主要是担忧此举对金融体系产生的影响。

不过，也有学者对上述概念的定义提出了异议。Garratt 等（2020）认为，"基于代币"和"基于账户"的央行数字货币之间的区分是有问题的。Shah 等（2020）提出，虽然央行数字货币的研究通常会在基于账户的架构和基于代币的架构之间作出根本的区分，但二者在最终用户和功能层面的区别并不明显。Armelius 等（2021）也认为，任何央行数字货币都需要一个能够记录央行数字货币的账本，因此与基于账户的央行数字货币相比，基于代币的央行数字货币并没有更强大的能力提供点对点、离线或像现金一样匿名的支付方式。因此，在发行央行数字货币时，虽然一些基于"代币"，另一些基于"账户"，但是还有一些使用两者的组合（Lee et al.，2020）。《中国数字人民币的研发进展白皮书》也指出，数字人民币将"兼容基于账户、基于准账户和基于价值三种方式"。

### （三）应用于央行数字货币的区块链开源项目研究

虽然美国、中国等国央行试图自主研发本国的央行数字货币项目，但并非所有国家都具有独立开发央行数字货币系统的科研实力，因此不少国家考虑使用区块链开源项目作为央行数字货币的技术支撑，而大部分开源区块链项目均提供模块化组件，央行只需要在考虑央行数字货币项目的底层逻辑架构后，调用开源项目的相应模块，即可完成央行数字货币项目的构建。因此，学界对可应用于央行数字货币的开源区块链项目进行了大量研究。目前，央行数字货币中使用最广泛的许可链（联盟链）包括 Corda、Hyperledger Fabric 和 Quorum（Zhang & Huang，2021）。

Fabric 是第一个真正可扩展的区块链系统，可用于运行分布式应用程序，支持模块化共识协议，允许系统针对特定案例和信任模型进行定制（Androulaki et al.，2018）。Androulaki 等（2018）基于实验评估发现，Fabric 能够实现每秒超过 3500 笔交易的端到端吞吐量，延迟低于 1 秒，还能够很好地扩展到 100 多个对等节点。Gorenflo 等（2020）更进一步重新构建 Hyperledger Fabric，将交易吞吐量从每秒 3000 笔交易增加到每秒 20000 笔交易。Corda 则是区块链企业 R3[①] 于 2016 年 11 月 30 日成立的开源许可链平台。Brown 等（2016）在白皮书中指出，Corda 的构建目的是记录和执行注册金融机构之间的业务协议，因此采用了一种独特的数据分发和交易方法，同时保持了分布式账本的特性，而这些特性吸引了大量机构用户参与 R3 项目。

Valenta 和 Sandner（2017）对目前使用较广泛的 Corda、Hyperledger Fabric 和 Ethereum（以太坊）开源项目进行了对比。他们认为，虽然

---

[①] R3（R3CEV LLC）是一家成立于 2015 年的区块链企业，总部位于纽约。

以太坊强大的智能合约引擎使其成为几乎适用于任何类型应用程序的通用平台,但以太坊作为公链无许可操作的模式及其完全透明的特性是以性能不能扩展和隐私暴露为代价的,而 Fabric 的许可链模式解决了性能可扩展性和隐私问题,其模块化架构更进一步允许 Fabric 针对多种应用进行定制。而与 Fabric 相比,Corda 仅专注金融服务交易并简化了架构设计。

应用于央行数字货币的区块链开源项目研究是央行数字货币进一步发展的基础,而央行数字货币具有的金融特殊属性对区块链开源模块提出了更高的要求。因此,该领域研究目前主要集中于如何在提高区块链项目数据处理速度的同时,平衡区块链技术应用于央行数字货币时需要保障的安全性、隐私性以及保障区块链的可拓展性。不过,虽然开源项目的模块组件免费且完全开放,但基于商用目的的使用仍需授权许可,且开源项目的生态建设未来必将深度影响央行数字货币的全球标准制定。在当前以美元为国际储备货币的金融体系仍然强势以及欧元、日元、人民币等货币影响力不断增强的背景下,各国央行应当进一步积极参与开源区块链项目研发,加强国际协作,尽快制定国际通行的央行数字货币标准。在央行数字货币开源项目及其标准制定中抢得先机的国家,将能在即将到来的主权货币数字化浪潮中获得更多话语权并赢得货币竞争。

### (四) 区块链跨链技术与央行数字货币互操作性研究

自比特币 2008 年诞生以来,私人数字货币项目不断增多,不同种类数字货币如何兑换的问题逐渐受到重视。中心化的数字货币交易所针对数字货币兑换会收取一定比例的手续费,且存储于中心化的交易所相当于交由交易所代持数字货币,存在资金安全风险[①],因此基于智能合约的去中心化交易所 Uniswap、JustSwap、SushiSwap 等逐渐兴起。这一机制根据智能合约和特定算法智能计算资金池某一时间段内不同数字货币存量比例,并根据比例计算汇率后自动实现不同数字

---

① 例如,根据美国财政部海外资产控制办公室定于 2022 年 3 月 1 日生效的法规,美国居民不得使用数字货币为俄罗斯政府谋取利益。因此,若将数字货币存储于中心化的交易所中,将使俄罗斯难以真正实现通过数字货币规避金融制裁的意图。

货币之间的兑换。但上述交易仅限于发行于同一公链的代币之间的互相兑换①，如要跨链②兑换，则需进一步使用其他跨链桥③工具。因此，关于跨链技术和数字货币互操作性的研究逐渐受到重视。

数字货币的互操作性需要使用跨链技术。Kan 等（2018）提出了一种创新的基于组件的框架，用于在任意区块链系统之间交换信息，称之为交互式多区块链架构。这一架构为跨链通信创建了多链的动态网络。Qasse 等（2019）将目前的跨区块链通信解决方案归类为侧链（sidechains）方案、智能合约（smart contracts）方案和行业解决（industrial solution）方案、区块链路由器（blockchain router）方案四类，并对其优劣进行了对比分析。其中侧链方案扩展性不足，仅可用于加密货币的跨链交易。智能合约方案则存在智能合约无法跨链共享的缺陷。行业解决方案的原理是使用验证者（validators）验证跨链交易或节点，目前主流的 Polkadots 和 Cosmos 均使用了这一架构，但如果验证者出现宕机④，则可能出现单点故障。区块链路由器方案的原理是使用一些区块链节点作为路由器以在不同区块链之间发送请求，但缺陷是目前的研究仍处于早期阶段，仅有原型设计方案而尚未正式投入使用。

虽然目前央行数字货币的发展相比私人数字货币仍处于初级阶段，但未来随着正式发行的央行数字货币项目不断增加，必然同样存在不同国家央行发行的央行数字货币如何跨链兑换的难题。Boar 等（2020）认为，考虑如何促进 mCBDC（multi-CBDC）安排将是一些中央银行迫切关注的问题。Auer 等（2021b）则认为，央行数字货币的互操作性不仅需要考虑其他潜在的央行数字货币项目，还需要考虑现有

---

① 例如，Uniswap 只能用于发行于以太坊公链上的代币，如 ETH、ERC-USDT 等代币及 DeFi 产品之间的兑换。

② 跨链（interchain）指的是数字资产或数据在不同区块链之间转移。例如，发行于以太坊主链上的 ERC-USDT 和发行于波场主链上的 TRC-USDT 虽同为可 1∶1 等值兑换美元的泰达稳定币，但由于所在区块链不同，相互兑换需要跨链。

③ 跨链桥（interchain bridge）指的是数字资产在不同区块链之间转移的一种工具。具体原理是，跨链桥负责在 Layer 1 上保管资产，同时把这笔资产在另一条区块链上释放。

④ 宕机指操作系统无法从一个严重系统错误中恢复过来或系统硬件层面出问题，以致系统长时间无响应，而不得不重新启动计算机的现象。

和正在发展中的支付系统。目前，主流的跨链项目①不仅可用于跨链通信，还提供了开发效率更高的区块链项目开源模块②，且具有极高的扩展性和包容性③，因此跨链技术在央行数字货币研发领域使用前景广阔，央行数字货币的跨链技术应用研究也必将是未来十分重要的研究方向。

总体而言，应用于央行数字货币互操作性的跨链技术的研究仍然处于初级阶段，虽然有不少学者针对跨链技术应用于央行数字货币进行了展望，但跨链技术的实际应用尚仅限于私人数字货币、数字资产之间。不过，为应对未来的央行数字货币浪潮，跨链技术的研究必将是未来的热点研究方向。俄乌冲突爆发后，西方国家将部分俄罗斯银行剔除出SWIFT结算系统的事实进一步印证了过度中心化的货币间结算系统的潜在风险。以中国、俄罗斯为代表的新兴经济体应当积极参与跨链技术协作研发，并及时掌握跨链桥接④接口标准制定的主导权，协助发展中国家开发符合中继链接口标准的各国央行数字货币平行链，扩大自主研发的跨链技术使用生态，防范国际货币结算体系过度中心化的风险。

## 二 央行数字货币与全球货币竞争研究

哈耶克1976年在《货币的非国家化》中提出的货币竞争理论⑤为全球货币竞争研究和真正的非国家货币——比特币的诞生奠定了

---

① 主流的区块链跨链项目包括Polkadots和Cosmos，二者的区别在于：不同于Polkadots相对较为封闭的生态，任何人都可以在使用Cosmos SDK开发区块链后通过IBC协议在Cosmos实现跨链通信，而Polkadots的平行链插槽需要竞拍。因此，截至2022年3月，Cosmos已有262项区块链项目接入，而Polkadots仅有6项区块链项目通过竞拍获得接入的权限。

② 例如，Polkadots创始人Gavin Wood利用Substrate框架在2018年柏林Web 3峰会现场拆封一台全新Macbook后，15分钟内即部署一条全新区块链。

③ 跨链网络由一个核心的中继链、众多平行链和负责连接二者的转接桥组成。平行链可以是公链，也可以是许可链，还可以是其他用户基于开源项目模块化组件构建的新区块链项目，也可以将现有的区块链桥接至核心的中继链。以Polkadot为例，接入的平行链可以是私人数字货币、央行数字货币、NFT，甚至可以是一个网页。

④ 跨链桥接指的是让代币或数据能够从一个链安全地连接和转移到另一个链，尽管它们有着不同的协议、智能合约和治理模式。

⑤ 哈耶克提出的货币竞争理论主张由多个私人机构发行货币进行竞争，由货币的持有者"用脚投票"来限制通货膨胀或者通货紧缩，以此取代原先的国家垄断货币发行。

基础。2008年比特币诞生后，首先，货币竞争存在于私人数字货币之间，Gandal 和 Halaburda（2014）在对私人数字货币之间的货币竞争进行分析后认为，比特币赢得竞争的原因在于赢家通吃效应在市场早期占主导地位。其次，货币竞争也存在于私人数字货币与各国法定货币之间。Rahman（2018）研究数字货币和法定货币竞争对最优货币政策的影响发现，当数字货币与政府发行的法定货币竞争时，弗里德曼规则下的最优货币政策在社会上将是低效的。最后，随着各国央行数字货币项目不断推进，央行数字货币也加入货币竞争，因此不少学者对央行数字货币之间的全球竞争，央行数字货币与现金及私人数字货币的货币竞争，对私人数字货币存在怎样的风险，央行数字货币相比之下存在怎样的益处，以及这场全球货币竞争的最终结果预测进行了研究。

### （一）央行数字货币的全球竞争研究

在中国的数字人民币投入试运行以来，以中国为代表的发展中国家和以美国为代表的发达国家之间的各国央行数字货币竞争正成为最新的热点研究问题，而不少学者已经对中国作为央行数字货币项目进展最快的主要经济体带来的"CBDC 鳗鱼效应"及其引发的央行数字货币竞争进行了研究。Cong 和 Mayer（2022）基于两国博弈模型对法定货币、加密货币和央行数字货币的动态全球竞争进行模拟发现，通过推出央行数字货币，弱势货币可能会挑战强势货币的主导地位。如果它对强势货币的主导地位构成威胁，那么弱势国家发行央行数字货币也会增加强势国家推出央行数字货币的动力，从而产生央行数字货币发行的战略互补性。美国战略与国际研究中心2022年4月的研究报告[1]也认为，中国的数字人民币计划提高了美国、欧盟、日本等政府对央行数字货币的兴趣。美国拜登政府正在加强对中国数字人民币计划的审查，担心该计划可能会推翻美元作为全球主要储备货币的地位[2]。日本岸田文雄政府则

---

[1] CSIS（2022），"China's Progress towards a Central Bank Digital Currency"，https://www.csis.org/blogs/new-perspectives-asia/chinas-progress-towards-central-bank-digital-currency.

[2] Bloomberg（2021），"Biden Team Eyes Potential Threat from China's Digital Yuan"，https://www.bloomberg.com/news/articles/2021-04-11/biden-team-eyes-potential-threat-from-china-s-digital-yuan-plans.

呼吁加快发行本国央行数字货币的速度，因为中国的进步要快得多①。Ehrlich（2020）也认为，中国的数字人民币计划对以美元为主导的全球金融体系造成了挑战，因此美国应当积极讨论发行数字美元等措施加以应对。不过，也有学者认为发行数字美元不是应对中国数字人民币的最佳应对措施。美国罗斯福研究所的研究报告敦促美联储和国会不应该发行数字货币来应对数字人民币的挑战。Chris（2022）也不赞同通过发行数字美元的方式应对数字人民币带来的全球数字货币竞争，而应当采用改善美国现有支付体系的方法。因为如果要推出一种美国央行数字货币以在国际资本市场上与中国的数字人民币竞争，将会对美国国内的银行造成较大干扰。

一些学者还对不同国家央行数字货币竞争策略和竞争结果的异质性进行了研究。Cong 和 Mayer（2022）研究了各国央行数字货币竞争策略的差异发现，拥有强势但非主导货币的国家（如中国）最有动力推出央行数字货币，拥有最强势的货币（如美元）的国家开发央行数字货币的战略也较早，目的是将加密货币的增长扼杀在萌芽状态并抵消竞争对手的央行数字货币，而货币最弱的国家放弃实施央行数字货币，转而采用加密货币。

目前，有关各国央行数字货币全球竞争的研究集中于竞争驱动因素、竞争策略研究和竞争结果预测。虽然目前相关研究较少且不充分，但随着开展央行数字货币项目研发的国家不断增多，CBDC Tracker 等各类央行数字货币数据库汇总了各国央行数字货币的研发进展数据，研究各国央行数字货币的研发动机、不同国家之间央行数字货币研发创新的溢出效应成为可能。新兴经济体研发央行数字货币是为了对抗现有美元为主导的国际货币结算体系，还是为了赢得与比特币、泰达币等私人数字货币的竞争？中国等新兴经济体应当如何应对央行数字货币的全球竞争？这些问题需要未来开展进一步实证研究予以回答。

---

① Reuters（2021），"Analysis: Japan Keen to Speed up Digital yen Launch as China Adds Geopolitical Twist"，https://www.reuters.com/markets/currencies/japan-keen-speed-up-digital-yen-launch-china-adds-geopolitical-twist-2021-12-01/.

## （二）央行数字货币与实物现金的货币竞争研究

不少学者还认为，央行数字货币发行后将面临与实物现金的竞争，因而对央行数字货币与实物现金的优劣进行了比较。首先，央行数字货币相较现金具有更高的便利性。新冠疫情凸显了零售支付市场在经济刺激资金分配方面的低效率和央行数字货币的潜在益处（Cheng et al., 2021）。Khiaonarong 和 Humphrey（2019）认为，央行数字货币要想取得成功，就必须有采用央行数字货币的动力。对于用户来说，这种激励是更大的便利，因为使用央行数字货币将不必前往 ATM 或银行分行提取现金。Keister 和 Sanches（2019）也认为，使用央行数字货币将提高交易效率。

除具有更高便利性外，央行数字货币相较实物现金还存在货币政策优势。Grasselli 和 Lipton（2019）认为，负利率政策可以成为宏观经济稳定的有效工具，但是在实践中，实物现金的存在对利率规定了一个下限，因为至少目前对现金征税或废除现金在技术上都是不可行的。而中央银行数字货币的使用将有可能克服这一下限，即现代密码学的成就与计算机能力的大幅提高相结合，使废除实物现金并用中央银行发行的央行数字货币取而代之成为可能。

此外，央行数字货币还将扩大农村地区获得现金和银行服务的能力。在农村地区，获得实物现金并不总是得到保证，因此，Alonso（2020）针对西班牙受金融排斥影响最严重的省份之一阿维拉地区的现金获取能力进行了研究，将其量化为"获得现金指数"。研究发现，实施央行数字货币作为现金的替代支付方式受到样本人群的良好接受，75%的受访者表示他们将用央行数字货币代替实物现金，或者至少因此减少对实物现金的使用。

对于央行数字货币与实物现金竞争的结果，学术界倾向认为实物现金最终将被央行数字货币在内的各种数字支付手段击败。Khiaonarong 和 Humphrey（2019）认为，央行数字货币本质上是现金的有效替代，而一个国家的现金使用水平和趋势将影响对央行数字货币的需求。在现金使用量已经非常低的国家，对央行数字货币的需求将会疲软。在现金使用量非常高的地方，由于缺乏现金替代品，需求将会更强。他们通过对 11 个国家的现金使用量进行预测后发现，如果没有数字版本的现金，随着时间的推移，现金的使用可能几乎完全被与私人银行存款相关的替代工具所取代。

### （三）央行数字货币与比特币的竞争研究

私人数字货币和央行数字货币的竞争是金融监管机构最为关注的研究问题。2021 年 7 月 14 日，美联储主席鲍威尔（Jerome Powell）在美国众议院金融服务委员会的听证会上表示，"美国中央银行采用数字货币的主要原因之一是它将削弱对其他加密货币和稳定币的需求"。针对央行数字货币与比特币的竞争，不少学者对比特币和央行数字货币的差异和优劣进行了分析。虽然央行数字货币被认为在技术层面使用了与比特币类似的数字证书体系、数字签名、安全加密存储等技术，但与比特币在匿名性、发行主体、共识算法、能源消耗、验证效率等方面存在较大差异，因此在货币竞争中具有可控性高、可信度高、耗电量低和验证效率高等优势。

首先，相较比特币，央行数字货币具有更高的可控性。具体而言，比特币具有大量用于违法交易的风险，且除非有人控制了该网络 51% 的挖矿能力，比特币网络永远不会被关闭（Sayeed & Marco-Gisbert，2019）。而比特币不受货币政策的影响，进一步凸显了比特币缺乏任何形式的控制（Vidal-Tomas & Ibaez，2018）。而且，比特币代表一种潜在的第三种货币制度，对国家控制的抵抗力要大得多，因为比特币铸造的货币单位不存在于任何实际的地方（McGinnis，2017）。所以，目前政府采取强硬监管措施不能从根本上杜绝民众参与私人数字货币有关的不法活动，而当电子商务或社交媒体巨头建立与法定货币竞争的数字货币计划时，央行发行的数字货币将会是最后手段（Hofmann，2020）。目前，世界各国央行发行央行数字货币的动机包括打击利用私人数字货币进行的洗钱、恐怖主义和逃税等违法活动（Gross & Siebenbrunner，2019）。鉴于比特币和地下经济的高度关联性及其高度匿名性，发行央行数字货币的工作进展在地下经济规模更大的国家发展得更快（Auer et al.，2020）。显然，匿名和缺乏中央权威不符合央行数字货币的要求（Auer & Boehme，2021）。考虑到洗钱和其他非法金融活动的可能性，任何中央银行都不可能采用完全匿名的工具（Maniff & Wong，2020）。而央行数字货币同时需要以某种方式解决隐私和透明度之间固有的紧张关系，一方面保护用户数据免遭滥用，另一方面有选择地允许为终端用户、政策制定者以及执法调查和干预提供数据挖掘（Allen et al.，2020）。具体而言，有限匿名形式的央行数字货币的引入将减轻与实物货币相关联的犯罪（Williamson，2019），因为央行数字货币能帮助中央银行捕获必要的数据，从而更容易发现逃税、恐怖主义融资和洗钱等非法活动（Lee et al.，2021）。综上所述，学界一般认为，央行数字货币相较比特币的可控性优势能够在实现金融便利化和有限匿名的同时，更好地遏制利用数字货币进行违法交易[①]。

其次，相较比特币，央行数字货币具有更高的可信度。因为如果加密货币和它们的点对点交易是通过中央发行人进行的，并且受到各自政府的监管，那么消费者可能更信任加密货币和它们的点对点交易（Arli et al.，2020）。Lee 等（2021）也认为，央行数字货币能够有助于对抗私人数字货币的大规模采用是因为它得到了受信任的政府的支持。研究发现，央行数字货币在与比特币的竞争中还将具有能耗优势。Leshno 和 Strack（2020）提出，任何数字货币协议要么在某种程度上放弃去中心化，要么放弃类似比特币的挖矿奖励机制。而 Cong 等（2021）认为，在比特币方案中，矿池机制将显著增加区块链的能源消耗。也就是说，坚持比特币去中心化特质的数字货币将必然因为基于挖矿奖励计划的矿池机制而增加能源消耗。具体而言，比特币的货币生成系统是基于 PoW 机制[②]，该机制存在耗电量大、验证过程复杂、交易成本高、记账拥挤等问题。在比特币运行早期，部分程序员使用普通个人电脑的算力

---

[①] 例如，中国的数字人民币采用有限匿名的方式，用户注册需要提供手机号码。
[②] PoW 机制的原理是，矿工通过算力竞争获得记账权，并获取交易费收入和比特币奖励。该机制主要通过 SHA256 函数来实现。SHA256 不论输入的数字信息长度多少，最后均会输出长度固定 256 比特的字符串。且若输入的信息稍有不同，则它们几乎必然对应到不同字符串。比特币的投放流程是，矿工使用 SHA256 函数对包含有自身获得比特币奖励和手续费的一系列全网交易信息进行运算，若某位矿工能首先使输出的字符串前 $N$ 位字符为 0，则该矿工获得记账权，包含矿工奖励的交易信息被加入新的区块内。$N$ 的数值由实时全网算力动态决定，比特币网络每 2016 个区块产生后调整一次 $N$ 的数值，以确保系统平均每 10 分钟产生一个区块。

就能赢得记账权，并挖矿获取大量比特币。但随着比特币价格的上涨和更多投资者的进入，比特币挖矿难度不断上升，挖矿难度值从 2010 年 2 月 5 日的 1.00 增长至 2022 年 5 月 11 日的最高值 $31.25\times10^{12}$，共增长 31 万亿倍[①]。根据剑桥大学计算矿机综合效率和综合电力效率而估算出的当前算力水平下比特币挖矿年电力消耗量 CBECI（Cambridge Bitcoin Electricity Consumption Index，剑桥比特币电力消耗指标），比特币年耗电估值从 2014 年 12 月 1 日的 2.12 太瓦时增长至 2021 年 5 月 13 日的 143.85 太瓦时[②]。中国正力争在 2030 年前实现碳达峰，2060 年前实现碳中和，而基于 PoW 机制的货币投放系统明显不符合该目标。此外，Auer（2019）还发现，在 PoW 机制下，随着区块奖励不断降低，加密货币的流动性将不断下降。虽然闪电网络等解决方案将可能解决这一问题，但唯一的根本性补救措施是取消加密货币工作量证明的机制。

相比之下，央行数字货币多采用耗电量低的区块链共识机制。Zhang 等（2021）认为，相较传统的区块链共识机制，PBFT（Practical Byzantine Fault Tolerance，实用拜占庭容错）共识算法和 DPOS（Delegated Proof of Stake，委托权益证明）共识算法更适用于央行数字货币的应用场景。因此，不同于比特币采用 PoW 机制，现阶段大部分央行数字货币主要由央行在许可链架构下直接投放[③]，使用更适合私链和许可链（联盟链）的 PBFT 共识算法（Hsu & Liu，2021），而选择 PBFT 的原因主要是央行数字货币的数据存储机制需要具有非公开的性质，同时也为了节省资源消耗（Liu & Hou，2019）。不同于传统的 PoW，PBFT 机制不需要挖矿，也不需要权益计算，所以通过它达成共识的时间更快，也无须消耗大量电力。

在货币竞争中，央行数字货币的验证效率较之于比特币也更高。国际清算银行 2018 年的经济报告指出，加密货币具有交易速度慢、成本高、容易拥堵等问题，而且无法随需求扩展（BIS，2018）。Lee（2021）也认为，公链系统缺乏任何能够筛选攻击者流量的中央运营商，且每笔

---

[①] https://btc.com/stats/diff.

[②] https://www.qkl123.com/data/electricity/btc.

[③] 例如，中国的数字人民币将原本根据算力竞争记账权所附带的货币生成机制退化为中央银行直接根据宏观经济运行情况向商业银行、金融机构或个人转账。

交易通常都需要费用，而博弈论模型已证明此类区块链在没有交易费用的情况下是不可行的（Easley et al.，2019）。而且，如果无法向矿工提供足够的交易费，交易等待时间往往更长。根据统计，42%的交易在出现1小时后仍未纳入区块链，20%的交易在30天后仍未纳入区块链（Pappalardo et al.，2018）。而且，勒索软件等违法活动的交易也进一步引发区块链拥塞事件，并导致交易费用增加（Sokolov et al.，2021）。相比之下，目前正式发行和试运行的央行数字货币均无手续费，用于央行数字货币技术架构的 PBFT 算法交易速度也更快。经过测算，对于每字节数据的处理时间，改进版的 PoW 需要 30 微秒，而 PBFT 仅需 0.2 微秒（Zoican et al.，2018）。

**（四）央行数字货币与稳定币的竞争研究**

不少学者认为，央行数字货币未来主要的竞争对手将是稳定币，因为不同于币值波动较大的比特币，稳定币已大量用于黑市交易、洗钱等违法活动，对各国货币主权构成挑战。2021年7月19日，美国财政部部长耶伦与总统金融市场工作小组举行会议讨论稳定币问题时强调，"需要迅速采取行动，确保为这些数字资产建立适当的美国监管框架"。目前，稳定币主要包括 Tether（USDT）、USD Coin（USDC）、Binance USD（BUSD）等抵押型稳定币和 DAI、MIM、FRAX、UST（TerraUSD）等算法稳定币。抵押型稳定币基于中心化的智能合约发行，与法币1∶1兑换，定期公布审计报告，因此稳定性更高，但存在过度中心化的缺陷。而算法稳定币是基于智能算法动态调控加密货币与稳定币之间的供需变化以保持币值稳定，去中心化程度更高，但没有独立储备来支持其价值。

不过，在央行数字货币与稳定币的竞争中，已有学者对稳定币的"稳定性"提出了质疑。Eichengreen（2019）认为，币值稳定的稳定币试图弥补比特币价值波动的缺陷，但稳定币能否成功扩容并保持稳定值得怀疑。Lyons 和 Viswanath-Natraj（2021）发现，与央行干预最接近的稳定币发行机制[①]对稳定 Tether 币价的作用有限。Náñez-Alonso 等

---

① 稳定币的发行机制是，根据各主流数字货币交易所的法币/稳定币兑换比例，向交易所动态投放、回购稳定币，从而保持兑换价格的动态稳定。

(2021) 也认为, 稳定币可能无法提供价值稳定性, 并可能涉及其他风险。2022 年 5 月, 主流的算法稳定币 UST (TerraUSD) 价格暴跌, 丧失了和美元的兑换比例, 更加剧了上述担忧。民众对央行数字货币的信心更高被认为是相较稳定币更加稳定的主要原因。Bindseil (2019) 认为, 家庭对稳定币的信心不一定与对央行数字货币的信心相同。Náñez-Alonso 等 (2021) 更进一步认为, 相较稳定币, 由中央银行支持的央行数字货币将是一种新形式的无风险货币, 它由中央银行发行, 因此将履行货币的所有基本功能。

还有不少学者对稳定币的本质是什么进行了讨论, 并认为稳定币的挤兑风险、隐私泄露风险和影响货币政策执行的风险较央行数字货币更高, 因此呼吁加强对稳定币的监管, 并使用央行数字货币取而代之。实证研究结果显示, 目前最大的稳定币 USDT 与所有其他主要加密货币呈负相关关系 (Anisiuba et al., 2021), 体现出完全不同的特性。Gorton 和 Zhang (2021) 认为, 稳定币发行人实际上是"基本上不受监管的银行", 而且由于稳定币发行人对其承担的风险了解有限, 存在大多数存款持有人突然挤兑的风险, 因此他们提出应当用央行数字货币取代稳定币, 并且对现有稳定币实施监管。还有学者提出, 阿姆斯特丹银行早期的运营框架类似于稳定币, 该银行 1780 年的倒闭说明刚性稳定不适合作为现代货币体系的基础, 而央行发挥作用、主权国家的财政支持及其财政可持续性在货币体系中至关重要 (Frost et al., 2020)。此外, 稳定币还因其难以监管的特性可能对央行货币政策的执行带来风险, 还存在隐私数据和个人信息滥用的可能 (Lee et al., 2021)。尽管目前稳定币 Tether 对新兴经济体市场的影响相对较小 (Anisiuba et al., 2021), 但 Tether 公司已于 2019 年 9 月 9 日正式宣布发行离岸人民币稳定币, 未来将给包括中国在内的世界各国金融稳定带来潜在风险。因此, 政府必须具备工具、技能和能力用于识别基于稳定币进化或创造的技术, 并建立适当的监管框架 (Arner et al., 2020)。美国总统金融市场工作组 2021 年 11 月发布的《稳定币报告》[1]更进一步指出, 稳定币作为支付

---

[1] President's Working Group on Financial Markets, the Federal Deposit Insurance Corporation, and the Office of the Comptroller of the Currency (2021), "Report on stablecoins", https://home.treasury.gov/system/files/136/StableCoinReport_Nov1_508.pdf.

手段的潜力不断增加的趋势引发了一系列担忧，比如导致支付系统运行不稳定甚至中断，导致经济权力过度集中的担忧。为了应对稳定币风险，该报告建议美国国会迅速采取行动，制定法律法规，确保稳定币受到全面的联邦监管框架的约束。不过，Ayuso 和 Conesa（2020）认为，稳定币的威胁本身不足以成为发行央行数字货币的理由，央行数字货币发行还具有其他潜在的深远影响，需要进行详细分析，以便适当评估这方面任何决定的利弊。

**（五）央行数字货币和私人数字货币的竞争结果：长期竞争还是走向共存**

虽然不少学者已经针对央行数字货币与私人数字货币之间的竞争关系进行了研究，认为央行数字货币在竞争中具有诸多优势并呼吁使用央行数字货币取代私人数字货币，但也有学者认为央行数字货币和私人数字货币未来将走向共存。2022 年 1 月 11 日，美联储主席鲍威尔在参议院银行委员会听证会上表示，得到有效监管的私人稳定币可以与央行数字货币共存。国际清算银行 2021 年 3 月发布的研究报告[①]也认为，央行数字货币未来极有可能与私人数字货币共存。Adrian 和 Mancini-Griffoli（2021）提出，虽然通过实施更加严格的监管，央行数字货币取代私人数字货币是可能的，但央行数字货币和私人数字货币共存或互补也是可能的，这一点可以通过央行在设计上作出某些选择以及调整其监管框架来实现。他们还认为，虽然私人数字货币创新性更强、更加方便、对用户更友好、适应性更强，但私人货币实际上和公共货币存在一种共生关系，即私人货币可以被兑换成完全安全且流动性好的公共货币，而且私人发行的货币只有在能够兑换成央行货币的情况下，才能够成为一种高效的支付手段。他们还指出，一个仅有私人货币的体系风险太高，而一个仅有央行货币的体系可能错过重要的创新机会，所以只有私人货币和公共货币相互促进的双重货币体系才能真正发挥有益的作用。

---

[①] BIS（2021），"Central Bank Digital Currencies: Financial Stability Implications", https://www.bis.org/publ/othp42_fin_stab.pdf.

## 三 发行央行数字货币对经济体系的影响研究

虽然学界已对央行数字货币的技术架构和全球竞争进行了大量研究，但政策制定者更关心央行数字货币的发行将对经济体系带来何种影响。目前，该领域的研究主要集中于央行数字货币对银行系统、货币政策、跨境支付、经济产出和社会福利的影响。

### （一）央行数字货币对银行系统的影响

央行数字货币向消费者提供了直接在中央银行开设银行账户的可能（Fernandez-Villaverde et al.，2021），因此可能对银行系统产生深远影响，即缩小公民与中央银行之间的距离，并消除公众将存款存入商业银行的需要（Raskin 和 Yermack，2016）。不少学者对发行央行数字货币对银行系统带来的影响进行了研究，但大多认为这种影响将是负面的。发行央行数字货币首先将使中央银行成为存款垄断者，从商业银行部门吸引所有存款，从而可能会危及期限转换（Fernandez-Villaverde et al.，2021）。Carapella 和 Flemming（2020）也认为，央行数字货币的引入可能对银行存款数量、货币政策和金融稳定带来影响。Keister 和 Sanches（2019）则认为虽然数字货币倾向提高交换效率，但它也可能挤出银行存款、提高银行的融资成本并减少投资。还有学者认为，法定数字货币将是一个坏主意，因为它使中央银行负责整个货币供应（Kirkby，2018），虽然央行数字货币的发行有可能解决货币政策实施的零下限约束，但会加大银行挤兑风险（Masciandaro，2018）。

不过，也有部分学者对上述负面影响持反对意见，认为央行数字货币的引入对商业银行的存贷款业务没有不利影响，在某些情况下甚至可以起到促进作用，因为央行数字货币所带来的竞争压力将迫使银行提高存款利率，进一步导致银行存款的扩张（Andolfatto，2020）。经过测算，央行数字货币的引入将会使银行贷款增加 1.53%（Chiu et al.，2019）。还有学者进一步指出上述影响存在异质性，Agur 等（2022）将央行数字货币分为存款型与现金型，并提出存款型的央行数字货币会抑制银行信贷和产出，而现金型的央行数字货币可能会导致现金的消失。

不少批评者还担心，央行数字货币的发行会因此影响现有货币市场的稳定性。Lee 等（2021）提出，如果公众可以不受限制地直接获得央行数字货币，商业银行的存款或准备金需求将减少，银行将面临流动性短缺，并在市场恐慌的情况下引发银行挤兑，从而增加金融不稳定的风险。Schilling 等（2020）进一步提出央行数字货币的三重困境假说，即效率（实现社会最优配置）、金融稳定性（无挤兑）和价格稳定，央行数字货币最多只能够同时满足两个。但 Niepelt（2020）认为，外部货币对内部货币（如存款）的边际替代不会影响宏观经济结果。发行央行数字货币并不一定意味着信贷紧缩，也不一定破坏金融的稳定性（Brunnermeier & Niepelt，2019）。

目前，有不少学者已经提出了几项建议来控制发行央行数字货币后可能由资产负债表收缩导致的银行业去中介化。Panetta（2018）建议对每个用户的央行数字货币持有量施加限制。Kumhof 和 Noone（2018）提出了一种更激进的方法，即限制商业银行提供按需将存款转换为央行数字货币的能力。由此可见，目前学界就央行数字货币对银行系统影响的研究存在争议。在上述潜在风险尚不明确的背景下，各国发行的央行数字货币应当首先进行充分的实验试点，积极开展压力测试，基于本国实际情况预估央行数字货币可能对银行系统的实际影响，强化央行数字货币的闭环性，分阶段限定用户持有央行数字货币的额度，同时将央行数字货币暂时继续维持在 M0 范围内，避免出现央行数字货币 M1 化、M2 化进而与银行存款业务展开过度竞争从而影响金融稳定。

### （二）央行数字货币对货币政策的影响研究

央行数字货币的引入还可能会影响货币政策的传导（Kiff et al.，2020）。首先，计息的央行数字货币可以用作直接的货币政策工具，让央行更直接地控制货币供应量（Lee et al.，2021）。其次，计息的央行数字货币还能够进一步允许政策利率大幅度地为负（Grasselli & Lipton，2019），不过这需要在实物现金完全禁止的情况下才能实现，而且深度负利率可能会引起公众的批评，并严重削弱公众对中央银行的信心（Mersch，2020）。Davoodalhosseini 等（2020）则认为，央行数字货币的引入改善货币政策传导的渠道主要有三个：一是有息且普遍可及的央行数字货币将通过允许非线性转移和更直接的实施和传输来改善货币政策。二是在同时禁止实物现金的情况下，引入央行数字货币可以允许货币政策突破利率下限，有效执行负利率政策。三是发行央行数字货币还能通过减少公众采用替代支付方式的动机来帮助维持货币政策的有效性。这是因为广泛采用不以本国货币计价的竞争性支付手段（包括外币和加密货币）可能会危及央行实现其当前货币政策目标的能力。Bergara 和 Ponce（2018）认为，中央银行还可以利用实时和更精细的支付元数据来加强货币政策的制定和宏观经济预测。Lee 等（2021）也认为，央行数字货币的采用可以帮助央行更准确地核算货币供应量、结构、速度、乘数、时间和空间分布，从而提高货币政策操作的准确性。此外，央行数字货币还将以不可预测的方式改变对基础货币的需求及其构成，也可能改变货币需求对利率变化的敏感性（Carstens, 2019）。不过，也有学者对央行数字货币提升货币政策传导效率持反对意见。例如，Mancini-Griffoli 等（2018）认为，货币政策传导不太可能因为央行数字货币的发行而受到重大影响。

### （三）央行数字货币对跨境支付的影响研究

央行数字货币即使只用于国内用途，也将超越国界。这使不同央行发行的数字货币的协调工作至关重要，如果协调成功，则央行数字货币可能会被用来提高跨境支付的效率（BIS Innovation Hub, 2021）。具体而言，通过互操作央行数字货币，形成多种央行数字货币（multi-CBDC）安排，将能够改善跨境支付效率低下的问题（Auer et al., 2021b）。发行央行数字货币还可以缓解当前跨境支付的摩擦（Auer et al., 2021c）。Carstens（2021）也认为，区块链技术应用于央行数字货币能够降低跨境支付的成本。经过测算，通过央行数字货币结算，跨境银行间交易可以将交易成本降低 51%（Ginneken, 2019）。数字货币还可能引发国际货币体系的剧变，即与邻国在社会或数字上融合的国家可能面临货币数字化（Brunnermeier et al., 2019）。因此，Lu 和 Zhang（2021）认为在央行数字货币跨境流通之前，应提前考虑立法和监管方面的问题，主要集中在构建监管合作、遵守双边货币转移协议、执行宏观审慎监管以及修改货币结算的法律框架四个方面。

### （四）央行数字货币对经济产出和社会福利的影响研究

发行央行数字货币还被认为能够提高经济产出，Barrdear 和 Kumhof（2016）建立了具有粘性价格和调整成本的 DSGE 模型，以研究央行数字货币对宏观经济的长期性和周期性影响，发现央行数字货币的引入能够降低利率和扭曲性税收，从而增加长期 GDP。Barrdear 和 Kumhof（2016）测算后认为，发行央行数字货币可以将 GDP 永久提高多达 3%。Chiu 等（2019）也在测算后发现，发行央行数字货币将使美国的经济产出提高 0.108%。

除经济产出外，学术界对发行央行数字货币的福利效应也进行了大量研究。Kim 等（2020）的模拟结果显示，引入央行数字货币将使消费者福利人均提高 0.60—1.63 加元。但 Williamson（2019）认为，尽管央行数字货币增加了无银行账户家庭的福利，但降低了有银行账户家庭的福利，除非他们也选择在其投资组合中持有央行数字货币。Davoodalhosseini（2018）也认为，同时拥有现金和央行数字货币可能会导致福利低于只有现金或只有央行数字货币可用的情况。由于 Williamson（2019）的分析是基于支付利息的央行数字货币，因此虽然有息的央行数字货币能够给央行带来额外的政策工具（Williamson，2019），但在前景尚不明朗时，应当审慎考虑向央行数字货币附加利息，以防止可能带来的福利损失。

## 四 结论与展望

为应对私人数字货币的挑战，世界各国央行纷纷开展央行数字货币研究项目，央行数字货币研究也逐渐成为经济学、计算机科学领域的热点研究问题。因此，本文对央行数字货币的技术架构研究进行梳理，接着总结央行数字货币与实物现金、私人数字货币的竞争研究相关文献，还归纳了央行数字货币对银行系统、货币政策、跨境支付、经济产出和社会福利影响的研究进展。

央行数字货币技术架构研究是央行数字货币的研究基础。对于使用公链、私链还是许可链的问题，一般倾向认可区块链技术对央行数字货币的益处，同时认为公链架构将带来隐私性和安全性方面的问题，因此许可链架构被认为更适合央行数字货币。在使用基于代币还是基于账户的争论中，基于代币的央行数字货币被认为更具前景，而基于账户的央行数字货币更具安全性，因此研究结论和具体实践中倾向使用二者的组合。此外，应用于央行数字货币的开源区块链项目能够让研发能力有限的国家更高效地研发央行数字货币，而该领域的研究主要集中于如何在提高区块链项目数据处理速度的同时，平衡区块链技术应用于央行数字货币时需要保障的安全性、隐私性和可拓展性。跨链技术领域的研究则主要聚焦未来如何服务于央行数字货币跨境结算，以及不同类型跨链解决方案的优劣。总体而言，目前央行数字货币技术架构领域的最新研究均强调了央行数字货币的特殊性，即一方面需要考虑到区块链等新兴数字技术应用带来的益处，另一方面需要考虑到央行数字货币国家背书、交易量大、不能侵害货币主权、安全与隐私要求更高等不同于私人数字货币的特性。

1976年哈耶克的货币竞争理论和2008年比特币的诞生为央行数字货币与全球货币竞争的研究奠定了基础。针对央行数字货币之间的全球竞争，研究主要集中于中国数字人民币试运行后引发的"鳗鱼效应"，对不同国家央行数字货币竞争策略和竞争结果的异质性影响，以及央行数字货币全球竞争背后的驱动因素。研究发现，中国的央行数字货币研发加快了发达国家发行央行数字货币的进度。在这场央行数字货币竞争中，强势央行的策略是发行央行数字货币，也更可能赢得这场竞争，弱势央行将拥抱私人数字货币，并可能在竞争中被边缘化。央行数字货币与实物现金的竞争研究发现，央行数字货币相较现金具有更高的便利性和货币政策优势，还能够扩大农村地区获得现金和银行服务的能力，而央行数字货币与实物现金竞争的结果将会是现金被击败。央行数字货币还被认为在与比特币的竞争中具有可控性高、可信度高、能耗低和验证效率高等显著优势，而比特币价格剧烈波动和稳定币币值稳定的特点使学界一般认为稳定币才是央行数字货币最具威胁的竞争对手。不过，在央行数字货币与稳定币的竞争中，有学者对稳定币的"稳定性"提出了质疑，对稳定币的本质是什么进行了讨论，并认为稳定币相较央行数字货币而言具有更高的挤兑风险和隐私泄露风险，其影响货币政策执行的风险也更高，因此呼吁加强对稳定币的监管，使用央行数字货币取而代之。此外，也有学者认为央行数字货币和私人数字货币未来将走向共存模式，且该模式优于仅有央行数字货币或仅有私人数字货币的体系。

随着投入试运行的央行数字货币项目不断增多，不少学者还研究了央行数字货币发行后可能对银行系统、货币政策、跨境支付、经济产出和社会福利的影响。首先，研究发现，央行数字货币可能挤出商业银行存款，加大银行挤兑风险，并因此影响现有货币市场的稳定性，但也有学者对此持反对意见。其次，还有一些学者针对这些负面影响提出了对央行数字货币的持有数量施加限制、增加银行存款向央行数字货币转化的摩擦和成本等解决方案。再次，央行数字货币还被认为将提高货币政策的有效性，让负利率政策成为可能并提升货币政策传导效率。不过也有学者对央行数字货币提升货币政策传导效率持反对意见。最后，央行数字货币更高的拓展性被认为将提高跨境支付的效率，但前提是做好法律安排与国际协作。通过DSGE模型，央行数字货币发行后，还被认为将提高经济产出和改善福利。

本文系统梳理了央行数字货币领域的最新研究进展，由于各国央行数字货币大部分仍处于实验或试运行阶段，目前央行数字货币的理论与实证研究尚处于初级阶段。但本文认为，随着各国主权货币数字化的不断推进，未来央行数字货币的研究重点将存在于以下领域：（1）央行数字货币全球竞争研究，利用博弈论等方法进一步研究央行数字货币全球竞争的竞争策略、均衡结果、驱动因素和对全球货币体系的影响。（2）发行央行数字货币的经济效应研究，使用DSGE等模型预测发行央行数字货币对各类宏观经济指标的影响，利用既有数据库探究央行数字货币研发的信号事件对资本市场的影响。（3）央行数字货币的安全和隐私保护机制研究，探究央行数字货币应当如何权衡防范非法交易风险和保护用户隐私。（4）央行数字货币的可拓展性研究，探究未来基于央行数字货币发行各类金融衍生品会给银行系统和宏观经济带来哪些益处或风险。

**参考文献**

姚前：《中央银行数字货币原型系统实验研究》，《软件学报》2018

年第 9 期。

Adrian, T. & T. Mancini-Griffoli (2021), "Public and Private Money Can Coexist in the Digital Age", HeinOnline, *Cato Journal* 41 (2): 225-229.

Agur, I. et al. (2022), "Designing Central Bank Digital Currencies", *Journal of Monetary Economics* 125 (1): 62-79.

Allen, S. et al. (2020), "Design Choices for Central Bank Digital Currency: Policy and Technical Considerations", NBER Working Paper, No. 27634.

Alonso, S. et al. (2020), "Detection of Financial Inclusion Vulnerable Rural Areas Through an Access to Cash Index: Solutions Based on the Pharmacy Network and a CBDC. Evidence Based on Ávila (Spain)", *Sustainability* 12 (18): 1-33.

Andolfatto, D. (2020), "Assessing the Impact of Central Bank Digital Currency on Private Banks", *Economic Journal* 131 (634): 525-540.

Androulaki, E. et al. (2018), "Hyperledger Fabric: A Distributed Operating System for Permissioned Blockchains", *Proceedings of the Thirteenth EuroSys Conference* 2018, Porto Portugal, pp. 1-15.

Anisiuba, C. A. et al. (2021), "Analysis of Cryptocurrency Dynamics in the Emerging Market Economies: Does Reinforcement or Substitution Effect Prevail?", *SAGE Open* 11 (1): 1-15.

Arli, D. et al. (2020), "Do Consumers Really Trust Cryptocurrencies?", *Marketing Intelligence & Planning* 39 (1): 74-90.

Armelius, H. et al. (2021), "On the Possibility of a Cash-Like CBDC", Riksbank Staff Memo, https://www.riksbank.se/globalassets/media/rapporter/staff-memo/engelska/2021/on-the-possibility-of-a-cash-like-cbdc.pdf.

Arner, D. et al. (2020), "Stablecoins: Potential, Risks and Regulation", BIS Working Papers, No. 905.

Auer, R. & R. Boehme (2021), "Central Bank Digital Currency: The Quest for Minimally Invasive Technology", BIS Working Papers, No. 948.

Auer, R. (2019), "Beyond the Doomsday Economics of 'Proof-of-

Work' in Cryptocurrencies", BIS Working Papers, No. 765.

Auer, R. et al. (2020), "Rise of the Central Bank Digital Currencies: Drivers, Approaches and Technologies", BIS Working Papers, No. 880.

Auer, R. et al. (2021a), "Permissioned Distributed Ledgers and the Governance of Money", BIS Working Papers, No. 924.

Auer, R. et al. (2021b), "Multi-CBDC Arrangements and the Future of Cross-border Payments", BIS Papers, No. 115.

Auer, R. et al. (2021c), "CBDCs Beyond Borders: Results from a Survey of Central Banks", BIS Papers, No. 116.

Ayuso, J. & C. Conesa (2020), "An Introduction to the Current Debate on Central Bank Digital Currency (CBDC)", Occasional Papers 2005, Banco de España.

Barr, M. S. et al. (2021), "Should Central Banks Use Distributed Ledger Technology and Digital Currencies to Advance Financial Inclusion?", https://papers.ssrn.com/sol3/papers.cfm?abstract_id=3849051.

Barrdear, J. & M. Kumhof (2016), "The Macroeconomics of Central Bank Issued Digital Currencies", Bank of England Staff Working Paper, No. 605.

Bech, M. L. & R. Garratt (2017), "Central Bank Cryptocurrencies", *BIS Quarterly Review* 22 (3): 55-70.

Bergara, M. & J. Ponce (2018), "Central Bank Digital Currency: The Uruguayan E-peso Case", in: E. Gnan & D. Masciandaro (eds.), *Do We Need Central Bank Currency? A Joint Publication with the Bocconi University and Baffi Carefin*.

Bindseil, U. (2019), "Central Bank Digital Currency: Financial System Implications and Control", *International Journal of Political Economy* 48 (4): 303-335.

BIS Innovation Hub (2021), "Central Bank Digital Currencies for Cross-border Payments", https://www.bis.org/publ/othp38.htm.

BIS (2018), "Cryptocurrencies: Looking Beyond the Hype", BIS Annual Economic Report.

Bitter, L. (2020), "Banking Crises under a Central Bank Digital Currency (CBDC)", VfS Annual Conference 2020 (Virtual Conference): Gender Economics 224600.

Boar, C. et al. (2020), "Impending Arrival—A Sequel to the Survey on Central Bank Digital Currency", BIS Papers, No. 107.

Bordo, M. D. & A. T. Levin (2017), "Central Bank Digital Currency and the Future of Monetary Policy", NBER Working Paper, No. 23711.

Broadbent, B. (2016), "Central Banks and Digital Currencies", Speech at the London School of Economics, https://www.bis.org/review/r160303e.pdf.

Brown, R. G. et al. (2016), "Corda: An Introduction", https://docs.r3.com/en/pdf/corda-introductory-whitepaper.pdf.

Brunnermeier, M. K. & D. Niepelt (2019), "On the Equivalence of Private and Public Money", Journal of Monetary Economics 106 (6): 27–41.

Brunnermeier, M. K. et al. (2019), "The Digitalization of Money", NBER Working Paper, No. 26300.

Carapella, F. & J. Flemming (2020), "Central Bank Digital Currency: A Literature Review", FEDS Notes, 2020-11-09-1.

Carstens, A. (2019), "The Future of Money and Payments", https://www.bis.org/speeches/sp190322.pdf/2019.

Carstens, A. (2021), "Multi-CBDC Arrangements: Transforming Words Into Works", https://www.bis.org/speeches/sp211104.htm.

Chen, M. A. et al. (2019), "How Valuable is FinTech Innovation?", Review of Financial Studies 32 (5): 2062–2106.

Cheng, J. et al. (2021), "Preconditions for a General-purpose Central Bank Digital Currency", FEDS Notes, 2021-02-24-1.

Chiu, J. et al. (2019), "Bank Market Power and Central Bank Digital Currency: Theory and Quantitative Assessment", Bank of Canada Staff Working Papers, No. 19-20.

Chris, H. (2022), "An American CBDC is not the Way to Fight China's Financial Might", https://www.ft.com/content/400830df-3412-

48ef-8f0e-e63021cf33cb.

Cong, L. W. & S. Mayer (2022), "The Coming Battle of Digital Currencies", The SC Johnson College of Business Applied Economics and Policy Working Paper Series, 2022-04.

Cong, L. W. et al. (2021), "Decentralized Mining in Centralized Pools", *Review of Financial Studies* 34 (3): 1191-1235.

Cukierman, A. (2020), "Reflections on Welfare and Political Economy Aspects of a Central Bank Digital Currency", *Manchester School* 88 (S1): 114-125.

Davoodalhosseini, M. (2018), "Central Bank Digital Currency and Monetary Policy", Bank of Canada Staff Working Papers, No. 18-36.

Davoodalhosseini, M. et al. (2020), "CBDC and Monetary Policy", Bank of Canada Staff Analytical Note, 2020-04.

Easley, D. et al. (2019), "From Mining to Markets: The Evolution of Bitcoin Transaction Fees", *Journal of Financial Economics* 134 (1): 91-109.

Eastern Caribbean Central Bank (2020), "ECCB Digital EC Currency pilot: What You Should Know", https://www.eccb-centralbank.org/p/what-you-should-know-1.

Ehrlich, S. (2020), "Not a Cold War: China is Using a Digital Currency Insurgency to Unseat the U.S. Dollar", Forbes Digital Assets (Editors' Pick), https://www.forbes.com.

Eichengreen, B. (2019), "From Commodity to Fiat and Now to Crypto: What Does History Tell Us?", NBER Working Paper, No. 25426.

Fernandez-Villaverde, J. et al. (2021), "Central Bank Digital Currency: Central Banking for All?", *Review of Economic Dynamics* 41 (3): 225-242.

Foley, S. et al. (2019), "Sex, Drugs, and Bitcoin: How Much Illegal Activity is Financed Through Cryptocurrencies?", *Review of Financial Studies* 32 (5): 1798-1853.

Frost, J. et al. (2020), "An Early Stablecoin? The Bank of Amsterdam and the Governance of Money", BIS Working Papers, No. 902.

Gandal, N. & H. Halaburda (2014), "Competition in the Cryptocurrency Market", CEPR Discussion Paper, No. DP10157.

Garratt, R. et al. (2020), "Token-or Account-based? A Digital Currency Can Be Both", Liberty Street Economics 20200812, Federal Reserve Bank of New York.

Ginneken, C. (2019), "Settlement of Cross-Border Transactions Through Central Bank Digital Currency (CBDC): Analysis from a Risk Management Perspective", University of Twente Student Theses.

Gorenflo, C. et al. (2020), "FastFabric: Scaling Hyperledger Fabric to 20000 Transactions Per Second", *International Journal of Network Management* 30 (5), e2099.

Gorton, G. B. & J. Zhang (2021), "Taming Wildcat Stablecoins", https://papers.ssrn.com/sol3/papers.cfm?abstract_id=3888752.

Grasselli, M. R. & A. Lipton (2019), "On the Normality of Negative Interest Rates", *Review of Keynesian Economics* 7 (2): 201–219.

Gross, M. & C. Siebenbrunner (2019), "Money Creation in Fiat and Digital Currency Systems", IMF Working Papers, No. 19/285.

Hofmann, C. (2020), "The Changing Concept of Money: A Threat to the Monetary System or an Opportunity for the Financial Sector?", *European Business Organization Law Review* 21 (2): 37–68.

Hsu, Y. & C. Liu (2021), "Legalization of Central Bank Digital Currency Under Blockchain Industry", *Converter* 2021 (4): 450–458.

Kahn, C. M. & W. Roberds (2009), "Why Pay? An Introduction to Payments Economics", *Journal of Financial Intermediation* 18 (1): 1–23.

Kan, L. et al. (2018), "A Multiple Blockchains Architecture on Inter-blockchain Communication", 2018 IEEE International Conference on Software Quality, Reliability and Security Companion (QRS-C).

Keister, T. & D. R. Sanches (2019), "Should Central Banks Issue Digital Currency?", Federal Reserve Bank of Philadelphia Working Paper, No. 19-26.

Keshav, S. A. (2019), "Skeptical Look at Blockchains", *Proceedings of The 2019 NSF/CEME Decentralization Conference*, Ann Arbor, April 2019.

Khiaonarong, T. & D. Humphrey (2019), "Cash Use Across Countries and the Demand for Central Bank Digital Currency", IMF Working Papers, No. 19/46.

Kiff, J. et al. (2020), "A Survey of Research on Retail Central Bank Digital Currency", IMF Working Papers, No. 20/104.

Kim, H. et al. (2020), "Demand for Payment Services and Consumer Welfare: The Introduction of a Central Bank Digital Currency", Bank of Canada Staff Working Papers, No. 20-7.

Kirkby, R. (2018), "Cryptocurrencies and Digital Fiat Currencies", *Australian Economic Review* 51 (4): 527-539.

Kumhof, M. & C. Noone (2018), "Central Bank Digital Currencies—Design Principles and Balance Sheet Implications", Bank of England Staff Working Paper No. 725.

Lee, A. (2021), "What is Programmable Money?", *FEDS Notes*, 2021-06-23.

Lee, A. et al. (2020), "Tokens and Accounts in the Context of Digital Currencies", *FEDS Notes*, 2020-12-23.

Lee, D. K. C. et al. (2021), "A Global Perspective on Central Bank Digital Currency", *China Economic Journal* 14 (1): 52-66.

Leshno, J. D. & P. Strack (2020), "Bitcoin: An Axiomatic Approach and an Impossibility Theorem", *American Economic Review: Insights* 2 (3): 269-286.

Liu, C. & C. C. Hou (2019), "A Research on Blockchain-based Central Bank Digital Currency", *Proceedings of 12th EAI International Conference*, WiCON 2019, TaiChung, Taiwan, Nov. 26-27.

Lu, L. & A. L. Zhang (2021), "Contextualizing Regulatory Aspects and Risks for China's CBDC Cross-border Use: Could the 'dragon' Now Fly Beyond Borders?", The 4th International Forum on Computational Law: Data Governance and Legal Tech.

Lyons, R. K. & G. Viswanath-Natraj (2020), "What Keeps Stablecoins Stable?", NBER Working Paper, No. 27136.

Mancini-Griffoli, T. et al. (2018), "Casting Light on Central Bank Digital Currency", IMF Staff Discussion Notes, No. 18/08.

Maniff, J. L. & P. Wong (2020), "Comparing Means of Payment: What Role for a Central Bank Digital Currency?", *FEDS Notes*, 2020-08-13.

Masciandaro, D. (2018), "Central Bank Digital Cash and Cryptocurrencies: Insights from a New Baumol-Friedman Demand for Money", *Australian Economic Review* 51 (4): 540-550.

McGinnis, J. O. & K. Roche (2017), "Bitcoin: Order without Law in the Digital Age", *Indiana Law Journal* 94 (4): 1497-1554.

Mersch, Y. (2020), "An ECB Digital Currency—A Flight of Fancy?", Speech at the Consensus 2020 Virtual Conference, May 11.

National Bank of Ukraine (2019), "Analytical Report on the Ehryvnia Pilot Project", https://bank.gov.ua/en/news/all/e-hryvnia.

Niepelt, D. (2020), "Reserves for All? Central Bank Digital Currency, Deposits, and Their (non)-Equivalence", *International Journal of Central Banking* 16 (3): 211-238.

Náñez-Alonso, S. L. et al. (2021), "Central Banks Digital Currency: Detection of Optimal Countries for the Implementation of a CBDC and the Implication for Payment Industry Open Innovation", *Journal of Open Innovation: Technology, Market, and Complexity* 7 (1), No. 72.

Ozili, P. K. (2022), "Central Bank Digital Currency Research Around the World: A Review of Literature", *Journal of Money Laundering Control*, https://www.emerald.com/insight/content/doi/10.1108/JMLC-11-2021-0126/full/html.

Panetta, F. (2018), "21st Century Cash: Central Banking, Technological Innovation and Digital Currency", *SUERF Policy Note*, Issue No. 40.

Pappalardo, G et al. (2018), "Blockchain Inefficiency in the Bitcoin Peers Network", *EPJ Data Science* 7, No. 30.

Qasse, I. A. et al. (2019), "Inter Blockchain Communication: A

Survey", Proceedings of the ArabWIC 6th Annual International Conference Research Track.

Rahman, A. J. (2018), "Deflationary Policy Under Digital and Fiat Currency Competition", *Research in Economics* 72 (2): 171-180.

Raskin, M. & D. Yermack (2016), "Digital Currencies, Decentralized Ledgers, and the Future of Central Banking", NBER Working Papers, No. 22238.

Sayeed, S. & H. Marco-Gisbert (2019), "Assessing Blockchain Consensus and Security Mechanisms Against the 51% Attack", *Applied Sciences* 9 (9), No. 1788.

Schilling, L. et al. (2020), "Central Bank Digital Currency: When Price and Bank Stability Collide", NBER Working Papers, No. 28237.

Shah, D. et al. (2020), "Technology Approach for a CBDC", https://www.bankofcanada.ca/2020/02/staff-analytical-note-2020-6/.

Sokolov, K. (2021), "Ransomware Activity and Blockchain Congestion", *Journal of Financial Economics* 141 (2): 771-782.

Sveriges Riksbank (2018), "The Riksbank's E-krona Project: Report 2", https://www.riksbank.se/en-gb/payments-cash/e-krona/e-krona-reports/e-krona-project-report-2/.

Terracciano, T. & L. Somoza (2020), "Central Bank Digital Currency: The Devil is in the Details", *LSE Business Review*, https://blogs.lse.ac.uk/businessreview/2020/05/26/central-bank-digital-currency-the-devil-is-in-the-details/.

Valenta, M. & P. Sandner (2017), "Comparison of Ethereum, Hyperledger Fabric and Corda", Frankfurt School Blockchain Center, No. 8, 1-8.

Vidal-Tomás, D. & A. Ibañez (2018), "Semi-Strong Efficiency of Bitcoin", *Finance Research Letters* 27 (4): 259-265.

Ward, O. & S. Rochemont (2019), "Understanding Central Bank Digital Currencies (CBDC)", Institute and Faculty of Actuaries.

Williamson, S. (2019), "Central Bank Digital Currency: Welfare and

Policy Implications", Society for Economic Dynamics 2019 Meeting Papers.

Zhang, J. et al. (2021), "A Hybrid Model for Central Bank Digital Currency Based on Blockchain", *IEEE Access* 9: 53589-53601.

Zhang, T. & Z. Huang (2021), "Blockchain and Central Bank Digital Currency", *ICT Express*, Available Online 29 October 2021.

Zoican, S. et al. (2018), "Blockchain and Consensus Algorithms in Internet of Things", 2018 International Symposium on Electronics and Telecommunications (ISETC).

（原载《经济学动态》2022 年第 5 期）

# 数字贸易理论与规则研究进展

陈维涛　朱柿颖

## 一　数字贸易的发展历程与理论归纳

数字贸易这一新的贸易方式的出现与发展,是各方面因素共同推动的结果。数字贸易是在传统贸易形式的基础上通过互联网等数字化技术的运用以及全球化的进一步发展而兴起的。国外有关数字贸易理论的研究从21世纪初期开始逐渐上升,而中国对数字贸易的理论研究是从2012年开始增多的。最初,学术界对数字贸易的研究集中于无形商品形式的数字贸易以及贸易过程中的规章制度和使用的技术,随后集中于对美国等数字贸易强国的系统性研究。近年来,随着互联网等技术的普及和贸易全球化,数字贸易在世界范围内呈现深入发展的趋势,中国等发展中国家数字贸易的发展十分迅猛,学者也开始关注发展中国家的数字贸易发展情况;同时,随着越来越多的国家不断发展数字贸易,在暂时不存在统一数字贸易规则的情况下,各国间发生争端的可能性也就不断提高,因而各国开始试图在WTO等自由贸易协定的框架下制定出统一的数字贸易规则,相关研究人员也开始对此进行探究。

### （一）数字贸易的发展历程

众多研究人员认为,数字贸易兴起的基础是数字经济（digital economy）。数字经济在《二十国集团数字经济发展与合作倡议》（2016）中被定义为以数字化信息和知识为生产要素,以现代信息网络为重要活动空间,有效利用信息通信技术（ICT）作为生产力增长的重要驱动力的一系列经济活动。因而，数字经济的不断发展在很大程度上对产业产品进行了创新，对全球贸易体系产生了影响，从而形成了数字贸易（Carlsson，2004；Khumalo，2010；Ma et al.，2019；Meltzer，2019；吴伟华，2019；蓝庆新、窦凯，2019）。数字贸易是全球化和数字化发展到一定时期而产生的新型贸易模式，在发展的起步阶段可以被认为是电子商务。其中，电子商务这一观念最早由 IBM 公司于 1996 年提出，Popescu 和 Manoela（2007）将电子商务定义为买卖双方的商业交易本身，交易前后所有的互动和信息交流，以及相关的技术支持。Turban 等（2017）认为电子商务在实践中的应用最早可以追溯到 20 世纪 70 年代初，当时主要是在金融机构之间，货币以电子方式转移，称为电子资金转移（Electronic Funds Transfer），资金可以从一个组织通过电子的方式转移到另外一个组织。然而，当时通过电子方式进行资金的转移仅限于大型公司、金融机构和其他一些敢于尝试的企业。而互联网 1969 年出现，1991 年被允许向公众开放，1993 年支持多媒体应用的功能，均推动着电子商务的进程。

按照交易主体，电子商务模式主要可以被分为企业对企业（Business to Business，B2B）、企业对消费者（Business to Customer，B2C）以及消费者对消费者（Customer to Customer，C2C）三种模式。而随着数字技术的不断发展以及在贸易中的广泛运用，电子商务的内涵不断延伸与拓展，这就产生了"数字贸易"这一概念，也出现了企业对消费者对企业（Business to Customer to Business，BCB）这种新型的数字贸易模式。这种数字贸易模式将商家、个人以及生产供货商三个贸易主体在互联网这一平台上紧密联系在一起。现阶段学界认为电子商务属于数字贸易的范畴，数字贸易不仅包括通过电子商务进行的货物贸易，还包括与货物交付相关的服务贸易（王惠敏、张黎，2017），而数字贸易中具有代表性的形式为跨境电子商务（刘航等，2019）。总的来说，可以认为数字贸易是电子商务的进一步发展，是电子商务的更高级形式。

按照贸易形式，国际贸易发展到现阶段大概经历了三个阶段：首先是传统贸易的出现；之后在运输等各方面成本降低的基础上产生了全球价值链（GVC）贸易；而随着全球正在经历的数字化趋势，沟通、传输的方式变得更加快捷简便，成本更加低廉，从而产生了数字贸易。数字贸易作为贸易体系经过各种驱动因素发展到现阶段的产物,在保留了之前传统贸易形式的同时,也具备了众多之前的贸易形式所不具备的特性。其一,数字贸易的贸易模式较之前两种贸易形式有所创新,数字贸易的产品既包括数字产品,也包括服务贸易以及实体货物(USITC,2014; Lund & Manyika, 2016)。其二,由于数字贸易的发展依托云计算、大数据等技术的不断进步升级,而在这些新型技术不断涌现的情况下,数字贸易的内容也在不停地更新与升级,这对制造业等相关产业的智能化转型会产生促进作用(Ma et al., 2019)。其三,数字贸易是在信息与通信等技术进步、相关基础设施不断完善的基础上衍生出来的,随着云计算、大数据、移动互联网、社交媒体等现代信息技术在全球范围内的普及应用,数字贸易也将普及更广阔的地理范围(Abeliansky et al., 2016; Lund & Manyika, 2016)。

根据马述忠等(2018)对"数字贸易"的演进历程的划分,本文认为可以将数字贸易的发展划分为两个阶段:第一阶段,数字贸易的贸易对象仅包含数字产品与服务;第二阶段,数字贸易的标的物中包含实体货物。这两个阶段以2014年美国国际贸易委员会对"数字贸易"概念进行扩充作为划分的时间节点。本文认为当前世界上数字贸易较为发达的美国和欧盟等经济体均处在数字贸易发展的第二阶段,而其他一些数字贸易仍处于起步阶段的经济体,其数字贸易发展仍然处于第一阶段。同时,部分经济体由于缺少数字贸易的相关基础设施,比如电信、互联网等硬件基础设施以及操作系统、共享平台等软件基础设施,尚未参与到数字贸易中。

### (二)数字贸易的理论归纳

随着数字技术的发展,数字产品交易这一新型的贸易方式产生,而数字贸易中包含数字产品的贸易,因此在对数字贸易的定义进行归纳之前,需要先对数字产品的理论研究进展进行总结。有学者认为任何能被数字化(转换成二进制格式)的商品或服务都是数字产品。但是以上对数字产品概念的表述较为笼统,在2003年美国与智利签订的双边自由贸易协定中,数字产品被重新定义为计算机程序、文本、视频、图像、录音和其他经数字化编码并以电子方式传输的产品,这一定义在美国主导的自由贸易协定中一直使用。在早期的 WTO 谈判中，虽然秘书处未给出明确的定义，但是也将数字产品的分类列举出来：电视电影、音乐、软件、录音录像、计算机和娱乐节目。近年来，有学者认为对数字产品内涵的早期研究不够全面，所以开始从狭义的角度和广义的角度分别进行分析。从狭义上看，数字产品是通过数字或者网络方式传输的物品；从广义上看，数字产品中还应包括运用数字技术的电子产品，通过网络进行传输的产品，以及依托一定的物理载体而存在的产品（Gao，2017）。Neeraj（2019）更进一步认为，需要体现出商业贸易覆盖的全部产品和交易平台，因而将数字产品分为在网络上订购的有形商品，数字化的音乐、软件和书籍等媒体，3D 制成品以及智能商品。

数字产品的贸易形成了早期的数字贸易，但经过发展的数字贸易变得较为复杂，比如在麦肯锡全球研究院发布的题为《数字全球化：全球流动的新时代》（Manyika et al.，2016）的报告中，认为除传输有价值的信息流和思想流外，数据流还支持商品、服务、金融和人员的流动。数字贸易发展的时间不长，尚未成熟，并且存在多种多样的发展方式，因而对于数字贸易的研究时间跨度较长、难度较大，全世界不同国家的不同机构和研究人员对数字贸易这一概念都没有一个统一明确的界定。

一方面，从世界各国的官方机构对于数字贸易的定义这一角度来看，早期将数字贸易等同于电子商务。在 1998 年 WTO 第二次部长会议设立的"电子商务工作计划"中，"电子商务"这一概念被定义为通过电子方式生产、销售或交付货物和服务，并在很长一段时间内被看作"数字贸易"的概念。2013 年 7 月，美国国际贸易委员会在《美国与全球经济中的数字贸易Ⅰ》中正式提出了"数字贸易"的定义，将其狭义地表述为通过互联网传输产品和服务的国内商务和国际贸易活动，并且指出数字贸易所包含的内容：一是数字化交付内容，如音乐、游戏；二是社交媒体，如社交网络网站、用户评价网站等；三是搜索引擎；四是软件服务等其他数字化产品和服务。随着数字贸易中交易产品范围的扩大，2014 年 8 月美国国际贸易委员会在《美国与全球经济中的数字贸易Ⅱ》中将实体货物加入数字贸易的定义，其中互联网和基于互联网的技术在订购、生产或交付产品和服务方面发挥着极为重要的作用，这一定义包含了大部分实体商品的商业活动,将之前在定义中排除的实体商品的贸易包含了进来。联合国贸易和发展会议把对电子商务的定义表述为通过计算机网络进行的购买和销售,并且认为电子商务包含实物商品以及数字产品和服务。2017 年,美国国际贸易委员会在《全球数字贸易Ⅰ:市场机遇与主要贸易限制》中指出,数字贸易是任意一家公司通过互联网进行产品和服务的交付,以及如智能手机和互联网传感器等相关产品的交付,这一概念的论述又拓展了对数字贸易的定义。

另一方面,学术界对数字贸易的定义是在官方定义基础上进行更加深入的思考与扩展。Weber(2010)提出,数字贸易是指涉及通过电子交付传输有价值的产品或服务贸易,数字贸易的核心是数字产品或服务。这一定义比较模糊,没有对具体电子交付传输形式以及所传输的产品和服务的具体形式进行详细的描述。Deardorff(2017)将国际数字贸易定义为一种涉及多个国家的商务,其中贸易中产品本身是数字的,或者至少部分贸易通过使用互联网或者类似的数字技术完成了广告宣传、订购、交付、支付或者服务。本文认为,正如在 WTO 中一直将数字贸易与电子商务等同看待,在部分贸易协定中,电子商务与数字贸易的定义没有实质上的区别,因而部分学者将数字贸易等同于电子商务(electronic commerce),或者是跨境电子商务(cross-border electronic commerce)(Gao,2018)。为此,Meltzer(2014、2019)更关注的是跨境数据流本身作为一种贸易的方式或是通过企业使用数字服务来提高生产力的方式实现数字贸易这种更加广泛的定义。

综上对数字贸易演进历程与理论归纳的论述,本文认为数字贸易、电子商务与数字经济三者之间存在相互承接的联系。首先,数字经济产生并发展到一定程度催生了电子商务的产生与发展,而随着电子商务的发展,其需要的技术、平台等方面的不断进步与发展又为数字贸易发展提供了契机。其次,数字经济是一种信息和商务活动都数字化的新兴的社会政治和经济系统,电子商务和数字贸易在这一经济系统中产生并且得到发展,这是数字经济与数字贸易和电子商务之间的联系。再次,在很多情况下,数字贸易与电子商务这两者并没有本质上的区别,数字贸易与电子商务这两者之间存在很多相同的特点与性质。最后,在实际运用中,电子商务往往被认为是通过互联网这种方式进行的货物或者服务贸易；而数字贸易把侧重点放在数字化交付内容及服务的流动，其核心在于数据的流动。

## 二 数字贸易的影响与数字贸易规则的研究进展

### (一) 数字贸易推进过程中的积极影响

数字贸易对世界各国的经济增长与稳定发展具有驱动作用，学界对数字贸易在推进过程中产生的积极影响的研究从不同的角度进行了论述（吴伟华，2019）。本文从如下三个方面进行总结。

1. 数字贸易对贸易标的物的影响。在数字贸易快速发展背景下，商品数字化和数字化交易均扩大了商品交易范围，从而对贸易标的物产生了重要影响。González 和 Jouanjean（2017）认为数字贸易不仅改变了贸易方式，同时也对贸易标的物产生了影响。Meltzer（2016）通过对数字贸易前后小包裹的全球交付量的变化进行研究发现，在数字贸易产生之前，国际贸易中以大批量商品的出口为主导，因而出口低价值商品往往在商业上不可行，而数字贸易的出现改变了商品贸易的构成，能够对农产品等低价商品进行贸易。Lund 和 Manyika（2016）研究发现，随着数字贸易的发展，基于3D打印技术，很多跨国公司将医疗假肢以及零部件等产品生产所需的标准化技术文件出口至第三方，然后由第三方在当地进行生产与交易，使商品标的物的生产不再局限于某一特定国家或地区，实现了商品生产与贸易的数字化，也改变了物理标的物的贸易流动形式。

2. 数字贸易对贸易成本和效率的影响。数字贸易在推进过程中能够通过大数据、云计算等新一代信息技术的运用降低贸易成本，提高效率。Meltzer（2019）从宏观角度分析指出，数字贸易这一贸易的创新方式能够提高贸易的效率。González 和 Jouanjean（2017）认为，数据流能够共享信息，在数字贸易的过程中能够降低信息不对称的情况，从而有效匹配供求关系，数字贸易因而能够使从事进出口的市场成本降低。Jouanjean（2019）从农产品贸易的角度分析指出，数字贸易在农产品贸易中的应用而建立的物流中心等能够降低运输成本和缩短交货时间。

3. 数字贸易对全球价值链的影响。数字贸易中的数字产品是一种在国际贸易中占有很大比重的中间产品，因而数字产品的不断更新与创新所引起的数字贸易的不断发展会对全球价值链中各国各产业的生产与利益产生很重要的影响。比如，González 和 Jouanjean（2017）认为数字贸易为企业、消费者和政府的互动开辟了新途径，从而进一步加速了全球价值链中各国之间的贸易。同时，Jouanjean（2019）从农业和食品行业进行分析后指出，在数字贸易有所发展之前，发达经济体与发展中国家的小企业与全球价值链是脱节的，而在数字贸易在全球范围内有所推广后，小企业也在不断融入全球价值链，整个价值链能够跨境传递信息，并且为货物创造竞争优势（Serafica & Albert，2018）。

**（二）数字贸易推进过程中面临的困难与挑战**

数字贸易作为一种新兴事物，是在世界的贸易、技术发展到一定阶段的产物，其发展还不够成熟，数字贸易对基础设施、技术进步以及法律法规等方面的要求都会较高，然而现阶段的法律法规可能滞后于数字贸易的快速发展，从而会对数字贸易的推进和发展过程造成一些阻碍，产生负面的影响，这就形成了数字贸易壁垒（digital trade barrier）。USITC（2014）对于数字贸易壁垒进行了明确清晰的分类，将贸易数字壁垒分为本地化要求、市场准入限制、数据隐私和保护要求、知识产权保护、不确定的法律责任规则、审查和海关措施这七大类，并且分别对每一类数字贸易壁垒进行了明确的定义。有很多学者从这七个方面对数字贸易壁垒进行部分或者全部的研究，其中大部分学者将研究的重点放在本地化要求、市场准入限制、数据隐私和保护要求、知识产权侵权这几个方面。另外，也有研究人员针对"数字鸿沟"（digital divide）这一概念进行研究，主要通过信息是否缺乏、互联网的普及程度、社会发展情况以及受教育程度等维度来研究各国之间、各地区之间由于数字贸易产生的差距。本文仅对数据隐私和保护要求、本地化要求以及知识产权保护这三个方面的数字壁垒方面的研究进行概述。

1. 数据隐私和保护要求。由于新一代信息技术的使用，数字贸易发展过程中会产生数据隐私问题。例如，Montgomery（2012）从数字营销的角度切入，对数字营销收集个人数据的模式和产生的数据隐私问题进行研究后认为，需要通过政策规范和自律制定安全保障措施，以解决数据隐私问题。Koske 等（2014）认为互联网为部分参与者提供了从事非法活动、侵犯隐私以及从事可能伤害用户的欺诈活动的机会。Weber（2015）进一步从更大的数字技术影响的范围进行了研究，从社交网站的登录信息、第三方访问的在线数据、个人的位置数据、个人信息是否能够被公众访问，以及对个人的偏好进行分析的数字营销数据的收集这五个方面详细地研究了数字贸易过程中会产生的数据隐私问题。Janow（2019）从数据传输速度的角度分析指出，在数字贸易背景下的数据流动传输速度远高于货物和服务的传输速度，如果不能对跨境的数据进行有效的监管，将导致严重的后果。而各国政府等相关机构采取的保护数据隐私的措施会对消费者信息的收集、披露、分享、保护的监管体制机制产生较大差别，这会导致各国之间在这一领域产生摩擦或者冲突，从某种程度上看会降低各国的贸易开放程度。

2. 本地化要求。一些国家重视数字贸易中隐私保护等情况而采取本地化措施，但这一措施在保护本国数据安全的同时也会产生一定负面影响。Cory（2017）针对欧盟、加拿大、法国、巴西等每一个实施数据本地化的国家或者地区所实施的政策进行了统计与展示，并且将数据的类型详细地划分为会计、税务和金融行业数据，个人数据，电信数据，新兴数字服务数据，政府和公开数据，其他数据六类，以清晰地展示出每个国家是针对哪些类别所实施的数据本地化政策。Meltzer（2016）在《最大限度地利用互联网进行国际贸易》一文中把隐私领域设定为数字贸易会对监管目标产生重要影响的两个领域之一。在线业务在出口的过程中会收集大量的个人隐私数据，可以进行个人识别，因而认为出口国存在对个人数据的流动施加限制的动机。据此，政府考虑到各国之间隐私法规存在的差异会破坏国内监管目标，以及出于对本土行业或者企业的保护，防止受到国外企业的冲击，会实施数据的本地化措施。另外 Azmeh 和 Foster（2016）认为，在国家安全事件发生之后，一些国家出于保护隐私或者维护系统安全等正当安全问题，以及对于本国的经济效益的正向效应的考虑，会选择本土化的措施，要求所有的公司必须按照政策要求将数据服务器本土化，这样会对数据的跨境传输造成一定的负面影响。同时，Meltzer（2019）从成本角度分析了数据的本地化措施对数字贸易的负面影响,将数字贸易过程中数据本地化的成本分为国内成本与国际成本,认为数据的本地化会提高访问和使用数据的成本,这样会损害数字贸易的收益。

3. 知识产权保护。美国国际贸易委员会(2014)对数字通信行业企业的调查统计显示,75%的大型企业和50%的中小型企业认为,数字贸易中由知识产权侵权相关法律规则的不完善导致的数字贸易保护会对数字贸易的发展产生冲击。基于上述知识产权保护的现状,部分学者强调平衡合理的版权规则。Meltzer(2016)通过初步研究发现,采用平衡版权规则以及合理使用其他限制的国家会比使用封闭版权的国家获得更高的收益,更加有利于本国的研发创新,并且能够产生更多的就业机会。

综上所述,数字贸易在发展过程中所面临的相关本地化要求、数据隐私和保护要求以及知识产权保护等困境,其重要的原因就在于世界上各个国家之间尚未形成统一的数字贸易规则。每个国家依据本国发展的优劣以及自身利益的最大化形成了自己国家的数字贸易规则,而这些不同国家的数字贸易规则对各个领域的不同见解会使各国之间产生相关的纠纷(Ahmed,2019)。

### (三) 贸易协定下的数字贸易规则

数字贸易发展过程中会产生数字贸易壁垒以及数字鸿沟等方面的严重问题,而数字贸易在未来将在世界经济贸易发展过程中扮演越来越重要的角色,同时在当前阶段数字贸易国际规则的制定尚处于起步阶段,因而数字贸易规则的制定已经引起了世界各国的重视,各国对数字贸易规则的制定都作出了很大的努力,其中较为突出的有美国和欧盟。美国在很早就开始对数字贸易及其相关的数字经济的政策进行了研究,例如美国商务部自1998年开始连续三年,公布了三个关于数字经济的研究报告。而且,美国在双边和多边贸易协定中也最先推出了数字贸易规则,并且一直致力于打造一个具有统一约束力的全球数字贸易规则体系。美国一直是数字贸易规则的先行者与领导者,因而早期相关领域的研究主要是针对美国所制定的数字贸易规则的梳理与整理,以及美国对数字贸易规则所期望的目标等方面。例如,Vincent(2003)对美国数字贸易政策目标进行了详细的研究，将美国的数字贸易领域划分为 IT 商品的贸易，以娱乐服务、电信为主的数字服务贸易，电子商务或电子产品的贸易，在数字时代知识产权的保护这四个领域，并对每个领域美国的数字贸易政策目标进行了详尽的规划。相对于其他发达国家和发展中国家，欧盟国家数字贸易的发展也是较为迅猛的。Vincent 和 Hold (2011) 通过对欧盟与各国的贸易协定中对于数字贸易规则的制定情况研究发现，欧盟对数字贸易规则的制定越来越重视。但是，目前对于欧盟数字贸易规则制定的研究相比美国较为稀缺，特别是缺乏比较系统全面的研究，其主要研究方向只是针对三个关键领域，分别是知识产权侵权的保护、视听部门以及数据的隐私及保护要求。

随着数字贸易的不断发展，数字贸易所包含的内容得到不断的引申，而各类贸易协定也都对数字贸易以及数字产品、数字服务、电子商务等相关领域进行了愈加深入的探索与研究。同时，对数字贸易规则进行探究的经济体从发达国家扩大到了发展中国家，也有越来越多的国家积极参与到数字贸易规则的制定中。根据对国际上已有相关的研究文献的总结与概括，本文主要从多边与诸边贸易协定等方面进行归纳总结。

1. 多边与诸边贸易协定。有学者认为，WTO 的数字贸易相关规则是不完整的、过时的，并且 WTO 成员并没有针对数字贸易发展中面临的困境和问题探讨出相关的规则，而且掣肘于多哈回合的谈判效率，从而在应对数字贸易所带来的机遇和挑战时能力有限（Burri, 2012；Meltzer, 2019）。虽然 WTO 在数字贸易规则的制定推进中存在很多问题，但 WTO 在推动多边数字贸易规则建设方面作出了系列努力，多次进行了与电子商务相关的谈判，推动了数字贸易规则的制定。因此，WTO 仍然是最能作为统一制定数字贸易规则的机构，很多学者对 WTO 规则框架下相关协定中的数字贸易规则进行了研究。

首先，《关税及贸易总协定》(*General Agreement on Tariffs and Trade*, GATT) 中的数字贸易规则虽然对部分领域作出了合理的规定，但依然存在问题。学界对其研究主要集中于电子商务活动的分类问题（Neeraj, 2019），电子商务活动的义务规则（Burri, 2015），以及 GATT 中的例外的规则问题（Gao, 2017）。例如，Meltzer (2019) 对数字贸易中数字服务贸易的分类进行了归纳，将其分为电信、视听、计算机和相关服务以及基于数据的服务和数据服务；同时也总结出其在数字贸易规则上存在的两个问题：过早的缔结时间导致的落后的服务承诺对数字贸易适用性的限制，以及其服务分类方式与当前企业贸易方式的不适用性。Aaronson（2018）从电子支付服务领域的数字贸易规则《电子商务章程》的角度进行研究后认为，虽然已有部分国家运用其解决跨境数据流争端，但其对跨境数据流并未进行明确规定，因而后期会产生争端。

其次，在《服务贸易总协定》（General Agreement on Trade in Services，GATS）方面，学界主要关注领域与上述《关税及贸易总协定》类似，即电子商务规则（Vincent & Hold，2011；Aaronson，2018）与分类（Gao，2017；Burri，2015）以及跨界数据流动的管理规则（Aaronson，2017、2018），但其与《关税及贸易总协定》中所制定的数字贸易规则也存在不同。Meltzer（2016）认为WTO体制框架下的《关税及贸易总协定》和《服务贸易总协定》虽然都包含最惠国待遇和国民待遇的核心非歧视原则，但由于后者数字贸易规则的市场准入自由度更高，两者会产生很大的差异。同时，Meltzer（2019）强调了《服务贸易总协定》在数字贸易规则制定中的先进性，在作者看来，如果数字贸易将商品贸易转变为服务贸易，则《服务贸易总协定》可以取代《关税及贸易总协定》。

另外，也有部分针对WTO体制框架下其他多边贸易协定中数字贸易规则进行的研究。其一，在《国际服务贸易协定》（Trade in Service Agreement，TISA）中较为突出的是美式模板中自由放任的特征，美式模板的这一特征在数字贸易推进过程中有利有弊。美国电子商务提案的主要目的是为消费者提供自由访问和使用服务，以及应用的选择和连接设备选择的自由。但是Gao（2018）指出，美国数字贸易规则中的自由放任在数字贸易发展的初期阶段能够发挥较好的作用，但是随着数字贸易的发展，持续的自由放任会给拥有和控制信息共享平台和互联网等相关基础设施的市场参与者和电子商务企业带来负面效果。其二，有关《贸易便利化协定》（Trade Facilitation Agreement，TFA）中的数字贸易规则，Meltzer（2019）总结认为，该协定中数字贸易相关的规则是通过降低货物通过海关的成本支持货物电子商务销售的，这对数字贸易尤其是价值低、数量少的数字贸易来说有着很大的意义。其三，对《信息技术协定》(Information Technology Agreement, ITA) 中的相关数字贸易规则的研究较少。众所周知，该协定中最重要的数字贸易规则就是将广泛意义上的信息技术产品的关税降低到零关税。Henn 和 Gnutzmann-Mkrtchyan (2015) 在《IT 协议对贸易的影响》一文中，通过关税削减效应、关税消除效应、进口承诺效应以及出口承诺效应这四种效应，分别对积极签署国和被动签署国的进出口市场份额的变化进行计算发现，《信息技术协定》会对积极签署国的最终产品和被动签署国的中间产品产生更大的作用。他们还通过分析证明，虽然《信息技术协定》对具有不同教育程度、不同商业环境和不同地理位置的国家会产生不同程度的影响，但是其对平均受教育水平较低、商业环境恶劣以及地理位置偏远的国家都会产生较大的正向影响。其四，部分学者对《技术性贸易壁垒协议》(Agreement on Technical Barriers to Trade, TBT) 中数字贸易规则的制定进行了研究。Neeraj (2019) 在题为《数字经济的贸易规则：在 WTO 中划定新的水域》的文献中表明，《技术性贸易壁垒协议》中所包含的最惠国待遇和国民待遇原则，尤其是在现有国际标准的基础上制定国内技术法规的承诺，都会对数字贸易规则的制定产生宽带网络标准、数据隐私、数据存储等方面的影响。

2. 区域和双边贸易协定。在区域和双边贸易协定维度，学者对数字贸易规则的研究主要集中于《跨太平洋伙伴关系协定》、日本与欧盟签署的经济伙伴关系协定、《北美自由贸易协定》和韩国的自由贸易协定这四种贸易协定。本文接下来对上述四种贸易协定分别进行论述。

首先，学界对《跨太平洋伙伴关系协定》(Trans-Pacific Partnership Agreement, TPP) 以及《全面与进步跨太平洋伙伴关系协定》(Comprehensive Progressive Trans-Pacific Partnership, CPTPP) 中的数字贸易规则的研究主要集中于知识产权领域以及数据隐私的管理规则方面。其中，同数字贸易相关的规则与规定具有一定的进步性。例如，Meltzer (2016) 主要针对数字贸易中知识产权问题的规则制定进行了深入的探究，从平衡知识产权和中间责任问题这两个维度分别进行了论述。在 Meltzer 看来，需要找到维持国家、行业竞争力的知识产权保护与互联网上的数据、信息的自由流动这两者之间的平衡点，而 TPP 的相关规则能够使知识产权得到有效的保护，但同时需要在知识产权方面实现适当的平衡，因而需要一些限制和例外。在中间责任问题方面，即互联网服务提供商是否应该对用户发布的内容负责方面，Meltzer 认为美国通过现有国家安全港的模型在 TPP 中明确对中介责任的保护是具有现实意义的。而 Gao（2017）在《TPP 中的数字贸易管制：数字时代的贸易规则》一文中对 TPP 的个人信息保护和数据隐私管理方面的数字贸易规则进行研究后指出，将数据隐私的监管重点转移到商业公司，由商业公司承担对个人信息的保护这一方式具有创新性和可行性。另外，Azmeh 和 Foster（2016）在《TPP 与数字贸易议程：数字产业政策与硅谷对新贸易协定的影响》一文中还指出，TPP 所提出的扩大数据"安全港"原则适用的范围，以及在相关自由贸易协定缔约国之间制定隐私法等规则，均能对各国的数据隐私和信息安全进行高效的管理。Davis（2017）通过分析认为，TPP 条款可能成为快速增长的数字服务贸易领域的新基准。Janow 等（2019）在对 WTO 体制框架下将产品划分为商品和服务的分类方式与数字经济在结构上不相符的论述基础上，考虑到数字产品及其市场结构中固有的特征对于一种完全不同的处理方式的需求，也认为 TPP 可以作为制定规范统一的数字贸易规则的基础准则。但同时，由于一旦以 TPP 作为数字贸易规则的基准，多边贸易协定框架下的数字贸易规则的制定将会与其相冲突，TPP 没有协调数字经济与现有的 WTO 体制框架的矛盾关系。Wolfe（2019）从另一个角度对 TPP 中跨国数据流动与数据本地化的数字贸易规则进行了探讨。作者将 TPP 中相关领域的规则与《综合性经济贸易协议》（*Comprehensive Economic and Trade Agreement*，CETA）进行对比，分别论述了 CETA 和 TPP 对数据服务器的控制权以及服务器的地理位置这两个问题的不同规则以及缺陷。Gao（2017）也指出 TPP 制定的数字贸易规则存在两个方面的严重缺陷：一是 TPP 中相关的数字贸易规则对政府的数字贸易相关行为提出了更高的要求，使其覆盖的总体范围缩小；二是相比其他自由贸易协定，TPP 中的相关规则缩小了非歧视义务的范围，这同样损害了自由贸易协定缔约方的利益。

其次，国际上对日本和欧盟签署的经济伙伴关系协定的研究主要是有关数字贸易中的数据跨境流动以及数字隐私方面规则的制定，其中较为突出的是对欧盟在数据跨境流动领域的态度及其制定的规则的研究。

欧盟在服务贸易协定和美欧双边自由贸易协定中对跨境数据流的承诺都保持着犹豫不决的态度，这同样造成了日本和欧盟签署的经济伙伴关系协定中没有制定数字贸易中跨境数据流动的相关规则，欧盟在这方面只是承诺在日本和欧盟签署的经济伙伴关系协定生效后的三年内重新对这一问题进行讨论（Aaronson，2018；Janow，2019；Meltzer，2019）。

再次，由于《北美自由贸易协定》(North American Free Trade Agreement，NAFTA）于 2018 年被更新为《美国—墨西哥—加拿大协定》（USMCA），现阶段对其的研究重点放在 USMCA 对 NAFTA 不足的弥补中。在 USMCA 出现之前，Aaronson（2017）就提出对《北美自由贸易协定》2.0 版本的要求，希望其中的相关领域能够提供更详细的数据保护规则，并且表达出希望《北美自由贸易协定》2.0 版本能够在技术发展和新形式的贸易保护主义出现时解决数字贸易问题的需求。在 NAFTA 更新为 USMCA 之后，Meltzer（2019）对 USMCA 所更新的数字贸易规则中包含数据本地化等数据流动问题进行了重点研究，总结出不要求公司提供源代码作为进入市场的条件，以及对各国发展国内互相兼容的隐私制度的要求。

最后，关于韩国的自由贸易协定中数字贸易规则的研究，多数学者均从电子商务规则角度进行。Janow 和 Mavroidis（2019）在文献《数字贸易、电子商务、世贸组织和区域框架》中，对韩国的自由贸易协定中有关电子商务规则进行了详细的研究，并总结出其数字贸易规则的先进性。其一，由于特定的一系列条款的一致性程度越高，该国会优先处理相关问题，而其关于消费者保护、无纸化交易以及数据保护的规则是唯一一致的，故与数字贸易相关的数字保护等领域出现的问题能够得到及时的解决。其二，韩国的自由贸易协定中包含了非歧视原则与电子签名等方面的数字贸易规则，覆盖范围较为广泛。

3. 其他组织。有关其他组织框架中数字贸易规则研究的文献数量更为稀少，而现有的研究主要集中于亚太经济合作组织（Asia-Pacific Economic Cooperation，APEC）、二十国集团（G20）以及经济合作与发展组织（OECD）。比如，Meltzer（2016）对亚太经济合作组织中限制跨境数据流动方面的跨境隐私规则进行了总结与概述，突出其灵活性与合理性，认为亚太经济合作组织的跨境隐私规则是一种可以通用的互相操作的监管框架，规则不要求合作组织内的各国采用自上而下的隐私法律，而是采用法律以及行业规范的灵活规则，故而可以在更广泛的国际范围内实施后进行更加有效的数据隐私保护，同时确保数据可以跨国流动。

由于现阶段数字贸易的迅速发展与当前各种组织框架下所推进的数字贸易规则的制定还不匹配，基于上述各类贸易协定中制定的数字贸易规则也存在一些问题。Meltzer（2016）认为当前数字贸易规则存在以下问题：一是司法管辖区之间缺乏协调，二是解决低价值商品跨境争端的不足，三是数据隐私安全问题，四是缺乏国际支付机制的问题，五是物流网络的不足。为此，Meltzer 根据数字贸易规则的短期、中期与长期分别针对上述五个问题提出了在世界贸易框架下对数字贸易规则制定的建议。为了能够克服数字贸易在发展过程中陷入的困境，对数字贸易壁垒进行有效的治理，促进数字贸易的持续稳定发展，一些学者提出加强国家间的监管合作，在各个国家之间的各个领域运用共同的原则与标准，并且将国际监管合作与自由贸易协定中的数字贸易规则相结合，为数字贸易的发展提供统一的框架（Meltzer，2019）。

## 三　国内有关数字贸易理论与规则的研究进展

国内学界对数字贸易的研究起步比较晚，主要关注数字贸易内涵的界定等三个方面，近年来取得了一定的成果。

### （一）数字贸易内涵的界定

国内学界对数字贸易内涵的界定大多沿用了美国国际贸易委员会（USITC）在其研究报告中对数字贸易的定义。伊万·沙拉法诺夫和白树强（2018）根据国外学者对数字产品狭义与广义上的分析，对数字贸易进行了狭义和广义上的内涵界定。其中，狭义上的数字贸易是指依托互联网，通过数字交换技术为贸易主体提供所需的数字化信息；广义上的数字贸易则是将 ICT 产品和服务的交易、数字产品及服务、人员流动和数据传输四个核心因素加入数字贸易概念。马述忠等（2018）认为数字贸易是传统贸易在数字经济时代的拓展与延伸，并据此结合中国数字贸易发展的现实情况对数字贸易进行了定义，将其表述为以现代信息网络为载体，通过信息通信技术的有效使用，实现传统实体货物、数字产品与服务、数字化知识与信息的高效交换，进而推动消费互联网向产业互联网转型，并最终实现制造业智能化的新型贸易活动。徐金海和周蓉蓉（2019）的研究指出，数字贸易中的数字产品是一种在国际贸易中占有很大比重的中间产品，因而由数字产品的不断更新引起的数字贸易的不断发展，会对全球价值链中各国各产业的生产与利益产生重要影响。

### （二）国内学者对国外数字贸易规则的研究

在国际数字贸易的发展过程中，美国和欧盟是处于发展前沿的经济体，而美国和欧盟对于数字贸易规则的制定也处于领导者的位置，以维护其在全球数字贸易中的地位。因此，许多国内的研究人员均对美国和欧盟的数字贸易规则的制定进行了研究，由此也分别总结出美国和欧盟的数字贸易规则的特点，得出"美式模板"和"欧式模板"。

在对美式模板的研究中，李杨等（2016）对数字贸易规则"美式模板"的基本构成及主要内容进行了研究，认为"美式模板"的一个特点是美国通常在其主导的区域贸易安排中通过在"跨境服务贸易章"引入机制创新元素以推动数字服务贸易的自由化发展。而中国对"欧式模板"研究的文献数量还相对较少。周念利和陈寰琦（2018）对欧盟自由贸易协定的数字贸易相关章节进行了整理，从由缺到盈、由里及外这两个角度进行了分析，总结出数字贸易规则"欧式模板"的四个主要特征：一是欧盟的规则文本缺乏一个成熟完整且独立的体系，二是在"视听例外"和"隐私保护"上坚守立场，三是欧盟会根据缔约方比较优势的强弱改变"出价"，四是重视在知识产权保护和信息交流技术合作中积极推进规则发展。而且，他们通过对"欧式模板"更加深入的解读，总结出跨境数据自由流动、知识产权保护以及视听例外这三个领域是欧盟在数字贸易规则的制定中最为关注的领域。

由于美欧在数字贸易产业上不同的比较优势，以及不同的文化、经济和制度背景，美国和欧盟数字贸易规则的制定在某些方面也存在不同。国内部分学者对美欧的数字贸易规则制定的差异进行了分析。王惠敏和张黎（2017）从税收的角度切入，从美国规定在交易原产地征税而欧盟规定在消费者所在地征税的事实总结出，美国和欧盟在税收领域的数字贸易规则的制定中也存在分歧。吴伟华（2019）通过对分歧较大的跨境数据流动领域进行分析后认为，美国反对限制跨境数据的流动，更加重视跨国数据流动所带来的利益，这与前文所总结的美式模板的特点相一致；而欧盟对数据自由跨境流动的条件进行了严格的规定与限制，更加看重对其公民的数据隐私的保护。另外，有关文化产品的数字贸易也是现阶段美欧数字贸易规则的重大分歧之一，由于美国的文化强国地位，其并未对文化产品的数字贸易作出例外的规定，而欧盟及发展中国家出于对本国/地区内部文化产业的考虑，主张对数字贸易中的文化产品例外对待（吴伟华，2019）。美欧等数字贸易强国对税收、跨境数据流动以及文化产品领域的分歧，都对数字贸易的发展以及全球统一的数字贸易规则的制定产生了负面的影响。

另外，也有部分学者对日本的数字贸易规则的制定进行了分析，总结出日本通过各领域的科技创新来推动数字经济与数字贸易的发展。日本虽然并非欧美这类数字贸易强国，但其通过美国退出 TPP 以及与欧盟签署的《日欧经济伙伴关系协定》（*Economic Partnership Agreement*，EPA）两个渠道，推广了其数字贸易规则；同时，日本也通过 G20 峰会等多边会议推广其贸易规则，进一步提升其在全球数字贸易规则制定中的话语权（蓝庆新、窦凯，2019）。

### （三）对中国数字贸易规则的研究

随着中国数字贸易的快速发展，一些学者开始加大对中国的数字贸易规则的研究。例如，来有为、宋芳秀（2018）主要从中国积极参与构建数字贸易国际规则体系的实践角度进行了分析，提出要坚持扩大开放与适度保护相结合的原则，积极、主动、全方位地参与双边、多边、区域数字贸易规则制定，提出中国方案、中国提案和中国主张，进而建立更加公平合理的数字贸易规则新秩序。吴伟华（2019）就中国在 WTO 体制框架下提出数字贸易等相关领域的利益诉求，在《中国—韩国自由贸易协定》等自由贸易协定中制定有关电子商务的贸易规则，在国内推进数字贸易相关领域改革，完善国内数字贸易相关领域法律法规等角度，展示了中国对数字贸易的初步探索中所取得的成绩。另外，针对 WTO 框架下数字贸易中电子商务规则的制定与现实需求所存在的差距，从 2016 年初开始，阿里巴巴集团的创始人马云就在多种场合提到"eWTO"概念，希望能够建立一套由企业先行协商，再由政府认可的有利于中小企业自由贸易的商业规则。

与此同时，由于国内数字贸易的发展还处在起步阶段，中国数字贸易规则的发展也尚处在萌芽阶段，同时国内的学者对于数字贸易规则的研究也尚不成熟，国内的很多学者都对国际上其他数字贸易发展较为成熟的国家的数字贸易规则进行研究，并且对国际上先进的数字贸易规则经验进行了总结，在此基础上有学者提出了"中式模板"数字贸易规则的构想（徐金海和周蓉蓉，2019）。基于美式模板中美国根据自身比较优势，在数字贸易规则中突出的自由化特点，徐金海、周蓉蓉（2019）认为，中国遵循跨境货物贸易领域的比较优势，并且克服中国数字贸易地区发展不平等的特点，才能改变当前美欧掌握数字贸易规则制定话语权的现状。同时，吴伟华（2019）通过总结中国数字贸易已具备的产业基础与初步成绩后提出，为了下一阶段数字贸易的更好发展，中国需要加快相关领域的机制改革，抓紧完善国内相关领域的法律法规建设；另外，也不能忽视数字贸易相关领域的监管方式等方面的创新。可见，中国只有在数字贸易规则制定中打造具有中国特色的"中式模板"，才能更好地应对美、欧、日在数字贸易规则制定中的分歧，从而更好地推动中国的数字贸易稳健发展。

## 四　结论与展望

通过对数字贸易理论与规则进展的研究进行梳理，我们能够得出以下结论：首先，数字贸易的产生与发展依托的是互联网、大数据、云计算等信息技术的进步，数字贸易带来的经济效益已经高于传统形式贸易带来的经济效益，因而数字贸易可能会成为未来几十年国际贸易的主要形式之一。其次，数字贸易的发展并未成熟，因而对数字贸易的相关理论与规则的研究还处在不断探索之中，而数字贸易的发展也不可能一帆风顺，在其发展过程中总会遇到各种亟待解决的问题。

最后，数字贸易规则的制定对数字贸易中遇到的问题及其治理等都有很重要的意义，越来越多的国家都参与到数字贸易规则的制定以及全球数字贸易问题的治理中。

本文认为，未来对于数字贸易的研究方向将主要集中在以下几个角度。

1. 数字贸易的内涵研究。虽然现阶段全球已有数量众多的国家、国际各类官方机构和研究人员对数字贸易以及相关的数字经济、数字产品、（跨境）电子商务等专有名词进行了详细的概念界定，但由于数字贸易的不断发展，数字贸易所运用的技术、设施等有所不同，各国数字贸易的范围与发展程度也各不相同，各国对数字贸易内涵的界定都有结合自己国家特点的不同理解。然而数字贸易的稳健发展是需要以世界各国对于数字贸易的统一定义、一致认定为基础的，因此对数字贸易内涵的深入研究依然很有必要。

2. 数字贸易的国际竞争力研究。虽然目前众多学者都表明中国的数字贸易的发展与美国、欧盟等发达国家之间存在一定差距，但这些主要都是对中国数字贸易国际竞争力的定性研究，而对中国现阶段数字贸易国际竞争力的定量研究比较缺乏，只有对数字贸易的国际竞争力进行定量研究，才能精准找到短板以促进中国数字贸易健康发展。

3. WTO 和自由贸易协定框架下的数字贸易规则研究。美国、欧盟、中国等国家或地区对数字贸易过程中遇到的数字贸易壁垒等其他问题，以及数字贸易规则制定还存在不同的观点与争议，导致各国数字贸易规则相互之间无法进行顺利对接，这给世界数字贸易的治理与发展带来了众多负面影响。因此，在 WTO 框架下或者是自由贸易协定框架下制定统一的数字贸易规则是很有必要的。

4. 中国数字贸易规则研究。中国现阶段对"一带一路"和"eWTO"等平台的数字贸易规则的研究还只是处在起步阶段，因而需要更多地对中国已有的数字贸易机制平台进行研究，从而使中国制定数字贸易规则的能力与影响力得到提升。当前中国数字贸易的发展与美国和欧盟等发达国家之间仍然存在差距，因而中国可以在学习发达国家数字贸易规则和数字贸易治理经验的基础上，提出属于中国自身的数字贸易规则体系，提高中国在全球数字贸易规则制定中的话语权。

**参考文献**

来有为、宋芳秀：《数字贸易国际规则制定：现状与建议》，《国际贸易》2018 年第 12 期。

蓝庆新、窦凯：《美欧日数字贸易的内涵演变、发展趋势及中国策略》，《国际贸易》2019 年第 6 期。

李杨、陈寰琦、周念利：《数字贸易规则"美式模板"对中国的挑战及应对》，《国际贸易》2016 年第 10 期。

刘航、伏霖、李涛、孙宝文：《基于中国实践的互联网与数字经济研究——首届互联网与数字经济论坛综述》，《经济研究》2019 年第 3 期。

马述忠、房超、梁银锋：《数字贸易及其时代价值与研究展望》，《国际贸易问题》2018 年第 10 期。

王惠敏、张黎：《电子商务国际规则新发展及中国的应对策略》，《国际贸易》2017 年第 4 期。

吴伟华：《我国参与制定全球数字贸易规则的形势与对策》，《国际贸易》2019 年第 6 期。

徐金海、周蓉蓉：《数字贸易规则制定：发展趋势、国际经验与政策建议》，《国际贸易》2019 年第 6 期。

伊万·沙拉法诺夫、白树强：《WTO 视角下数字产品贸易合作机制研究——基于数字贸易发展现状及壁垒研究》，《国际贸易问题》2018 年第 2 期。

周念利、陈寰琦：《数字贸易规则"欧式模板"的典型特征及发展趋向》，《国际经贸探索》2018 年第 3 期。

Aaronson, S. A. (2016), "The Digital Trade Imbalance and Its implications for Internet Governance", Global Commission on Internet Governance Working Paper, No. 25.

Aaronson, S. A. (2017), "Information Please: A Comprehensive Approach to Digital Trade Provisions in NAFTA 2.0", *CIGI Papers*, No. 154.

Aaronson, S. A. (2018), "What are We Talking about When We Talk about Digital Protectionism?", Institute for International Economic Policy Working Paper, No. 2018-12.

Abelianskya, A. L. & M. Hilbert (2016), "Digital Technology and International Trade: Is It the Quantity of Subscriptions or the Quality of Data Speed That Matters?", *Telecommunications Policy* 41 (1): 35-48.

Aguerre, C. (2019), "Digital Trade in Latin America: Mapping Issues and Approaches", *Digital Policy, Regulation and Governance* 21 (1):2-18.

Aguiar, L. & J. Waldfogel (2014), "Digitization, Copyright, and the Welfare Effects of Music Trade", Institute for Prospective Technological Studies Digital Economy Working Paper, No. 2014-05.

Ahmed, U. (2019), "The Importance of Cross-border Regulatory Cooperation in an Era of Digital Trade", *World Trade Review* 18 (S1): 99-120.

Azmeh, S. & C. Foster (2016), "The TPP and the Digital Trade Agenda: Digital Industrial Policy and Silicon Valley's Influence on New Trade Agreements", International Development Working Paper, No. 16-175.

Bergemann, D. et al. (2011), "Pricing under the Threat of Piracy: Flexibility and Platforms for Digital Goods", Cowles Foundation Discussion Paper, No. 1834.

Burri, M. (2012), "The Global Digital Divide as Impeded Access to Content", In: M. Burri & T. Cottier (eds.), *Trade Governance in the Digital Age*, Cambridge University Press.

Burri, M. (2015), "The International Economic Law Framework for Digital Trade", *Zeitschrift für Schwezerisches Recht* 135 (2): 10-72.

Carlsson, B. (2004), "The Digital Economy: What is New and What is Not", *Structural Change and Economic Dynamics* 15 (3): 245-264.

Cory, N. (2017), "Cross-Border Data Flows: Where are the Barriers, and What Do They Cost?", https://itif.org/publications/2017/05/01/cross-border-data-flows-where-are-barriers-and-what-do-they-cost.

Davis, C. L. (2017), "Foreign Policy and Trade Law: Japan's Unexpected Leadership in TPP Negotiations", https://www.cambridge.org/core.

Deardorff, A. V. (2017), "Sensitive Sectors in Free Trade Agreements", Research Seminar in International Economics Discussion Paper, No. 663.

G20 Research Group (2016), "G20 Digital Economy Development and Cooperation Initiative", http://www.g20.utoronto.ca/2016/g20-digital-economy-development-and-cooperation.pdf.

Gao, H. (2017), "The Regulation of Digital Trade in the TPP: Trade Rules for the Digital Age", in: J. Chaisse & H. Gao (eds.), *Paradigm Shift in International Economic Law Rule-Making*, Springer.

Gao, H. (2018), "Digital or Trade? The Contrasting Approaches of China and US to Digital Trade", *Journal of International Economic Law* 21 (2): 297-321.

González, J. L. & M. A. Jouanjean (2017), "Digital Trade: Developing a Framework for Analysis OECD", Trade Policy Papers, No. 205.

Henn, C. & A. Gnutzmann-Mkrtchyan (2015), "The Layers of the IT Agreement's Trade Impact", WTO Staff Working Paper, No. ERSD-2015-01.

Hui, K. L. & P. Y. K. Chau (2002), "Classifying Digital Products", *Communications of the ACM* 45 (6): 73-79.

Janow, M. E. & P. C. Mavroidis (2019), "Digital Trade, E-Commerce, the WTO and Regional Frameworks", *World Trade Review* 18 (S1): 1-7.

Jouanjean, M. A. (2019), "Digital Opportunities for Trade in the Agriculture and Food Sectors", OECD Food, Agriculture and Fisheries Papers, No. 122.

Khumalo, B. (2010), "Digital Economy and Knowledge Economics: Implications on Economic Model", *International Journal of Innovation in the Digital Economy* 1 (1): 19-36.

Koske, I. et al. (2014), "The Internet Economy-Regulatory Challenges and Practices", Economics Department Working Papers, No. 1171.

Linkov, I. et al. (2018), "Governance Strategies for a Sustainable Digital World", *Sustainability* 10 (2): 440-447.

Lund, S. & J. Manyika (2016), "How Digital Trade is Transforming Globalisation", https://www.ictsd.org/themes/global-economic-governance/research/how-digital-trade-is-transforming-globalization.

Ma, S. et al. (2019), "Policy Analysis and Development Evaluation of Digital Trade: An International Comparison", *China & World Economy* 27 (3): 49-75.

Manyika, J. et al. (2016), "Digital Globalization: The New Era of Global Flows", https://www.mckinsey.com/business-functions/digital-mckinsey/our-insights/digital-globalization-the-new-era-of-global-flows.

Meltzer, J. P. (2014), "Supporting the Internet as a Platform for International Trade: Opportunities for Small and Medium-Sized Enterprises and Developing Countries", Brookings Working Paper, No. 69.

Meltzer, J. P. (2016), "Maximizing the Opportunities of the Internet for International Trade", E15 Expert Group on the Digital Economy-Policy Options Paper.

Meltzer, J. P. (2019), "Governing Digital Trade", *World Trade Review* 18 (S1): 1-26.

Montgomery, K. C. (2012), "The New Threat of Digital Marketing", *Pediatric Clinics of North America* 59 (3): 659-675.

Neeraj, R. S. (2019), "Trade Rules for the Digital Economy: Charting New Waters at the WTO", *World Trade Review* 18 (S1): 121-141.

Popescu, D. V. & P. Manoela (2007), "Electronic Commerce Versus Traditional Commerce", *Amfiteatru Economic Journal* 9 (21): 127-132.

Serafica, R. B. & J. R. G. Albert (2018), "Issues on Digital Trade", PIDS Discussion Paper Series, No. 2018-30.

Turban, E. et al. (2017), *Introduction to Electronic Commerce and Social Commerce*, Springer.

United States International Trade Commission (2013), "Digital Trade in the U. S. and Global Economies, Part Ⅰ", https://www.usitc.gov/press_room/news_release/2014/er0911mm1.htm.

United States International Trade Commission (2014), "Digital Trade in the U. S. and Global Economies, Part Ⅱ", https://www.usitc.gov/press_room/news_release/2014/er0911mm1.htm.

United States International Trade Commission (2017), "Global Digital Trade 1: Market Opportunities and Key Foreign Trade Restrictions", https://www.usitc.gov/publications/Industry_econ_analysis_332/2017/global_digital_trade_1_market_opportunities_and.htm.

Vincent, S. W. & A. Hold (2011), "Towards Coherent Rules for Digital Trade: Building on Efforts in Multilateral Versus Preferential Trade Negotiations", Swiss National Centre of Competence in Research Working Paper, No. 2011-64.

Vincent, S. W. (2003), "The Digital Trade Agenda of the U.S.: Parallel Tracks of Bilateral", *SSRN Electronic Journal* 58 (1): 7-46.

Weber, R. H. (2010), "Digital Trade in WTO-law-taking Stock and Looking Ahead", *SSRN Electronic Journal* 5 (1): 1-24.

Weber, R. H. (2015), "The Digital Future-a Challenge for Privacy?", *Computer Law and Security Review* 31 (2): 234-242.

Wolfe, R. (2019), "Learning about Digital Trade: Privacy and Ecommerce in CETA and TPP", *World Trade Review* 18 (S1): 63-84.

(原载《经济学动态》2019年第9期)

# 数字期权理论研究进展

## 戚聿东 孙 洁 李 峰

当今世界正在加速向以数字经济为重要内容的经济活动转变，数字经济正在成为世界主要国家谋求竞争新优势的战略方向。加大数字技术创新投入，加强数字基础设施建设，加速数字经济企业发展，加快传统产业数字化转型，已经成为拓展经济发展新空间的重要手段。但与实体投资驱动的传统经济不同，数字经济具有以使用数字化的知识和信息作为关键生产要素，以现代信息网络作为重要载体，以信息通信技术的有效使用作为核心推动力，以数字技术与实体经济融合作为驱动产业升级转型和经济创新发展的主引擎等系列特征。这些特征使数字技术投资的经济效益更多体现为与实体经济融合而间接发挥其潜在的战略价值。中国信息通信研究院发布的《G20 国家数字经济发展研究报告》显示，大部分 G20 国家的融合型数字经济规模占总体数字经济规模的比重超过了 70%[①]。这使基于确定性利润或现金流的传统投资估值方法在数字经济领域容易出现失灵，甚至产生误导。如何准确而全面地评估数字技术投资所产生的经济价值，已经成为数字经济发展迫切需要解决的重要问题。

信息技术创新和应用是数字经济发展的重要基石，数字技术发展则是信息技术发展的重要体现[②]。自 Clemons 和 Weber（1990）、Dos San-

---

[①] 根据中国信息通信研究院的定义，数字经济包括数字产业化和产业数字化两大部分。数字产业化也称数字经济基础部分，主要包括电子信息制造业、信息通信业、软件服务业等。产业数字化也称数字经济融合部分，主要是传统产业因应用数字技术而带来的生产数量和生产效率提升的部分。

[②] 本文所述的数字技术主要指以人工智能、区块链、云计算、大数据、物联网和移动互联网等为代表的新兴信息技术，也即数字技术投资同样具备传统信息技术投资的主要特征，现有文献也将两者进行了等同对待。为研究方便，未特殊说明，本文中两者也可替代使用。同时，为研究方便，本文将信息系统（information system）并入信息技术（information technology, IT）。

tos（1991）提出以实物期权方法修正传统基于利润和现金流的估值方法对IT投资估值的不足以来，理论界对此进行了广泛的探索，并取得了丰硕的成果（Ullrich，2013）。这些研究成果为数字技术投资价值评估提供了很好的借鉴，但依然存在两个方面的局限：一方面，以往实物期权视角更加侧重IT投资对企业财务绩效和经营灵活性产生的积极影响，而忽视了IT投资对企业业务流程、知识系统以及产品和服务质量带来的提升效应。另一方面，"实物"概念已经不能很好地体现新一代数字技术的价值创造特征。为更好地推进"实物期权"思想在数字经济领域中的应用，Sambamurthy等（2003）首次提出"数字期权"（digital options）概念。经过十余年的发展，数字期权领域已经积累了较为丰富的研究成果，但迄今尚未有一篇系统的综述性论文。基于此，首先，本文对数字期权的概念界定和类别划分进行分析。其次，从数字化流程、数字化知识、数字化设计和数字化平台四个方面对数字期权的生成机制进行阐述；同时，基于数字期权概念界定、类别划分和生成机制的相关文献，对数字期权的识别方法进行分析。再次，从企业敏捷性、企业家警觉性、生成能力、吸收能力、突破式创新、企业绩效和IT能力投资七个方面对数字期权的经济价值进行总结；进一步，从估值方法、思维方式和业务流程三个维度对数字期权的应用进行扩展性讨论。最后，对数字期权理论的发展现状、问题和未来研究方向作出总结。

## 一 数字期权的概念

作为数字期权理论的基础和核心范畴，对数字期权概念进行科学的定义既是构建科学的数字期权理论的内在需要，也是区分金融期权、实物期权和数字期权的必然要求。Sambamurthy等（2003）首次提出"数字期权"概念后的十余年来，诸多学者对数字期权进行了研究，并对数字期权概念作出了各自的解释，部分研究还对数字期权的类别进行了划分。

## (一) 数字期权的定义

实物期权理论始于金融期权理论在实物投资领域中的应用，数字期权理论则起始于实物期权理论在 IT 投资领域中的应用。关于金融期权，根据 Black 和 Scholes (1973)、Merton (1973) 的定义，其是一种赋予持有人在未来特定时间内按照事先约定的条件买入或出售某项特定资产的选择权利。关于实物期权，Myers (1977) 在首次提出该概念时将其定义为以可能有利的条件购买实物资产的投资机会。Trigeorgis (1993a) 进一步将实物期权定义为非金融投资赋予企业在未来特定时间内及时调整经营战略以最大化投资收益或最小化投资损失的权利。可以看出，实物期权概念延续了金融期权概念的核心思想，并突出体现非金融投资赋予企业的经营灵活性价值。而关于"数字期权"，Sambamurthy 等 (2003) 在创造性地提出该概念时，将其定义为一组由信息技术投资引致的 (IT-enabled) 以数字化业务流程和知识系统形式存在的 IT 能力[①]。这种 IT 能力由 IT 投资产生，且至少能够通过两条路径为企业提升基于未来战略目标的传统财务估值方法无法捕捉到的战略价值。其中一条路径是，IT 投资通过提升企业 IT 能力，可以更好地完善用于自动化、信息化和集成活动的企业内外部数字化业务流程；另一条路径是，IT 投资通过提升企业 IT 能力，可以更好地完善用于产生专业化知识和进行知识共享的企业内外部数字化知识系统。IT 投资通过这两条路径带来的业务流程优化和知识系统完善的能力即数字期权。这种能力的应用，也即数字期权的执行，不仅可以直接提升企业未来的运营效率，还可以通过提升企业敏捷性和企业家警觉性帮助企业快速利用新兴和尚未开发的市场利基 (niche)，并帮助企业更快地适应不断变化的市场需求。可以看出，数字期权概念延续了实物期权概念的核心思想，并突出体现数字技术投资对企业数字化能力的提升价值。

---

[①] "IT 能力"的概念最早由 Ross 等 (1996) 提出，是指控制与 IT 相关的成本以及通过实施 IT 实现企业目标的能力，也可以更直接地理解为企业调用和部署 IT 资源的能力 (Bharadwaj, 2000)。Sambamurthy 等 (2003) 将 IT 能力视为企业利用 IT 优化业务流程和知识系统的能力。可见，IT 能力投资是更广义上的 IT 投资。为研究方便，未特殊说明，本文将两者等同对待。

Overby 等（2006）和 Wang 等（2015）的研究均沿用了 Sambamurthy 等（2003）对数字期权的定义。

早期的数字期权文献倾向从数字技术功能性特征对数字期权概念进行界定，但随着数字期权理论的发展，针对数字期权的概念界定也存在一种直接借鉴实物期权概念的趋势。例如，Karimi 等（2009）在探讨企业资源规划（enterprise resources planning，ERP）系统投资对数字期权影响时，虽然借鉴了 Sambamurthy 等（2003）、Overby 等（2006）的分析框架，将数字期权定义为一组能够完善用于支持企业自动化、信息化和集成化的数字化组织流程（如客户获取、订单完成、供应链、产品创新、制造、物流和分销网络等）的 IT 能力，但同时也认为这种数字期权的产生更像是 IT 投资所创造的一种"增长"期权（Karimi et al.，2009）。尤其是在 IT 投资的初始阶段，成功的投资不仅会带来预期的现金流，还会为一系列后续相关投资提供前提和机会，从而有利于企业获得超出最初预期范围的未来增长机会价值（Tiwana et al.，2006）。与 Karimi 等（2009）的观点一致，Woodard 等（2013）在研究企业数字业务战略时也认为，数字期权是一种企业通过 IT 投资而拥有的进一步开发新技术的机会。Rolland 等（2018）则进一步将数字平台中的数字期权定义为企业投资新的数字技术所产生的潜在的增加平台价值的机会，且这种机会更多地表现为能够实现数字平台边界资源之间互动的投资机会，如通过整合数字平台生态系统中的应用程序、内容、其他技术和信息资源产生的新投资机会。值得一提的是，Woodard 等（2013）还将数字期权定义为一种企业通过 IT 投资而拥有的减轻新技术和市场不确定性引起的风险的手段，这种定义更贴近于将数字期权看作 IT 投资所创造的一种"延迟"期权，即赋予投资者推迟后续相关投资的选择权利，以解决即刻投资所面临的一系列不确定性。

**（二）数字期权的分类**

无论是从数字技术功能性特征视角将数字期权看作一种 IT 投资所引致的 IT 能力，还是直接借鉴实物期权概念将数字期权看作一种 IT 投资所产生的增长期权或延迟期权，两种定义都侧重对数字期权的来源和存在性进行描述，而缺乏对数字期权存在状态的描述。例如，现实中可能会出现：虽然存在对企业没有价值的数字期权，或对企业有价值但受自身能力限制和外部环境制约而无法利用的数字期权。这些数字期权的存在并不能给企业带来价值。因此，考虑数字期权的存在状态，将对数字期权的价值实现有重要作用。基于此，Sandberg 等（2014）在 Bowman 和 Hurry（1993）提出的"期权链"（option chain）① 的基础上，通过与金融期权进行对比，将数字期权划分为可用的数字期权（available digital option）、可操作的数字期权（actionable digital option）和已实现的数字期权（realized digital option）三种类型，并分别进行了定义。其中，可用的数字期权是指一系列等待企业识别的潜在的 IT 能力投资机会；可操作的数字期权是指在工作流程改进期间已经通过检查，并发现既合意又可行的 IT 能力投资机会；已实现的数字期权是指已经被利用的 IT 能力投资机会。这种数字期权的类型划分和概念界定也得到了 Svahn 等（2015）、Singh 等（2017）研究的支持。

基于存在状态的数字期权类别划分有利于判别不同价值实现程度的数字期权，但很难对同一状态下的不同数字期权进行类别区分，从而也很难系统地对数字期权进行开发和利用。基于此，Wang 等（2015）在 Sambamurthy 等（2003）研究的基础上，依据数字期权的生成路径将数字期权划分为流程广度期权（process reach options）、流程深度期权（process rich options）和知识广度期权（knowledge reach options）、知识深度期权（knowledge richness options）四种类型，并分别进行了定义。其中，流程广度期权是指 IT 投资所引致的能够拓展企业业务流程通用、集成和连接范围的能力；流程深度期权是指 IT 投资所引致的能够提升企业业务流程中信息质量的能力，以及使用这些信息重新设计流程的能力；知识广度期权是指 IT 投资所引致的能够提升企业知识系统全面性和可获取性的能力；知识深度期权是指 IT 投资所引致的能够提升企业内外部知识共享程度和隐性知识利用效率的能力。

综合来看，对数字期权进行概念界定和类别划分是一个伴随着数字

---

① "期权链"是指金融期权以影子期权（shadow option）、实物期权（real option）和已行使期权（struck option）三种前后衔接、互为依存的期权形式而存在的状态。其中，影子期权是指等待被识别的期权，实物期权是指进行少量初始投资就可以获得的对未来投资的优先权，已行使期权是通过大规模投资被激活的期权。

期权理论发展而不断深化的认识过程。在概念提出初期，以 Sambamurthy 等（2003）、Overby 等（2006）为代表，将数字期权理解为 IT 投资所引致的一种组织的动态能力。随着理论的不断深化，以 Karimi 等（2009）、Woodard 等（2013）和 Rolland 等（2018）为代表，开始从更为成熟的实物期权研究领域中寻找理论支撑，将数字期权看作一种增长型或延迟型实物期权。随着实践的不断应用，一方面，以 Sandberg 等（2014）、Svahn 等（2015）、Singh 等（2017）为代表，开始强调数字期权的存在状态，并据此对数字期权进行了类别界定；另一方面，以 Wang 等（2015）为代表，开始强调数字期权的生成路径，并据此对数字期权进行类别界定。未来随着数字期权理论的不断发展，数字期权的概念界定和类别划分还将会基于金融期权理论、实物期权理论和数字技术实践的发展而不断深化和完善。

## 二 数字期权的生成

对生成机制的清晰描述是新概念提出和发展的重要前提。在对数字期权进行概念探讨的同时，关于产生数字期权的源泉是什么的问题也成为数字期权理论研究的热门话题。Sambamurthy 等（2003）在提出"数字期权"的同时，就提出"数字期权生成器"（digital options generators）的概念。这一概念也得到了后续相关研究的沿用。但针对具体的"生成器"是什么以及如何生成数字期权的问题，相关研究却存在较大争论，并形成如下几种主要观点。

### （一）生成于数字化流程

Sambamurthy 等（2003）认为 IT 能力投资会产生两个数字期权生成器。其中第一个即数字化业务流程，其对数字期权生成主要受数字化业务流程的广度和深度两个方面因素制约。一方面，数字化业务流程的广度是指企业通过 IT 设计的通用流程所涉及的跨部门单位、功能单元、地理区域和价值网络合作伙伴的范围。这种类型具有代表性的信息技术包括 ERP、供应链管理（supply chain management，SCM）、客户关系管理（customer relationship management，CRM）和产品数据管理等。另一方面，数字化业务流程的深度是指特定流程中所形成和积累的信息质量，以及这些信息对其他流程和系统透明度及运行效率的提升潜能。这种具有代表性的信息技术类型主要包括决策建模和分析处理等。流程的广度和深度越大，其能够把握的潜在发展机会就会越大，其生成的数字期权就会越大。上述观点尤为得到 Karimi 等（2009）研究的支持，他们通过 ERP 系统案例对基于业务流程的数字期权生成机制进行了详细的解析。

### （二）生成于数字化知识

Sambamurthy 等（2003）提出的另一个数字期权生成器是数字化知识系统。数字化知识系统是指由 IT 支持的企业知识库和交流系统，以及由此产生的专业知识和观点的知识共享体系。其对数字期权的生成同样受其广度和深度的影响。其中，数字化知识系统的广度是指企业知识库中编码知识的全面性和可获取性。企业可以通过内联网、数据库和知识库等信息技术提升其数字化知识系统的广度，从而获取更多的数字期权。数字化知识系统的广度越大，企业内部知识的利用效率就会越高，企业内部知识变成生产率的机会就会越大，其生成的数字期权就会越大。数字化知识系统的深度是指企业内部各职能部门之间以及与外部合作伙伴之间的知识发展交流系统。企业可以通过高级信息技术、视频会议系统、知识共享工具等信息技术提升其数字化知识系统的深度，从而获取更多的数字期权。数字化知识系统的深度越大，企业内外部的信任和协作程度就会越高，企业把握内外部发展的机会也就越大，从而其生成的数字期权就越大。这种观点尤为得到 Yoo 等（2015）研究的支持，他们通过问卷调查对基于数字化知识系统的数字期权生成机制进行了实证检验。

### （三）生成于数字化设计

在传统行业中，与厂房、设备等实物资本和金融资本一样，外观设计也是企业的重要生产要素。Baldwin 和 Clark（2006）就曾认为复杂工程系统的设计其实就是一系列具有经济价值的期权，并据此提出"设计期权"（design option）的概念，以阐述设计对企业发展的战略意义。

在数字经济中,与数字化流程和数字化知识一样,数字化设计也是企业获得竞争优势的重要来源。Woodard 等(2013)基于此提出,除数字化流程和数字化知识外,作为企业重要的数字资源,数字化设计也是数字期权的重要生成器。最常见的数字化设计是数字工件的设计,主要包括面向客户系统的设计组件(例如用户界面)、架构设计元素(例如编程接口和设计规则)以及数据结构等。除此之外,数字化设计还包括支持主营业务发展的内部系统和流程设计(例如管理身份信息)。这些数字化设计不仅可以直接获取现金流价值(例如专利算法或受版权保护的用户界面),还可以帮助企业进一步设计创新和改进,从而把握未来发展机会的战略价值,这种面向未来的发展机会即数字期权。企业可以通过提升数字化设计的数量和质量两条路径获取更多的数字期权。

### (四) 生成于数字化平台

随着技术的发展和竞争的加剧,数字化企业越来越多地使用数字平台来重新塑造其商业模式和市场地位。针对数字平台的定义,现有文献主要有三个视角。首先是工程视角,认为数字平台是一种由稳定的核心组件和许多不断变化的外围组件构成的模块化的技术工件(Boudreau,2010)。其次是经济视角,认为数字平台是一种打破传统市场桎梏和促进消费者与生产者之间有效互动的新型市场(Ceccagnoli et al.,2012)。最后是组织视角,认为数字平台是一种创新实践,其中参与者通过数字生态系统和社会既有安排组织和协调创新(Henfridsson,2013)。从工程视角出发,Saarikko(2014)认为数字平台具有整体发展稳定性和层次发展灵活性两个关键特征。其中,整体发展稳定性是指相对于有限寿命和短期利润的产品,数字平台作为结构相对稳定的技术架构,可以更好地促进企业进行产品及服务创新和追求长期利润;层次发展灵活性主要是指数字平台所包含的设备、网络、服务和内容四个层次变化在时间上是相互独立的。四个层次中的任何一个层次平台都可以独立地进行更换或升级,而无须修改或更换其余三个层次。这种整体发展稳定性和层次发展灵活性为企业不同类型的创新以及产品或服务定制化生产提供了巨大的潜力和机会,从而形成大量的数字期权。从组织视角出发,Rolland 等(2018)也提出数字平台是数字期权重要的生成器,并认为数字平台通过其强大的数字基础设施和数字生态系统,不仅可以为企业提供整合和利用现有平台的应用程序、产品和服务的机会,而且可以为企业提供大量的通过边界资源与其他数字化平台进行融合和改进的机会。这些机会本身就是数字期权。企业可以通过不断投资数字基础设施和完善数字生态系统获取更多的数字期权。

综合来看,数字期权生成机制的理论研究是一个伴随着数字经济发展而不断深化的认识过程。当前的数字经济发展一方面体现为新兴数字经济企业的蓬勃发展,另一方面体现为大规模的传统行业的企业数字化转型。其中,数字化流程、数字化知识和数字化设计作为数字期权生成器,在传统企业的数字化转型过程中扮演着重要角色;而数字化平台作为数字期权生成器,在以数字化产品或服务为主要业务的数字经济企业发展过程中具有举足轻重的作用。值得一提的是,上述数字期权生成器通常并非以独立的形式存在。对于进行数字化转型的传统企业来说,数字化流程、数字化知识和数字化设计可能会存在相互重叠、互为补充的关联关系。例如,Sambamurthy 等(2003)就认为数字化业务流程是数字化知识系统的重要依托,数字化知识系统则是数字化业务流程的重要展示。Woodard 等(2013)认为数字化设计不仅包括数字化工件的设计,也包括对数字化业务流程和知识系统的设计。对于发展数字平台的数字企业来说,数字化平台不仅可以与其他数字化平台相融,其自身也包括数字化流程、数字化知识和数字化设计,并存在共生共荣的关联关系。Saarikko(2014)指出数字平台至少包括数字化设备、数字化网络、数字化服务和数字化知识四个部分。Rolland 等(2018)也指出数字平台是一个生态系统,包括数字化流程和数字化设计等多项内容。

除了上述几项数字期权生成器之间的关联关系,企业内外部环境也会对数字期权的生成产生重要影响,其中企业内部环境更是现有数字期权文献研究的重点。Karimi 等(2009)提出基于数字化流程和数字化知识生成的数字期权只是一种潜在的可用数字期权,但这种数字期权最终能否被生成和利用还取决于企业内部的数字资源就绪度(digital resource readiness),也即影响企业采用数字业务战略的主要因素的准备充分程度,既包括数字化业务流程和数字化知识系统的准备充分程度,也包括企业数字化业务战略所需要的其他要素准备充分程度。企业数资源就绪度越高,企业能够生成和利用的数字期权规模就会越大。他们进一步提出数字资源就绪度与数字化流程和数字化知识之间还存在明显的正向协同效应。一方面,数字化流程和数字化知识是数字资源的重要组成部分,数字化流程和数字化知识的广度与深度越大,数字资源就绪度自然越高;另一方面,其他数字资源是数字化流程和数字化知识价值实现的重要支撑,数字资源整体就绪度越高,数字化流程和数字化知识的广度与深度也自然越高。这种数字资源就绪度的概念可以进一步推广到数字化设计和数字化平台对数字期权的影响,其中的正向协同效应将会放大企业所蕴含的各类数字期权生成器对数字期权的生成功能。

## 三　数字期权的识别

无论是被看作一组 IT 能力,还是被看作一种增长期权或延迟期权,都表明数字期权无法被直观地发现和测度,这就使如何识别数字期权成为数字期权战略价值实现的重要前提条件和数字期权理论研究的重要组成部分。基于此,Sandberg 等(2014)和 Singh 等(2017)从如下三个方面对数字期权识别进行了深入的探讨。

### (一)通过细分类别进行识别

经过 40 多年的发展,实物期权理论已经广泛应用到各个领域,并形成特征各异的多种类型。这使类别细分成为实物期权识别的重要路径和常见方法。例如,Trigeorgis(1993a)将实物期权划分为延迟投资(defer investment)、维持现状(default)、扩张(expand)、收缩(contract)、终止和重启(shout down and restart)、放弃(abandonment)、转换用途(switch use),以及公司增长(corporate growth)八种类型。Benaroch(2002)将 IT 投资中所嵌入的实物期权划分为延迟(defer)、分阶段(stage)、规模调整(alter scale)、放弃(abandon)、外包(outsource)、租用(lease)、复合(compound)和增长(growth)八种类型。这些类别细分为数字期权的识别提供了很好的借鉴:一方面,传统行业企业和数字经济企业都可能会存在大量的 IT 投资,从而蕴藏着大量的数字期权。根据 Wang 等(2015)的类别区分,企业可以通过这些类别来进行数字期权的检查和识别。另一方面，不同类别的数字期权对企业具有不同的经济价值，根据 Sandberg 等（2014）对数字期权的类别划分，已实现的数字期权对企业已不再有战略价值；可用的数字期权虽然已经被知晓，但还有待开发；只有可操作的数字期权对企业才具有高时效的战略价值。企业可以根据这些不同类型数字期权的经济价值进行数字期权的识别和利用。

## （二）通过生成机制进行识别

追本溯源是进行数字期权识别最为快速和可靠的方法，也是现有关于数字期权生成机制研究所隐含的识别方法。Sandberg 等（2014）从数字化业务流程视角构建了一个包括情景评估、业务流程表征、信息需求分析和数字期权识别四个阶段前后衔接的数字期权识别模型。其中，情景评估的主要目标是通过分析企业背景和目标，确定要投资的数字化业务流程。虽然情景评估也是数字期权识别的重要手段，但很难将情景评估与数字期权识别环节进行一一对应。对于业务流程表征来说，数字期权的战略价值就在于通过 IT 能力投资优化特定的业务流程，在无法确定数字期权特征时，可以反过来通过检查特定的业务流程特征进行数字期权特征识别。对于信息需求分析来说，一方面，数字化知识系统是数字期权的生成器，同时也是满足企业信息需求的重要载体，可以通过数字化知识系统对企业信息需求的满足情况和企业尚未满足的信息需求特征直接进行数字期权识别；另一方面，信息需求也是区分业务流程的重要特征，例如，信息的全面性和可用性越高业务流程的广度就会越高，信息的复杂性和可靠性越高业务流程的深度就会越高。因此，可以通过不同的业务流程特征所形成的信息需求特征进行数字期权识别。值得一提的是，虽然业务流程特征与信息需求特征存在关联，但也存在显著差异。通过业务流程特征进行数字期权识别，可以很好地弥补通过信息需求特征进行数字期权识别的局限。

在 Sandberg 等（2014）研究的基础上，Singh 等（2017）构建了一个包括流程图诊断、信息需求识别、数字期权开发、业务流程转型四个前后衔接阶段的数字期权识别模型。不同的是，Singh 等（2017）更加突出从信息需求视角对数字期权进行识别，并基于 Sambamurthy 等

(2003) 的研究,将信息需求划分为信息广度需求和信息深度需求两个类别。其中,信息广度是指信息在企业内同一个业务流程的任务之间、企业内不同业务流程的任务之间以及不同企业业务流程中的任务之间的流动范围。信息深度通常是指信息的准确度,从使用者角度也可以看成信息的质量,通常与信息的传输规模、速度、定制性、交互性、可靠性和安全性密切相关。信息广度和信息深度共同决定着业务流程的完善程度,两者的不匹配将会导致业务流程的缺陷,从而使 IT 能力投资包含着大量的可以完善信息广度、信息深度以及两者匹配程度的数字期权。因此,既可以通过检查业务流程中的信息广度进行数字期权的识别和开发,也可以通过检查业务流程中的信息深度进行数字期权的识别和开发,甚至还可以通过检查业务流程中的信息深度和广度的匹配情况进行数字期权的识别和开发。

### (三) 通过需求特征进行识别

为了让数字期权识别更具操作性,Sandberg 等 (2014) 以信息需求为例,进一步将信息需求划分为连接 (connectivity) 需求、降低不确定性 (uncertainty) 需求和降低模糊性 (equivocality) 需求三种不同的类别,并分别对基于上述三种信息需求的数字期权识别提出了对应的指导原则。

1. 基于连接需求的数字期权识别原则。连接需求是指信息在企业内外部进行共享和整合的期望程度。当企业产生较高的信息连接需求时,表明现有技术阻碍了业务流程的广度,这时识别数字期权就是要判别能否通过进一步的 IT 能力投资获取更多不同来源的信息。例如,能否通过完善 SCM 系统从合作伙伴处获取更多的信息。当企业连接需求较低时,表明相对于业务流程广度来说,业务流程深度更具提升的潜力,这时识别数字期权就是要判别能否通过进一步的 IT 能力投资获取更高质量的信息。例如,能否通过完善射频识别技术 (radio frequency identification, RFID) 来得到更高质量的产品信息。

2. 基于降低不确定性需求的数字期权识别原则。降低不确定性需求是指提升信息可用性和可靠性的期望程度。当数字化业务流程所产生的信息具有很强的不确定性时,表明此时生产信息的 IT 能力具有很大的提升空间,这时识别数字期权就是要判别能否通过进一步的 IT 能力投资获取可靠性和可信度更高的信息。例如,能否通过完善 CRM 系统获取更精准的客户信息。当数字化业务流程所产生的信息具有较低的不确定性时,表明此时企业所积累的信息已经具有很强的可信性,这时识别数字期权就是要判别能否通过进一步的 IT 能力投资提升现有信息的利用水平。例如,能否通过完善数据分析系统生成更加精准的决策支持报告。

3. 基于降低模糊性需求的数字期权识别原则。降低模糊性需求是因为企业内外部对信息缺乏共同理解或信息自身容易混淆而产生的降低信息复杂性和模糊性的期望程度。当数字化业务流程所产生的信息具有较高的模糊性时,表明任务的完成需要参与者具有高度的理解和信任,这时识别数字期权就需要判别能否通过进一步的 IT 能力投资产生大量的具有增强人际沟通的信息。例如,医院能否通过投资电子医疗记录系统支持不同医师对病情历史的掌握来增强协作。当数字化业务流程所产生的信息具有较低的模糊性时,表明任务可以通过遵循标准化程序完成,这时识别数字期权就需要判别能否通过进一步的 IT 能力投资更高效地提供或获取标准化的信息。例如,能否通过完善标准化的机票信息搜索引擎设计帮助客户更快捷地获取更便宜的机票。

综合来看,基于类别细分视角的数字期权识别方法更具理论指导意义,而基于生成机制和需求特征的识别方法更具实践指导意义。如前所述,除数字化流程和数字化知识两个生成机制外,数字化设计和数字化平台也是数字期权的重要生成机制。如何构建基于四个生成机制的综合识别框架来提升传统行业企业数字化转型速度和数字经济企业发展质量,将是未来数字期权理论研究的重要任务。值得一提的是,虽然 Sandberg 等(2014)以一家乳制品公司 ERP 系统的实施和运行为案例,从数字化业务流程视角列举了七项可操作数字期权的识别和应用情形;而 Singh 等(2017)以一家陷入财务困境的乡村医院收入周期管理(revenue cycle management)系统的实施和运行为案例,从数字化业务流程视角列举了收入周期管理七个阶段的数字期权识别和应用情形。但两项研究都未给出从数字化业务流程视角识别数字期权的一般性指导原则。所以,制定基于不同视角下的数字期权识别指导原则将是未来数字期权理论研究的重要内容。

## 四 数字期权的价值

价值评估是投资决策的基石。近年来,以特斯拉和京东等为代表的数字经济企业"值钱不赚钱"现象与以中石化和中国工商银行为代表的传统行业企业"赚钱不值钱"现象并存①,致使以"投资价值=NPV"为理论框架的传统的现金流贴现价值评估模型的解释力大打折扣。虽然基于金融期权思想所构建的以"投资价值=NPV+经营灵活性价值(实物期权)"为理论框架的实物期权价值评估模型,能够很好地解释传统财务估值方法无法捕捉到的由管理者经营灵活性产生的战略价值,但由于该思想过于强调实物投资所赋予管理者的经营灵活性价值,致使利用实物期权理论对数字技术投资进行价值评估时通常忽略数字技术投资对企业数字化能力所产生的提升价值。在此背景下,数字期权理论的提出很好地将数字技术投资价值评估的理论框架拓展为"投资价值=NPV+[经营灵活性价值+数字化能力价值](数字期权)",从而为数字技术投资的价值评估提供了一个更加完整的视角。由于20世纪以来IT作为最有力的生产工具已经深入企业经营的方方面面,这使IT价值变得模糊。根据Suhardi等(2017)文献计量分析发现,IT至少会给企业在成本、利润、流程、质量、创新、战略、风险等十多个方面带来显著的经济价值。如前所述,数字期权蕴藏于以IT为主要内容的数字技术投资和应用中,这也使数字期权的价值变得错综复杂。对数字期权的经济价值进行探索也因此成了数字期权理论研究的一项重要内容,已有的相关文献主要从如下七个方面展开讨论。

### (一) 数字期权对提升企业敏捷性的价值

企业敏捷性(agility)是指企业快速而准确地获取必要的资产、知

---

① 《福布斯》2018年全球上市公司2000强排行数据显示,苹果、亚马逊、谷歌、微软、Facebook和阿里巴巴6家数字经济企业占据了市值排行榜前六位,总市值达到42626亿美元,但利润总额仅有1154亿美元,市值与利润比达到36.94。相比之下,英美烟草、辉瑞制药、俄罗斯联邦储蓄银行、中国工商银行、中国建设银行和澳大利亚联邦银行6家销售利润率排名靠前的传统行业企业,其利润总额达到1719亿美元,而市值总额仅有10800亿美元,市值与利润比仅为6.28,不到前述6家数字经济企业的1/5。

识和关系来发现创新机会和抓住市场机会的能力（Goldman et al.，1995）。大量的研究发现，在现代商业环境中，敏捷性已成为企业成功的必要条件（Goldman et al.，1995；Christensen，1997）。在 Treacy 和 Wiersema（1993）、Cronin（2000）、Tapscott 等（2000）研究基础上，Sambamurthy 等（2003）将企业敏捷性划分为客户敏捷性、合作敏捷性和运营敏捷性，并通过分析认为 IT 能力投资所创造的数字期权为企业提供了提升上述三种敏捷性的重要机会。首先，客户敏捷性是指在探索和利用创新机会和竞争行动方面吸引新增客户的能力，更加广泛而丰富的数字化业务流程和知识系统有利于企业通过虚拟社区、个性化定制以及更加灵活便捷的支付方式促进客户敏捷性。其次，合作敏捷性是指通过联盟、合作关系和合资企业形式利用供应商、分销商、合同制造商和物流提供商的资产、知识的能力，更加广泛而丰富的数字化业务流程和知识系统也有利于企业在其价值网络中快速寻求和整合新的合作伙伴，从而增强公司的合作敏捷性。最后，运营敏捷性是指企业业务流程在利用创新和竞争行动机会方面具备更快速度、更高准确性和更低成本的能力，更加广泛而丰富的数字化业务流程和知识系统也有利于企业通过在整个价值链中快速排序和整合内外部资源提高其运营敏捷性。

Overby 等（2006）和 Wang 等（2015）进一步探讨了数字期权对企业敏捷性的影响。其中，Wang 等（2015）与 Sambamurthy 等（2003）的研究思路基本一致；但 Overby 等（2006）与 Sambamurthy 等（2003）的研究有所不同，其将企业敏捷性定义为企业感知环境变化并做出适当反应的能力，并将这种能力进一步分为感知能力和响应能力。基于这两种能力的强弱异同，他们还将企业敏捷性进一步分为四种不同的类型[①]。通过分析发现，基于不同生成器所创造的数字期权往往会对企业不同的敏捷性产生不同的影响。一般来说，基于知识系统产生的数字期权更有利于提升企业的感知能力。例如，数据仓库、数据挖掘、在线分析处理和其他报告工具是面向知识系统的信息技术，这些技术能够帮助企业进行实时数据监控、模式识别和战略场景建模，从而有助于提升企业的感知能力。与此对应，

---

① 这四种类型由感知能力和响应能力通过不同的强弱搭配组合而成，分别为敏捷状态（感知能力强、响应能力强）、疲懒状态（感知能力强、响应能力弱）、迷失且跳跃状态（感知能力弱、响应能力强）、受制约状态（感知能力弱、响应能力弱）。参见 Overby 等（2006）。

基于业务流程而产生的数字期权更有利于提升企业的响应能力。例如，ERP 系统和 SCM 系统是面向业务流程的信息技术，这些技术旨在帮助企业在复杂多变的竞争环境下进行快速的流程优化和资源整合，从而有助于提升企业的响应能力。当然，面向知识系统和面向业务流程的数字期权通常也存在明显的重叠和交互影响。一方面，面向业务流程的信息系统通常会将原始数据提供给面向知识系统的信息系统，例如数据仓库；另一方面，面向知识系统的信息系统通常还会以组成部分内嵌于面向业务流程的信息系统，例如 ERP 系统中的报告模块。可见，只有面向知识系统和面向业务流程的数字技术及其创造的数字期权相对平衡发展，才能促进企业敏捷性的协调发展。

### （二）数字期权对提升企业家警觉性的价值

自 Kirzner（1979）正式提出企业家警觉性（Entrepreneurial Alertness）概念以来，其作为企业市场机会识别的关键性先决条件，受到了学术界的广泛关注（Sharma，2018）。亚马逊、谷歌、Facebook、阿里巴巴、腾讯、百度等大量的数字经济企业实践也表明，企业家警觉性对数字经济企业创新和竞争至关重要。结合数字经济企业特征，Sambamurthy 等（2003）将企业家警觉性定义为企业开拓市场、发现市场未知领域以及确定行动机会的能力，并进一步将这种能力细分为战略远见（Strategic Foresight）和系统洞察力（Systemic Insight）。其中，战略远见是指企业家预测市场环境、企业威胁和机遇以及竞争对手突破性创新的能力，系统洞察力是指企业家在制定竞争战略时充分发掘和利用数字期权、企业敏捷性及新兴市场机会之间内在关联性的能力。一般来说，个人直觉和过往经验是企业家获得警觉性的主要来源。但随着现代商业的发展，认证式教育、管理技能培训以及大数据决策支持也成为企业家获得警觉性的重要来源。在数字经济时代，数字期权思维也自然成为企业家获得警觉性的重要途径。企业家不仅可以通过数字期权的识别提升其系统洞察力，从而对市场发展趋势和竞争对手行动作出前瞻性判断；还可以通过数字期权识别和价值实现构建具有远见的战略，从而把握市场机遇。

### (三) 数字期权对提升企业生成能力的价值

数字技术的迅猛发展带动着新产业、新技术、新业态、新模式的不断涌现。站在数字技术创新前沿,并通过创新的数字技术进行产品和服务的创新,已经成为数字经济时代企业在激烈的竞争中脱颖而出的关键。其中,生成能力(generative capability)被看成数字产品和服务创新的重要基础(Svahn,2012)。在 Yoo(2013)的研究基础上,Svahn 等(2015)将生成能力定义为一种能够帮助企业通过有限资源展开无限产品和服务创新的社会技术系统(socio-technical system),并构建了一个基于企业特征、技术资源、组织资源和数字期权的生成能力发展模型。他们通过对沃尔沃公司的联网汽车创新计划进行案例分析发现,数字期权不仅是企业通过实物资源、技术资源和组织资源构建和提升其生成能力的重要中介变量,还是企业发挥其生成能力进行数字技术、产品和服务创新以及数字技术创新与产品和服务创新相融合的重要推动因素。此外,Sun 和 Zou(2017)更为直接地将生成能力定义为企业在原有产品生产和服务提供系统基础上进行产品和服务创新的能力,但这一能力的发挥依赖企业对其内外部知识的整合和利用能力。如前所述,知识系统是数字期权的重要生成器,能够对企业生成能力产生直接影响,基于知识系统生成的数字期权也必将对企业生成能力产生直接的提升效应。

### (四) 数字期权对提升企业吸收能力的价值

企业吸收能力(absorptive capacity)是指企业识别和消化新的外部信息并将它们应用到商业活动中的能力(Cohen & Levinthal,1990)。在数字经济时代,面临日益复杂多变的外部环境,吸收能力在企业利用外部知识构筑持续竞争优势过程中发挥着越来越重要的作用。自 Cohen 和 Levinthal(1990)开创性地提出企业吸收能力以来,其受到了越来越多的关注,并取得丰富的研究成果。Zahra 和 George(2002)在整合前人研究成果的基础上对吸收能力构成进行了系统分析,将吸收能力划分为潜在吸收能力和现实吸收能力两个大类,以及知识获取能力、知识消化能力、知识转化能力和知识应用能力四个小类。其中,前两个小类归属于潜在吸收能力,后两个小类归属于现实吸收能力。结合 Zahra 和

George（2002）、Sambamurthy 等（2003）的研究，谢卫红等（2015）对四类数字期权对四个细分吸收能力的影响机理进行了实证检验，研究发现以知识系统为导向的两类数字期权对两类细分的潜在吸收能力具有明显的正向影响，而以业务流程为导向的数字期权对潜在吸收能力的影响并不显著。此外，通过潜在吸收能力的传导作用，以知识系统为导向的两类数字期权对两类细分的现实吸收能力也产生了显著的间接影响。

### （五）数字期权对促进突破式创新的价值

突破式创新（radical innovation）是指企业采用全新的技术向顾客提供全新的价值，并创造出全新的市场基础的一类创新活动（Kyriakopoulos et al., 2016）。随着数字经济竞争的日趋激烈，突破式创新正在成为数字经济企业快速成长的重要引擎和获取持续竞争优势的重要途径。谢卫红等（2014）利用珠三角地区部分企业中高层管理者的调查数据实证分析了数字期权对企业突破式创新的影响。研究结果发现，数字期权不仅对企业突破式创新具有显著的正向影响，而且可以通过二元式学习的中介作用对突破式创新产生正向影响。他们进一步对数字期权进行分类研究还发现，与 Sambamurthy 等（2003）将数字期权划分为四种不同类别，探索式因子分析的结果显示，数字期权仅能归并为流程导向、知识广度导向和知识深度导向三种类型，也即流程导向的数字期权进一步分类特征并不明显。其中，以知识广度为导向的数字期权对二元式学习的正向促进作用最大。

### （六）数字期权对促进企业绩效的价值

数字期权作为 IT 能力投资价值的重要组成部分，其兑现将会直接提升 IT 能力投资价值而增加企业的财务绩效。除此之外，上述总结的数字期权对企业敏捷性、企业家警觉性、企业生成能力、企业吸收能力以及突破式创新的正向影响也体现出了数字期权的战略价值（Sambamurthy et al., 2003；Woodard et al., 2013）。由于企业敏捷性、企业家警觉性、企业生成能力、企业吸收能力以及突破式创新的经济价值很难直接度量，使数字期权战略价值的实现通常以企业绩效的提升作为衡量标准。Sambamurthy 等（2003）指出数字期权、企业敏捷性和企业家警觉性三种重要的企业能力的交互作用能够通过强化企业竞争能力提升企业绩效。Sandberg等（2014）进一步指出数字期权不仅对流程绩效具有直接的提升作用，其价值实现还会激发企业加大对其IT能力的投资，进而对流程绩效产生显著的正向影响，从而使数字期权通过IT能力投资的中介作用对流程绩效产生间接的提升作用。值得一提的是，与通常的实证研究不同，上述研究均为规范性研究和案例分析，现有文献还缺乏数字期权对企业绩效影响的实证检验。

**（七）数字期权对促进IT能力投资的价值**

虽然学术界对IT能力的概念界定依然存在较大分歧，但大量的理论和实证研究均较为一致地认为IT能力投资对企业绩效具有正向影响（Bharadwaj，2000；Santhanam & Hartono，2003），这给企业加大IT能力投资提供了充分的理由。除对企业绩效产生直接的影响外，还有大量的研究发现，IT能力投资会通过核心能力、业务流程、组织学习、企业决策、组织结构和服务等中介变量对企业绩效产生间接的促进作用（孙晓琳、薛甜甜，2012），这从获取竞争优势角度为企业进行IT能力投资提供了支持。除上述中介变量外，Sambamurthy等（2003）、Sandberg等（2014）均指出数字期权也是IT能力投资对企业绩效产生影响的重要中介变量，数字期权越大将越有利于IT能力投资对企业绩效产生正向促进作用。此外，Sambamurthy等（2003）、Sandberg等（2014）还指出，IT能力投资会通过业务流程和知识系统直接生成数字期权，所生成的数字期权的财务价值和战略价值越高，也将越有利于促进企业进行IT能力投资。

与IT投资的经济价值错综复杂相似，数字期权的经济价值也很难穷尽。综合来看，上述数字期权七个方面的经济价值与前述拓展的数字技术投资价值评估理论框架也存在明显的对应关系。其中，数字期权对提升企业敏捷性和企业家警觉性的价值属于数字技术投资所产生的经营灵活性价值，数字期权对提升企业生成能力和企业吸收能力的价值属于数字技术投资所产生的数字化能力价值，数字期权对促进突破式创新、企业绩效和IT能力投资的价值属于数字技术投资所产生的综合价值。值得关注的是，周小川（2009）指出，经济系统中存在大量的反馈环，有些是正向反馈，有些是负向反馈。其中，正向反馈环具有明显自我强化作用。部分文献也已经证实，数字期权在价值实现的过程中具有明显的正向反馈特征，数字期权的价值实现也会反过来推进企业对数字期权的识别和利用。Sambamurthy 等（2003）认为企业灵敏性和企业家警觉性与数字期权存在明显的双向反馈机制，不仅数字期权能够起到提升企业灵敏性和企业家警觉性的作用，企业灵敏性和企业家警觉性的提升也有利于数字期权的识别和利用。Overby 等（2006）进一步对不同类别企业灵敏性与不同类别数字期权之间的双向反馈机制进行了阐述，发现更高水平和更为平衡的企业灵敏性也将会促进更高水平和更为多样的数字期权发展。Sambamurthy 等（2003）、Sandberg 等（2014）也都发现数字期权的价值实现会激励企业加大 IT 能力投资和提升信息需求，反过来有利于数字期权的生成和识别。Svahn 等（2015）通过构建数字期权发展的整体框架发现，数字期权与生成能力、组织资源和技术资源之间也存在明显的双向反馈关系。值得一提的是，上述正向反馈机制作用的发挥通常较为复杂，一方面，数字期权与上述因素之间可能会存在更为复杂的传导机制；另一方面，上述反馈机制作用的发挥也会受到外部环境因素以及企业背景特征的影响。

# 五　扩展性讨论

数字期权思想源于实物期权理论在 IT 投资领域中的应用。因为比传统的基于利润和现金流的估值方法更适合不确定环境下的投资决策，实物期权概念自 20 世纪 70 年代被提出以来已经得到了理论界的广泛关注和发展，在 IT 投资实务领域也得到了广泛的应用。通过 "Web of Science" 检索发现，以 "real option＊" 作为主题词的文献多达 4684 篇。其中，以 "real option＊" 和 "information technology"、"real option＊" 和 "information system＊" 作为主题词的文献也分别达到 123 篇、56 篇[①]。虽然

---

[①] 检索日期为 2018 年 12 月 20 日。＊为检索通配符。其中，以 "real option＊" 和 "information technology" 作为主题词的第一篇文献出现在 2001 年，以 "real option＊" 和 "information systems" 作为主题词的第一篇文献出现在 2003 年。值得一提的是，现有文献一致认为实物期权概念由 Myers（1977）提出，但按照主题词检索并未显示这一文献。同时，按照标题检索，第一篇以实物期权作为标题的文献为 Trigeorgis（1993b）的研究。

获得理论界的广泛关注，但大量的问卷调查显示，实务界对实物期权方法应用的热情与理论界对实物期权理论探索的热情存在较大的背离。例如，Block（2007）的调查结果显示，279名财富1000强企业的CFO中仅有14.3%（40名）的人使用过实物期权分析方法。Baker等（2011）的调查结果显示，214名加拿大企业CFO中仅有16.8%（36名）的人在使用实物期权分析方法。Horn等（2015）的调查结果显示，来自挪威、丹麦和瑞典的384家大型企业CFO中仅有6%（23名）的人在使用实物期权分析方法。上述调查还显示，导致理论界和实务界背离的一个重要原因是实物期权分析方法过于专业和复杂。那么，作为实物期权理论发展的更高阶段，如何继续推进数字期权理论在理论界和实务界的进一步发展和应用将成为数字期权领域的重要研究内容。结合前述文献，借鉴Triantis和Borison（2001）的研究，本文认为数字期权理论的进一步发展可以沿如下三个相互关联的方面展开。

### （一）将数字期权作为一种估值方法

金融期权理论的发展起始于Black和Scholes（1973）以及Merton（1973）提出的标准金融期权估值模型，这也使估值模型的发展和演进成为金融期权理论研究的主线，这条主线同样贯穿实物期权理论的发展，包括实物期权理论在IT投资领域中的应用。不同的是，在Trigeorgis（1993a、1993b）的总结性研究推动下，将估值方法与IT投资的阶段性特征相结合成为利用实物期权估值方法分析IT投资的重要特征。Ullrich（2013）对此进行了很好的总结。遗憾的是，现有文献对数字期权估值技术的研究依然较少。结合Ullrich（2013）对实物期权和金融期权的比较以及Sandberg等（2014）对数字期权和金融期权的比较，本文认为数字期权作为一种估值方法至少可以沿着两条相互关联的路径继续发展和完善：一条路径是借鉴已有的实物期权估值方法，对人工智能、区块链、云计算、大数据、物联网和移动互联网等新兴数字技术投资展开研究；另一条路径是借鉴Trigeorgis（1993a、1993b）对实物期权的分类思想，按照数字技术投资特征对数字期权进行分类，然后在分类基础上进行数字期权估值方法的创新和发展。可见，这两条路径并非孤立发展,第一条路径的研究成果可以直接应用于第二条路径的发展,同时,复杂的数字技术投资通常需要综合应用两条路径的研究成果。

### (二) 将数字期权作为一种思维方式

实物期权估值方法虽然能够更加准确地评估 IT 投资价值,但由于存在很强的专业性和复杂性,使其在管理实践中并未得到广泛的使用,与理论界的热情存在较大的落差 (Block, 2007; Baker et al., 2011; Horn et al., 2015)。但与将实物期权作为估值方法的研究不同,也有部分学者提出,实物期权既是一种分析工具,也是一种思维方式 (Triantis & Borison, 2001)。作为一种思维方式,实物期权可以帮助管理者根据组织资源进行更高效的投资决策和机遇把握 (Bowman & Hurry, 1993),使其在投资决策实践中也经常被管理者使用 (Graham & Harvey, 2001; Fichman et al., 2005)[①]。根据 Fichman 等 (2005) 的定义,实物期权思维是指一种基于实物期权理论的新兴投资理念,通过将实物期权概念植入投资评价决策过程,可以指导管理者积极创造和实现投资价值。借鉴实物期权思维的相关研究成果,Sandberg 等 (2014) 提出了数字期权思维 (digital options thinking) 概念,并认为数字期权思维可以帮助管理者检验 IT 能力投资如何影响业务流程绩效,并根据企业战略目标进行有选择的 IT 能力投资。Svahn 等 (2015) 进一步利用数字期权思维对企业如何利用组织资源和技术资源塑造其创新发展的生成能力展开研究。可见,数字期权思维作为一种投资理念,有助于管理者依据直觉相对简单而快速地作出决策。关于未来如何完善数字期权思维,并将其应用于数字技术投资决策,将是数字期权理论研究的重要内容。

### (三) 将数字期权作为一种业务流程

数字期权估值方法可以帮助业务部门进行科学的投资价值评估,数

---

[①] Graham 和 Harvey (2001) 的调查结果显示,392 名被调查的 CFO 中有 26.59% 的人认为自己在进行新的投资决策时"总是"或"几乎总是"会应用到"实物期权"的概念。这一调查结果与 Block (2007)、Baker 等 (2011)、Horn 等 (2015) 的调查结果存在较大差异的主要原因在于,后几项调查更加侧重实物期权方法在实践中的应用,而 Graham 和 Harvey (2001) 的调查并未涉及具体的实物期权方法,因此更加侧重实物期权的思维。

字期权思维方式可以帮助管理者进行快速的投资决策。但无论是业务部门的价值评估还是管理者的投资决策，都具有很强的随机性和临时性，无法将数字期权理论在企业中的应用进行制度化，更无法对企业所蕴含的数字期权进行常规化开发和价值实现。同样的问题也存在于实物期权的研究和应用中。基于此，Triantis 和 Borison（2001）提出，应该将实物期权看作一种组织流程。Karimi 等（2009）则更进一步提出将数字期权看作一种组织流程。在 Hammer（1990）、Davenport 和 Short（1990）的大力倡导下，很多现代企业都设计了大量标准化业务流程提升其管理效率。其中，实物期权分析方法经常被当作有效的分析工具应用到投资决策流程、资本预算流程、资产评估流程、风险管理流程以及绩效评价流程等业务流程中，并成为这些流程必不可少的环节。Kohli 和 Devaraj（2004）也明确提出，应该将实物期权分析作为重要的环节制度化于企业 IT 投资价值实现的流程框架中。由此类推，数字期权不仅是一种估值方法和思维方式，也是一种业务流程和价值管理手段。如何将数字期权融合到企业现有的各项流程中，将是数字期权理论研究的重要内容。除此之外，数字期权作为 IT 投资的重要价值构成部分，要想充分实现其商业价值还需要构建专门的针对数字期权识别、开发和价值实现的业务流程，将数字期权作为企业的一项专门业务进行管理，从而实现数字期权价值的最大化。但目前来看，这一领域的研究尚属空白。

值得一提的是，数字期权估值、数字期权思维和数字期权流程并非相互替代和冲突的三个概念。正如 Karimi 等（2009）所提出的，数字期权思维本质上是一种投资管理哲学而不是精确量化的科学。管理者可以在不完全了解复杂的期权估值方法的前提下使用期权思维对数字技术投资的潜在价值进行识别和开发。但是从价值层面来看，这种识别和开发是模糊的。当价值实现需要付出成本时，是否进行开发就需要用数字期权估值方法来进行精确的评估。Triantis 和 Borison（2001）则指出，虽然实物期权估值和实物期权思维有助于管理者认识数字期权的价值而作出更为科学的决策，但实物期权价值的真正实现，还需要完备的流程作为支撑。专门化的业务流程将更有利于数字期权常态化和制度化的识别、开发和利用。虽然数字期权思维更受管理者欢迎，但由于其依赖管理者的直观判断，难免会受到管理者过往经历和心理因素的影响，并造成决策上的偏见和偏差。可见,数字期权估值、数字期权思维和数字期权流程是相辅相成和互为补充的。其中,数字期权思维可以被看作数字期权估值的前期准备,数字期权流程可以被看作数字期权思维和数字期权估值的制度化体现。

## 六 结语

无论是概念界定、生成机制、识别方法,还是经济价值,数字期权理论的发展和完善都是长期推进的过程。同时,本文通过扩展性讨论也发现,数字期权理论在数字技术投资评估分析中的应用大致可分为三个阶段:第一个阶段为数字期权思维方式的发展和应用阶段,第二阶段为数字期权估值方法的创新和应用阶段,第三阶段为数字期权业务流程的开发和应用阶段。目前,大部分研究依然处于第一阶段。对于第二阶段和第三阶段的研究,本文认为应主要集中于如下三个方面。

首先,积极借鉴实物期权研究成果,创新数字期权估值方法。一方面,自 Clemons 和 Weber（1990）、Dos Santos（1991）提出利用实物期权方法对 IT 投资进行估值以来,在借鉴金融期权理论的基础上,IT 投资估值领域已经发展出多种成熟的实物期权估值模型,探索这些模型在数字技术投资领域中的适用性是数字期权理论在第二阶段发展的重要任务;另一方面,现有的数字期权文献仅将数字期权看作一种增长期权,但从现有文献对实物期权的类别划分来看,数字技术投资与传统的 IT 投资类似,也可能存在类别多样的数字期权,这也是数字期权估值方法发展和应用的重要领域。

其次,综合考虑新兴数字技术特征,开发数字期权业务流程。根据国家互联网信息办公室发布的《数字中国建设发展报告（2017 年）》,2017 年中国数字经济规模已达 27.2 万亿元,同比增长 20.3%,占 GDP 的比重达到 32.9%,成为驱动经济转型升级的重要引擎。然而综观已有文献,中国有关数字期权的文献非常少见,更难有实践中的应用。积极地将数字期权思维方式和估值方法应用于中国数字技术投资管理实践是开发数字期权业务流程的重要前提。此外,与较早的 CRM、ERP、SCM 和 RFID 等数字技术不同,当下处于前沿的 ABCD 数字技术（人工智能、区块链、云计算、大数据)具备新的特征,如何开发这些数字技术投资过程中的数字期权业务流程,将成为数字期权理论第三阶段发展的重要内容。

最后,采用多种方法,持续识别和检验数字期权的生成机制与经济价值。数字技术在理解上的复杂性和应用上的融合性,致使现有文献对数字技术投资中所蕴含的数字期权生成机制和经济价值研究显得比较零散和缺乏系统性。采用规范分析、理论分析、案例分析、综合评价、计量分析等多种手段,对数字期权的生成机制和经济价值进行识别和检验,都将是数字期权理论研究的重要内容。

**参考文献**

孙晓琳、薛甜甜:《IT能力与企业绩效影响机制综合述评——基于中介变量视角》,《现代情报》2012年第11期。

谢卫红、成明慧、王田绘、王永健:《IT能力对企业吸收能力的影响机理研究——基于IT治理的视角》,《研究与发展管理》2015年第6期。

谢卫红、王田绘、成明慧、王永健:《IT能力、二元式学习和突破式创新关系研究》,《管理学报》2014年第7期。

周小川:《关于改变宏观和微观顺周期性的进一步探讨》,《中国金融》2009年第8期。

Baker, H. et al. (2011), "Management Views on Real Options in Capital Budgeting", *Journal of Applied Finance* 21 (1): 18-29.

Baldwin, C. Y. & K. B. Clark (2006), "Modularity in the Design of Complex Engineering Systems", in: D. Braha et al. (eds.), *Complex Engineering Systems: Science Meets Technology*, Springer.

Benaroch, M. (2002), "Managing Information Technology Investment Risk: A Real Options Perspective", *Journal of Management Information Systems* 19 (2): 43-84.

Bharadwaj, A. S. (2000), "A Resource-Based Perspective on Information Technology Capability and Firm Performance: An Empirical Investigation", *MIS Quarterly* 24 (1): 169-196.

Black, F. & M. Scholes (1973), "The Pricing of Options and Corporate Liabilities", *Journal of Political Economy* 81 (3): 637-659.

Block, S. (2007), "Are 'Real Options' Actually Used in the Real World?", *Engineering Economist* 52 (3): 255-267.

Boudreau, K. (2010), "Open Platform Strategies and Innovation: Granting Access vs. Devolving Control", *Management Science* 56 (10): 1849-1872.

Bowman, E. H. & D. Hurry (1993), "Strategy Through the Option Lens: An Integrated View of Resource Investments and the Incremental Choice Process", *Academy of Management Review* 18 (4): 760-782.

Ceccagnoli, M. et al. (2012), "Cocreation of Value in a Platform Ecosystem: The Case of Enterprise Software", *MIS Quarterly* 36 (1): 263-290.

Christensen, C. M. (1997), *The Innovator's Dilemma: When New Technologies Cause Great Firms to Fail*, Harvard Business School Press.

Clemons, E. K. & B. W. Weber (1990), "Strategic Information Technology Investments: Guidelines for Decision Making", *Journal of Management Information Systems* 7 (2): 9-28.

Cohen, W. M. & D. A. Levinthal (1990), "Absorptive Capacity: A New Perspective on Learning and Innovation", *Administrative Science Quarterly* 35 (1): 128-152.

Cronin, M. J. (2000), *Unchained Value: The New Logic of Digital Business*, Harvard Business School Press.

Davenport, T. H. & J. E. Short (1990), "The New Industrial Engineering: Information Technology and Business Process Redesign", *Sloan Management Review* 31 (4): 11-27.

Dos Santos, B. L. (1991), "Justifying Investments in New Information Technologies", *Journal of Management Information Systems* 7 (4): 71-89.

Fichman, R. et al. (2005), "Beyond Valuation: Real Options Thinking in IT Project Management", *California Management Review* 47 (2): 74-96.

Goldman, S. L. et al. (1995), *Agile Competitors and Virtual Organi-*

zations: *Strategies for Enriching the Customer*, Van Nostrand Reinhold.

Graham, J. R. & C. R. Harvey (2001), "The Theory and Practice of Corporate Finance: Evidence from the Field", *Journal of Financial Economics* 60: 187-243.

Hammer, M. (1990), "Reengineering Work: Don't Automate, Obliterate", *Harvard Business Review* 68 (4): 104-112.

Henfridsson, O. (2013), "Balancing Platform Control and External Contribution in Third-Party Development: The Boundary Resources Model", *Information Systems Journal* 23 (2): 173-192.

Horn, A. et al. (2015), "The Use of Real Options Theory in Scandinavia's Largest Companies", *International Review of Financial Analysis* 41: 74-81.

Kang, S-C. & S. A. Snell (2009), "Intellectual Capital Architectures and Ambidextrous Learning: A Framework for Human Resource Management", *Journal of Management Studies* 46 (1): 65-92.

Karimi, J. et al. (2009), "The Role of ERP Implementation in Enabling Digital Options: A Theoretical and Empirical Analysis", *International Journal of Electronic Commerce* 13 (3): 7-42.

Kirzner, I. (1979), *Perception, Opportunity, and Profit: Studies in the Theory of Entrepreneurship*, University of Chicago Press.

Kohli, R. & S. Devaraj (2004), "Realizing the Business Value of Information Technology Investments: An Organizational Process", *MIS Quarterly Executive* 3 (1): 53-68.

Kyriakopoulos, K. et al. (2016), "The Role of Marketing Resources in Radical Innovation Activity: Antecedents and Payoffs", *Journal of Product Innovation Management* 33 (4): 398-417.

Merton, R. C. (1973), "Theory of Rational Option Pricing", *Bell Journal of Economics and Management Science* 4 (1): 141-183.

Myers, S. C. (1977), "Determinants of Corporate Borrowing", *Journal of Financial Economics* 5 (2): 47-176.

Overby, E. et al. (2006), "Enterprise Agility and the Enabling Role of

Information Technology", *European Journal of Information Systems* 15 (2): 120-131.

Rigby, D. K. (1993), "How to Manage the Management Tools", *Planning Review* 21 (6): 8-15.

Rolland, K. H. et al. (2018), "Managing Digital Platforms in User Organizations: The Interactions Between Digital Options and Digital Debt", *Information Systems Research* 29 (2): 419-443.

Ross, J. W. et al. (1996), "Develop Long-Term Competitiveness Through IT assets", *Sloan Management Review* 38 (1): 31-41.

Saarikko, T. (2014), "Here Today, Here Tomorrow: Considering Options Theory in Digital Platform Development", *IFIP Advances in Information & Communication Technology* 429: 243-260.

Sambamurthy, V. et al. (2003), "Shaping Agility Through Digital Options: Reconceptualizing the Role of Information Technology in Contemporary Firms", *MIS Quarterly* 27 (2): 237-263.

Sandberg, J. et al. (2014), "Digital Options Theory for IT Capability Investment", *Journal of the Association for Information Systems* 15 (7): 422-453.

Santhanam, R. & E. Hartono (2003), "Issues in Linking Information Technology Capability to Firm Performance", *MIS Quarterly* 27 (1): 125-153.

Sharma, L. (2018), "A Systematic Review of the Concept of Entrepreneurial Alertness", *Journal of Entrepreneurship in Emerging Economies*, https://doi.org/10.1108/JEEE-05-2018-0049.

Singh, R. et al. (2017), "IT-enabled Revenue Cycle Transformation in Resource-Constrained Hospitals: A Collaborative Digital Options Inquiry", *Journal of Management Information Systems* 34 (3): 695-726.

Suhardi, N. et al. (2017), "Modeling IT Value Based on Meta-Analysis", The 4th International Conference on Electrical Engineering, Computer Science and Informatics.

Sun, S. L. & B. Zou (2017), "Generative Capability", *IEEE Transactions on Engineering Management* 99: 1-14.

Svahn, F. (2012), "Digital Product Innovation: Building Generative Capability Through Architectural Frames", PhD Thesis, Umea University.

Svahn, F. et al. (2015), "Applying Options Thinking to Shape Generativity in Digital Innovation: An Action Research Into Connected Cars", In: *Proceedings of the 2015 48th Hawaii International Conference on System Sciences*.

Tapscott, D. et al. (2000), *Digital Capital: Harnessing the Power of Business Webs*, Harvard Business School Press.

Tiwana, A. et al. (2006), "Information Systems Project Continuation in Escalation Situations: A Real Options Model", *Decision Sciences* 37 (3): 357-391.

Treacy, M. & F. Wiersema (1993), "Customer Intimacy and Other Value Disciplines", *Harvard Business Review* 71 (1): 84-93.

Triantis, A. & A. Borison (2001), "Real Options: State of the Practice", *Journal of Applied Corporate Finance* 14 (2): 8-24.

Trigeorgis, L. (1993a), "Real Options and Interactions with Financial Flexibility", *Financial Management* 22 (3): 202-224.

Trigeorgis, L. (1993b), "The Nature of Option Interactions and the Valuation of Investments with Multiple Real Options", *Journal of Financial and Quantitative Analysis* 28 (1): 1-20.

Ullrich, C. (2013), "Valuation of IT Investments Using Real Options Theory", *Business & Information Systems Engineering* 5 (5): 331-341.

Wang, S. et al. (2015), "How Do IT Competence, Organizational Agility and Entrepreneurial Actions Coevolve: The Case of Entrepreneurial Etailers on Ecommerce Platforms", The Fourteenth Wuhan International Conference on E-business.

Woodard, C. J. et al. (2013), "Design Capital and Design Moves: The Logic of Digital Business Strategy", *MIS Quarterly* 37 (2): 537-564.

Yoo, H. et al. (2015), "The Role of Digital Knowledge Richness in Green Technology Adoption: A Digital Option Theory Perspective", *Journal of Information Systems* 24 (2): 23-52.

Yoo, Y. (2013), "The Tables Have Turned: How Can the Information Systems Field Contribute to Technology and Innovation Management Research?", *Journal of the Association of Information Systems* 14 (5): 227-236.

Zahra, S. A. & G. George (2002), "Absorptive Capacity: A Review Reconceptualization and Extension", *Academy of Management Review* 27 (2): 185-203.

(原载《经济学动态》2019 年第 5 期)

# 数据要素的界权、交易和定价研究进展

熊巧琴 汤 珂

世界经济已从围绕物品和货币流动转变为围绕信息流动来组织（Drucker，1992），"数据是新的石油"（Varian，2018）成为共识。《中国互联网发展报告（2019）》指出，中国 2018 年的数字经济规模为 31.3 万亿元，占国内生产总值的 34.8%；且 IDC 发布《2025 年中国将拥有全球最大的数据圈》白皮书，预测中国的数据要素规模增速领先，2025 年将成为世界最大的数据圈。党的十九届四中全会决议将数据增列为生产要素，要求健全由市场评价贡献、按贡献决定报酬的机制。2020 年 4 月 9 日，《中共中央 国务院关于构建更加完善的要素市场化配置体制机制的意见》明确了提升社会数据资源价值、健全要素市场运行机制的方向和重点改革任务，这对引导各类要素协同向先进生产力集聚，加快完善社会主义市场经济体制具有重大意义。

数据要素作为数字经济的微观基础，具有战略性地位和创新引擎的作用。促进数据要素跨企业、跨产业的流通和交易有利于数据流向最有价值的地方，将数据对经济社会的乘数效应推到最大。但迄今为止，数据资产交易仍然面临大量亟待解决的问题，如数据资产化的前提、数据交易与个人隐私保护的争议、数据流通方式的选择、数据资产交易与传统商品交易的区别、数据资产交易所需要的技术支持、数据交易机制设计、数据资产的价值衡量和定价方式等。本文将通过对数据界权、交易和定价相关文献的梳理，从数据界权、数据资产特点、数据共享和交易机制设计、数据资产定价几个方面进行综述，以回答上述问题。

# 一 数据的权利界定和特点

## (一) 数据的定义和权利界定

数据权属界定不清已成为数据要素化最大的制度障碍之一。根据科斯定理,当市场交易存在成本时,如果初始的权利界定不当,很可能影响资源的最终配置并带来社会福利损失(Coase, 1960)。因此,数据权利归属于平台、个体或者政府的初始配置将影响数据市场的发展和社会福利水平。

数据的界权(delimitation of rights)和交易需要平衡数据市场发展和个人权利保护。为了厘清二者的争议,首先需要梳理数据的定义。根据国际标准化组织(ISO)的定义,信息(information)是关于事实、事件、事物、过程或思想等客体的知识,在特定语境中有特定的含义;数据(data)是信息的一种形式化方式的体现,以达到适合交流、解释或处理的目的[①]。信息可以在三个层面被支配和控制,分别是物理层的数据载体(存储介质)、符号层的数据产品(data goods)以及内容层的数据信息。其中,数据产品是信息整合的表现形式和组织结果,数据信息是数据产品蕴含的信息内容。数据产品存储在计算机、云盘等数据载体上;数据信息则包括个人信息和非个人信息,其中个人信息又可分为敏感和非敏感的个人信息。数据产品和数据信息构成广义上的"数据"(纪海龙,2018)。因此,个人信息和数据产品并不等同,二者的界权形式、交易方式也应当有所不同。个人信息属于数据主体的权利,数据产品则属于数据产品生产者/持有者的权利。

但是,学界对个人信息中的非敏感信息的赋权结论并不完全一致。一方面,购买历史、出行方式等通常是个人行为的副产品(Veldkamp, 2005; Ordoñez, 2013),其本质上属于数据主体的权利。Miller 和 Tucker(2017)的研究也表明,给予消费者对个人数据的控制权有助于促进个人数据的分享与交易。另一方面,大多数研究认为个人或企业拥有数

---

[①] ISO/IEC, Information Technology-Vocabulary, Online Browsing Platform, https://www.iso.org/obp/ui/#iso:std:iso-iec:2382:ed-1:v1:en:en.

据所有权的优劣没有绝对的最优解，而是取决于一些关键系数，例如数据对企业的价值和消费者货币化个人数据的能力（Dosis & Sand-Zantman，2019），或者取决于消费者对隐私保护与数据交易收益的最优决策（Abowd & Schmutte，2019）。Jones 和 Tonetti（2019）认为若由消费者掌握数据所有权，数据交易量将接近社会最优化水平（但弱劣于最优）；若由企业掌握数据所有权，数据交易量可以达到社会最优交易量，但交易量与数据带来的创新性破坏程度成反比，企业可能滥用数据交易，也可能交易不足。

根据 Nissenbaum（2010）提出的场景性公正（contextual integrity）原则，结合具体的情景、参与者、数据特点、流通原则以及场景中各方的合理预期，如果新的信息流不违背该场景下传统的民主公平规范或者能更好地实现该场景的价值，那么便应当确定相关主体的数据权益。由于数据要素的人格化禀赋效应（Thaler，1980；Radin，1982）[①]、低复制成本，且强势一方（比如企业）很容易通过合同、协议将个人的数据所有权低价甚至免费"交易"到自己手中，赋予个人绝对权利并不能有效保障个体的数据隐私和安全，且不利于数据要素的租赁和交易。为了解决个人和数据企业的激励问题（Admati & Pfleiderer，1990）及信息悖论问题（Arrow，1962），同时避免数据滥用和垄断，应当针对不同隐私和风险级别的个人信息，给予数据生产者（自然人）不同级别（可通过行使数据人格权需满足不同条件的方式体现）的拒绝权、可携权、获取收益等数据控制权，赋予数据产品持有者（例如数据收集者、设备生产者等）有限制的占有权（除所有权之外的收益权、使用权等权益集合）[②] 来解决上述问题。美国在不同行业分别制定隐私法，并与数据市场自由交易相结合，实际上便体现了分类分级保护隐私和鼓励数据交易的思想。

对于具有较大经济价值且经脱敏（desensitization）的个人信息，消费者和数据搜集/中介商之间可采取租赁式交易，数据中介商每使用/销售一次个人数据，对该消费者支付租金；或者采取一次性买卖以及其他

---

[①] 禀赋效应指如果一项产权与持有者的人格密切相关，人们对其拥有的物品的价值评价会更高的现象（Thaler，1980；Radin，1982）。

[②] "占有权"借鉴自龙登高的《中国传统地权制度及其变迁》（2018）一书。

隐私补偿方法（Ghosh & Roth，2015；Easley et al.，2018），从而刺激原始数据的生产和交易。另外，可借鉴美国《同意法案》（CONSENT ACT），通过制定额外的规则和程序，促使公司承担利用消费者提供的个人数据的应尽责任，包括对内容层面的个人数据进行充分的脱敏（Agarwal et al.，2019），以及其他必要的合法处理，例如匿名数据再识别化的风险评估、应急补救等。

### （二）数据资产及其特点

基于上述对"数据产品"的赋权，数据产品交易的合法化前提已确立——数据是一种产权可界定、可交易的商品。从直观呈现的产品类型来区分，数据可分为数字产品（digital goods）和数据产品（Pei，2020）。前者是以数字形式存储、表现和使用的人类的思想、知识成果，如在线歌曲、电子文献、在线课程等；后者是由网络、传感器和智能设备等记录的、可联结、可整合和可关联某特定对象的行为轨迹和关联信息，具有较强的分析价值，如各种机器生产和采集的内容。

数据要素化、数据资产化着重是指数字化的数据，即数据产品。数据资产化的核心在于通过数据与具体业务融合，驱动、引导业务效率改善，从而实现数据价值（何伟，2020）。一般而言，资产的核心特征主要包含三点：未来的收益性、所有者拥有对资产的控制权、由过往交易结果形成（Godfrey et al.，2010）。因此，合法获取的由企业或个人产生的，预计会影响个人或企业未来的行为决策，并为个人或企业带来经济收益的各类数据资源都是数据资产。大体量的数据产品集合又称作大数据资产。数据资产具有与传统资产、金融资产不同的特点。

1. 数据资产具有非竞争性且边际成本接近于零。数据资产可被无限分享和复制，且被分享和复制的数据资产在一定程度上具有非竞争性，即使用者的增多不影响数据资产本身的价值（Moody & Walsh，1999）。然而，这给数据资产交易造成了困扰，只有少数情况下，数据产品的分享会给数据拥有者带来不利竞争（比如与其构成商业竞争关系）。当数据资产的复制既没有物理成本也不会损害个人或厂商的福利，甚至会给分享者创收时，即便理论上可以进行数据界权，也很难防止用户将数据资产进行二次转售，从而损害数据产品创作者的利益，这是数据交易需要克服的难题之一。

数据资产在成本、价格公开的影响方面也与普通资产不同。由于数据整合涉及对不同系统来源的数据信息进行大量的人工干预、翻译和融合（English，1993），数据产品首次创作成本高，但根据摩尔定律，随着大数据技术的发展，数据资产的整合和储存等成本将进一步降低，数据资产产品的首次创作成本也将下降（Squire et al.，2009），而且数据资产的再生产边际成本接近于零（Lerner et al.，2006）。此外，数据资产还存在价格外部性，数据价格的公开会泄露数据的价值（Katz & Shapiro，1985）。

2. 数据资产的价值具有很大的不确定性。首先，数据资产具有事前不确定性（Kerber，2016）、协调性（Babaioff，2012）、自生性（self-generating）和网络外部性（Glazer，1993；Tomak & Keskin，2008）。买方如果交易前不了解该数据资产的详细信息，会较难明确该数据能带来的效用价值；但如果买方了解数据的全部信息，购买该数据对买方的价值将降低，这也就是前文所说的"信息悖论"。协调性是指不同的数据集组合可以带来不同的价值，这导致数据资产具有范围经济的特征。自生性指当同一组织或个人拥有的数据资产组合越多时，这些数据资产彼此之间越可能相互结合而产生新的数据资产，从而带来更多的价值。网络外部性是指数据产品的使用者越多，其价值越高，比如谷歌、微信等平台企业，使用个体越多，吸引的使用者越多，平台的数据资产价值越大。

其次，数据资产的价值与本身的体量、质量、时效性、整合程度之间存在一定的不确定性，与具体的应用场景相关。虽然大多数情况下数据资产具有规模报酬递增性，即随着数据产品中包含的有效数据内容的增多，该数据资产带来的价值也越来越大。但是，部分运用数据进行企业产品需求预测（如亚马逊）的实证研究发现，数据量对预测和决策改善的价值达到顶峰之后可能下降（O'Reilly，1986；Bajari et al.，2018）。一般情况下，数据准确度越高，价值越大（Wang & Strong，1996），但如果数据的准确程度固定，而使用者知晓该准确度，此信息的纳入同样可以帮助使用者进行决策矫正（Haebich，1997），从而产生更高的价值。在某些对时效性要求较强的应用场景中，只有最新的数据才有价值，比如消费者的住址、定位（Moody & Walsh, 1999）。但对于学者研究、行为预测等，历史数据和当前数据的重要性差别并不大，甚至早期的数据价值更大。另外，通常数据整合度越高，其价值越大，但 Goodhue 等（1992）指出数据价值与整合度呈抛物线关系，20%的整合度可以达到 80%的效用价值。Azevedo 等（2020）的研究则表明，互联网搜索中的 A/B 随机试验结果的分布可能是厚尾的：罕见的结果可能有非常高的回报，因而通过许多低质量和低统计能力的小型实验测试大量创意反而更有利于发现大的创新。

最后，数据资产的价值与使用者的异质性密切相关（Bergemann et al., 2018）。这主要是因为数据资产只有被使用才会产生价值（未被使用的数据资产事实上是企业的负债），数据资产的价值在于改变行动、改善数据资产持有者的决策和行为（Ackoff, 1967）。因此，使用者的目的、知识、能力、私有信息、已有的数据资产的不同，会导致同样的数据资产对不同买方的价值差异很大。所以数据资产的价值评估很难作为一个标准品，由众多类似股票交易市场上的买方共同定价。

## 二 数据资产交易

### （一）数据资产的流动方式

数据资本化有赖于数据要素跨企业、跨行业的流通和社会化配置。从数据资产到数据资本是数据要素化过程中一次"质的飞跃"，这类似马克思提出的商品到货币"惊险一跃"（Mayer-Schönberger & Ramge, 2018）。数据的流动方式主要包括企业主动共享、自留使用和数据交易，企业对这三种方式的选择依赖卖方是否与买方存在竞争、买卖双方的风险偏好水平等因素。

1. 数据共享、自留和交易的影响因素。如果数据产品持有者既销售数据又使用数据（与数据产品买方存在竞争），此时主动共享数据资产违背理性原则（Currarini & Feri, 2018; Jones & Tonetti, 2019）。Easley 等（2018）假设了一个古诺竞争、需求不确定、没有数据资产供应商的基准经济（benchmark economy）模型，此时数据共享能促进企业更好地适应消费者的需求,从而改善消费者剩余和社会总福利。但是,企业竞争使分享数据后企业利润减少,因此数据资产的"主动共享"对于企业来说是一个囚徒困境,局中人的上策都是不共享自身拥有的数据资产。

数据主体主动共享数据的场景较少。在古诺竞争和需求确定的伯川德竞争中,只有企业面临的市场需求不相关、市场需求信号完美或者存在战略互补(strategic complements)时,企业才会共享信息。在需求不确定的伯川德竞争中,只有当数据共享后,所有企业知晓其他企业和自身利润函数之后的策略相关性有利于自身利润时,企业才会共享数据(Raith, 1996; Gal-Or, 1985)。此外,对具有公共基础设施、公共价值性质的数据和主体,或者对伦理、安全等有高要求以至于法律限制交易的数据,各区域、各行业之间进行共享才会成为首选。为了在合规的条件下解决"数据孤岛"、整合数据以产生更大的价值,联邦学习(federated learning)等分布式机器学习方案受到推崇,极大地推动了数据价值的共享。

通过法令强制要求企业主动共享数据的方案则会产生额外的社会成本。除去行政成本,企业还将通过各种各样的策略行为,如给数据加"噪声"、降低数据质量等,减少社会福利。美国证券交易委员会(SEC)2000年曾颁布《公平披露规则》(以下简称 FD 规则),规定上市公司必须向公众披露重大信息,但是,Bushee 等(2004)和 Cohen 等(2014)发现 FD 规则的颁布促使公司通过各种方式进行合谋,从而控制向公众发布的数据。Bailey 等(2003)则指出自 FD 规则颁布后,企业分享的数据质量显著降低。

当卖方同样是数据资产的消费者时,数据卖方没有动机主动共享数据,但选择数据交易或自留使用则受到买卖双方风险偏好程度的影响。假设一个将数据资产金融化的场景,卖方将数据产品加工为数据基金进行销售。如果卖方是风险厌恶的,则卖方倾向只销售数据基金,不在二级市场中(例如利用数据资产进一步交易或者投入创新开发)和数据买方进一步竞争(Bhattacharya & Pfleiderer, 1985)。当数据无法被二次销售(如数据时效性较强)且数据持有者是风险中性时,其不会销售数据产品,而是倾向自留使用以减少竞争;当数据持有者是风险厌恶的且其他数据交易买方是风险中性时,则持有者倾向销售数据产品以平衡风险分摊和竞争加强的影响,而不是自留使用;否则,将选择销售数据和自留数据参与后续竞争的混合策略(Grinblatt & Ross, 1985; Admati & Pfleiderer, 1988)。

2. 第三方"数据销售商"的作用和问题。在平台或消费者拥有数据资产的寡头竞争市场中,独立收集和处理数据的第三方"数据销售商"可以有效促进消费者、企业之间的数据流通;且相比单个数据提供者,第三方"数据销售商"会从多种渠道、多个企业处收集和整合数据产品,从而提供更多元、综合的数据产品(Chiang et al., 2003; Yan, 2008)。因此当数据卖方不与买方形成竞争时,卖方通常需要权衡独自销售可减少的交易成本和通过第三方销售可增加的销量,进而作出最优的销售渠道选择。如果数据产品的需求存在网络外部性,那么原始数据提供者的最优策略为同时采用自我销售和第三方销售渠道,并提供差异化数据产品(versioning):在自我销售渠道上销售高质量数据产品,在第三方销售渠道上销售低质量数据产品(Liu et al., 2015; Khouja & Wang, 2010)。

另外,第三方数据机构还可以帮助数据买方中和风险、增加激励。在一两个企业参与、赢者通吃、成功不确定的探索创新模型中(比如专利开发),由于"死胡同"低效性(dead-end inefficiency)和过早出局低效性(early-switching inefficiency)普遍存在,由一个独立的第三方"数据销售商"来负责补偿创新失败企业的损失,才能弥补企业激励不足带来的社会福利损失(Akcigit & Liu, 2016)。

但目前中国的第三方数据交易平台普遍存在活跃度低、交易数量不足的问题[①],原因是多方面的:①基于生命周期视角,现阶段中国大数据交易产业处于成长期。②从制度因素来看,现阶段存在数据权属不清(申卫星,2020),交易标准和规范不明晰等问题,同时《网络安全法》等法律法规的实施导致中小型数据供需主体的市场合规成本增高等。③在技术方面,现有数据交易技术机制尚不成熟,难以兼顾隐私保护与流动。④就市场因素而言,一方面互联网巨头垄断数据,"数据自留"

---

① https://www.bdinchina.com/Article/info/id/609.html.

行为十分普遍；另一方面现有第三方数据交易平台仅具备信息撮合功能，尚未培养成熟的数据买卖市场。数据的价值往往来自对数据的加工和挖掘所传达的有效信息，大量的中小供需主体缺乏这项能力。因而，第三方数据交易平台可重点撮合专业性的大宗数据资源聚合平台参与交易。

### （二）数据资产的交易设计

与数据产品相比，数字产品的交易和定价市场的发展已较为成熟。数据产品的交易可借鉴数字产品，但由于数据的可复制性、低边际成本、可整合性和价值不确定性等特点更为明显，数据交易模式和卖方策略受应用场景、买方异质性和市场结构的影响更大。

1. 数字产品交易。数字产品的交易手段主要分为捆绑销售（bundling）、订阅和租赁式（subscription and renting）、拍卖（auction）。由于数字产品的低复制成本和买方异质性，对数字产品或服务进行捆绑销售十分普遍（Shapiro et al., 1998; Aguiar & Waldfogel, 2018）。Daskalakis 等（2017）研究发现，单独对每单位的数字产品进行定价和大捆绑（grand bundle）都能达到收益最大化。Haghpanah 和 Hartline（2020）研究表明，如果价格敏感型买家认为产品更具互补性，那么大捆绑是最佳选择。订阅指消费者支付固定价格之后可以免费使用一段时间平台内的数字产品服务，租赁指对每一次使用都付费（Alaei et al., 2019）。根据客户的产品使用率和价值的差异，平台的最大化收入决策有所不同。大多数平台同时提供订阅和租赁，并谨慎制定二者的价格，以激励使用率低的客户尽可能订阅数字产品，而使用率高的客户尽可能租赁数字产品（Pei, 2020）。

数字产品主要适用的拍卖方式包括赞助搜索拍卖（Edelman et al., 2007; Varian, 2009; Che et al., 2017）、随机抽样拍卖（Goldberg et al., 2001; Goldberg & Hartline, 2001）和在线拍卖（Lavi & Nisan, 2004）等。其中，"赞助搜索拍卖"指通过对搜索引擎中的关键词进行竞价，为广告商等竞得展示内容的位置（Lahaie et al., 2007）。"随机抽样拍卖"（random sample auction）是无限供应的数字产品实现真实反映竞拍者估值的典型方法，类似"第二价格拍卖"（Vickrey, 1961）。

这是因为数字产品的边际成本很低,"第二价格"很可能接近零(Pei,2020)。随机抽样拍卖将买方随机分为两部分,分别进行最优拍卖定价,各部分的买方最终能否成功竞得数据取决于其投标价格是否高于另一部分买方拍卖所定的最优价格(Goldberg & Hartline, 2001)。此时,买方的出价与是否获得标的无关,只有按照真实支付意愿出价才可能获得标的。数字产品在线上进行交易时,不同客户往往在不同时间出价,"在线拍卖"系统将在每个出价到达时作出竞拍成功与否的决定。Lavi 和 Nisan(2004)和 Bar-Yossef 等(2002)分别对有限供给和无限供给条件下的数字产品的在线拍卖提出了激励相容的在线拍卖机制。

2. 数据产品交易。数据产品交易按照应用场景可分为营销、风险规避和人员搜索三大类[①]。其中,营销是指运用数据列表(data lists)和数据追加集(data appends)[②]等对消费人群进行分割、匹配、定位、营销分析和消费预测,风险规避主要应用于个人和机构等进行信用等级构建和诈骗检测,人力资源数据则多用于人员搜索应用场景。

尽管应用场景、具体的交易机制可能不同,数据交易卖方策略的核心思想主要是差异化产品和价格,或只选择部分买方进行交易(Fudenberg & Villas-Boas, 2012; Shapiro & Varian, 1998),其核心在于区分买方异质性,真实反映买方的效用。如果交易方的风险容忍度不同而卖方可以完全歧视,卖方倾向对风险容忍度更高的买方收取更高的价格;如果卖方不能实现完全歧视,则会选择二级和三级价格歧视,促使买方自我选择(Admati & Pfleiderer, 1986)。

根据卖方对数据资产加工整合的精细程度,数据交易可分为直接交易和间接交易(Admati & Pfleiderer, 1986)。直接交易指卖方直接提供未经加工的原始数据,如消费者的年龄、收入等数据,这是大多数潜在客户开发公司和一些金融数据销售公司(如 Bloomberg、Wind)采用的方式。间接交易指的是卖方通过对数据的整合再加工形成一定程度的标准品或数据资产组合。直接交易和间接交易都可以实现价格歧视。

---

① Federal Trade Commission (2014), "Data Brokers: A Call for Transparency and Accountability", https://www.ftc.gov/system/files/documents/reports/data-brokers-call-transparency-accountability-report-federal-trade-commission-may-2014/140527databrokerreport.pdf.

② 买方在数据交易前拥有消费者的某些数据,所购买的数据产品可作为已有数据的补充。

（1）直接交易。当数据产品的价值可预期、部分可知时（Akcigit & Liu，2016；Riley & Samuelson，1981），可以采取直接交易方式。此外，当数据的负外部性相对较小而买方的异质性过大，例如私有信息和需求不同导致买方对数据的组合要求迥异，导致卖方无法设计足够多的数据产品满足所有买方的要求（Admati & Pfleiderer，1990），也可以考虑直接交易。数字产品的捆绑销售、订阅租赁以及各种拍卖方式均可在一定程度上运用于数据产品的直接交易（Pei，2020；Akcigit & Liu，2016）。例如，卖方可将不同质量的数据产品捆绑销售（Baake & Boom，2001），通过低价销售或赠送低质量的数据产品，将支付意愿和质量需求高的买方导流到高质量付费产品上，从而获取更高的利润。卖方也可通过租赁或销售"部分数据"（partial information）的方式识别高价值和低价值买方，因为高价值买方对部分数据的价值评估很低，倾向于高价订阅完全数据（Jones & Tonetti，2019）。

直接交易还可通过交互式协议（interactive protocol）进行动态机制设计（Babaioff et al.，2012）。假设市场仅存在一个垄断的数据产品卖方、一个购买数据追加集优化营销和避险决策的买方，双方的私有信息分别是数据（关于世界状态的信息）和买方的估值。卖方主要有三种协议方式可选择：其一，通过密封信封机制（sealed envelope mechanism）向买方透露产品价格，买方决定是否购买，此定价方式下的数据产品被视为一般商品。其二，买方支付一定的价格可以获得卖方提供的数据随机样本，再决定是否购买（pricing mapping）。其三，卖方先向买方提供一部分随机数据样本，买方基于这部分样本判断整体数据的价值，再决定是否购买（pricing outcomes）。这种方式使卖方可以根据买方的事后选择判断买方类型并进行价格歧视。

（2）间接交易。间接交易主要适用于数据的网络外部性为负、外部性较强、买方相对风险宽容时。此外，当卖方处于寡头或完全竞争市场时，由于卖方之间对彼此拥有的数据产品的信息不完全，没有卖方可以通过直接交易攫取更大的剩余，此时买方可采取众包、众筹等模式，卖方可在竞标成功后进行间接交易设计（Admati & Pfleiderer，1990）。根据买方的异质性需求，卖方可以通过设计不同成本—收益的数据产品筛选买方类型。以买方购买数据追加集进行风险规避和市场营销活动

(比如是否对某个消费者借贷或推送广告)为例,Bergemann 等(2018)指出,在卖方垄断、买方异质的市场中,由于买方交易前拥有不同的数据资产,且对销售数据产品质量的预判不一,买方对卖方手中的数据追加集的价值评估不同。卖方可以将这些数据追加集设计成不同的统计实验(假设检验)①来筛选买方,买方是贝叶斯决策者,由此卖方可以通过买方选择的"一类错误、二类错误组合水平"识别买方的私有信息,本质上是二级价格歧视。

结合数据产品价格和使用的负外部性,即数据资产价格对数据价值的泄露、数据资产的使用价值随使用者增多而降低的特点,数据供应商可通过设立基金、制定两部定价法(每股价格和固定费用相结合的方式)实现任意数据资产的组合销售。数据价格的外部性越高,每股价格越高,则两部定价法获利越大(Bhattacharya & Pfleiderer, 1985)。如果买方是异质的,且可能和卖方构成竞争,那么具有一定市场力量的卖方将同时参与数据基金的销售和二级市场的交易(Grinblatt & Ross, 1985; Admati & Pfleiderer, 1988)。此时,卖方的利润不仅源于数据基金的销售额,也包括通过数据基金参与二级市场的投资收益。

在双边市场中,可由统一的第三方机构或市场机制来提供间接交易的数据产品。此时,多个买方需要不同准确度的训练数据集,多个数据卖方共同出售各自的数据,价格真实反映买方估值、卖方收益最大化、收入公平分配给合作提供数据集的不同卖家(Shapley, 1953; Agarwal et al., 2019)、无套利(Liu et al., 2015)等目标非常重要。Agarwal 等(2019)提出由统一的在线市场设计不同的数据产品,并基于特定数据组合产品的零后悔拍卖机制来激励买方透露真实的价值评估。继而根据以上结果对买方销售不同的数据产品和价格,同时按照卖方的边际贡献来公平分配数据产品的总销售收入。在充分竞争的双边市场中,卖方没有足够大的市场力量控制市场,只能提供真实的数据,而非增加噪声或者复制数据滥竽充数。

在直接交易和间接交易中,卖方也可能只选择买方中的一部分人进

---

① 比如,原假设 H0 为"该消费者风险低,宜借贷/推送",备择假设 H1 为"该消费者风险高,不宜借贷/推送广告",给定某个固定的阈值,卖方提供不同的数据产品会带来不同的"一类错误、二类错误组合水平"。

行交易。Bergemann等（2018）指出，当满足一定条件时（比如卖方提供给高、低类型买方的差异化产品的边际收益相等），卖方将仅向部分买方销售数据产品。考虑到数据的可复制性、易于转售等问题，数据交易最可能采取的方式是"价高者得"，也就是最终只有使用价值最大、支付意愿最高的企业能够使用该数据资产（Akcigit & Liu，2016）。但"价高者得"是一个次优决策，并不能实现利润最大化。另外，随机抽样拍卖方式也是通过随机选择一部分买方的方式促使买方反映自我的真实价值的。

（3）数字产品和数据产品的差异。虽然数字产品和数据产品的交易模式存在相似之处，但二者也存在显著区别（Pei，2020）。首先，数字产品的最小单位，如一部电影、一篇电子文献本身是有价值的，而数据产品的最小单位，例如一条匿名化的消费者购买数据记录，其本身的价值微乎其微。因而数字产品可仅出售最小单位的量，数据虽可以按条数计价，但大多以数据集出售。其次，数据产品的可整合性极高，与不同的数据集整合可形成不同的数据产品，因而防止数据套利是数据交易需要考虑的因素。数字产品虽然也因低复制成本而将不同数量、类型捆绑销售（Bakos & Brynjolfsson，1999、2000），但捆绑与数据的整合有本质差异。最后，数字产品可以折旧后再消费、转售，且基本不影响使用价值，而数据产品的转售至少存在两种情形：一方面，数据内容本身可以被复制、整合成完全不一样的数据产品进行再消费和转售；另一方面，间接交易、"一对一"制定的差异化数据产品的转售却可能受到极大限制。

（4）数据交易技术和区块链的应用。针对数据交易存在的信息悖论、二次转售、道德风险等问题，传统交易技术和方法在一定程度上可以帮助解决部分问题。例如，运用预览、专家评估、声誉建设等方法，可以解决数据资产的信息悖论问题。运用密封信封（cryptographic envelopes）技术和专利权，通过审计、统计跟踪系统，可以帮助解决数据资产的可复制性问题。另外还可以接受数据产品的可复制性，将数据商品与销售者希望广泛传播的其他数据进行捆绑销售，如投放广告来赚取额外收益（Varian，1999）。但是，这些传统手段并不能从根本上解决问题，随着区块链和智能合约等技术的发展，上述问题得到了更有效的解决。

区块链（blockchain）技术方案可以通过赋权、"零知识证明"（zero knowledge proof）（Feige et al., 1988）、完整记录交易过程、提供可信的执行环境等来缓解上述交易问题。区块链系统中的任意多个节点可以通过密码学算法，将一段时间内发生在系统中全部信息交流的数据计算和记录到一个数据块（block）上，并且生成该数据块的指纹用于链接（chain）下个数据块和校验。此时，系统所有参与节点将共同认定该记录是否为真，同时，每个参与区块链的节点的合法性可以得到认可，保证了交易节点的真实性和合法性。通过区块链上私钥和公钥的双认证技术，可以有效验证数据交易方的身份，确认交易环节是否如约进行（Wang et al., 2018）。另外，区块链技术生成数字时间戳（time-stamp）可以对数据资产进行界权，同时有效记录交易的时序。由于每个数据资产可以拥有独特的哈希值（hash value）和时间戳，数据资产一旦在区块链上被界权，后续的每一步操作都会被实时记录，很难被更改和删除，这也为解决数据资产二次转售无迹可寻的难题提供了思路。

区块链和智能合约①的结合对解决数据交易的"信息悖论"问题和行为规范方面起到了不可忽视的作用。当智能合同通过区块链实施时，一旦交易前定下的条件得到满足，协议将自动执行，减少数据交易的欺诈可能性，规范交易秩序（Chen et al., 2019）。Hörner 和 Skrzypacz (2016) 提出，假设卖方销售有关某状态好或者差的信号数据，买方对此数据产品的价值评估是公开信息，卖方可以设计自我执行合同解决买方的失信问题。Su 等（2020）提出了一个基于区块链网络和可信执行交易环境（trusted execution environment）来保证数据商品和支付的可信交易框架，避免了传统第三方交易平台截留数据进行转卖、买卖双方彼此欺瞒等道德风险问题。Sabbagh（2019）则针对数据音乐作品的版权保护问题提出了利用 The Music Modernization Act（MMA）② 建立的音乐作品数据库，结合区块链和智能合同实施强制许可方案。Banerjee 和 Ruj（2019）提供了一个较详细的交易流程的理论方案，同时制定法规

---

① 智能合约是用代码编写的协议，一旦预定义的条件得到满足，它就会自动执行（Szabo，1994）。

② 这个数据库的目的是存储音乐作品信息，例如版权所有者的身份和位置，并根据实时搜索情况更新。

保证该设计具有可监管性。

当然，区块链技术和智能合约本身也存在数据隐私、可扩展性和互操作性等各类挑战（Underwood，2016）。区块链和智能合约目前尚无法完全解决数据资产的转售等问题。比如，数据持有人仍可以对原有数据稍做改变生成新的数据，虽然数据有所失真，但此时哈希值和时间戳并不能完全消除未经授权的转售等道德风险问题。

## 三　数据资产定价

### （一）数字产品的定价方法

数字产品的收入主要有三个来源，包括直接的货币收入、个人数据/隐私收入（Bergemann & Bonatti，2015）和时间/注意力收入（Lambrecht et al.，2014），这三种收入流往往存在此消彼长的关系（Pauwels & Weiss，2008）。向客户销售数字产品和服务，如电子书等，可以获取货币收入，也可以获取采集、使用消费者的个人数据的权益，还可以向广告商等出售其在数字产品中的空间和位置（Athey et al.，2018）以获取消费者的时间/注意力收入。数字产品销售商需要在定价方案中考虑它们的最佳组合方式（Gallaugher et al.，2001）。例如，视频或新闻平台通过投放广告可获得时间/注意力收入，若消费者为避免广告选择充值，则平台现金收入增多（Prasad et al.，2003），但价格敏感型的消费者也可能直接离开该平台（Chiou & Tucker，2013）。过度采集或者不当使用个人数据可能会带来客户的流失；而适度放弃现金流，例如采取低端产品或样品免费模式可能会培育起一个长期客户池（Boom，2004）。

数字产品常见的定价方式主要包括按离散单位计价、按使用量和时长计价、混合定价（Pei，2020）等。根据市场结构（市场竞争的强弱、是否为垄断市场等）、产品黏性、消费者价格敏感性和需求弹性等方面的差异，使用量的边际定价趋势有所区别。例如，百度网盘的普通会员收费为 10 元/月，比非会员额外增加 3TB 的容量空间，超级会员收费为 25 元/月，比非会员额外增加 5TB，边际支付是递增的；而大多数电子游戏的定价随着使用时长而递减。订阅和租赁属于典型的多因素混合计价，例如亚马逊 Prime 影音服务，单个数字产品的费用随基础订阅费的等级有所差异，但均会低于实体替代产品的价格（Brynjolfsson & Smith，2000）。

### （二）数据产品的定价原则和方法

数字产品的定价方式大多数可以直接借鉴到数据产品上，这主要是因为二者都拥有低复制成本、较大的价格歧视空间，而且在定价对象方面存在重合之处。例如，数字产品销售商通过提供数字产品或服务的方式获取消费者个人数据的授权，换一个角度便是商家对个人数据内容支付的对价（Pei，2020）。因此，数据产品通常可通过提供部分免费数据来获取数据买方流量（Lerner et al.，2006）；或者根据使用量计费，例如根据使用条数计价；抑或收取订阅和租赁费的混合价格（Wu & Banker，2010）。由于数据价值的不确定性，对数据资产的价格进行统一规定几乎是不现实的，应该在界权基础上由市场发现数据资产的价格。同时，数据要素的定价离不开具体交易场景，需要根据典型应用场景有针对性地核算数据要素价值。

数据资产定价的主要原则包括价格可以真实地反映买家的效用、卖方收入最大化、收入公平分配给合作提供数据集的不同卖家（Shapley，1953；Agarwal et al.，2019）、无套利（Liu et al.，2015）、隐私保护和计算效率（Goldberg et al.，2001；Pei，2020）。具体的定价方法基本体现了以上原则的取舍和融合。例如，Koutris 等（2013）对查询式数据（query based data）制定出一套线性规划方案，可以同时满足卖方收入最大化、无套利、公平分配原则。随机抽样拍卖定价方式能有效促进价格真实地反映买家效用，但不一定能使卖方整体收入最大化。而一些能最大限度满足无套利原则的定价方法可能需要较大的计算量（Koutris et al.，2015）。以下将对主要的定价方法及其适用场景进行介绍。

1. 传统会计学定价。收益法、成本法和市场价格法等适用于不同类型的数据。收益法关注商品的效用价值或现值，其收益可以依靠合同定期支付。对以原始数据直接交易的数据资产的定价，可以通过收益现值法，根据买方的实际收益所得、使用次数或时间等，按比例支付给卖方，但选择合适的折现率比较困难（Henderson et al.，2015）。收益法的典型应用场景包括基于项目数量和用户数量制定比例租赁费用的订阅方式，根据买方的质询、模型训练精度定价（Koutris et al.，2013；Tang et al.，2013；Agarwal et al.，2019）等方式。Bergemann 和 Bonatti（2015）曾提出，对于用广告精准推送的消费者行为数据，可通过广告的收益和成本的线性定价来获取最大收入，且该价格与市场集中度负相关，与该数据集的协同性（不同信息产品之间的合作产生的增量价值）正相关。

成本法易于操作且定价相对直观，如果仅依靠成本法则忽略了买方异质性和数据特点所产生的价值，很可能会低估数据的价值。因此，成本法比较适用于买方差异不大、制作成本几乎是公开信息、供给竞争激烈的数据产品，同时也适用于对个人数据的隐私补偿定价（Ghosh & Roth，2015）。Fleischer 和 Lyu（2012）针对个人的隐私数据定价提出了"公布价格"机制，卖方以接受或拒绝合同的方式获取数据的隐私成本收入。对于搜集和加工边际成本递减的数据类型，成本法给出的数据资产的价格应该比平均成本更低。

市场价格法则强调数据资产的交易价格，主要考虑重置成本（用新资产替换已有资产的成本）、当前成本（用类似用途的资产替换资产的成本）或可变现净值（资产可以出售的金额减去出售成本）。大多类似知识产权的数据都可适用市场法，但其运用限制也较为明显，比成本法更费时和昂贵（Henderson et al.，2015），且要求市场上已有类似的数据交易作为参照。

但是，传统会计学定价可能会低估数据集的价格，这是因为拥有数据资产的企业一般会进行相机决策。如果现有数据集质量不佳或市场需求疲软等，企业可能会放弃或延迟开发数据集。这也意味着当企业计划将数据要素纳入生产环节时，数据资产具有了隐含期权的特征。因而，可考虑将实物期权理论（Myers，1977）融入数据资产定价，但此方面的研究仍有待进一步发展。

2. 基于"信息熵"定价。根据 Shannon（1948）的信息论，"信息熵"表示信息中排除冗余后的平均信息量，是与买家关注的某事件发生的概率相关的相对数量。信息熵越大，某事件发生的不确定性越小，正确估计它的概率越高。因而熵越大，信息内容的有效性越大，交易价格越高。"信息熵"定价在传统金融、期权领域运用广泛，主要通过不同时间的历史数据预测未来时期的期权价值（Rubinstein，1994；Buchen & Kelly，1996）。因此，通过对数据元组（组成数据集的小单位）的隐私含量、被引用次数、供给价格、权重等因素的结合，可以对数据资产的信息熵进行动态定价。Shen 等（2019）提出了对个人数据的信息熵定价方法。信息熵定价法充分考虑了数据资产的稀缺性，且相对于数据的内容和质量，更关注数据的有效数量和分布（Li et al.，2017）。

3. 数据资产价值的多维度定价。根据数据资产价值的多个维度进行定价可以兼顾卖方、买方和数据资产本身的核心关注点。数据资产价值的评估要素主要应考虑数据成本、数据质量、数据产品的层次和协同性、买方的异质性等（Wang & Strong，1996）。数据资产的采集、存证、传输、加工、营销均会产生成本。英国 DAMA 工作组数据质量的指标包括完整性、独特性、时效性、有效性、准确性和一致性六个主要维度。数据产品的层次主要指其技术含量、稀缺性等，协同性则是指不同信息产品之间的合作产生的增量价值。一般以上指标与数据价值成正比，而买方异质性使数据价值的方差很大。不同的买方拥有不同的风险厌恶程度、数据偏好、信息使用成本和变现能力，即便是相同的数据，价值差异也很大。因此，如果买方异质性较强，企业一般会先筛选买方类型，再进行价值评估和差异化定价。

Sajko 等（2006）提出可对数据的现值、成本、数据本身的特征和质量等多个维度的重要性和价值展开定量评级，再结合群组决策和价值矩阵等定性分析方法，得到数据在每个维度的价值，最后得到综合价值。同时，可以结合 Zeithaml（1988）提出的价格价值、竞争价值、情感价值、功能价值和社会价值五个维度[①]，设计客户感知价值定价模型。另外，可以借助人工智能提高大规模数据产品定价的计算效率。人工智能定价在医学图像数据（Li et al.，2017）、自然语言处理（Young et al.，2018）等对决策模型的精度和准确度有特殊要求的领域的应用将越来越普遍。

---

① 价格价值与制作数据产品的成本相关，竞争价值包括该数据产品的稀缺性等，情感价值主要指买卖双方在交易过程中的感受、情绪和情感效用（Rabin，1993），功能价值主要指买方在使用数据产品中所获取的效用价值，社会价值是指需求方通过数据应用提高社会自我概念而带来的效用。

综上，在对数据资产内容定价时，为了保护数据内容，防止内容泄露造成数据价值降低，卖方可利用上述各种资产估值方法对随机抽样部分内容进行价值评估，进而对整体数据资产内容进行定价。对大数据型的数据资产，则可以不按内容计价，而是在数据标准化的基础上，以"盒"为单位，通过一般性价值评估对标准化的单位"盒"数据估值，进而按件计价交易。

## 四　结论

数据要素是数字经济的微观基础和创新引擎，促进数据要素的流通和交易是未来产业发展的大趋势。数据界权、交易和定价机制的明晰有利于保护数据主体权益并维护数据安全，同时引导数据要素协同向先进生产力集聚，从而促进完善社会主义市场经济体制。本文综合经济学、计算机科学、法学等跨专业学科文献，对数据资产界权、交易和定价进行综述。

首先，本文通过区分数据内容和数据产品，提出数据自然人享有个人数据内容的分级分类的数据控制权，数据文件持有者则享有数据产品有限制的占有权（所有权或用益权），这有利于解决个人数据权益和数据流通的争议。其次，本文总结了数据资产的可复制性、价值不确定性等特征，数据资产的交易和定价与传统资产和金融资产不同。继而通过对数据交易、自我保留、数据共享三种数据流通方式的比较总结，本文指出了数据交易的合理性、第三方数据售卖商对数据流通的重要性和现阶段数据交易不足的原因。再次，本文比较了数字产品和数据产品的交易和定价，着重说明了数据产品直接交易和间接交易的具体方式、卖方策略，并指出其受应用场景、买方异质性和市场结构的影响。差异化产品和定价是数据产品交易的核心思想，可以通过线性定价、两部定价法、拍卖、机制设计等多种方式进行。同时，本文还分析了区块链和智能合约等技术方案在解决数据交易二次转售、"信息悖论"和行为规范方面的作用和不足。最后，本文比较分析了数据资产的定价原则，以及包括传统会计定价、多维度综合定价、信息熵定价等在内的多种方法，并将其运用于数据资产内容和大数据型资产的价值评估中。

通过上文的综述和分析，本文针对数据交易产业发展和政策制定提供以下建议。第一，完善数据要素界权，在场景性公正原则下针对数据内容和数据产品细分数据权利，加强数据安全和隐私保护，充分挖掘和释放数据要素的价值。第二，以应用需求为导向建设第三方大数据交易平台，提升其协调、服务数据买卖方的技术和能力，鼓励专业性的数据聚合企业通过直接交易和间接交易方式，"一对多"与其他数据需求企业开展匹配交易。第三，重视区块链技术在数据交易中的应用，制定统一的技术标准及规则，规范数据交易技术和市场。第四，构建数字生态，坚持市场主导原则，完善市场监督。

**参考文献**

何伟：《激发数据要素价值的机制、问题和对策》，《信息通信技术与政策》2020 年第 6 期。

纪海龙：《数据的私法定位与保护》，《法学研究》2018 年第 6 期。

凌斌：《界权成本问题：科斯定理及其推论的澄清与反思》，《中外法学》2010 年第 21 期。

龙登高：《中国传统地权制度及其变迁》，中国社会科学出版社 2018 年版。

申卫星：《论数据用益权》，《中国社会科学》2020 年第 11 期。

Abowd, J. M. & I. M. Schmutte (2019), "An Economic Analysis of Privacy Protection and Statistical Accuracy as Social Choices", *American Economic Review* 109 (1): 171–202.

Ackoff, R. L. (1967), "Management Misinformation Systems", *Management Science* 14 (4): B147–B156.

Admati, A. R. & P. Pfleiderer (1986), "A Monopolistic Market for Information", *Journal of Economic Theory* 39 (2): 400–438.

Admati, A. R. & P. Pfleiderer (1988), "Selling and Trading on Information in Financial Markets", *American Economic Review* 78 (2): 96–103.

Admati, A. R. & P. Pfleiderer (1990), "Direct and Indirect Sale of Information", *Econometrica* 58 (4): 901–928.

Agarwal, A. et al. (2019), "A Marketplace for Data: An Algorithmic Solution", *Proceedings of the 2019 ACM Conference on Economics and Computation*, 701-726.

Aguiar, L. & J. Waldfogel (2018), "As Streaming Reaches Flood Stage, Does it Stimulate or Depress Music Sales?", *International Journal of Industrial Organization* 57: 278-307.

Akcigit, U. & Q. Liu (2016), "The Role of Information in Innovation and Competition", *Journal of the European Economic Association* 14 (4): 828-870.

Alaei, S. et al. (2019), "Optimal Subscription Planning for Digital Goods", Social Science Research Network Working Paper, No. 3476296.

Athey, S. et al. (2018), "The Impact of Consumer Multi-Homing on Advertising Markets and Media Competition", *Management Science* 64 (4): 1574-1590.

Azevedo, E. M. et al. (2020), "A/B Testing with Fat Tails", *Journal of Political Economy* 128 (12): 4614-5000.

Baake, P. & A. Boom (2001), "Vertical Product Differentiation, Network Externalities, and Compatibility", *International Journal of Industrial Organization* 19 (1-2): 267-284.

Babaioff, M. et al. (2012), "Optimal Mechanisms for Selling Information", *Proceedings of the 13th ACM Conference on Electronic Commerce*, 92-109.

Bailey, W. et al. (2003), "Regulation Fair Disclosure and Earnings Information: Market, Analyst, and Corporate Responses", *Journal of Finance* 58 (6): 2487-2514.

Bajari, P. et al. (2018), "The Impact of Big Data on Firm Performance: An Empirical Investigation", *AEA Papers and Proceedings* 109: 33-37.

Bakos, Y. & E. Brynjolfsson (1999), "Bundling Information Goods: Pricing, Profits, and Efficiency", *Management Science* 45 (12): 1613-1630.

Bakos, Y. & E. Brynjolfsson (2000), "Bundling and Competition on the Internet", *Marketing Science* 19 (1): 63-82.

Banerjee, P. & S. Ruj (2019), "Blockchain Enabled Data Marketplace-design and Challenges", Computing Research Repository Working Paper, No. 1811. 11462.

Bar-Yossef, Z. et al. (2002), "Incentive-Compatible Online Auctions for Digital Goods", SODA'02: *Proceedings of the Thirteenth Annual ACMSIAM Symposium on Discrete Algorithms*, 964-970.

Bergemann, D. & A. Bonatti (2015), "Selling Cookies", *American Economic Journal: Microeconomics* 7 (3): 259-294.

Bergemann, D. & A. Bonatti (2019), "Markets for Information: An Introduction", *Annual Review of Economics* 11: 85-107.

Bergemann, D. et al. (2018), "The Design and Price of Information", *American Economic Review* 108 (1): 1-48.

Bhattacharya, S. & P. Pfleiderer (1985), "Delegated Portfolio Management", *Journal of Economic Theory* 36 (1): 1-25.

Boom, A. (2004), "'Download for Free': When do Providers of Digital Goods Offer Free Samples?", Discussion Papers 2004/28, School of Business & Economics, Free University Berlin.

Brynjolfsson, E. & M. D. Smith (2000), "Frictionless Commerce? A Comparison of Internet and Conventional Retailers", *Management Science* 46 (4): 563-585.

Buchen, P. W. & M. Kelly (1996), "The Maximum Entropy Distribution of an Asset Inferred from Option Prices", *Journal of Financial and Quantitative Analysis* 31 (1): 143-159.

Bushee, B. J. et al. (2004), "Managerial and Investor Responses to Disclosure Regulation: The Case of Reg. FD and Conference Calls", *Accounting Review* 79 (3): 617-643.

Che, Y. K. et al. (2017), "An Experimental Study of Sponsored-search Auctions", *Games and Economic Behavior* 102: 20-43.

Chen, Y. et al. (2019), "FaDe: A Blockchain-based Fair Data Exchange Scheme for Big Data Sharing", *Future Internet* 11 (11): 225-225.

Chiang, W. Y. K. et al. (2003), "Direct Marketing, Indirect Profits:

A Strategic Analysis of Dual-channel Supply-Chain Design", *Management Science* 49 (1): 1-20.

Chiou L. & C. Tucker (2013), "Paywalls and the Demand for News", *Information Economics and Policy* 25 (2): 61-69.

Coase, R. H. (1960), "The Problem of Social Cost", *Journal of Law and Economics* 3: 1-44.

Cohen, L. et al. (2014), "Playing Favorites: How Firms Prevent the Revelation of Bad News", NBER Working Paper, No. w19429.

Currarini, S. & F. Feri (2018), "Information Sharing in Oligopoly", In: L. C. Corchón & M. A. Marini (eds.), *Handbook of Game Theory and Industrial Organization*, Edward Elgar.

Daskalakis, C. et al. (2017), "Strong Duality for a Multiple-good Monopolist", *Econometrica* 85 (3): 735-767.

Dosis, A. & W. Sand-Zantman (2019), "The Ownership of Data", Social Science Research Network Working Paper, No. 3420680.

Drucker, P. F. (1992), "The new Society of Organizations", *Harvard Business Review* 20: 281-293.

Easley, D. et al. (2018), "The Economics of Data", Social Science Research Network Working Paper, No. 3252870.

Edelman, B. et al. (2007), "Internet Advertising and the Generalized Second-Price Auction: Selling Billions of Dollars Worth of Keywords", *American Economic Review* 97 (1): 242-259.

English, L. P. (1993), "Accountability to the Rescue", *Database Programming and Design* 6: 54-59.

Feige, U. et al. (1988), "Zero-Knowledge Proofs of Identity", *Journal of Cryptology* 1 (2): 77-94.

Fleischer, L. K. & Y. H. Lyu (2012), "Approximately Optimal Auctions for Selling Privacy When Costs are Correlated with Data", Proceedings of the 13th ACM Conference on Electronic Commerce, 568-585.

Fudenberg, D. & J. M. Villas-Boas (2012), "Price Discrimination in the Digital Economy", In: M. Peitz & J. Waldfogel (eds.), *The Oxford*

*Handbook of the Digital Economy*, Oxford University Press.

Gallaugher, J. M. et al. (2001), "Revenue Streams and Digital Content Providers: An Empirical Investigation", *Information & Management* 38 (7): 473-485.

Gal-Or, E. (1985), "Information Sharing in Oligopoly", *Econometrica* 53 (2): 329-343.

Ghosh, A. & A. Roth (2015), "Selling Privacy at Auction", *Games and Economic Behavior* 91: 334-346.

Glazer, R. (1993), "Measuring the Value of Information: The Information Intensive Organization", *IBM Systems Journal* 32 (1): 99-110.

Godfrey, J. et al. (2010), *Accounting*, John Wiley & Sons, Inc.

Goldberg, A. V. & J. D. Hartline (2001), "Competitive Auctions for Multiple Digital Goods", ESA'01: Proceedings of the 9th Annual European Symposium on Algorithms, 416-427.

Goldberg, A. V. et al. (2001), "Competitive Auctions and Digital Goods", SODA'01: Proceedings of the Twelfth Annual ACM-SIAM Symposium on Discrete Algorithms, 735-744.

Goodhue, D. L. et al. (1992), "The Impact of Data Integration on the Costs and Benefits of Information Systems", *MIS Quarterly* 16 (3): 293-311.

Grinblatt, M. S. & S. A. Ross (1985), "Market Power in a Securities Market with Endogenous Information", *Quarterly Journal of Economics* 100 (4): 1143-1167.

Haebich, W. (1997), "A Methodology for Data Quality Management", *Proceedings of the* 1997 *Conference on Information Quality*, 194-208.

Haghpanah, N. & J. Hartline (2020), "When is Pure Bundling Optimal?", *Technical Report*, *Working Paper*, The Pennsylvania State University.

Henderson, S. et al. (2015), *Issues in Financial Accounting*, Pearson Higher Education Australia.

Hörner, J. & A. Skrzypacz (2016), "Selling Information", *Journal of Political Economy* 124 (6): 1515-1562.

Jones, C. I. & C. Tonetti (2019), "Nonrivalry and the Economics of

Data", *American Economic Review* 110（9）：2819-2858.

Katz, M. L. & C. Shapiro（1985）, "Network Externalities, Competition, and Compatibility", *American Economic Review* 75（3）：424-440.

Kerber, W.（2016）, "A New, Intellectual, Property Right for Non-personal Data? An Economic Analysis", *Gewerblicher Rechtsschutz und Urheberrecht, Internationaler Teil* 11：989-998.

Khouja, M. & Y. Wang（2010）, "The Impact of Digital Channel Distribution on the Experience Goods Industry", *European Journal of Operational Research* 207（1）：481-491.

Koutris, P. et al.（2013）, "Toward Practical Query Pricing with Query Market", *Proceedings of the 2013 ACM SIGMOD International Conference on Management of Data*, 613-624.

Koutris, P. et al.（2015）, "Query-based Data Pricing", *Journal of the ACM* 62（5）：1-44.

Lahaie, S. et al.（2007）, "Sponsored Search Auctions", in：N. Nisan et al.（eds.）, *Algorithmic Game Theory*, Cambridge University Press.

Lambrecht, A. et al.（2014）, "How do Firms Make Money Selling Digital Goods Online?", *Marketing Letters* 25（3）：331-341.

Lavi, R. & N. Nisan（2004）, "Competitive Analysis of Incentive Compatible Online Auctions", *Theoretical Computer Science* 310（1-3）：159-180.

Lerner, J. et al.（2006）, "The Dynamics of Open-Source Contributors", *American Economic Review* 96（2）：114-118.

Li, C. et al.（2012）, "A Theory of Pricing Private Data", *ACM Transactions on Database Systems* 39（4）：1-28.

Li, X. et al.（2017）, "A First Look at Information Entropy-Based Data Pricing", *2017 IEEE 37th International Conference on Distributed Computing Systems*, 2053-2060.

Ligett, K. & A. Roth（2012）, "Take it or Leave it：Running a Survey When Privacy Comes at a Cost", In：P. W. Goldberg & M. Guo（eds.）, *WINE'12：Proceedings of the Eighth International Workshop on Internet and*

*Network Economics*, Springer.

Liu, Z. et al. (2015), "Selling Information Products: Sale Channel Selection and Versioning Strategy with Network Externality", *International Journal of Production Economics* 166: 1-10.

Mayer-Schönberger, V. & T. Ramge (2018), *Reinventing Capitalism in the Age of Big Data*, Basic Books.

Miller, A. R. & C. Tucker (2017), "Privacy Protection, Personalized Medicine and Genetic Testing", *Management Science* 64 (10): 4648-4668.

Moody, D. & P. Walsh (1999), "Measuring the Value of Information: An Asset Valuation Approach", *ECIS'99: Proceedings of Seventh European Conference on Information Systems*, 1-17.

Myers, S. C. (1977), "Determinants of Corporate Borrowing", *Journal of Financial Economics* 5 (2): 147-175.

Nissenbaum, H. (2010), *Privacy in Context: Technology, Policy, and Social Life*, Stanford University Press.

Ordoñez, G. (2013), "The Asymmetric Effects of Financial Frictions", *Journal of Political Economy* 121 (5): 844-895.

O'Reilly III, C. A. (1986), "Individuals and Information Overload in Organizations: Is More Necessarily Better?", *Academy of Management Journal* 23 (4): 684-696.

Pauwels, K. & A. Weiss (2008), "Moving from Free to Fee: How Online Firms Market to Change Their Business Model Successfully", *Journal of Marketing* 72 (3): 14-31.

Pei, J. (2020), "A Survey on Data Pricing: From Economics to Data Science", ArXiv Working Paper, No. 2009.04462.

Prasad, A. et al. (2003), "Advertising Versus Pay-Per-View in Electronic Media", *International Journal of Research in Marketing* 20 (1): 13-30.

Rabin, M. (1993), "Incorporating Fairness into Game Theory and Economics", *American Economic Review* 83 (5): 1281-1302.

Radin, M. J. (1982), "Property and Personhood", *Stanford Law Review* 34: 957-1015.

Raith, M. (1996), "A General Model of Information Sharing in Oligopoly", *Journal of Economic Theory* 71 (1): 260-288.

Riley, J. G. & W. F. Samuelson (1981), "Optimal Auctions", *American Economic Review* 71 (3): 381-392.

Rubinstein, M. (1994), "Implied Binomial Trees", *Journal of Finance* 49 (3): 771-818.

Sabbagh, C. R. (2019), "Envisioning a Compulsory-Licensing System for Digital Samples Through Emergent Technologies", *Duke Law Journal* 69 (1): 231-265.

Sajko, M. et al. (2006), "How to Calculate Information Value for Effective Security Risk Assessment", *Journal of Information and Organizational Sciences* 30 (2): 263-278.

Shannon, C. E. (1948), "A Mathematical Theory of Communication", *Bell System Technical Journal* 27 (3): 379-423.

Shapiro, C. & H. R. Varian (1998), "Versioning: The Smart Way to Sell Information", *Harvard Business Review* 6: 106-106.

Shapiro, C. et al. (1998), *Information Rules: A Strategic Guide to the Network Economy*, Harvard Business Press.

Shapley, L. S. (1953), "A Value for N-person Games", in: H. W. Kuhn & A. W. Tucker (eds.), *Contributions to the Theory of Games*, Princeton University Press.

Shen, Y. et al. (2019), "Pricing Personal Data Based on Information Entropy", *Proceedings of the 2nd International Conference on Software Engineering and Information Management*, 143-146.

Squire, B. et al. (2009), "The Impact of Mass Customisation on Manufacturing Trade-offs", *Production and Operations Management* 15 (1): 10-21.

Su, G. et al. (2020), "BDTF: A Blockchain-based Data Trading Framework with Trusted Execution Environment", ArXiv Working Paper, No. 2007.06813.

Szabo, N. (1994), "Smart Contracts", Unpublished manuscript.

Tang, R. et al. (2013), "The Price is Right", in: H. Decker et al. (eds.), *Database and Expert Systems Applications*, Springer.

Thaler, R. H. (1980), "Toward a Positive Theory of Consumer Choice", *Journal of Economic Behavior and Organization* 1 (1): 39-60.

Tomak, K. & T. Keskin (2008), "Exploring the Trade-off between Immediate Gratification and Delayed Network Externalities in the Consumption of Information Goods", *European Journal of Operational Research* 187 (3): 887-902.

Underwood, S. (2016), "Blockchain Beyond Bitcoin", *Communications of the ACM* 59 (11): 15-17.

Varian, H. (2018), "Artificial Intelligence, Economics, and Industrial Organization", In: A. Agrawal et al. (eds.), *The Economics of Artificial Intelligence: An Agenda*, University of Chicago Press.

Varian, H. R. (1999), "Markets for Information Goods", in: K. Okina & T. Inoue (eds.), *Monetary Policy in a World of Knowledge Based Growth, Quality Change and Uncertain Measurement*, Macmillan Press.

Varian, H. R. (2009), "Online ad Auctions", *American Economic Review* 99 (2): 430-434.

Veldkamp, L. L. (2005), "Slow Boom, Sudden Crash", *Journal of Economic Theory* 124 (2): 230-257.

Vickrey, W. (1961), "Counterspeculation, Auctions, and Competitive Sealed Tenders", *Journal of Finance* 16 (1): 8-37.

Vives, X. (1988), "Aggregation of Information in Large Cournot Markets", *Econometrica* 56 (4): 851-876.

Vives, X. (1990), "Trade Association Disclosure Rules, Incentives to Share Information, and Welfare", *RAND Journal of Economics* 21 (3): 409-430.

Wang, D. et al. (2018), "A Novel Digital Rights Management in P2P Networks Based on Bitcoin System", in: F. Li et al. (eds.), *Frontiers in Cyber Security*, Springer.

Wang, R. Y. & D. M. Strong (1996), "Beyond Accuracy: What Data

Quality Means to Data Consumers", *Journal of Management Information Systems* 12 (4): 5-34.

Wu, C. et al. (2019), "Cloud Pricing Models: Taxonomy, Survey, and Interdisciplinary Challenges", *ACM Computing Surveys* 52 (6): 1-36.

Wu, S. & R. Banker (2010), "Best Pricing Strategy for Information Services", *Journal of the Association of Information Systems* 11 (6): 339-366.

Yan, R. (2008), "Profit Sharing and Firm Performance in the Manufacturer-Retailer Dual-channel Supply Chain", *Electronic Commerce Research* 8 (3): 155-172.

Young, T. et al. (2018), "Recent Trends in Deep Learning Based Natural Language Processing", *IEEE Computational Intelligence Magazine* 13 (3): 55-75.

Yu, H. & M. Zhang (2017), "Data Pricing Strategy Based on Data Quality", *Computers & Industrial Engineering* 112: 1-10.

Zeithaml, V. A. (1988), "Consumer Perceptions of Price, Quality, and Value: A Means-End Model and Synthesis of Evidence", *Journal of Marketing* 52 (3): 2-22.

（原载《经济学动态》2021年第2期）

# 数据生产要素研究进展

## 徐 翔　厉克奥博　田晓轩

进入 21 世纪以后，数据对个人行为、企业决策、产业升级以及经济增长的影响与日俱增。《经济学人》2017 年 5 月的封面文章大胆预言："数据是新的'石油'，也是当今世界最宝贵、同时也是最需要加强监管的资源。"现今，数据已经出现在经济社会的各个角落，大量的数据被生成、记录与整理。大数据技术和人工智能技术的发展使数据的使用贯穿整个社会生产过程。强调数据所发挥作用的数字经济（digital economy）已经逐渐形成。2017 年 12 月 8 日，习近平总书记在十九届中央政治局第二次集体学习时指出："要构建以数据为关键要素的数字经济。建设现代化经济体系离不开大数据发展和应用。"数据的生产要素地位得到进一步明确。

2010 年后，各主要经济体开始将数据相关技术与产业的发展问题上升到国家战略层面。一国拥有的数据规模与数据分析处理能力，已经成为其国家竞争力的重要组成部分。2012 年 3 月 29 日，美国政府宣布投资 2 亿美元启动"大数据研究和发展计划"，以应对大数据革命带来的机遇，推进相关研究机构进一步进行科学发现、创新研究和商业转化。2019 年 12 月，美国政府发布《联邦数据战略与 2020 年行动计划》，明确将数据作为一种战略性资源进行开发。2020 年 2 月 19 日，欧盟委员会公布了一系列围绕数据资源的发展规划，包括《欧洲数据战略白皮书》《人工智能白皮书》等多份文件，概述了欧盟未来五年实现数据经济所需的政策措施和投资策略，以及构建一个真正的欧洲数据统一市场的发展目标。

在中国，随着近年来数字经济的高速发展，尤其是社会生产过程的广泛网络化、数字化与智能化,数据作为一种生产要素所发挥的作用在社会经济中也已经充分凸显。2019年10月31日,中国共产党第十九届中央委员会第四次全体会议通过《中共中央关于坚持和完善中国特色社会主义制度 推进国家治理体系和治理能力现代化若干重大问题的决定》,该决定指出,"健全劳动、资本、土地、知识、技术、管理、数据等生产要素由市场评价贡献、按贡献决定报酬的机制"。2020年,中共中央、国务院发布《关于构建更加完善的要素市场化配置体制机制的意见》,明确提出要加快培育数据要素市场,为进一步发挥数据生产要素的作用指明了方向。上述政府文件与发展规划均充分表明,数据生产要素已成为中国经济在高质量发展时期的重点。

事实上,对于数据的探索已经成为近年来经济学研究的热点与前沿。美国社会科学联合会(ASSA)在其2020年年会上专门举办了"大数据,国民账户和公共政策"子论坛,数十位学者深入讨论了数据在宏观经济层面的核算和应用等问题。在2021年1月的美国经济学联合会(AEA)年会上,数十场分论坛以大数据技术在经济中的使用等相关话题为讨论主题。从经济学的整体发展趋势上看,数据生产要素的研究热点已经逐步形成,一批重要的理论与实证文献正如雨后春笋般不断出现。

# 一 数据生产要素的概念与主要特征

## (一)数据生产要素的概念

在最新版的《牛津英语词典》中,数据(data)被定义为"被用于形成决策或者发现新知的事实或信息"。根据国际标准化组织(ISO)的定义,数据是对事实、概念或指令的一种特殊表达方式,用数据形式表现的信息能够更好地被用于交流、解释或处理。在《现代汉语词典》(第7版)中,对数据的解释是"进行各种统计、计算、科学研究或技术设计等所依赖的数值"。从经济活动的角度,加拿大统计局(2018)将数据定义为"已经转化成数字形式的对于现实世界的观察"。采取数字形式的数据能够被储存、传输以及加工处理,数据的持有者也能够从中提取新的知识与信息。Farboodi和Veldkamp(2020a)将数据理解为"可以被编码为一系列 0 和 1 组成的二进制序列的信息"。按照这一定义的数据既包括数字化的音乐、影像资料和专利等,也包括统计数据和交易记录。前者可以被看作以数据形式存在的产品与服务,而后者更多地被看作为了生产知识而进行的投入。从上述定义中可以看出,数据的概念与信息密切相关,数据在很多时候被视为信息的一种表现形式或者数字化载体。

Jones 和 Tonetti(2020)研究了数据进入生产过程的基本模式,进而定义了作为生产要素的数据。他们认为,"数据"可以被视为"信息"(information)中不属于"创意"(idea)和"知识"(knowledge)的部分。从整体上看,对于信息的理解是由二进制位串(bit strings)表示的经济物品(economic goods)。创意和知识是信息的子类,遵循 Romer(1990)等的定义,被 Jones 和 Tonetti(2020)视为一组能够被用于生产经济物品的指令。在他们看来,除创意和知识外的其他信息都是数据。作为生产要素的数据,其本身不能被直接用于生产经济物品,但是能在生产过程中发挥作用,如创造新的知识或者形成对未来的预测,进而指导经济物品的生产。

**(二)数据生产要素的主要特征**

数据生产要素首先是一种虚拟的、存在于数据库与互联网空间中的资源。因此,大多数已有研究都将数据的虚拟性(virtuality)视为该生产要素的一项核心特征(Jones & Tonetti,2020)。虚拟性的存在就意味着数据必须以其他生产要素作为载体才能发挥作用。在当前的技术条件下,数据在大多数时候是存在于信息与通信技术(ICT)产品中的,二者的有效结合被视为目前全球经济增长的主要动力之一(Jorgenson & Wu,2016)。虚拟性是数据与其他传统生产要素如劳动力、资本和土地的最主要差异,也是知识、技术、管理和数据等新生产要素的主要特点。对于数据等虚拟生产要素的依赖,既是数字经济的主要特点之一,也是数字经济与传统经济的主要区别(Mueller & Grindal,2019)。除虚拟性外,数据还具有非竞争性、排他性、规模报酬递增、正外部性、产权模糊性以及衍生性等特征。

1. 非竞争性。除虚拟性外,数据生产要素的另一项核心特征是非竞争性。非竞争性一般指一个使用者对该物品的消费并不减少它对其他使用者的供应。同一组数据可以同时被多个企业或个人使用，一个额外的使用者不会减少其他现存数据使用者的效用，数据也因此具有非竞争性（Acquisti et al.，2016）。Veldkamp 和 Chung（2019）也强调，对于数据的额外使用的边际成本为 0，这是数据与其他生产要素之间的一个主要差异。由于非竞争性的存在，任何数量的企业、个人或机器学习算法都可以同时使用同一组数据，而又不会减少其他人可用的数据量，这就决定了数据的高使用效率与巨大的潜在经济价值（Jones & Tonetti，2020）。

2. 排他性。当数据的规模足够庞大、内容足够复杂和广泛时，数据生产要素就表现出高度的排他性（exclusive），拥有数据的企业和机构会选择"窖藏"而非分享数据。在现实中，大多数私营机构都不会随意公开自己产生、收集和拥有的各项数据，即使公开这些数据能够创造巨大的经济社会价值（Gaessler & Wagner，2019）。数据的排他性还体现在，其他虚拟生产要素（如知识和技术）会随着人事变动或劳动力迁移而公开或扩散，但数据的复杂性和广泛性使其无法被包含在人力资本中（Jones & Tonetti，2020）。以机器学习为例，机器学习产生的知识是公开的，输入机器学习算法的数据却是保密的——每家企业都在收集自己的数据，形成训练集之后交由人工智能进行训练、学习。虽然有一些公司将自己的训练数据集公之于众以鼓励研发，然而大多数企业都将数据视为自己的一项核心竞争力而极少公开。Varian（2018）强调，数据公司可能会将一些数据整理、编制起来形成数据集和数据库，并根据某些条款向第三方出售访问和使用许可，利用排他性获得收入。例如，有几家美国的数据公司将美国人口普查数据和其他种类的地理数据合并，然后向第三方出售这些数据的使用许可权，同时禁止转售或重新许可，利用数据的排他性攫取利润。

3. 规模报酬递增。数据生产要素的非竞争性进一步产生了规模报酬递增的效应。从企业的角度来看，其所拥有的数据可以被每一名员工使用，因而数据规模越大、种类越丰富，产生的信息和知识就越多，进而呈现规模报酬递增的特点。如果数据对整个行业乃至经济体的参与者开放，则数据规模扩大带来的经济价值就更为可观（Jones & Tonetti,

2020）。Romer（1990）提出，知识的非竞争性意味着劳动力和知识的结合将形成规模报酬递增的效果。与知识相同，数据生产要素的规模报酬递增也需要与劳动力结合才能体现。在 Veldkamp 和 Chung（2019）建立的包含数据生产要素的生产者模型中，商品的产量（$Y$）取决于生产中投入的数据量（$\Omega$）和劳动力数量（$L$）。在只考虑竞争性投入（劳动力）的情况下，数据是规模报酬不变的；但若同时考虑劳动力和数据，数据将会是规模报酬递增的，进而带来生产效率的提升。

4. 正外部性。数据的正外部性首先体现在数据收集型企业生产效率的提升上。Schaefer 和 Sapi（2020）发现，使用雅虎搜索引擎的用户，其搜索数据显著改进了该引擎的搜索质量，进而产生了很强的正外部性。一方面，当许多用户输入同一个特定的关键词时，为该关键词收集的反馈数据量就会增加。搜索引擎会从用户在搜索结果页面上的点击行为了解用户期望得到的搜索结果，从而提高搜索质量，形成直接的网络效应。另一方面，用户使用搜索引擎的历史越长，搜索引擎的学习速度就越快，这就强化了用户数量增多所带来的正外部性。此外，数据生产要素还通过改善运营、促进创新和优化资源配置的方法，在提升企业组织效率和用户体验上实现正外部性。通过结合和分析来自样车试驾、车间报告和其他来源的数据，宝马公司可以快速发现潜在的问题和漏洞，并在新车型推出之前消除这些问题（Kshetri，2014）。IBM 等拥有较强数据分析能力的科技公司，更是能在几天内完成"分析数据—发现漏洞—解决问题"的全处理过程，从而有效地优化产品维修和养护服务，提高客户满意度。

5. 产权模糊性。数据生产要素在产权归属上存在一定的模糊性，其所有权和产生的各项产出在企业和消费者之间的分配尚不清晰。消费者在使用互联网公司等企业提供的各项 ICT 产品和服务的过程中会产生大量数据。这些数据往往由企业直接收集和整理，消费者在客观上没有处置和使用这些数据的机会。Varian（2018）认为，相比更适用于竞争性物品的"所有权"（ownership）概念，更应当关注非竞争性数据的"访问权"（data access），理由是数据很少以出售私人物品的方式进行"出售"，而是多被许可用于特定用途。例如，出于安全性的考虑，应当允许多方同时访问自动驾驶汽车的数据，包括引擎、导航系统和乘客的手机等。然而，数据的所有权也会影响数据访问权，数据产权的不同分配方式会对消费者剩余与总社会福利造成影响（Jones & Tonetti，2020）。

6. 衍生性。各类经济活动的参与者在生产、销售和消费产品和服务的过程中，很早就开始记录各种交易、市场与用户数据，数据在大多数时候是经济活动衍生出的一种副产品，经济活动产生的数据会被金融市场的参与者深入分析，从而影响金融市场投资，进而影响实体经济。资产市场中的投资者会在经济状况良好时进行更多的投资活动，这些投资活动会产生有关当前经济状态的公共数据（Veldkamp，2005）。如果经济状况在形势良好且数据量充足时出现波动，资产价格就会快速调整，从而导致金融市场崩盘；当经济形势不好时，数据的匮乏和高度的不确定性就会降低投资者的反应速度，反过来减少金融市场波动对实体经济的负向影响。Ordoñez（2013）提出，更大的社会投资规模会产生更多反映经济总体状况的数据，进而影响市场信贷行为。当经济整体下行时，创业投资的成功率较低，贷款者从大量创业活动失败的数据中推断出经济在下行，并迅速提高利率以应对更高的违约可能性。当经济不景气时，市场中的利率较高且借贷活动较少；而当经济状况好转时，数量有限的现存创业投资活动也只能产生相应少量的有关经济状况转换的数据，贷款人逐渐了解到这一点，并逐渐调低贷款利率，这又促进了企业投资和产出扩张。由于存在通过分析数据协助投资决策的现实激励，生产企业和金融机构会自发地记录、整理和存储各项经济活动的有关数据，即使其主营业务与这些数据无关，而数据生产要素的衍生性就体现于此。

## 二 数据生产要素与经济增长

### （一）GDP 统计中缺失的数据生产要素

国内生产总值（GDP）衡量了一国生产的所有最终产品的货币价值，反映了一个经济体的经济实力、生产能力与市场规模。然而，在当前的 GDP 核算体系中，数据生产要素的规模及其创造的经济价值均未得到充分体现。其主要原因在于，现有 GDP 测算大多基于人们为商品和服务支付的费用，包括数据在内的、没有货币价格的商品（或称零价商品）在统计上不会对 GDP 产生任何贡献（Brynjolfsson & Collis, 2019）。然而，这些零价商品充斥在整个国民经济和人们的生活中，创造了大量的经济价值。从这个角度来说，现有的国民经济核算方法已不再适用于以数据作为核心生产要素的数字经济，根据此方法得出的 GDP 指标不能很好地反映一国经济的真实情况（金星晔等，2020）。

一些已有研究开始尝试测度各类虚拟生产要素对于总产出的贡献。Hulten 和 Nakamura（2017）扩展了传统的增长核算模型，允许技术直接影响消费者福利，使技术进步除在传统意义上以提高全要素生产率的方式"节约资源"（resource-saving）外，还产生了"节约产出"（output-saving）的效应。例如，ICT 技术推动的电子商务等新经济模式的发展，减少了对传统商品和服务（如交通运输）的需求，而电子商务本身又因缺乏明确价格而未被统计进 GDP 指标中，故可以说作为虚拟生产要素的电子商务绕开 GDP 直接创造了消费者剩余。通过估计此类产出节约型技术的价值并计入 GDP，可以实现对传统 GDP 核算框架的扩展。数据生产要素也体现出类似的性质，对于大数据的使用减少了企业对于传统商品服务的需求。例如，金融企业使用大数据建立的用户图像能够帮助其发掘潜在借款人，而无须客户经理主动联系客户（Begenau et al., 2018）。因此，与技术类似，数据生产要素也产生了额外的生产者剩余和消费者剩余，应被纳入 GDP 核算体系。

Brynjolfsson 等（2019a）考虑到数字经济中新商品的频繁引入和零价商品的不断增加，在传统 GDP 的基础上提出了一个新的度量标准——"GDP-B"，其中包含了具有隐含价格的免费数字商品，通过量化和捕捉这些商品对福利的贡献，改善了传统 GDP 核算中对于数据生产要素的遗漏和误测。Byrne 和 Corrado（2020）认为，家庭是数字革命的主要阵地，在内容上不断创新的数字服务作为一种免费商品，通过 ICT 技术传输给连接的用户，成为 ICT 资本所产生的服务。他们建立了一个框架来衡量 ICT 资本数字服务创新和增长的价值，作为现有 GDP 中个人消费部分的有效补充。

上述研究所描述的现有 GDP 统计对数据生产要素的低估或忽视，有助于我们更好地理解近年来统计数据所显示的生产率增速的放缓。自 2005 年起，发达经济体的劳动生产率增长速度开始下降，此后一直保持较低水平。2005—2016 年，美国的总体劳动生产率平均年增长仅为 1.3%，远低于 1995—2004 年 2.8% 的年平均增长率。在经合组织编制的 29 个其他国家的生产率数据库中，有 28 个国家的增长率数据出现类似的下降。1995—2004 年，这些国家的未加权平均年劳动生产率增长为 2.3%，而 2005—2015 年的这一数据仅为 1.1%（Brynjolfsson et al.，2019a）。这些统计数据反映的生产率下滑与人们在经济生活中感受到的技术进步与生产率提升并不相符，被定义为索洛提出的生产率悖论的新版本，即"现代生产率悖论"（Beaudreau，2010）。

一些实证研究提出，如果能够将 ICT 技术与数据等新生产要素带来的潜在经济价值计入 GDP，实际生产率就会高于以当前统计数据为基础计算出的水平，"现代生产率悖论"（modern productivity paradox）将不攻自破（Acemoglu et al.，2014；Brynjolfsson et al.，2019a）。也有研究反对这一观点，认为数字产品所制造的生产者剩余和消费者剩余的规模不足以解释大部分的生产率增速放缓，主要有三个方面的理由（Syverson，2017）：其一，即使 ICT 技术和数据分析带来的消费者剩余都以某种方式计入 GDP，也未必能够弥补生产率增速下降所造成的 GDP 损失。其二，销售 ICT 产品的企业会将零价商品（如数据服务和相关软件）的价值计入互补性商品的价格。其三，消费者在非工作时间使用 ICT 服务并从中获得剩余，但非工作时间的收益增加并不能表明生产过程中的生产率被低估。上述三个原因在现实中确实存在，但其中涉及的主要是数字化零价产品带来的消费者剩余。考虑到企业使用零价数据和知识获得的大量生产者剩余，劳动生产率仍有可能是被低估的，将数据等零价产品引入 GDP 核算仍能在一定程度上解决"现代生产率悖论"。

### （二）数据生产要素的规模估计

为了克服 GDP 统计中存在的不足，Brynjolfsson 等（2019a）采取大规模线上选择实验来估计零价商品（如 Facebook 提供的免费社交服务）所创造的经济价值，并将其作为 GDP-B 的组成部分。在该项实验中，受试者需要在两个选项里作出"二选一"：保留某种数字产品的使用权，或者放弃某种商品以换取特定金额的货币补偿。该实验只要求每位消费者回答这一个问题，并通过对每次实验的数千名消费者赋予不同的货币补偿，估计出消费者对于数字产品的支付意愿，以此作为该产品的价值估计。根据这一实验，Facebook 用户样本愿意接受的单月补偿金额中位数为 48 美元，可以被视为 Facebook 提供的数字化服务的隐性价格。Brynjolfsson 和 Collis（2019）在上述结果的基础上估计出了 Facebook 提供的免费社交服务每年创造的经济价值：2004—2017 年美国消费者通过使用 Facebook 获取了 2310 亿美元的剩余。如果将这部分消费者剩余加入 GDP，会使美国的 GDP 增长率平均每年增加 0.11%。与之相对，美国在此期间（2004—2018 年）年均 GDP 增速仅为 1.83%，这就意味着经济增长中的 6% 源于 Facebook 提供的免费服务。除 Facebook 提供的社交服务外，Brynjolfsson 等（2019b）还利用谷歌市场调研工具（Google Surveys）对美国互联网用户的代表性样本进行了更大规模的在线实验，估计了用户对于不同类型的数字化产品和服务的接受意愿（WTA）。实验结果显示，搜索引擎是最有价值的数字商品（平均价值为 17530 美元/年），其次是电子邮件（平均价值为 8414 美元/年）和数字地图（平均价值为 3648 美元/年）。

  一些研究从企业生产的角度将具有虚拟性的数据生产要素视为企业的一种无形资产（Erickson & Rothberg，2015）。为了研究无形资产对企业市场价值的影响，Belo 等（2019）建立了一个广义的新古典主义投资模型，其中包含四种类型的准固定投入（quasi-fixed input），两种有形资本：实物资本（机器、厂房）和劳动力（工人），以及两种无形资本：知识资本（创新活动的累计投资）和品牌资本（提升品牌知名度的累计投资）。计算结果表明，在过去的几十年里，对于整体经济尤其是高科技产业来说，物质资本对企业价值的重要性不断下降，而知识资本的重要性逐渐上升，在总资产价值中的占比从 1970 年的 24.9% 大幅增加到 2010 年的 44.8%。数据生产要素被定义为信息中非知识的部分，因此也可以采取类似的方法予以估计。也有一些研究将数字经济中的"零价商品"看成互联网用户的 ICT 资本所产生的一种资本服务（capital services），其价值取决于用户使用 ICT 资本消费网络供应内容的强度，其规模取决于 ICT 资本的质量（Byrne & Corrado，2020）。根据 Byrne 和 Corrado（2020）的估计，1987—2017 年，数字服务内容的创新使美国每个互联网用户每年的消费者剩余增加了近 2000 美元。

2008—2017年，数字服务内容的创新使得美国每年实际 GDP 增速提高了 0.3—0.6 个百分点。

Reinsdorf 和 Ribarsky（2019）总结了从宏观视角衡量数据的经济价值的三种可能方法：其一，市场法。数据资产的价值由市场上可比产品的市场价格来决定。例如，企业收集的关于所在行业的数据的价值，取决于企业直接购买相应的数据或信息所需要支付的市场价格。其二，成本法。数据资产的价值取决于生产信息时的成本是多少，这一方法直接度量企业获取、收集、整理、分析与应用数据的成本。其三，收入法。数据资产的价值取决于对未来能够从数据中获取的现金流数额的估计。这种方法将数据资产类比为金融资产，用贴现的办法度量其价值。

加拿大统计局（Statistics Canada, 2020）采用成本法的思路，用劳动力成本的数据来估计数据资产的价值。该方法首先在加拿大国家职业分类（National Occupation Classification）中筛选出与数据生产有关的职业，并分别假设各职业在生产数据资产上耗费的工作时间占比，作为各自生产数据的机会成本占直接劳动力成本的权重。在估计出各职业在数据生产上的机会成本后，设定总工资成本的 50% 为间接劳动力成本和其他成本之和，并附加一个 3% 的增值（markup）作为资本形成的额外价值，进而得到对数据资产的价值估计。其估计的结果是，加拿大在数据资产上的投入自 2005 年起年均增长 5.5%，占全国固定资本形成总额的 5.9%—8.0%。从存量上看，加拿大统计局估计的 2018 年该国数据净资本存量为 1570 亿—2170 亿美元，占非住宅建筑、机器设备以及知识产权总量的 6.1%—8.4%，占知识产权净资产存量的 68.9%—95.2%。按照这一估计结果，数据生产要素已经成为加拿大拥有的知识产权的核心内容。

政府是宏观经济数据和金融数据的主要生产者，商业部门可以利用政府数据进行生产和投资决策、营销和库存管理以及长期战略规划，但政府数据的价值难以准确衡量。美国经济统计局（2014）提出"政府数据密集型部门"（government data-intensive sector, GDIS）的概念，以代表在生产过程中严重依赖政府数据的企业，并估计出 2012 年 GDIS 型企业的总产出为 2208 亿美元。与此同时，政府资金支持的下降可能导致公共数据的质量及其为企业提供的价值受损。美国政府在 2017 财年的 13 个主要统计机构的预算总额为 22.57 亿美元，与 2004—2013 年的平均预算相比，实际美元价值下降了 8.7%，这就可能导致美国政府数据的质量下降，不利于企业决策与美国经济发展（Hughes-Cromwick & Coronado，2019）。

上述研究充分表明，数据生产要素的经济价值已经非常可观，且其相关投资与存量规模均呈持续增长趋势，对经济增长的贡献也十分显著。需要注意的一点是，上述结果建立在数据生产要素对于经济增长的间接贡献（如促进其他生产要素的结合效率）大多是不可测度的前提之下，企业、政府和个人在数据上的实际投入也可能被低估。因此，数据生产要素对于经济增长的实际贡献可能要比上述文献中估计的更高。

### （三）包含数据生产要素的经济增长理论

大多数理论研究认为，数据生产要素主要通过驱动知识生产影响经济增长。Agrawal 等（2018）构建了一个"基于组合"（combinatorial-based）的知识生产函数，结合 Jones（1995）的半内生增长模型，研究知识的产生过程及其对经济增长的影响。从数据生产要素的角度来看，大数据分析技术的进步有效提升了算法预测有用知识组合的准确度，进而提高了新知识的发现率。新知识的不断发现提高了全社会的生产效率，促进了经济增长速度的提升。这一理论研究明确了数据影响知识生产进而影响经济增长潜力的核心机制。

Aghion 等（2019）在 Agrawal 等（2018）的研究基础上引入了企业异质性，提出了大数据等新技术的发展以及数据等新生产要素的出现导致增长下滑的潜在机制。在这一模型中，企业异质性的来源主要有二：产品质量（product quality）和加工效率（process efficiency）。ICT、大数据等技术的加速发展使企业的成本降低，因此加工效率更高的企业（其附加值更高）会迅速扩张自己的生产线范围，进入新的市场并取得利润；而由于这种效率难以被模仿，低效的企业很难进入市场，并会因此减少创新，阻碍创造性毁灭的速度。他们认为，创新活力的降低导致了企业活力的衰退以及国民收入中劳动收入份额的下降，进而对经济增长产生了负面作用。

与传统的生产要素相比，数据在企业中发挥的作用更为灵活多样，通过单纯的宏观视角仍然难以有效刻画。Farboodi 和 Veldkamp（2020a）建立了一个类索洛增长框架的数据经济增长模型，讨论具有非竞争性与衍生性的数据要素积累对于数据经济与宏观经济的整体影响。在这一框架下，数据积累根据其绝对水平的高低，会产生收益递减和收益递增两个相反方向的影响：企业在利用大数据进行预测时，预测误差最多能被降低到 0，这一自然界限加上经营过程中不可预测的随机性，使数据在规模够大时必然具有递减的收益。而在数据量不够充足时，数据具有递增的收益：更多的数据使企业更具生产力，从而产生更多的生产和交易，而这又创造出更多的数据，并进一步提高生产力和数据生成，形成"数据反馈循环"（data feedback loop）的过程。这种递增的收益会反过来造成所谓的"数据贫困陷阱"（data poverty trap），使那些数据拥有量低的企业、行业或国家长期局限于少量的生产和交易，从而无法取得进一步发展。与 Aghion 等（2019）的判断类似，Farboodi 和 Veldkamp（2020a）认为数据生产要素的发展未必会提升长期经济增长率。

虽然数据经济的增长不同于传统的经济增长模式，在短期内数据的积累可能会获得递增的回报，但从长期来看，数据生产要素的回报率仍可能呈递减的趋势（Farboodi & Veldkamp, 2020a; Jones & Tonetti, 2020）。数据积累能够提高产出，同时也能够作为技术创新的投入要素，但在长期，这二者本身都不能独自维持无限的增长，对于创新的支持与鼓励仍有必要。Nordhaus（2015）认为，虽然计算机和人工智能可以完成许多常规任务从而释放劳动力，但那些随着经济环境而变化的非常规任务很难进行编程。Nordhaus（2015）就信息投入与传统投入之间可替代性进行了 7 项"替代检验"（alternative tests），结果表明，世界经济仍未达到持续自发增长的"经济奇点"，新生产要素仍符合边际产出递减的基本规律。因此，对于数据生产要素所驱动的经济增长也不应盲目乐观，应充分重视技术进步与知识生产等新经济增长理论强调的内生增长机制（Romer, 1990）。

## 三 数据生产要素影响经济的微观机制

### (一) 数据驱动的决策过程

大数据技术的迅速发展与广泛应用，促使越来越多的企业开始从管理者主导的经验型决策转向高度依赖数据分析结果的科学决策模式，即所谓的"数据驱动型决策"（data-driven decision making，DDD 模式）。Brynjolfsson 等（2011）构建了基于企业微观数据估计 DDD 模式的使用情况与贡献度的分析框架。基于美国 179 家上市公司的调查数据及公开信息，他们预测 DDD 模式可以解释 2005—2009 年美国企业 5%—6% 的生产率增长。Provost 和 Fawcett（2013）从概念上区分了数据科学（data science）和 DDD 模式，强调了企业在决策方式转型中引入数据科学的重要性。他们将数据科学定义为通过自动化数据分析来理解各种现象的原理、过程和技术，其最终目标是改进决策质量；而数据驱动决策是基于数据分析而非纯粹直觉的决策实践，是数据科学在企业决策中的应用方法。数据科学使大规模的自动决策成为可能，同时也依赖企业对大数据的存储、分析和处理技术水平。与之相对，数据驱动决策能够提高企业管理的科学性，进而提高资源配置效率和企业表现，是数据科学在企业管理上的应用形式。McAfee 等（2012）提出，相比传统的经验型决策，DDD 模式优势十分明显：充分利用 DDD 模式的管理者，能够基于经验证据（empirical evidence）而非商业直觉（business intuition）来进行企业决策，提高了决策的科学性与准确性。他们对北美 330 家企业公共管理实践和业绩数据进行调查研究发现，DDD 模式使用程度更高的企业在财务和运营状况上有着更好的表现。进一步的实证分析显示，在一个行业中使用 DDD 模式占比最高的前三名企业，其平均生产效率和利润率分别比其他竞争对手高 5% 和 6% 左右。

大数据分析带来的竞争优势促使越来越多的企业尤其是制造业企业开始转向 DDD 模式。2005—2010 年，美国制造业中使用 DDD 模式的企业占比从 11% 增长到 30%，预计到 2020 年这一比例将超过 50%，DDD 模式已然成为美国制造业的"新常态"（Brynjolfsson & McElheran，2016a）。Brynjolfsson 和 McElheran（2016b）基于 2005 年和 2010 年美国人口普查局（USCB）的年度制造业调查（ASM）以及管理和组织实践调查（MOPS）数据，实证研究了美国制造业企业对 DDD 模式的使用情况及其经济影响。回归结果显示，属于多生产单位型企业（multi-unit firms）的大型工厂更多且更早地使用 DDD 模式，并通过这一转变提升了企业绩效。随着时间推移，DDD 模式的先行者和后来者之间的绩效差距会减小。此外，DDD 模式和 ICT 资本规模以及技术工人数量等变量之间还存在相互促进的互补关系。

虽然许多企业都在通过投资 ICT 和大数据来转向 DDD 模式，但该模式存在的一些客观不足也开始逐渐显现。Brynjolfsson 和 Mitchell（2017）通过一项决策实验比较了机器学习领域中的"学徒系统"（learning apprentice）与一般企业管理者决策之间的效率差异。"学徒系统"是一种特殊的 DDD 模式。在这一系统中，人工智能程序充当学徒协助人类工作者，通过观察人类的决策进行学习，并将这些人类决策作为训练自己的示例。机器从它所协助的多个人类个体的组合数据中进行学习，按照大数据与人工智能的基本理论，机器将会作出比训练它的团队中的每一个人更优的决策。然而，实验结果显示，机器学到的专业知识仍可能会受到团队技术水平与相关决策变量的在线可用性的限制，在现实中作出的决策未必会比管理者基于经验作出的结论更好。Bajari 等（2019）对亚马逊的产品销售量预测系统的实证分析表明，产品在市场上销售时段的增加产生的额外数据会提升预测表现，同一产品种类中的产品数量增长产生的额外数据则无法改进预测质量，表明不同类型的数据对数据驱动的决策和预测的影响存在异质性。上述研究表明，简单地加大在数据生产要素上的投资力度未必会提升企业的决策质量，需要进一步分析数据驱动决策的作用机制，并意识到数据驱动型决策的局限性，人类和机器在决策上的表现各有所长（Abis，2020）。

企业转向数据驱动型决策的过程并不是一蹴而就的，需要面对诸多管理上的挑战（McAfee et al.，2012）。为了采用 DDD 模式，企业需要对管理模式进行深入改革。企业高层决策者必须逐渐接受数据驱动的、基于实证的决策方式，而企业为此需要额外雇用能够发现数据中的模式规律并将其转化成可用商业信息的数据科学家（data scientists）或数据策略师（data strategists）。整个企业的组织结构都必须围绕 DDD 模式进行调整。Janssen 等（2017）也指出，影响数据驱动决策质量的相关因素还有很多，大数据和大数据分析未必能带来更好的企业决策。一方面，大数据的多样性和大数据分析的广泛使用，增强了企业发现欺诈行为的能力，从而有利于防止决策错误；另一方面，它同样也可能加剧对于用户和消费者的歧视，带来额外的社会福利问题。

事实上，不仅是企业决策，数据生产要素也具有改进政府政策决策的可能性。Höchtl 等（2016）通过构建一个政策周期模型，证明大数据分析能够改进政府的政策决策过程。在大数据分析的支持下，政府在设计和实施政策计划中不应一味遵从分阶段连续执行的传统模式，而应该在每一个阶段对政策措施的当前效果进行持续评估，通过采用大数据情景分析实时制定替代方案。在必要时应该提前放弃先前计划的政策，通过实时决策提高政策制定的效率。此外，由于能够更快、更好地处理收集到的大量未结构化信息，大数据分析能够在政策周期的每一个阶段都实现公众的广泛参与，从而更充分地集思广益。随着更多数据通过预测分析技术转化为可用信息并指导决策，社会部门可以更合理地将社会支出分配到需要改善的领域，以此提高社会福利水平（Coulton et al.，2015）。

## （二）数据生产要素与生产效率

除驱动企业决策外，数据还能直接提升企业的生产效率。Müller 等（2018）使用计量方法对大数据分析和企业生产效率之间的关系进行了实证研究，通过将 2008—2014 年 814 家美国企业对于大数据分析的使用情况与 Compustat 数据库中的财务绩效数据相结合，结果发现，对于样本中的所有企业来说，拥有大数据分析会使平均生产率提高 4.1%；具体到行业层面，企业生产率的大幅提升与大数据分析高度相关——大数据分析使信息技术密集型行业的生产率提高 6.7%，竞争性行业的生产率提高 5.7%。这无疑为大数据分析的商业价值提供了有力的实证证据。具体来看，已有研究归纳了数据提升企业生产效率的三种主要实现机制：信息挖掘、协同创新和产品质量提升。

首先，个体和企业在竞争激烈的环境中生存有赖于在正确的时间掌握正确的信息（Kubina，2015；Veldkamp & Chung，2019），数据生产要素是正确信息的重要来源。一方面，企业通过大数据分析可以提高组织内部信息的透明度，从而产生更广泛、更深入和更准确的观察，进而改进决策的质量；另一方面，企业能够利用大数据刻画出更复杂、更完整的客户画像，从而有针对性地提供更准确的定制产品和服务，进而提升生产效率。从这个角度来看，数据生产要素可以被视为一种能够提高企业生产效率的信息资产（Farboodi et al., 2019）。能有效利用数据（指从每单位生产中获取更多数据）的企业，在开始时可能会因建立自己的数据库而产生亏损。然而，如果企业能够在这一阶段顶住财务压力而对数据类投资予以持续的资金支持，就能够迅速超越规模更大但数据利用效率低的企业。

其次，数据生产要素通过鼓励企业间的协同创新提升企业生产效率。创新本身是一个试错的过程，研发过程中的失败尝试所形成的大量数据和信息对企业也具有重要意义（Akcigit & Liu, 2016）。如果企业之间不能进行信息共享，那么研究的时间和资源就很可能浪费在其他企业已经发现毫无结果的项目上，从而导致无效率的均衡。Akcigit 和 Liu（2016）建立了一个"赢家通吃"（winner-takes-all）的动态博弈模型研究这一问题，发现竞争性企业的博弈结果是，要么重复进行高失败风险的实验，希望通过某次幸运的成功带来高额回报；要么提前放弃风险研究，中止创新进程。这两种选择均会因为信息外部性的存在引发显著的效率损失。反之，如果企业能够交流、共享研发过程中的各种数据，便能够显著提高创新活动的效率，进而实现生产效率的提升。

除信息挖掘与协同创新外，企业还能利用数据预测并选用最优的生产技术，进而提升产品质量。Farboodi 等（2018）仿照索洛（Solow, 1956）的经典新古典增长模型中对资本流入和流出的分析，对数据的"流入"（经济活动产生的新数据）和"流出"（数据的折旧）进行了理论建模。模型结果显示，当数据存量非常低时，新产生的数据量远远大于数据的折旧量，数据生产要素会快速积累，产品的质量和价值也会随之快速提高；而随着数据存量的增加，数据流入的速度会逐渐放缓，新产生的数据量与折旧量之间的差距变得越来越小。最终，数据流入和数据流出交于一点，经济达到稳态均衡水平，此时数据存量、产品质量以及 GDP 都将保持不变。由此可见，当数据量积累到一定程度时，收益递减的力量就会占据主导地位。而在数据量不够充足时,"数据反馈循环"将会产生递增的回报——拥有更多数据的企业会生产更高质量的产品,这又会促使这些企业增加投资、生产和销售,进而生成更多数据。Veldkamp 和 Chung(2019)进一步指出,数据帮助企业选择更好的生产技术的渠道有两种:一方面,交易记录会揭示消费者的偏好,帮助企业了解消费者更加偏好何种颜色的鞋子、何种动力的汽车等,从而可以进行针对性的生产;另一方面,消费者的偏好是在不断地变化,企业必须始终保证自己能够适应这种变化。通过对生产和销售过程中产生的数据进行分析,企业可以获得指导其最优化自身运营实践的有用信息。

### (三)数据生产要素与产业组织

产业组织理论关注一个行业内不同企业间的组织或者市场关系。企业拥有的数据生产要素规模与其在 ICT 技术上的投入密切相关。这一投入与企业规模之间又相互影响,进而影响企业动态(firm dynamics)与产业组织方式。因此,对于数据生产要素与产业组织之间关系的研究,就应该首先关注不同规模企业的 ICT 投入。鉴于以往研究企业层面 ICT 资本生产率的文献的数据来源相对单一,Tambe 和 Hitt(2012)构建了一个新的面板数据集,基于约 1800 家企业在 1987—2006 年的 ICT 从业人员数量以及相匹配的生产投入,研究企业 ICT 投资与企业规模之间的关系。研究发现,中型企业的 ICT 投资回报显著低于名列《财富》世界 500 强的大型企业,ICT 投入的边际产出在 2000—2006 年比以往任何时期都高,这表明企业(尤其是大型企业)对 ICT 技术的使用效率得到了显著提升,这很有可能是规模更大、种类更加丰富的数据生产要素带来的结果。

Begenau 等(2018)提出,现代经济的两大发展趋势是企业规模的扩大与 ICT 技术的进步,数据生产要素对于这两种趋势的形成均作出了一定贡献。他们建立了一个企业重复静态博弈模型,得出两个核心结论:首先,大企业比小企业更擅长利用金融市场中的大数据来降低资本成本;其次,大型企业因为有更多的经济活动和更长的经营历史,从而产生了更多可供处理的数据。随着计算机性能的提高,丰富的数据也支持了更多的财务分析。数据分析改善了投资者的预测质量，减少了股票投资的不确定性，降低了企业的资本成本。当投资者能够处理更多的数据时，大企业的投资成本会下降更多，从而使其规模变得更加庞大。Farboodi 等（2019）采取了类似的建模方法，在重复静态博弈模型中引入了一个名为"数据精通"（data-savvy）的新变量用于描绘企业对数据使用的精通程度，并且通过求解这一模型他们发现：首先，数据有助于企业提高生产率，更高的生产率使企业进行更多投资，规模变得更大，从而生产出更多的数据，构成了一个"数据反馈循环"；其次，由于额外的生产过程会产生更多数据，企业为了获得更多、更好的数据会进一步增加投资，数据质量也因此得到显著改善。

数据生产要素的集聚还在一定程度上导致了"超级明星公司"（superstar firms）的出现。Autor 等（2020）认为，在 ICT 技术和包括数据在内的无形资本上的竞争优势催生了超级明星公司，这些公司具有高附加值和低劳动力份额的特点，造成产品市场集中度的显著上升，以及宏观意义上劳动收入份额的下降。Tambe 等（2020）提出了"数字资本"的概念，用于指代数字技术密集型企业对实现新技术价值所需的无形资产进行的投入（如员工 ICT 技能培训、企业决策结构和软件定制等方面的累计投资等），通过创建一个关于 ICT 相关劳动力投入的企业面板数据库进行研究发现，在大多数"超级明星公司"中集聚了大量数字资本，进而导致了一定程度的垄断。Ciuriak（2019）分析了过去三百多年的经济史中要素租金的分配方式，指出数据生产要素的集聚产生了大规模的租金，催生了"超级明星公司"，并为战略性的贸易和投资政策产生了强有力的激励。

### （四）数据生产要素与信息摩擦

对于金融市场来说，数据生产要素是投资决策的核心参考变量，发挥了降低信息摩擦（information frictions）的重要作用。计算机技术的进步使科技公司能够收集实时、精确的基本面指标，并将其出售给专业投资人士。这些数据通过降低信息获取成本提高了金融产品中的价格信息含量（price informativeness），这对投资者产生了两个主要影响（Zhu，2019）：一方面，当价格迅速而全面地反映未来收益时，经理人就很难有机会利用其内部信息优势获取个人交易收益;另一方面,关于基本面的数据揭示了企业当前业务的衰退趋势或在未来实现增长的机会,可以指导投资者在状况恶化时减少投资,在机会扩大时增加投资,从而提高投资效率。

随着金融科技的不断创新与应用,金融交易的价格信息含量总体上呈现上升趋势。Farboodi 和 Veldkamp(2020b)探讨了金融部门信息处理效率的确定性增长所带来的结果。其他投资者的需求数据能够协助投资者抵御需求冲击,因此当金融部门的信息处理效率提高时,获取未来股息(基本面)与需求(对价格的非基本面冲击)信息的动机就会发生改变,企业会选择处理越来越多关于其他投资者需求的数据,而不是企业的基本面数据。因此,信息处理效率的提升也就可以解释为什么金融分析从一个主要调查企业基本面盈利能力的部门,转变成了一个做少量基本面分析而主要集中于获取和处理客户需求的部门。虽然对于基本面数据的分析在减少,但是金融产品的价格信息含量仍会上升,投资者可以借此更好地预测资本回报并规避投资风险。

根据金融资源配置的基本逻辑,随着越来越多的技术被用于处理和传输金融数据,资本确实会得到更有效的配置,从而增加社会收益。Bai 等(2016)建立了一个衡量股票价格中信息含量的新指标,并通过计算该指标发现,1960 年以来标准普尔 500 指数的股票价格在预测公司未来收益上的能力已经提高。Farboodi 等(2018)提出了另一种观点:大数据技术的进步引发了股票市场上的结构效应(composition effect),即以标准普尔 500 指数中的企业为代表的历史悠久的大企业的股票价格信息含量显著提高,其他中小企业的股票价格信息含量却有所下降。换言之,金融大数据的发展对股价信息含量的影响具有规模异质性。受益于大数据技术,大企业股票的定价变得更为准确,但中小企业股票价格的实际信息含量并没有实质性的提升,因而对于总体市场来说,大数据技术的进步对于价格信息含量的提升有限。

除影响价格信息含量外,大数据分析技术还降低了贷款信用风险管理中的信号传递和信息搜索成本,减少了借贷过程中存在的信息不对称性问题。在对金融市场中的信息摩擦现象进行分析时,Yan 等(2015)以 P2P(peer-to-peer)贷款平台为对象,发现了大数据分析在贷款行业中对减少信息摩擦起到的积极作用。由于借贷过程中存在信息不对称问题，借款人会发出信号并传达有关其本人和投资项目特征的信息，而贷款人需要搜索信用记录等信息并筛选贷款申请人。在传统的银行体系中，银行进行贷款决策并负责信用信息的收集和评估。而随着ICT技术的不断突破，基于大数据的金融科技已经成为贷款行业中的一个颠覆性驱动力，企业收集、呈现和评估信息的手段变得更加先进和丰富，信用信息的检索成本大幅降低，信用数据的收集也从被动的信息检索转变为主动的信息收集。

大数据、ICT与人工智能等新技术的发展改变了金融行业的基本经营方式与盈利逻辑，推动了金融行业的全面转型升级。Vives（2019）调查了银行业的技术革新，并考察了其对行业竞争的影响以及效率提高和客户福利方面的潜力，认为银行业正在进行从依赖实体分支行开展业务向依赖ICT技术、大数据以及高度专业化的人力资本的系统性变革。随着数字化水平的提升，银行在支付和咨询服务等核心业务上面临相比其他中介机构更大的竞争威胁。新近崛起的金融科技部门开始在金融服务中使用创新的信息和自动化技术，使数字技术的采用速度以及相关用户的获取速度都显著加快。

## 四 数据生产要素的隐私问题与交易机制

### （一）数据生产要素的隐私问题

虽然企业能够利用数据生产要素创造巨大的经济利益，但这些利益的产生往往是以侵犯消费者隐私为代价的，消费者得到的补偿却微乎其微，这也是企业与消费者间数据产权归属矛盾的主要症结所在。Kshetri（2014）指出，大数据分析技术在很大程度上需要利用高速数据（high-velocity data），其中比较典型的就是从移动设备中获取的点击流数据（click-stream data）[①]以及GPS定位数据。企业可以通过收集此类敏感数据进行精准的短期预测，但这同时也损害了消费者的隐私和安全利

---

① 这是指用户在网站上持续访问的轨迹。用户对网站的每次访问包含了一系列的点击动作，这些行为数据就构成了点击流数据，它代表了用户浏览网站的整个流程。

益。Kshetri（2014）还总结了多个国际咨询机构对消费者如何看待大数据的调研结果，提出数据安全和隐私问题已经在全球范围内引起了广泛的担忧，消费者越来越关注企业的数据收集方法，特别是诸如网站Cookies和GPS追踪器等追踪技术的使用。Acquisti等（2016）从隐私的经济属性（the economics of privacy）的视角，探讨了个人信息的经济价值，以及消费者在个人数据共享和隐私之间的权衡取舍等问题，认为现实经济中的个人数据既具有私人价值也具有商业价值：一方面，数据共享可以减少市场摩擦，促进交易；另一方面，对数据商业价值的利用往往会导致私人效用的降低，有时甚至是整体社会福利的减少。具体例子包括，零售市场中的价格歧视、保险和信贷市场中的数量歧视、垃圾邮件以及身份盗用的风险等。

随着信息技术的快速发展，企业获取用户数据的手段和能力都在增强，消费者虽然从基于大数据分析的针对性产品推荐中获益，但也会承受个人隐私被侵犯所带来的货币成本和负效用。新的数字技术已经针对注重隐私的消费者提供了个性化的控制选项，这似乎将隐私处理的选择权交给了消费者，但大多数消费者实际上缺乏保护、管理其个人数据的意识与运用技术的成熟度。而侵犯隐私的技术服务在日常通信、求职和一般消费中已经屡见不鲜。无论是企业的商业数据还是个人数据，其所有权、访问权以及交易的法律框架仍未得到完全的确定（Duch-Brown et al.，2017）。此外，虽然法律上的数据所有权有所缺失，但数据市场中的议价产生了实际上的数据所有权，这往往会导致数据所有权的碎片化或反公共化。拒绝共享个人数据可能会提高消费者的隐私利益，但这种反公共化的做法会阻碍数据聚合的范围经济效应，使数据的非竞争性所能带来的经济利益无法得到充分实现，造成数据市场的损失。

然而，使社会福利最大化的数据产权分配方式很难进行事先预测（Duch-Brown et al.，2017），数据经济收益与个人隐私权益间的取舍也并不能"一刀切"（Acquisti et al.，2016），而是应根据具体情况进行适当安排。Tene和Polonetsky（2012）提出一个平衡企业及研究人员数据利益和个体隐私权益的模型设想，要求政策制定者首先确定需要征得用户同意方可使用的"个人可识别"(personally identifiable)[①]的数据类型范围,并将这些个人可识别的数据置于法规监管框架;在此基础上,兼顾隐私数据保护原则与其他诸如公共卫生、国家安全和环境保护等社会价值的平衡,当预期数据使用的收益明显大于隐私风险时,即使个体拒绝同意,仍然认定数据的使用是合法的。

Jones 和 Tonetti(2020)建立了一个理论框架,专门研究数据产权的不同分配方式对消费者福利的影响。他们的基本判断是,当企业拥有数据的产权时,就不会充分尊重消费者的隐私。此时政府可能出于对隐私权的关注而大幅限制企业对消费者数据的使用,然而,这在产生隐私收益的同时也使非竞争性的数据生产要素不能以最优的规模投入使用,进而导致无效率的情况出现。若不存在政府的该类限制,从理论上讲,非竞争性就能使数据在企业间广泛使用,从而产生巨大的社会经济收益;但如果出售数据会加快"创造性毁灭"(creative destruction)的速度,企业就会有囤积数据并阻止其他企业使用的动机,这同样会造成无效率的均衡结果。基于上述分析,Jones 和 Tonetti(2020)提出,消费者数据所有权产生的消费和福利远高于企业数据所有权,将数据产权赋予消费者可以带来接近最优的分配。如果这一判断是准确的,数据的市场机制就不符合科斯定理。

如果按照 Jones 和 Tonetti(2020)的建议,将数据所有权赋予消费者,是否就能够实现对于数据价值的充分保护与合理分配?一些实验研究表明,消费者可能会轻易地将自己和亲友的数据交给企业,有时仅是为了换取非常低的回报。Athey 等(2017)将这种表现出关注数据隐私的态度却在现实中轻易披露数据和信息的消费者行为定义为"数字隐私悖论"(digital privacy paradox),还通过两个实验验证了数字隐私悖论确实存在,并且研究发现,无论是受试者的个人特征(如性别、年龄等),还是受试者所表达出的关于隐私的偏好,对于其在数据隐私披露上作出的实际选择都影响甚微。Liu 等(2020)的研究也给出了类似的结论。他们首先在支付宝中添加一个第三方小程序,然后通过一项调查获得用户对数字隐私的偏好,最后再让用户选择是否使用这一必须提供个人数

---

[①] 即同真实身份和隐私信息相匹配的数据,与匿名化的数据相反。

据才能运行的小程序。实验结果显示，那些声称非常在意数据隐私的用户实际上多与第三方小程序共享个人数据。随着授权的数据越来越多，用户对数据隐私的担忧也在逐步增加，但是这种担忧仅止步于"担忧"，并未改变其将个人数据共享给第三方平台的行为。

### （二）数据生产要素的交易机制

针对数据生产要素的隐私与权益问题，一些学者试图通过设计数据生产要素的交易机制来提升社会的总福利水平。Elvy（2017）探讨了两种极端化的数据交易模式对经济福利的影响。第一种名为"为隐私付费"（pay-for-privacy）的模式将数据初始产权交给了企业，要求消费者在购买产品或服务时支付一笔额外的费用保证其数据不被收集和挖掘并用作广告用途；第二种名为"私人数据经济"（personal data economy）的模式将数据产权还给消费者，在该模式中，类似 Datacoup 这样的数据收集企业需要直接向个人购买数据。两种模式都促进了隐私数据向可交易产品的转化，但同时也可能产生或加剧隐私数据获取的不平等，并进一步导致掠夺或歧视性行为的发生。

如果将数据产权直接赋予企业或消费者均不能实现最好的福利结果，那么能否通过引入数据中介来改善数据生产要素的配置？Bergemann 和 Bonatti（2019）详细分析了以数据公司形式存在的数据中介（data intermediary）在信息市场中的作用及其与经济福利的关系。数据中介从个人消费者处收集信息并销售给企业，而企业利用这些信息来改进价格和数量决策。单个企业可以利用得到的数据划分市场，并进行三级价格歧视（third-degree price discrimination）①，从而获得超额利润。在这种情况下，商品价格与消费者支付意愿的相关性越大，企业获得的利润就越大，消费者剩余和社会总福利则会越低。虽然传统理论表明三级价格歧视所造成的社会福利降低会使数据中介无利可图，但 Bergemann 和 Bonatti（2019）指出，如果给定消费者需求不确定性和消费者数据信息含量的范围，以及假设数据中介聚合了单个消费者的信号并根

---

① 即对于同一商品，完全垄断厂商根据不同市场上的需求价格弹性不同，而对不同类型的消费者实施不同的价格。

据总需求的后验估计将信息传递给企业,那么市场中总会存在一个临界值 $\bar{n}$,使当且仅当消费者的数量 $N$ 满足 $N>\bar{n}$ 时,数据中介能够进入市场并获取正的利润,并对消费者福利造成损害。

既然如此,数据中介对消费者福利的负向影响能够通过竞争化解吗?Ichihashi(2020)给出了否定的答案。在其数据市场模型中,包含一名消费者、多个竞争性的数据中介以及一家下游企业。在该模型中,购买数据的下游企业会通过价格歧视和骚扰广告侵害消费者权益,因此中介可能会对收集消费者数据的行为进行补偿。这种补偿既可能是货币转移,也可能是诸如免费的在线网络地图服务等非货币的回报。由于数据生产要素具有非竞争性,如果多个中介机构都提供较高的补偿,那么消费者就会与所有中介机构共享同一套数据,并接受所有平台的货币和服务补偿,这无疑降低了数据的下游价格,损害了数据中介的收益。而中介平台也预测到了这一问题,因此最终所有中介都不会有提供高补偿的动机。因此,消费者从数字市场的竞争中得到的福利要少于传统的商品市场。最后,Ichihashi(2020)还指出,在中介收集的数据集互斥且需向消费者提供补偿的条件下,数据集中度越高、越接近数据垄断的均衡,中介机构的利润就越高,而消费者的福利就越低。

## 五 小结与研究展望

截至目前,对于数据生产要素的研究已经取得了一些关键性的重要突破。对于数据生产要素影响企业表现的微观机制,以及数据生产要素影响经济增长的路径,均形成了一系列具有重要意义的理论与实证成果。当然,由于这一研究领域仍处于发展早期,尚存在以下几处比较明显的不足有待改进。

第一,在数据生产要素驱动经济增长的研究中,对于溢出效应的讨论相对不足。与大数据相关的 ICT 技术和数据分析技术均表现出一定的通用目的技术(general purpose technology)特征,能够作为经济社会活动的基础性技术间接推动生产效率的提升。数据生产要素本身具有的非竞争性也导致其具有较强的正外部性,如被广泛使用的政府公开数据显著提升了企业的决策效率。然而,在目前研究数据生产要素对经济增长影响的文献中，大多缺少对上述两种溢出效应的理论建模，这就可能导致数据生产要素对总产出的综合影响被低估。因此，数据生产要素的宏观研究也应更加深入地探讨数据生产要素的溢出效应。

第二，无论是基于微观数据还是宏观数据，数据生产要素相关的实证文献相较理论文献仍相对薄弱。这主要是因为目前对数据生产要素的测度与估计仍缺少共识性方法，相关数据要么不可得，要么不可比，从而导致对数据生产要素的实证研究相对分散、割裂，缺少一致性和系统性。绝大多数实证研究都以自行调研、收集的企业数据为基础，其采用的研究方法与分析方法也各不相同，导致相关实证研究的体系性较差，也不利于数据生产要素基础理论的提炼与升华。

第三，对于数据生产要素的跨国分析严重不足。想要准确把握数据生产要素对经济增长与经济发展的综合影响，就需要以国家层面的宏观测度与对应的生产率估计为基础。目前，除加拿大统计局等少数统计机构外，无论是各国的统计机构还是研究机构，均未对数据生产要素的测度与估计给予足够重视。虽然一些国际组织如IMF和OECD发布了一些相关的研究报告，但是这些研究均尚未落实到指标测算与跨国分析的层面，这就限制了相关宏观研究的进一步发展和深化。

第四，对于数据生产要素如何影响社会福利的探讨仍不够深入。数据作为一种生产要素，在进入生产活动后自然会产生要素收入的分配问题。虽然现有研究已经开始关注数据相关的产权和分配问题，然而大多数讨论是在理论层面上进行的，缺少有说服力的经济证据。此外，绝大多数相关文献建议将数据产权转交给消费者，这虽然在理论上能获得最高的消费者福利，但在实际推进的过程中面临极大的现实困难。因此，为了防止数据生产要素的发展导致收入不平等进一步恶化，需要对数据生产要素的福利经济学含义进行更加深入的探讨，通过更好的市场机制设计与政策手段，实现收入的均等化与社会福利的最大化。

有理由相信，随着数字经济的进一步发展以及数据生产要素核心地位的进一步确立，相关研究也将向纵深发展。中国的数字经济发展在全球占据优势地位，中国也是最早在官方规划性文件中将数据纳入生产要素范畴的国家之一。在ICT基础设施和大数据产业的相关投入规模方面，中国也均居全球前列。此外，中国还是全世界生产数据最多的国家之一。国际数据公司（IDC）统计，中国 14 亿多人口创造的数据超过整个世界数据量的 20%。我们坚信，数据生产要素将在中国下一阶段的经济发展中发挥举足轻重的作用，基于中国视角的相关理论和实证研究也会如雨后春笋般涌现，值得经济学界予以加倍重视。

**参考文献**

中共中央党史和文献研究院编：《习近平关于网络强国论述摘编》，中央文献出版社 2021 年版。

金星晔、伏霖、李涛：《数字经济规模核算的框架、方法与特点》，《经济社会体制比较》2020 年第 4 期。

Abis, S. (2020), "Man vs. Machine: Quantitative and Discretionary Equity Management", SSRN Working Paper, No. 3717371.

Acemoglu, D. et al. (2014), "Return of the Solow Paradox? IT, Productivity, and Employment in US Manufacturing", *American Economic Review* 104 (5): 394–399.

Acquisti, A. et al. (2016), "The Economics of Privacy", *Journal of Economic Literature* 54 (2): 442–492.

Aghion, P. et al. (2019), "A Theory of Falling Growth and Rising Rents", NBER Working Paper, No. 26448.

Agrawal, A. et al. (2018), "Finding Needles in Haystacks: Artificial Intelligence and Recombinant Growth", NBER Working Paper, No. 24541.

Akcigit, U. & Q. Liu (2016), "The Role of Information in Innovation and Competition", *Journal of the European Economic Association* 14 (4): 828–870.

Arrieta-Ibarra, I. et al. (2018), "Should We Treat Data as Labor? Moving Beyond 'Free'", *AEA Papers and Proceedings* 108: 38–42.

Athey, S. et al. (2017), "The Digital Privacy Paradox: Small Money, Small Costs, Small Talk", NBER Working Paper, No. 23488.

Autor, D. et al. (2020), "The Fall of the Labor Share and the Rise of Superstar Firms", *Quarterly Journal of Economics* 135 (2): 645–709.

Bai, J. et al. (2016), "Have Financial Markets Become More Informative", *Journal of Financial Economics* 122 (3): 625-654.

Bajari, P. et al. (2019), "The Impact of Big Data on Firm Performance: An Empirical Investigation", *AEA Papers and Proceedings* 109: 33-37.

Beaudreau, B. C. (2010), "The Dynamo and the Computer: An Engineering Perspective on the Modern Productivity Paradox", *International Journal of Productivity and Performance Management* 59 (1): 7-17.

Begenau, J. et al. (2018), "Big Data in Finance and the Growth of Large Firms", *Journal of Monetary Economics* 97 (8): 71-87.

Belo, F. et al. (2019), "Decomposing Firm Value", NBER Working Paper, No. 26112.

Bergemann, D. & A. Bonatti (2019), "Markets for Information: An Introduction", *Annual Review of Economics* 11: 85-107.

Brynjolfsson, E. & A. Collis (2019), "How Should We Measure the Digital Economy", *Harvard Business Review* 97 (6): 140-148.

Brynjolfsson, E. & K. McElheran (2016a), "Data in Action: Data-driven Decision Making in US Manufacturing", US Census Bureau Center for Economic Studies Paper, No. CES-WP-16-06.

Brynjolfsson, E. & K. McElheran (2016b), "The Rapid Adoption of Data-Driven Decision-making", *American Economic Review* 106 (5): 133-139.

Brynjolfsson, E. & T. Mitchell (2017), "What can Machine Learning do? Workforce Implications", *Science* 358 (6370): 1530-1534.

Brynjolfsson, E. et al. (2011), "Strength in Numbers: How Does Data-driven Decision-making Affect Firm Performance", SSRN Working Paper, No. 1819486.

Brynjolfsson, E. et al. (2019), "Does Machine Translation Affect International Trade? Evidence from a Large Digital Platform", *Management Science* 65 (12): 5449-5460.

Brynjolfsson, E. et al. (2019a), "GDP-B: Accounting for the Value of New and Free Goods in the Digital Economy", NBER Working Paper, No. 25695.

Brynjolfsson, E. et al. (2019b), "Using Massive Online Choice

Experiments to Measure Changes in Well-being", *Proceedings of the National Academy of Sciences* 116 (15): 7250-7255.

Bughin, J. (2017), "The Best Response to Digital Disruption", *MIT Sloan Management Review* 58 (4): 80-86.

Bulger, M. et al. (2014), "Data-driven Business Models: Challenges and Opportunities of Big Data", Research Councils UK: New Economic Models in the Digital Economy, Oxford Internet Institute.

Byrne, D. & C. Corrado (2020), "Accounting for Innovations in Consumer Digital Services: IT Still Matters", in: C. Corrado et al. (eds.), *Measuring and Accounting for Innovation in the 21st Century*, University of Chicago Press.

Carriere-Swallow, M. Y. et al. (2019), "The Economics and Implications of Data: An Integrated Perspective", *International Monetary Fund Department Paper Series*, No. 9/16.

Ciuriak, D. (2019), "Economic Rents and the Contours of Conflict in the Data-driven Economy", Policy Brief, Centre for International Governance Innovation.

Coulton, C. J. et al. (2015), "Harnessing Big data for Social Good: A Grand Challenge for Social Work", Grand Challenges for Social Work Initiative Working Paper, No. 11.

Duch-Brown, N. et al. (2017), "The Economics of Ownership, Access and Trade in Digital Data", JRC Digital Economy Working Paper 2017-01.

Einav, L. & J. Levin (2014a), "Economics in the Age of Big Data", *Science* 346 (6210): 1-6.

Einav, L. & J. Levin (2014b), "The Data Revolution and Economic Analysis", *Innovation Policy and the Economy* 14 (1): 1-24.

Elvy, S. A. (2017), "Paying for Privacy and the Personal Data Economy", *Columbia Law Review* 117 (6): 1369-1460.

Erickson, S. & H. Rothberg (2015), "Big Data and Knowledge Management: Establishing a Conceptual Foundation", *Electronic Journal of Knowledge*

*Management* 12 (2): 108-116.

Farboodi, M. & L. Veldkamp (2020a), "A Growth Model of the Data Economy", NBER Working Paper, No. 28427.

Farboodi, M. & L. Veldkamp (2020b), "Long Run Growth of Financial Data Technology", *American Economic Review* 110 (8): 2485-2523.

Farboodi, M. et al. (2018), "Where Has all the Big Data Gone?", SSRN Working Paper, No. 3164360.

Farboodi, M. et al. (2019), "Big Data and Firm Dynamics", *AEA Papers and Proceedings* 109: 38-42.

Gaessler, F. & S. Wagner (2019), "Patents, Data Exclusivity, and the Development of New Drugs", *Review of Economics and Statistics*, Forthcoming.

Henderson, J. V. et al. (2012), "Measuring Economic Growth from Outer Space", *American Economic Review* 102 (2): 994-1028.

Hillebrand, K. & L. Hornuf (2021), "The Social Dilemma of Big Data: Donating Personal Data to Promote Social Welfare", CESifo Working Paper, No. 8926

Hoeren, T. (2014), "Big data and the Ownership in Data: Recent Developments in Europe", *European Intellectual Property Review* 36 (12): 751-754.

Hughes-Cromwick, E. & J. Coronado (2019), "The Value of U. S. Government Data to U. S. Business Decisions", *Journal of Economic Perspectives* 33 (1): 131-146.

Hulten, C. & L. Nakamura (2017), "Accounting for Growth in the Age of the Internet: The Importance of Output-saving Technical Change", NBER Working Paper, No. 23315.

Höchtl, J. et al. (2016), "Big Data in the Policy Cycle: Policy Decision Making in the Digital Era", *Journal of Organizational Computing and Electronic Commerce* 26 (1-2): 147-169.

Ichihashi, S. (2020), "Non-competing Data Intermediaries", Bank of Canada Staff Working Paper, No. 28.

Janssen, M. et al. (2017), "Factors Influencing Big Data Decision-making Quality", *Journal of Business Research* 70 (1): 338-345.

Jetzek, T. et al. (2014), "Data-Driven Innovation Through Open Government Data", *Journal of Theoretical and Applied Electronic Commerce Research* 9 (2): 100-120.

Jones, C. I. & C. Tonetti (2020), "Nonrivalry and the Economics of Data", NBER Working Paper, No. 26260.

Jorgenson, D. W. & K. M. Vu (2016), "The ICT Revolution, World Economic Growth, and Policy Issues", *Telecommunications Policy* 40 (5): 383-397.

Koh, D. et al. (2020), "Labor Share Decline and Intellectual Property Products Capital", *Econometrica* 88 (6): 2609-2628.

Kshetri, N. (2014), "Big data's Impact on Privacy, Security and Consumer Welfare", *Telecommunications Policy* 38 (11): 1134-1145.

Kubina, M. et al. (2015), "Use of Big Data for Competitive Advantage of Company", *Procedia Economics and Finance*, 26 (1): 561-565.

Liu, Z. et al. (2020), "Data Privacy and Temptation", NBER Working Paper, No. 27653.

Lohr, S. (2012), "The Age of Big Data", *New York Times*, Feb. 11.

McAfee, A. et al. (2012), "Big Data: The Management Revolution", *Harvard Business Review* 90 (10): 60-68.

Morris, S. & H. S. Shin (2002), "Social Value of Public Information", *American Economic Review* 92 (5): 1521-1534.

Mueller, M. & K. Grindal (2019), "Data Flows and the Digital Economy: Information as a Mobile Factor of Production", *Digital Policy, Regulation and Governance* 21 (1): 71-87.

Müller, O. et al. (2018), "The Effect of Big Data and Analytics on Firm Performance: An Econometric Analysis Considering Industry Characteristics", *Journal of Management Information Systems* 35 (2): 488-509.

Nickerson, D. W. & T. Rogers (2014), "Political Campaigns and Big Data", *Journal of Economic Perspectives* 28 (2): 51-74.

Nordhaus, W. D. (2015), "Are We Approaching an Economic Singularity? Information Technology and the Future of Economic Growth", NBER Working Paper, No. 21547.

Ordoñez, G. (2013), "The Asymmetric Effects of Financial Frictions", *Journal of Political Economy* 121 (5): 844-195.

Provost, F. & T. Fawcett (2013), "Data Science and Its Relationship to Big Data and Data-driven Decision Making", *Big Data* 1 (1): 51-59.

Reinsdorf, M. & J. Ribarsky (2019), "Measuring the Digital Economy in Macroeconomic Statistics: The Role of Data", International Monetary Fund Working Paper.

Romer, P. M. (1990), "Endogenous Technological Change", *Journal of Political Economy* 98 (5): 71-102.

Rothberg, H. N. & G. S. Erickson (2017), "Big Data Systems: Knowledge Transfer or Intelligence Insights?", *Journal of Knowledge Management* 21 (1): 92-112.

Schaefer, M. & G. Sapi (2020), "Learning from Data and Network Effects: The Example of Internet Search", SSRN Working Paper, No. 3688819.

Solow, R. M. (1956), "A Contribution to the Theory of Economic Growth", *Quarterly Journal of Economics* 70 (1): 65-94.

Statistics Canada (2020), "The Value of Data in Canada: Experimental Estimates", *Latest Developments in the Canadian Economic Accounts* (Working Paper Series), No. 9.

Syverson, C. (2017), "Challenges to Mismeasurement Explanations for the US Productivity Slowdown", *Journal of Economic Perspectives* 31 (2): 165-186.

Tambe, P. & L. Hitt (2012), "The Productivity of Information Technology Investments: New Evidence from IT Labor Data", *Information Systems Research* 23 (3): 599-617.

Tambe, P. et al. (2020), "Digital Capital and Superstar Firms", NBER Working Paper, No. 28285.

Tene, O. & J. Polonetsky (2012), "Privacy in the Age of Big Data: A Time for Big Decisions", *Stanford Law Review Online* 64: 63-69.

Varian, H. (2018), "Artificial Intelligence, Economics, and Industrial Organization", NBER Working Paper, No. 24839.

Varian, H. R. (2014), "Beyond Big Data", *Business Economics* 49 (1): 27-31.

Veldkamp, L. & C. Chung (2019), "Data and the Aggregate Economy", *Journal of Economic Literature*, Forthcoming.

Veldkamp, L. (2005), "Slow Boom, Sudden Crash", *Journal of Economic Theory* 124 (2): 230-257.

Vives, X. (2019), "Digital Disruption in Banking", *Annual Review of Financial Economics* 11: 243-272.

Yan, J. et al. (2015), "How Signaling and Search Costs Affect Information Asymmetry in P2P Lending: the Economics of Big Data", *Financial Innovation* 1 (19): 1-11.

Zhu, C. (2019), "Big Data as a Governance Mechanism", *Review of Financial Studies* 32 (5): 2021-2061.

(原载《经济学动态》2021年第4期)

# 数据要素定价机制研究进展

欧阳日辉　杜青青

数据是数字经济的关键生产要素与核心资源，它与其他生产要素深度融合，赋能传统产业，对经济增长产生乘数倍增作用。在此过程中，定价是数据要素市场化配置的关键环节，党和政府高度重视数据要素定价机制的建立健全。2020 年 4 月，《中共中央 国务院关于构建更加完善的要素市场化配置体制机制的意见》强调，要"丰富数据产品""健全生产要素由市场评价贡献、按贡献决定报酬的机制""完善要素交易规则和服务"。此后，相关部门落实党中央和国务院的部署，2021 年 11 月，工业和信息化部印发《"十四五"大数据产业发展规划》提出，到 2025 年初步建立数据要素价值评估体系，推动建立市场定价、政府监管的数据要素市场机制。2022 年 1 月，国务院印发的《"十四五"数字经济发展规划》进一步明确提出，鼓励市场主体探索数据资产定价机制，逐步完善数据定价体系。地方政府也积极探索建立数据要素定价机制，比如，《广东省数据要素市场化配置改革行动方案》提出健全数据市场定价机制；《上海市数据条例》提出，市场主体可以依法自主定价，但要求相关主管部门组织相关行业协会等制定数据交易价格评估导则，构建交易价格评估指标[①]。由此可见，政府对建立数据要素定价机制尚处于探索阶段。

目前，国内外数据交易机构和理论界都在探索数据要素定价的方法、模型和策略。在实践中，数据资产价值评估主要采用市场法、收益法及成本法等传统方法，或者基于统一费用、溢价和线性定价等简单的

---

① https://www.shanghai.gov.cn/nw12344/20211129/a1a38c3dfe8b4f8f8fcba5e79fbe9251.html.

定价方法（Zhang & Beltran，2020）。已有学术文献多数讨论数据要素定价方法和模型，对数据要素定价机制的研究尚处于起步阶段。数据作为生产要素必须基于场景考虑数据要素定价，比土地、劳动力、资本、技术等传统生产要素的定价机制更为复杂。此外，数字技术也对数据要素定价产生影响。据此，本文从数据要素定价机制的视角，对数据要素定价的对象、影响因素与主要原则，交易制度设计与数据要素定价，基于场景的数据定价方法和模型，数字技术在数据要素定价中的应用等文献进行评述。

# 一 数据要素定价的对象、影响因素与主要原则

## （一）数据要素定价对象与机制

讨论数据要素定价应该区分哪种形式的数据可以作为生产要素。Pei（2020）认为，经过加工的数据主要分为两类，即电子书和在线音乐等数字产品、数据集和数据报告等数据产品。其中，数字产品作为最终商品直接用于消费，不是生产要素。只有数据产品才是数据要素定价的对象，原因有二：一是数据要素加工后形成数据产品进行交易，能够给数据提供方、数据需求方和数据经纪人带来收益和效用（Meierhofer，2019），二是数据产品投入生产过程与其他生产要素融合应用能够提升最终产品或服务的性能或生产效率（Müller et al.，2018）。

Yu和Zhang（2017）定义了数据产品，指经过抓取、重新格式化、清洗、加密等处理后的数据产品和服务，如数据集和由数据集衍生的信息服务。在数据要素市场中，根据加工精细程度和传输技术手段的不同，数据产品主要分为数据包、数据API、数据报告和数据服务。另外，服务商可以提供个性化的数据产品和服务。随着数据要素的应用以及大数据交易平台的发展，将"数据要素作为一种商品"进行定价的思路得到了认可。所以，数据要素定价是指对数据资源通过加工形成的、可以作为生产要素的数据产品和服务进行定价。

不同于实物商品和金融产品，数据要素具有外部性、异质性、价值溢出、交易场景多元等特征（Short & Todd，2017），分析数据产品定价时需要充分考虑这些特征，进而对传统价格理论进行创新。具体而言，

数据要素定价机制需要考虑三个因素：第一，数据的价值具有高度情景相关性，定价必须基于场景（Short & Todd, 2017），但传统的价格理论没有考虑场景因素，难以解释数据要素定价。第二，数据要素市场结构比较复杂，存在单边市场交易双方博弈（Liang et al., 2018），也存在多边市场的"柠檬市场"（Heckman et al., 2015），这会影响定价策略。第三，不同于商品交易必须是所有权的转移，数据要素交易既可以是数据使用权，也可以是数据所有权[①]，需要针对不同的交易权利设计不同的交易合同。基于以上分析，本文认为，数据要素的定价机制包括但不限于由供求决定价格的定价方法、策略和模型，是买卖双方在制度、场景和技术等多种约束条件下进行数据交易价格确定的制度安排。

**（二）数据要素定价的影响因素**

1. 成本是卖方确定数据产品价格的关键因素。数据的成本结构与实物商品不同，数据的总成本是重置成本减去贬值损失。数据产品的重置成本分为三类：数据的采集、确认和描述等建设成本，数据存储和整合的运维成本、人力成本、间接成本以及服务外包成本等管理成本[②]。Fontana 等（2020）认为可以采用成本法估计英国的国家医疗服务体系（NHS）收集的医疗数据的价值。但是，很多研究指出了成本法给数据要素定价造成的困扰：一是成本量化困难，作为生产经营衍生物的数据资产没有对应的直接成本，且不易进行间接成本的分摊（Közgazdász, 2017）；二是传统成本法的定价效果不佳，成本法是对历史价值的评估，忽略了数据产品的增值潜力，需要随着数据的使用不断调整初始估值（Adler et al., 2016）。

更为重要的是，数据产品具有很高的固定成本和几乎为零的边际成本（Shapiro & Varian, 1998），后者导致买方可以很容易地生成副本并以较低价格转售，从而引发数据盗版问题（Jones & Tonetti, 2020），损害数据所有者或控制者的权益。基于以上特征，Adler 等（2016）认为，数据定价无法采用传统的边际成本定价法，而需要考虑潜在价值、

---

① https://http://www.199it.com/archives/1241135.html.

② http://www.bicpaedu.com/hyzx/20200114/48001.html.

顾客感知等其他因素，将成本法用于设定价格区间的下限是可行的。

2. 数据价值是影响交易双方对数据产品定价的主要因素。构建数据资产价值评估指标体系，是建立数据资产价值评估模型的基础。Gartner 和中关村数海数据资产评估中心提出的价值评估指标体系涵盖数据的内在价值、业务价值、绩效价值、成本价值、市场价值以及经济价值，包含数据的数量、范围、质量、颗粒度、关联性、时效性、来源、稀缺性、行业性质、权益性质、交易性质、预期效益。在确定指标体系之后，通常结合模糊综合评价法进行指标量化，即运用层次分析法，请专家针对数据的各评价指标进行打分，然后根据打分情况计算出每个影响因素的权重，将定性评价转化为定量指标。而且在不同使用场景，各指标的权重不同或对指标有所取舍（Short & Todd，2017）。

数据价值的影响因素主要包括数据要素的完整性、准确性、层次性、协调性和异质性等。首先，数据要素的完整性和准确性与数据要素价值成正比（Heckman et al.，2015；Immonen，2015）。完整性是指数据要尽可能涵盖被记录对象的属性，包括数据体量、数据采集时间连贯性、数据关系完备性等（Pérez-Pons et al.，2019）。准确性表示数据被记录的精准程度，是数据质量的核心指标（Sukumar et al.，2015）。数据量与数据价值成正比，数据集包含的信息量通过信息熵衡量（Li et al.，2017；Mao et al.，2019）。但是，一旦信息量未达到或者超过某个最佳点，决策绩效就会下降（Moody & Walsh，1999）。Bajari 等（2019）利用亚马逊的零售数据证实了这个结论。其次，数据产品的层次性包含技术含量、稀缺性和数据维度。数据产品和服务的技术含量越高，其价值也越高（Yu et al.，2011）。稀缺性表示数据被所有者独占的程度，如果某类数据仅由一个机构掌握，其所蕴含的商业信息价值很高。此外，数据维度越多，适用的范围也越广，应用价值就越高。Yu 和 Zhang（2017）基于数据质量多维度以及多维度之间的相互作用建立了数据定价双层编程模型。当处于同一维度的数据质量标准提升时，另一维度的数据质量标准下降，数据卖方对数据处理上的投入增加时，会将此作为约束条件纳入数据产品定价模型。所以，考虑数据质量的多维度、多版本策略能够实现更好的市场细分。再次，数据要素具有协调性或协同性。不同类型的数据、数据集或数据产品的组合会产生不同的增量价值（Zheng et al., 2017）。最后，异质性源于数据结构不同（Koutris et al., 2013）、采集主体不同、价值高度依赖使用场景（Short & Todd, 2017）、市场分割以及买方异质性（Bergemann et al., 2018）等，很难给出统一的定价公式。然而，数据质量指标之间的复杂互动也会影响数据质量，比如，提高一个特定数据集的准确性可能会以牺牲其完整性为代价。

此外，卖方追求长期利润最大化，考虑客户感知价值而不是基于成本的定价，从而会设计客户感知价值定价模型（Luong et al., 2016）。根据客户感知设定数据价格需要确定一组价值驱动因素，这些因素主要包括买方对数据产品成本和效用的认知、供应商社会声誉带来的声誉价值、心理动机以及对数据产品潜在价值的认知等（Wu et al., 2019）。

3. 场景影响数据效用，进而影响数据产品定价。数据要素的定价离不开具体交易场景，需要根据典型应用场景有针对性地核算数据要素价值。一方面，数据价值与具体的应用场景相关，数据要素只有被使用才会产生价值，同样的数据对不同买方的价值差异很大，卖方会根据买方异质性实行价格歧视策略；另一方面，因交易场景不同数据定价方法而异，比如，收益现值法适合基于项目数量和用户数量确定租赁费用的订阅方式，成本法比较适用于买方差异不大、制作成本几乎是公开信息、供给竞争激烈的数据产品。基于场景的定价特点是数据要素定价与其他要素定价最大的不同（熊巧琴、汤珂，2021）。

### （三）数据要素定价的主要原则

数据要素定价的基本原则是选择定价方法和模型的重要依据。Pei（2020）提出，数据定价遵循真实性、收益最大化、避免套利、公平性、保护隐私和高效匹配等原则，但在不同的使用场景和定价模型中有所取舍。本文将数据要素定价的原则分为一般性原则和特定性原则两类。其中，一般性原则与产品的定价原则相仿，但具体内涵有所不同；在数据要素特定的交易场景和定价模型中，重视坚持真实性、避免套利和保护隐私等特定性原则。

1. 一般性原则。数据要素定价也遵循商品定价的基本原则，比如，以价值为依据、成本为基础、市场竞争为导向。收益最大化、公平性和高效匹配被认为是数据产品定价的一般性原则。因为数据产品的复制成本很低,数据定价模型普遍遵循收入最大化而非利润最大的原则。比如在拍卖模型中,卖方以收入最大化为原则确定拍卖的数量(Goldberg et al.,1999),基于查询的数据定价追求无套利和收入最大化目标,据此建立定价算法(Koutris et al.,2015)。

公平性原则不仅指买卖双方的公平定价,还需要考虑利益相关者的公平分配。Shapley(1953)提出,公平分配应具备平衡性、对称性、零要素、可加性四个条件,值是满足所有要求的唯一分配方式。受这一思路的影响,Jia 等(2019)认为,Shapley 值是用于衡量数据产品收益公平分配的最佳工具。Agarwal 等(2018)提出,由于数据产品的复制成本低、再生产边际成本接近零,卖方可以低成本复制相同的数据产品,获取更多的 Shapley 值,从而获得不合理的收益。这对数据要素市场的实际公平提出了挑战。

高效匹配原则指定价模型必须以适当的价格来匹配买卖双方,提高计算效率实现高效匹配。数据产品价值因应用场景而异,有效地计算众多交易参与者的市场报价是对数据交易平台的基本要求。如果计算效率过低,则会影响数据价值和交易效率。密码学、区块链等数字技术的结合应用是解决计算效率问题的方向,例如,Liu 等(2021)将"盲目多项式评估"的密码学技术与区块链范式相结合,设定明确的协议并将其实例化,构建了具有不依赖第三方、数据处理规模大等优势的计算函数。

2. 特定性原则。真实性是市场有效的保障,可以促使卖家提供真实效用价值最大化的数据产品。真实性原则是拍卖机制的核心原则(Agarwal et al.,2018),买家只愿意支付真实效用价值最大化的价格(Pei,2020)。Jiao 等(2018)提出了一个数据服务提供商和买家之间基于拍卖的数据交易模型,同时坚持了真实性、收入最大化和高效匹配原则。

无套利性指参与者无法通过不同市场的价格差异获利,是基于查询的数据定价的核心原则,可以分解为无信息套利和无捆绑套利。Koutris 等(2015)为查询定价设计了一种满足卖方收入最大化、无套利和公平分配的定价算法,如果预先的设定价格不存在套利情况,就存在唯一的定价函数，能满足无套利和无折扣条件。Zheng 等（2017）对移动人群感应数据进行查询定价，同时遵循捕捉数据的不确定性、无套利和收入最大化三个原则。Li 和 Raghunathan（2014）则认为，在对个人敏感数据交易提供查询服务时，卖方必须接受一些套利的风险，以便制定合理的价格。

保护隐私原则在隐私含量高的数据交易场景中被重点考虑。网络平台用户的个人信息、数据提供方的经营信息以及第三方交易平台的信息很容易在交易中泄露。例如，训练机器学习模型的样本通常来自存储在云服务器上的用户内容，在提取过程中存在隐私泄露风险（Koushanfar et al.，2019）。因此，理论界积极探索保护数据产品隐私的方法，包括：不得出售未经脱敏的原始数据，建立去中心化和可信的数据交易平台，使用区块链技术保护隐私，采取买卖双方直接交易方式等（Hynes et al.，2018）。

## 二　交易制度设计与数据要素定价

在数据要素市场中，制度设计是数据要素定价的关键，数据要素交易机构的运行由一系列的制度安排维系，交易制度设计的目的是减少交易成本、降低交易风险、实现资源最优配置。

### （一）数据要素的交易参与者

Spiekermann（2019）认为，数据要素交易的参与者主要包括以下三类市场主体。

1. 数据提供商，提供数据整合服务并将数据加工成可以交易的数据产品。按照传统的产权理论，商品交易后所有权发生转移，然而现实中大多数的数据要素产权模糊，数据提供者也不一定要向买方让渡所有权。当前，数据提供商尤其是大型互联网企业，包括网络搜索引擎所有者、新闻媒体、在线购物平台等，拥有数据、流量、算法等方面的优势，对数据的商业价值认知最深，整合能力最强，在数据交易市场上占比也最大（Li & Gao，2021）。平台企业还会通过收购等方式强化优势。Li 等（2019）的研究表明，亚马逊、eBay 和谷歌的多次并购都是以获取目标公司的数据资源和提升数据分析能力为目的。平台也会采取提供优惠、积分或者服务等资源互换模式换取对消费者的购买历史记录、网站浏览历史记录、Web 搜索历史记录等个人数据的使用权（Li et al., 2017），再凭借算法等技术优势对用户数据进行处理和整合，进而出售数据产品。数据提供商对数据要素定价有话语权，因此政府对数据提供商定价进行有效监管有利于数据要素市场形成公允的价格。

2. 数据服务商，从事数据的采集、整理、聚合、分析等加工业务。数据服务商即第三方服务供应商可以在数据采集、数据存储、数据分析、数据流通中提供多项服务，提升专业化分工程度，降低数据产品的生产成本，因而提高了数据价值形成的效率，为买卖双方节省了成本。根据 Muschalle 等（2013）的调研，应用程序供应商将数据集转化为一连串预先编译好的数据提供查询服务，买方只需要根据具体需求进行查询；数据相关算法开发商提供将源数据转化为集成数据的算法等技术，如数据挖掘、匹配、清理、相关性计算和沿袭跟踪，并将这些算法作为用户定义的黑盒函数上传到数据市场。

3. 数据交易中介，在数据要素市场的建设中不可或缺。它们不仅提供了操作规范、安全性高的交易场所，而且承担建立健全数据资产评估、登记结算、交易撮合、争议仲裁等市场运营的职责。数据交易中介打造存储、搜索、交换和托管数据及相关算法的通用平台（Muschalle et al., 2013; Spiekermann, 2019），提供针对不同品类的数据产品的定价模式和相应的技术支持。按照营业范围和模式，数据交易中介分为三种类型：一是交易所以中间代理人身份提供数据交易撮合服务。交易的数据产品类型和定价方式由买卖双方自主决定，此时交易中介只是买卖双方的桥梁，不提供数据处理等其他服务。二是以数据经纪人身份收集数据、处理并出售各类数据产品和服务，即作为掌握大宗数据资源的聚合平台，集中开展一对多的数据供需匹配服务。三是数据交易中介吸收政府、企业、社会多方参与，组成交易联盟，联盟内的成员可以共享数据。数据联盟形式的优点是形成数据资产的利益捆绑，有助于保护投资者利益，且数据质量较高，但是该方法门槛较高，数据流通仅限于联盟内部成员。

**(二) 数据要素市场的结构类型**

市场结构对实物商品定价影响深远，对数据要素市场也是如此。在数据要素市场中，价格制定者设计数据产品定价模型必然要考虑数据市场结构（Liang et al.，2018），根据买卖双方的数量和相对市场力量，遵循定价原则制定合适的定价策略。

1. 数据交易的单边市场和双边市场。已有研究将数据要素市场类型的分析作为数据定价模型设定的基础，对数据市场类型进行归纳。Zhang 和 Beltran（2020）认为，数据要素市场主要包括单边市场、集中式双边市场和分散式双边市场三种类型。

（1）单边市场。单边市场包括买方市场和卖方市场，其中一方在定价中占主导优势。比如在卖方市场上，卖方可以根据买方竞争的程度选择定价方法（Adler et al.，2016）。当买方竞争程度高、有强烈的动机独占数据资产时，卖方可以进行拍卖或基于买方的预算制定销售价格；当买方竞争程度很低时，卖方可以使用成本法、收益法、市场法等传统法定价。数据交易市场上优势方的数量会影响定价策略，Ma 等（2019）以卖方市场建立的理论模型发现，当市场有两个卖家时，一个卖家为要求高的买家服务，另一个为要求低的买家服务，市场实现价格均衡。与二元竞争相比，如果市场上仅有一个卖家，卖方有动力为不同质量要求的买家提供可选择的数据产品方案，以此获取更多的利益。不少研究为简化模型或分析过程，在理论模型中假设要素市场是单边市场，给出了只有单个买家或卖家时的定价策略和模型（Ghorbani & Zou，2019），但在现实中，数据交易市场更偏向双边市场类型。

（2）集中式双边市场。数据经纪人拥有较强的数据采集和数据分析能力，能提供整合程度和数据质量更高、种类更丰富的数据产品和服务（Kitchin & Lauriault，2015）。此外，数据的排他性以及中小企业数据利用能力的不足会加剧行业垄断，而数据经纪人有利于缓解这一难题（Li et al.，2019）。更为重要的是，数据经纪人有动力采用多种数据保护技术，比如，使用密码学和隐私计算等技术实现数据加密，提供限制手段或规定数据的重复使用次数，推动私人数据转换为可交易的数据产品；或者在不影响数据所有权的前提下交易数据使用权（Hynes et al.，2018），既能保护数据所有者权益，又能在合法情况下最大限度地开发数据要素价值。

数据经纪人之间也存在竞争与合作，进而影响社会福利水平。对于具有竞争性和排他性的私人数据，数据经纪人倾向给数据拥有者提供更多补偿以获取更多数据量；对于非竞争性的数据则相反（Belleflamme，2018），因为高补偿会导致数据所有者与多家数据经纪人分享他们的数据，降低买方意愿价格并损害数据经纪人的利益。但是，大多数的数据要素具有非竞争性，数据经纪人的竞争无法使消费者获得更多社会福利（Ichihashi，2021）。如果数据集的价值具有较高互补性，数据经纪人可能选择合并数据集，进行联合销售（Gu et al.，2021）。选择竞争还是合作，受到合并数据集价值的互补性和替代性的影响：当数据是"次加性"时，即扣除合并成本后的合并价值低于单个数据集的价值之和时，数据经纪人倾向联合销售；当数据是"超级加法"时，即合并后的价值大于单个数据集的价值之和，竞争就会加剧。此外，采用Shapley值法验证数据互补性是一种比较好的思路，可以测定成员在参与合作中获得的回报。

（3）分散式双边市场。分散式双边市场的典型是点对点交易，买卖双方直接沟通，就交易对象、价格、时间、交割方式等内容签订意向协议。考虑到隐私和数据要素的权益归属，分散式双边市场包括两种交易模式：第一种是数据所有权属于消费者，数据收集企业向消费者购买数据。比如，Coggeshall等（2011）的研究为个人用户开发了一个数据交易平台，用户可以通过平台对与自身相关的数据进行存储、控制、维护所有权和货币化，买方可以在平台上购买经过匿名化处理的个人数据访问权。第二种是数据产权属于企业，企业和数据购买者都应"为隐私付费"，对数据所有者的隐私损失提供补偿。Jones和Tonetti（2020）认为，第一种模式可以带来接近最优水平的分配，产生的社会福利高于第二种模式；第二种交易模式虽然会带来更好的交易量，但是企业可能会过度使用数据且不充分尊重数据所有者的隐私，而且企业有囤积数据的倾向。

Koutroumpis等（2020）参照Roth的市场设计方法，提出了数据要素市场的四种类型（表1）。这与Zhang和Beltran（2020）的观点基本一致。其中，双边市场的流动性较低，交易成本高昂；如果不考虑数据独占性，集中或发散市场可能运行良好，无须在交易后对数据进行严格保护。多边市场的数据平台所有者可以利用定价策略提高买卖双方的参与度，并在收集大量数据的基础上，利用网络外部性实现盈利。Koutroumpis等（2020）对比研究了四种匹配机制，认为有效的数据要素市场应该满足交易成本低、制度安排完善、匹配算法稳定等条件。实际上，市场设计的有效性与监管机制密切相关，监管机构直接在分散或多边市场中引入技术或契约制度来激励交易极为困难，可行的办法是通过完善监管体系引导多边平台形成规范的大规模数据交易系统，从而提升定价效率和交易匹配效率。

表1　　　　　　　　　　数据要素市场的四种类型

| 匹配机制 | 市场设计 | 交换条件 | 实例 | 资产变现能力 | 交易成本 | 安全性 |
|---|---|---|---|---|---|---|
| 一对一 | 双边 | 协商 | 个人数据经纪人、Acxiom | 低 | 高 | 高 |
| 一对多 | 发散 | 标准化 | Twitter API、Facebook API | 高 | 低 | 低 |
| 多对一 | 集中 | 隐性易货 | 谷歌Waze、谷歌搜索 | 高 | 低 | 不确定 |
| 多对多 | 多边 | 标准化或协商 | 无 | 高 | 低 | 低 |

注：Acxiom是一家位于美国加利福尼亚州旧金山市的SaaS公司，提供数据连接平台，其服务包括数据上载，用于营销目的的在线离线数据传输。Waze是一个基于GPS的导航移动软件应用程序，提供免费的地图导航和基于位置数据的广告投放服务，于2013年被谷歌收购。

资料来源：Koutroumpis, P. et al. （2020），"Markets for Data"，*Industrial and Corporate Change* 29（3）：1-16.

2. 数据市场的垄断和竞争。市场结构可分为竞争市场、垄断市场和寡头垄断市场等，一些研究认为数据交易市场的集中度较高，容易形成卖方垄断。掌握大规模数据或高信息含量的数据时，数据控制者倾向囤积数据，而不是分享，此时数据要素具有高度排他性。Varian（2018）也指出，优势企业可以建立数据库，向第三方机构出售数据使用权，利用排他性获得收入。也有研究反对这一观点，认为在数据市场上，单个主体的市场份额无法达到50%，难以形成垄断（Tucker & Hill，2014）。一方面，数据要素具有非竞争性和产权模糊性，优势企业无法完全掌握数据的控制权从而防止数据复制和传播；另一方面，特定场景下所需数据具有一定的可替代性，以信贷场景为例，信贷机构既可以使用央行征信中心的数据，也可以从互联网企业获取客户消费信息和信用记录，两种数据都可以达到风险控制的目的。总体来看，缺乏有效监管的数据市场很容易形成垄断，数据控制者会采取价格歧视的定价策略细化需求模型和价格函数，攫取数据商品的超额利润。

实际上，发展阶段不同，市场结构也可能不同。Koutroumpis 和 Aija（2013）认为，在数据市场发展的初级阶段，一些数据平台所有者会在数据获取和定价等方面占据优势。因此，一些关于数据定价的研究都明确或隐含地假设了一个垄断的市场结构，数据卖方（数据买方）并不关心与他人的竞争。例如，Bergemann 等（2018）给出了卖方垄断市场的数据定价模型。模型假设数据卖方是垄断者，为实现利润最大化目标，数据卖方提供不同质量的数据产品菜单，数据买方根据使用意愿进行选择。随着数据要素市场的发展，数据卖方可能会出现寡头垄断的局面。Balasubramanian 等（2015）研究了双寡头垄断市场结构下免费和按使用量付费两种定价策略对数据卖方收益的影响。

**（三）数据要素的交易机制和交易规则**

1. 市场交易机制的设计和选择。交易机制设计为参与者提供了满足利益最大化、真实披露等既定目标的交易互动方式。如果数据产品的排他性较强，可以设计拍卖机制进行定价。拍卖制度可以激励代理人披露真实估值。拍卖机制遵循公开、公平、公正的原则，具有快速和批量的特征，能够缩短交易时间，提高交易效率（Jin et al.，2015）。中国的贵阳大数据交易所、华中数据交易所、上海数据交易中心等多家数据交易平台都采用拍卖机制。其中，贵阳大数据交易所对拍卖机制的适用场景进行了描述：一是买方仅为了短期需求行为而不愿意支付年度数据采购费用，二是买方希望一次性垄断数据而不愿意其他买方再共享此类数据。

拍卖机制的现有研究成果如表2所示，包括双边拍卖、反向拍卖和

VCG 拍卖等多种拍卖类型（Liang et al., 2018），选择何种拍卖机制需要考虑买方和卖方的相对市场力量，是否有中介机构充当拍卖商，选定的定价原则等因素。

**表 2　　　　　　　　　　拍卖机制的现有研究成果**

| 拍卖方式 | 市场结构 卖家 | 市场结构 中介机构 | 市场结构 买家 | 描述 | 定价原则 | 参考文献 |
|---|---|---|---|---|---|---|
| 维克里拍卖 | 多个 | 无 | 多个 | 隐私是数据的主要成本，卖方会根据隐私提供要价；当买方对数据有一个固定的准确度目标时，维克里拍卖（第二价格密封拍卖）的应用保证付款最小化的同时实现了准确度目标；当买方有固定预算时，拍卖机制可以最大限度地提高最终估计的准确性，同时确保最终付款总额不超过预算 | 真实性、隐私补偿、买方总付款最小化 | Ghosh & Roth (2015) |
| 维克里拍卖/序贯拍卖 | 多个 | 有 | 多个 | 修改了传统维克里拍卖和序贯拍卖模型，为卖家决定拍卖数据产品的数量提供解决办法；提出修改的序贯拍卖定价模型，用以确定当卖家将同一数据产品卖给多个竞拍者时，对获胜竞拍者应提供多少补偿 | 社会福利最大化 | Chen et al. (2018) |
| 维克里拍卖/VCG 拍卖 | 一个或多个 | 有 | 多个 | 设计了频谱交易的拍卖机制，通过修正维克里拍卖来解决多赢价拍卖策略下，传统 VCG 拍卖存在的损害卖家收益和受到"合谋"攻击的问题；拍卖商根据约束条件和买方的满意程度选择最终赢家，该机制可以提升买方使用效率和卖方收入 | 真实性、社会福利最大化 | Sofia & Edward (2020) |

续表

| 拍卖方式 | 市场结构 卖家 | 市场结构 中介机构 | 市场结构 买家 | 描述 | 定价原则 | 参考文献 |
|---|---|---|---|---|---|---|
| 单轮密封投标拍卖 | 多个 | 有 | 多个 | 模拟了无限供应市场上的密封投标拍卖，将拍卖机制的总效用与固定定价的总效用做对比，发现拍卖定价机制的效果更好 | 真实性、社会福利最大化 | Goldberg et al. (1999) |
| 反向拍卖 | 多个 | 无 | 多个 | 为移动传感数据设计了一个反向拍卖模型，假设买方（平台）有一个 $\Gamma = \{\tau_1, \tau_2, \cdots, \tau_n\}$ 的传感任务，每个任务 $\tau_i$ 会产生价值 $v_i$。每个卖家选择一个任务子集 $\Gamma_i \subseteq \Gamma$，执行这一任务需要花费的成本为 $c_i$。卖方 $s_i$ 为传感数据设置的价格为 $b_i$，并将投标（$\Gamma_i$, $b_i$）提交给买家，在收集所有的出价后，买方选择一个卖家子集 $S$ 作为赢家，并确定对每个赢家 $s_i$ 的付款 $p_i$。在拟定的拍卖机制下，从 $S = \varnothing$ 开始迭代选择带来最大非负边际净利润的卖家 | 真实性、个体理性、平台收益最大化 | Yang et al. (2012) |
| 反向拍卖/VCG拍卖 | 多个 | 无 | 多个 | 当卖家对一组传感任务进行竞价时，必须满足每个传感任务的数据都符合质量要求，采用贪婪算法选择赢家，可以实现最佳总效用的近似值；当卖家对多组传感任务进行竞价时，采用迭代下降算法选择赢家，可以实现接近最优总效用的目标 | 真实性、社会福利最大化 | Jin et al. (2015) |

续表

| 拍卖方式 | 市场结构 卖家 | 市场结构 中介机构 | 市场结构 买家 | 描述 | 定价原则 | 参考文献 |
|---|---|---|---|---|---|---|
| 双边拍卖 | 多个 | 无 | 多个 | 设计了一个迭代拍卖机制，目标是社会福利最大化，买卖双方直接交易原始数据。为了根据提交的出价设定下一轮的规则，拍卖者的问题被表述为一个受限的优化问题，并得出最佳规则，然后开始新一轮的拍卖，直至观察到社会福利的收敛 | 个体理性、社会福利最大化 | Cao et al.（2017） |
| 双边拍卖 | 多个 | 有 | 多个 | 中间商收集卖家数据，对卖家进行隐私补偿，并对收集的原始数据进行处理，根据买家需求出售数据服务；采用贝叶斯利润最大化拍卖计算最优价格和数据量，实现中间商收益最大化 | 真实性、中间商收益最大化、计算效率 | Jiao et al.（2018） |

  针对排他性弱、潜在买家多的数据产品，卖家采取直接交易的方式，以保底价格定价，并设计产品菜单供消费者自主选择产品。例如，Cummings 等（2015）假设市场有两类数据提供者，其中：第一类数据提供者都是单独的个体，价格方差主要受差异化隐私处理的影响；第二类数据提供者是有能力从其控制的子人群（如学生、教授等）中收集不同规模的随机样本的组织，价格方差主要与样本中包含的个体数量有关。通过选择方差来模拟消费者对感兴趣的数据产品的选择，实现总体统计的无偏估计以及买方支付成本最小化的目标。

  Wei 和 Nault（2014）认为，在卖方制定产品菜单和价格、买方直接购买的交易方式中，卖方采取了基于买方异质性的差异化定价策略。Moriarty（2021）认为这种定价策略会不公平地剥夺交易所创造的社会剩余，在线销售商应该披露它们正在进行差异化定价或者停止这一策略。也有研究认为社会总体福利标准关注的是福利的无谓损失而非福利转移损失，如 Li 等（2019）指出，虽然价格歧视通过减少消费者的支付意愿和购买价格之间的差额来减少消费者剩余，但是减少的消费者剩余作为增加的利润转移给了卖方，在一般均衡中，卖方增加的利润又作为收入分配给家庭，促进了社会的公平分配。

2. 合同设计的影响因素。拍卖机制和直接交易机制中的差异化定价是应对信息不对称和买方异质性的选择，是数据交易市场的主要交易机制。但是交易机制具有多样性，合同设计能够规范交易流程，为不同的交易机制提供保障，进而提高交易成功率。交易合同设定的主要影响因素如下。

（1）数据使用量。如果买方不确定对数据的需求量，可以设计两种收费合同（Li & Raghunathan，2014），即数据消费者先为一定数量的数据集或查询支付固定费用，当使用量超过固定额度后，再按单位价格购买数据。如果消费者对数据产品能否满足其效用存疑，可以提供"前期免费，后期付费"合同，或者先提供数据产品的低阶测试版（Choudhary et al.，1998）。这至少会给数据经纪人带来两个好处：一是先建立网络外部性效应，然后再推出价格更高的高阶版本，获取更多市场份额；二是通过提供免费产品或服务换取用户有价值的敏感信息（Li et al.，2017），利用这些信息改善决策或者直接将信息出售给第三方机构获利。分层定价可以根据购买数量的变化设定不同的单价，且数据集的价格和数量不是简单的线性关系。Zhang 和 Beltran（2020）认为，分层定价至少包含两种策略：一是随购买数量增加降低单价；二是根据边际支付意愿对消费者分类，然后分别定价。

（2）数据所有权和使用权。数据所有权交易主要是对数据包和数据报告的产权转让，交易合同以数据包为定价单位，由卖方上传数据产品并定价，然后数据经纪人整理成产品菜单，买方根据需求发起交易要约。数据使用权交易主要指 API 数据，指在保证所有者权利的基础上给予买方访问权限，交易合同以数据调用次数为定价单位，由于 API 数据需要持续更新，合同还规定了查询 API 的衍生产品和服务的定价内容（Balazinska et al.，2011），买方可以在云端发出查询请求，然后购买查询 API 接口。在 Balasubramanian 等（2015）的研究中，如果市场上只存在一个卖家，则出售数据使用权比出售所有权获得的收益更高；如果市场上存在两个卖家，分别交易数据所有权和使用权，那么此时交易数据所有权的收益更高，而使用权交易的成本上升会使两个卖家的收益同时上升。

（3）买家偏好。数据经纪人可以根据买方偏好，通过合同设计提供数据产品的不同版本和价格搭配供代理人选择。例如，Harmon 等（2009）认为，关注搜索成本的消费者不愿意花时间搜寻与购买相关的信息，并倾向于将高价格与高质量联系起来，或者随机购买高价格的数据产品。对此，数据经纪人需要提供不同数据质量的合同菜单（Bergemann et al.，2018），以激励消费者显示其具体需求。考虑到可操作性，数据经纪人希望能够限制菜单长度，Mehta 等（2021）提供了一种近似最优收入的合同菜单设计，即菜单长度为 L 时（最多有 L 项产品—价格组合），满足数据经纪人对实际收入和最优收入进行权衡和选择的需求。

Li 和 Raghunathan（2014）根据对数据敏感度的偏好将买方分为两种类型：一种关注信息总数，另一种关注私人信息含量。数据经纪人可以分别为这两类买方提供低敏感度和高敏感度的数据。此外，关注预期价格的买家不急于使用数据产品，可以提供数据期货式交易和现货式交易。当数据买方对某一数据产品存在较高预期且不一定以使用该数据产品为目的时，可以采取期货式交易方式（Gundepudi et al.，2001）。此时，买方认为该数据产品的潜在价值很高，提前以某一价格支付数据产品的购买费用，并且可以在未来任意时间点将这笔期货转让出去，可购买的期货产品包括远期、近期和即时合约。还有一种情况是买方期待折扣等低价购买时机，等待现货购买。折扣和津贴的类型主要包括提前付款、淡季打折、批量购买、零售折扣、现金折扣和以旧换新津贴六种（Wu et al.，2019），如 Balasubramanian 等（2015）提出为信息产品的买方提供基于使用频率的折扣。

## 三 基于场景的数据定价方法和模型

### （一）基于交易场景和应用场景的定价

数据的交易场景非常广泛，难以设定一个具有普遍适用性的数据定价标准。各行业的数字化程度、数据丰裕度和交易场景等存在明显差异，一些学者根据不同场景研究不同行业的数据定价问题。例如，Bourreau 等（2018）提出了一个网络广告行业的数据交易模型，建议采用拍卖法进行定价,数据交易平台控制交易中出售多少消费者数据。Son 等(2021)研究了非公共组织医疗数据的定价,认为初始价格由成本和数据价值决定,然后根据交易中的实时偏好和供求变化进行动态调整。FTC 将应用场景分为市场营销产品、风险控制产品和人员搜索产品三类[①]。例如,上海数据交易中心提供的中国受众画像库(CAP 产品)通过增补企业缺失的用户画像来帮助企业开展客户洞察、客户运营和后续的市场营销活动。

数据有应用场景,但没有交易场景的情形也大量存在。这种情景主要指政府免费开放数据(Arribas-Bel et al.,2021)、企业共享数据(Moody & Walsh,1999)以及并购、诉讼等非交易场景。在非交易场景中,数据的价格本质上是一种对数据价值的评估。开放数据可以根据成本和消费者的支付意愿定价,或者采取"免费+增值"的模式,提供免费的基础版本和作为商业产品的增强版本(Arribas-Bel et al.,2021)。企业之间的数据共享可以采取俱乐部制度,或者数据联盟形式。在并购场景中,参与者关注的是未来经营状况,可以采用收益法定价、实物期权等定价方案;为了突出数据价值,在必要时可以采用 Shapley 值定价。诉讼场景中,可以选择成本法和比较法进行定价。如果找不到可比对象,可以采用知识产权领域对标准必要专利许可费定价中的 Georgia-Pacific 方法(Epstein & Marcus,2003),这样就可以根据各种具体情形,在可供选择的基准的基础上进行定价。

### (二) 交易场景中数据产品的定价方法和模型

1. 订阅和租赁。批量廉价数据具有获得性和可复制性强的特点,可以采取固定定价和按次计价等订阅和租赁方式交易(Liang et al.,2018)。按次计价即按照对数据的使用次数收费,主要用于对数据使用权的交易。根据 Fruhwirth 等(2020)对美国现有 20 个数据交易平台的调查结果,样本中超过半数使用了固定定价的方法,即采取事前定价的方式,根据对数据产品的价值评估确定其价格并挂牌销售。对买方来

---

[①] "Data Brakers: A Call for Transparency and Accountability", https://www.ftc.gov/system/files/documents/reports/data-brokers-call-transparency-accountability-report-federal-trade-commission-may-2014/140527databrokerreport.pdf.

说，固定定价是与其使用限制有关的每月或每年的订阅费用，在这种模式下，时间是决定他们需要支付多少费用的唯一因素。例如，Infochimps 收取每月的订阅费，并允许数据消费者调用一定数量的查询。

2. 协议定价与博弈模型。协议定价是目前使用最广泛的定价方式，主要包含两种使用场景：一是当价格意见不统一时，买卖双方在数据交易平台的撮合下进行商议，双方讨价还价之后确定成交价；二是没有中介机构，买卖双方直接进行交涉。如果对某数据产品的估值定价意见不统一，买卖双方可以采取由中介机构撮合的协议定价方式，从而获得更大的定价自主权和商议空间。协议定价的过程由博弈模型刻画，包括基于非合作博弈的定价模型、基于斯塔克伯格博弈的定价模型以及基于讨价还价博弈的定价模型。

（1）非合作博弈。参与者之间不会建立合作关系，每个卖家都是自私的，并独立设定使自身利润最大化的价格（Luong et al., 2016）。在非合作博弈模型中，所有参与者都必须发布一个透明的定价策略，这在真实的数据要素市场中难以实现，因为参与者无法计算纳什均衡，所以该模型的实用性不高（Liang et al., 2018）。

（2）斯塔克伯格博弈。Liu 等（2019）搭建了一个两阶段的斯塔克伯格博弈模型：第一阶段，数据经纪人是价格领导者，公布数据所有者给出的所有价格策略；第二阶段，数据需求者根据领导者公布的信息出价并发出购买请求；第三阶段，数据经纪人进行交易撮合。Xu 等（2020）构建了一个三阶段的斯塔克伯格博弈模型：在第一阶段，数据所有者公布定价策略，服务提供商根据公布的价格作出对原始数据的购买决策；在第二阶段，服务提供商对原始数据进行处理后向买方提供包含一定数量不同版本的数据产品的菜单；在第三阶段，买方根据菜单作出购买决定。然而，在斯塔克伯格博弈中，数据拥有者需要确定一个价格领导者，并在其宣布定价策略后制定价格，在实践中如何找到价格领导者存在困难。

（3）讨价还价博弈。讨价还价博弈是解决复杂谈判条件的适当方案，因此它通常被用于数据拍卖。数据供应商和需求方分别提出自身的最优定价策略，如果需求方出价大于供应商出价，交易达成；反之，则谈判继续（Mao et al., 2017）。Jung 和 Park（2019）考虑隐私保护的重要性，将差分隐私应用于数据市场，构造鲁宾斯坦讨价还价模型来确定隐私损失的价值（噪声参数 $\varepsilon$），以社会福利水平最大化为目标确定数据产品的定价公式。该模型也存在缺陷：一是供需双方的谈判过程既耗时又浪费资源，实施困难；二是在鲁宾斯坦讨价还价模型中，如何确定出价区间没有统一定论，并且如果对方无法接受出价，理论上可以进行无限轮次讨价还价，实际中则难以达成交易。

3. 隐私定价。一些学者提出了隐私补偿定价方法，主要适用于隐私含量较高的个人数据交易场景，购买数据的成本主要是提供给数据主体的隐私补偿。在买方有准确性要求的假设下，Ghosh 和 Roth（2015）认为买方必须购买隐私，买价即隐私成本，每个数据提供者的隐私成本函数表示为 $c_i(\varepsilon)=v_i \cdot \varepsilon$，其中 $v_i$ 为个人 $i$ 的单位隐私成本，$\varepsilon$ 为数量单位；买方采用经典的维克里拍卖方式购买数据，即选择出价最低的 $m$ 个卖方，并为拍卖中的每个赢家提供统一补偿 $b \cdot \varepsilon$，其中 $b$ 为第 $m+1$ 个最低出价。Yang 等（2019）进一步说明了隐私成本取决于数据提供者的隐私态度。每个数据提供者 $i \in K$ 用一个非递减函数（补偿方案）$C_i$：$\tau \to R^+$ 来建模，代表数据平台和数据提供者之间就数据提供者的隐私损失 $\tau$ 应得到多少补偿的承诺，$\tau$ 由差分隐私定义。然后，其通过一个双层编程模型模拟消费者的自我选择过程和垄断者（数据交易平台）的决策行为。数据交易平台的总利润 $G(c, p, x) = \sum_{j=1}^{M} \sum_{i=1}^{N} (p_i - c_i) x_{ij}$，其中 $x_{ij}$ 度量消费者的自我选择过程，$i$ 为隐私数据的敏感性水平，$x_{ij}=1$ 为消费者愿意购买隐私敏感度为 $i$ 的数据产品。不同的隐私敏感性数据提供的效用不同，价格 $p_i$ 随敏感性上升而提高。实验结果表明，多层次的隐私划分可以实现总效用最大化。

4. 基于查询服务的定价。查询定价是对在线数据库定价的优化，因为查询要求更细的颗粒度（Lin & Kifer, 2014），即不用购买整个数据库，而是选择想要的覆盖范围或聚合水平。具体操作为，卖方首先在数据库中几个视图上设置明确的价格，买方输入想要购买的任意查询，系统就会根据已经设定价格的视图自动派生出查询价格（Koutris et al., 2015）。Koutris 等（2013）研究了查询需要多个卖家的数据库联合运算的情况，通过在卖家之间引入一个收入分享政策，每个卖家都能得到一份查询价格，该价格与卖家在整数线性规划程序定价中所能得到的最大收入成正比。Deep 和 Koutris（2017）设计了名为 Qirana 的查询定价系统，该查询定价模型可以在无套利原则下对广泛的 SQL 查询（聚合查询）进行实时定价。由在线数据库提供数据的交易场景并不少见，查询定价可以使交易过程和结果更符合消费者实际需求，但仍存在算法程度高、选择用于预先定价的视图难度大、重复求解、对存储空间要求高以及更新数据库的工作量大等问题（Koutris et al., 2015）。

5. 为机器学习模型定价。随着机器学习服务（machine learning as a service, MLaaS）行业的不断发展，消费者可以直接购买机器学习模型而不是原始数据集。原始数据集和机器学习模型的定价主要有四个区别（Cong et al., 2021）：首先，后者主要作为一个整体进行定价和销售，前者可以根据颗粒度进行调整；其次，由于机器学习模型训练的技术难度更高，对其实施差异化定价策略难度更大；再次，机器学习模型通常出于特定目的而设计，所以价值确定难度小于原始数据集；最后，模型市场中防止套利的难度更大。

Chen 等（2019）设计了机器学习模型的定价模型，认为模型准确性是价格的主要影响因素，卖方首先在整个原始数据集上训练一个最佳模型，然后通过向最佳模型的参数添加不同方差的高斯噪声来产生不同版本的机器学习模型，噪声方差的数值与模型的预期错误率成正比；当且仅当定价函数是单调的且相对于噪声方差的倒数具有次可加性时，满足无套利条件。Liu 等（2021）提出了一个更为完整的方案，包含数据所有者、模型购买者和经纪商。首先，数据所有者根据隐私敏感度和 Shapley 值指定他们想要的补偿函数；其次，模型购买者根据 Shapley 值的覆盖率和为保护隐私而添加到模型中的噪声来衡量模型的相对效用，提供他们愿意支付的价格函数；最后，经纪商同时考虑隐私补偿和模型噪声来建立具有不同 Shapley 值覆盖率和 DP 参数的模型定价机制。

## 四 数字技术在数据要素定价中的应用

### （一）机器学习对数据定价模型的优化

在数据要素的交易和定价中，机器学习可用于处理快速变化、大型复杂的数据集，通过在机器学习模型中输入真实数据来检验定价模型的有效性还能极大地提高模型计算效率，实现动态定价。在算力支持下，机器学习对客户进行画像，优化数据定价机制。

1. 验证定价模型的有效性。首先，机器学习不仅能使用降维技术缩小定价模型中影响因子的范围，还能对因子有效性进行检验。例如，Harvey 等（2016）利用机器学习领域中的自助法检验了 1967 年以来发表的实证论文中金融资产定价因子的有效性，结果表明很多文献的研究结果存在错误。其次，机器学习可以处理复杂的函数，并重点关注函数对现实的模拟程度。考虑到影响因素之间的相互作用，Li 等（2013）认为数据定价应该采用非线性函数形式，而机器学习可以自动辨识因子之间的非线性定价结构，并给出预测结果。进一步说，Yang 等（2019）认为数据质量是影响数据产品定价的关键因素，为此构建了基于质量等级的效用函数，使用神经网络模型（ANNs）对真实数据集进行分类训练，证明了该复杂函数的有效性。最后，数据资产定价可以借鉴机器学习在金融资产定价领域中的应用，检验预期对资产价格的影响。Jegadeesh 和 Wu（2013）使用朴素贝叶斯法衡量了 1995—2010 年美国金融公司的 45860 份年报文件中的情绪词汇，指出其中的积极和消极词汇会影响市场反应，进而影响金融资产价格。当使用收益法为数据资产定价时，可以借鉴上述方法，比如通过朴素贝叶斯法检验市场预期是否会影响折现因子的大小，进而提高定价模型的准确性。

2. 实现定价模型动态调整。动态数据定价也被称为智能数据定价模型（SDP），是差异化定价模式的一个特例（Liang et al.，2018）。将机器学习技术嵌入数据要素定价模型可以使产品价格根据数据价格影响指标的变化得到快速而准确的调整。例如，Tsai 等（2017）利用机器学习构建智能数据定价模型（TDP）应用了 TDP–TR 和 TDP–KNN 两种定价算法：前者采用动态定价方案，根据用户过去的支付意愿，引入惩罚函数与附加收益函数分别表示损失和收益，应用优化算法最大化消费者的目标效用函数确定价格；后者采用 K 近邻算法，根据用户过去的网络使用情况估计未来的数据使用量。Balasubramanian 等（2015）进一步指出，利用机器学习算法可以控制消费者的需求量，比如在使用量超过预先设定的固定数据配额时，系统会自动实施额外费用等补充计划。动态定价也存在不足,比如动态定价造成的价格波动更大,影响消费者购买体验;而且更为精准的差异化定价可能引起顾客"不公平"等负面感知价值,导致购买意愿降低(Isabel et al., 2021)。

### (二) 区块链、智能合约和密码学技术的应用

目前的数据交换和共享都是基于中心化服务器的设计理念,存在数据所有权界定不清、数据所有者隐私泄露、交易透明度低等问题,这无疑加大了数据定价的难度,而区块链、智能合约和密码学技术的应用可以一定程度地解决以上难题。

1. 区块链技术生成的时间戳。区块链将包含数据资产的区块的哈希值传递给时间戳服务器,时间戳服务器对哈希值和时间记录进行签名,生成时间戳,哈希值和时间戳成为数据资产存在的凭证,有效防止了数据资产的所有权界定不清的问题(Fallucchi et al., 2021)。并且,前一个时间节点生成的时间戳和后一个时间节点生成的时间戳环环相扣,认证程度不断加深,有利于防止二次转售等对数据资产权利的不正当使用行为。时间戳可以实现数据资产尤其是社交媒体等产生的私人数据的可视化,为私人数据的交易和定价提供了凭证(Misue, 2016)。

2. 区块链和智能合约。数据拥有者将数据发布和存储在区块中,使数据具有不可篡改性、可追溯性和安全性等特征(Wang et al., 2018),可以保证自身权利和数据的安全,有利于提高平台交易的安全性和合规性。买方在访问区块链平台后,向数据提供者发出交易请求,双方签订智能合约,约定数据处理规则并协商同态加密密钥,完成数据产品的交易(Yue et al., 2017)。区块链能够自动执行智能合约中的数据拍卖协议,从而防止数据竞价中的串通行为,减少交易争议。例如,Wei 和 Xiong(2021)提出一种基于区块链和智能合约的反串通数据拍卖机制,在智能合约中设计反合谋数据拍卖算法,通过密封的竞价、竞价掩码和竞价揭示实现反串通数据拍卖,并设置惩罚机制用于惩罚数据拍卖中的不当行为。Ke 等(2021)建立了一个双向匿名拍卖协议,以政策驱动的变色龙哈希及修订的可链接和可编辑的环形签名作为构建模块,保证竞标者出价的竞争性和匿名性,并允许每个参与者在拍

卖协议结束时验证出价证明的有效性,进而减少交易中的争议。此外,在去中心化和匿名的交易环境中,智能合约对加密数据的访问和执行权限进行管理,买方在加密数据使用结束后通过智能合约将其返还提供方,智能合约对数据进行销毁,实现了数据所有权和使用权的分离。

3. 密码学技术。密码学领域的同态加密和非对称加密(Ma et al.,2021)有利于解决数据交易中的隐私泄露问题。同态加密技术对隐私数据进行加密,智能合约对加密数据进行处理,处理后的结果解密后可以得出与原数据相同的分析结果,既满足了需求方的查询要求,又避免了原始数据的泄露。非对称加密技术可以对数据交易方的身份进行验证,明确了数据来源,又能防止数据伪造和数据篡改,保证了交易往来的合法性(Wang et al.,2018)。

此外,智能化采集、云计算和物联网技术解决了海量数据的采集、存储和分析等面临的技术难题,降低了数据要素的重置成本,进而对数据要素定价产生间接影响。在数据采集方面,企业内部经营数据和生产数据主要通过高性能内存计算设备上运行的数据库和数据仓库以及传感器等物联网设备进行采集(Faroukhi et al.,2020),外部数据主要通过爬虫技术、埋点检测技术、用户调研等方法进行采集(Xu et al.,2017)。离线数据构建在开源的 HDFS 文件系统和 MapReduce 运算框架上,在线数据分析系统构建在云计算平台的 NoSQL 系统上(Yang,2021)。Balazinska 等(2011)提出,基于云的数据市场为企业、终端用户和应用开发者提供了"一站式购物"的机会,可以帮助用户节约搜寻和获取所需数据的成本。

# 五 结论与展望

数据是发展数字经济的关键生产要素,高效的数据要素配置可以加速数据成为经济增长的新动力、新引擎。本文在梳理数据要素定价的影响因素、定价原则和交易制度设计的基础上,对数据要素定价机制进行了评述。数据要素定价机制有三个显著特点:第一,数据所有权的概念没有定论,数据的隐私及其保护会影响数据所有者提供数据的意愿,进而影响数据定价,数据要素定价需要对数据的所有权和使用权进行拆分。第二，数据要素定价与场景高度相关是数据要素定价机制的最大特征，交易参与者可以利用市场结构和交易规则，从策略上影响竞争者的行为或估值；在制造、电商、金融等应用场景和交易场景中，优化定价模型、定价策略与设计更好的激励机制，可以提高市场化配置效率。所以，优化交易制度设计创造更多的交易场景是建立高效的数据要素定价机制的关键所在。第三，数字技术不仅能改善和丰富数据的来源和安全性，还可以降低交易成本，促成交易，对数据要素定价的影响越来越大。

本文认为，数据要素的定价涉及多个学科，不仅运用到价格理论、价值理论和运筹学等，还涉及电子商务、大数据管理、数据挖掘和机器学习等领域，应该采用跨学科研究方法。国内鲜有专门研究数据要素定价的文献，已有的研究大多介绍数据定价方法和模型，对于不同定价方法的适用场景缺乏论证，很少有研究将理论模型与数据定价的实践紧密联系起来。数字技术在数据要素定价中的作用越来越重要，但国内外已有文献对这一问题的研究明显不足，这可能与交易机构对所用数字技术采取保密措施有关系。

数据要素估值和定价对于数据要素市场建设和市场化配置至关重要，是数字经济研究中的一个热点问题和重点问题。未来需要进一步强化以下四个方面：第一，加强数据要素定价的基础理论研究，探索构建基于场景的数据定价理论体系，加强数据要素交易模式、交易机制、产业链、定价指标的研究，从理论上建立涵盖数据确权、算法定价、收益分配的数据交易全生命周期的价格体系。第二，数据要素的定价方法应与数字技术的应用更好地结合起来，深入分析数字技术在定价中的作用机制，利用新技术手段构建自动定价和动态定价模型。第三，完善大宗数据资源交易平台的交易规则，探索根据使用场景和数据购买者设定个性化的交易合同，细化研究不同层次市场和不同交易场所的数据要素价格形成机制。第四，加强数据要素市场的会计和审计研究，提升数据定价的透明度和数据市场的效率。

**参考文献**

熊巧琴、汤珂：《数据要素的界权、交易和定价研究进展》，《经济学动态》2021年第2期。

Adler, R. et al. (2016), "The Valuation and Pricing of Information Assets", *Pacific Accounting Review* 28 (4): 419-430.

Agarwal, A. et al. (2018), "A Marketplace for Data: An Algorithmic Solution", ArXiv Working Paper, No. 1805.08125.

Arribas-Bel, D. et al. (2021), "Open Data Products: A Framework for Creating Valuable Analysis Ready Data", *Journal of Geographical Systems* 23 (10): 1-18.

Bajari, P. et al. (2019), "The Impact of Big Data on Firm Performance: An Empirical Investigation", *AEA Papers and Proceedings* 109: 33-37.

Balasubramanian, S. et al. (2015), "Pricing Information Goods: A Strategic Analysis of the Selling and On-Demand Pricing Mechanisms", *Marketing Science* 34 (2): 218-234.

Balazinska, M. et al. (2011), "Data Markets in the Cloud: An Opportunity for the Database Community", *Proceedings of the VLDB Endow* 4 (12): 1482-1485.

Belleflamme, P. (2018), "Economic Models of Data: A Complex Relation between Supply and Demand", Economics of Privacy, Working Paper, Aix-Marseille School of Economics.

Bergemann, D. et al. (2018), "The Design and Price of Information", *American Economic Review* 108 (1): 1-48.

Bourreau, M. et al. (2018), "The Value of Consumer Data in Online Advertising", *Review of Network Economics* 16 (3): 269-289.

Cao, X. et al. (2017), "An Iterative Auction Mechanism for Data Trading", 2017 IEEE International Conference on Acoustics, pp. 5850-5854.

Chen, L. et al. (2019), "Towards Model-Based Pricing for Machine Learning in a Data Marketplace", *Proceedings of the 2019 International Conference on Management of Data*, pp. 1535-1552.

Chen, Z. et al. (2018), "Research on the Auction Strategies and Pricing of Big data", *Journal of University of Science and Technology of China* 48 (6): 486-494.

Choudhary, V. et al. (1998), "Economic Benefits of Renting Software",

*Journal of Organizational Computing and Electronic Commerce* 8 (4): 277-305.

Coggeshall, J. et al. (2011), "System and Method for an Individual Data Marketplace and Monetization", *Patent*, No. US20110295694 A1.

Cong, Z. et al. (2021), "Data Pricing in Machine Learning Pipelines", ArXiv Working Paper, No. 2108.07915.

Cummings, R. et al. (2015), "Accuracy for Sale: Aggregating Data with a Variance Constraint", *Proceedings of the 2015 Conference on Innovations in Theoretical Computer Science*, pp. 317-324.

Deep, S. & P. Koutris (2017), "QIRANA: A Framework for Scalable Query Pricing", *Proceedings of the 2017 ACM International Conference on Management of Data*, pp. 699-713.

Epstein, J. & A. J. Marcus (2003), "Economic Analysis of the Reasonable Royalty: Simplification and Extension of the Georgia-Pacific Factors", *Journal of the Patent & Trademark Office Society* 85: 555-583.

Fallucchi, F. et al. (2021), "Blockchain Framework in Digital Government for the Certification of Authenticity, Time Stamping And Data Property", *Proceedings of the Hawaii International Conference on System Sciences*, pp. 285-295.

Faroukhi, A. Z. et al. (2020), "Big Data Monetization Throughout Big Data Value Chain: A Comprehensive Review", *Journal of Big Data* 7 (1): 1-22.

Fontana, G. et al. (2020), "Ensuring That the NHS Realises Fair Financial Value from its Data", *Lancet Digital Health* 2 (1): 10-12.

Fruhwirth, M. et al. (2020), "Discovering Business Models of Data Marketplaces", *Proceedings of the 53rd Hawaii International Conference on System Sciences*, pp. 5738-5747.

Ghorbani A. & J. Y. Zou (2019), "Data Shapley: Equitable Valuation of Data for Machine Learning", ArXiv Working Paper, No. 1904.02868.

Ghosh, A. & A. Roth (2015), "Selling Privacy at Auction", *Games and Economic Behavior* 91: 334-346.

Goldberg, A. et al. (1999), "Competitive Auctions and Digital

Goods", *Proceedings of the Annual ACM-SIAM Symposium on Discrete Algorithms*, pp. 735-744.

Gu, Y. et al. (2021), "Data Brokers Co-opetition", Social Science Research Network Working Paper, No. 3308384.

Gundepudi, P. et al. (2001), "Forward Versus Spot Buying of Information Goods", *Journal of Management Information Systems* 18 (2): 107-131.

Günther, W. A. et al. (2017), "Debating Big Data: A Literature Review on Realizing Value from Big Data", *Journal of Strategic Information Systems* 26 (3): 191-209.

Harmon, R. et al. (2009), "Pricing Strategies for Information Technology Services: A Value-Based Approach", *Proceedings of the 42nd Hawaii International Conference on System Sciences*, pp. 1-10.

Harvey, R. et al. (2016), "...and the Cross-Section of Expected Returns", *Review of Financial Studies* 29 (1): 5-68.

Heckman, J. R. et al. (2015), "A Pricing Model for Data Markets", *Proceedings of the iConference* 2015, pp. 1-12.

Hynes, N. et al. (2018), "A Demonstration of Sterling: A Privacy-preserving Data Marketplace", *Proceedings of the VLDB Endowment* 11 (12): 2086-2089.

Ichihashi, S. (2021), "Competing Data Intermediaries", *RAND Journal of Economics* 52 (3): 515-537.

Immonen, A. et al. (2015), "Evaluating the Quality of Social Media Data in Big Data Architecture", *IEEE Access* 3: 2028-2043.

Isabel, P. R. et al. (2021), "Does it Matter Who Gets a Better Price? Antecedents and Consequences of Online Price Unfairness for Advantaged and Disadvantaged Consumers", *Tourism Management Perspectives* 40 (1): 1-14.

Jegadeesh, N. & D. Wu (2013), "Word Power: A New Approach for Content Analysis", *Journal of Financial Economics* 110 (3): 712-729.

Jia, R. et al. (2019), "Towards Efficient Data Valuation Based on the Shapley Value", ArXiv Working Paper, No. 1902.10275.

Jiao, Y. T. et al. (2018), "Profit Maximization Mechanism and Data

Management for Data Analytics Services", *IEEE Internet of Things Journal* 5 (3): 2001-2014.

Jin, H. et al. (2015), "Quality of Information Aware Incentive Mechanisms for Mobile Crowd Sensing Systems", *Proceedings of the 16th ACM International Symposium on Mobile Ad Hoc Networking and Computing*, pp. 167-176.

Jones, C. I. & C. Tonetti (2020), "Nonrivalry and the Economics of Data", *American Economic Review* 110 (9): 2819-2858.

Jung, K. & S. Park (2019), "Privacy Bargaining with Fairness: Privacy-Price Negotiation System for Applying Differential Privacy in Data Market Environments", 2019 IEEE International Conference on Big Data, pp. 1389-1394.

Ke, H. (2021), "BA$^2$P: Bidirectional and Anonymous Auction Protocol with Dispute-freeness", *Security and Communication Network*, pp. 1-12.

Kitchin, R. & T. P. Lauriault (2015), "Small Data in the Era of Big data", *Geo Journal* 80 (4): 463-475.

Koushanfar, F. et al. (2019), "Deep Learning on Private Data", *IEEE Security & Privacy* 17 (6): 54-63.

Koutris, P. et al. (2013), "Toward Practical Query Pricing with Query Market", *Proceedings of the ACM SIGMOD International Conference on Management of Data*, pp. 613-624.

Koutris, P. et al. (2015), "Query-based Data Pricing", *Journal of the ACM* 62 (5): 1-44.

Koutroumpis P. & L. Aija (2013), "Understanding the Value of (Big) data", 2013 IEEE International Conference on Big Data, pp. 38-42.

Koutroumpis, P. et al. (2020), "Markets for Data", *Industrial and Corporate Change* 29 (3): 1-16.

Közgazdász, F. (2017), "Valuing Methods for Information Assets: Literature Review", *Forum on Economics and Business* 20 (130): 54-78.

Li, C. et al. (2017), "A Theory of Pricing Private Data", *Communications of the ACM* 60 (12): 79-86.

Li, J. & S. Gao (2021), "Platform Economy and Internet Platform

Monopoly", *BCP Business & Management* 13: 160-163.

Li, M. et al. (2013), "Optimal Versioning Strategy for Information Products with Behavior-Based Utility Function of Heterogeneous Customers", *Computers & Operations Research* 40 (10): 2374-2386.

Li, W. et al. (2019), "Value of Data: There's no Such Thing as a Free Lunch in the Digital Economy", Research Institute of Economy, Trade and Industry Working Paper, No. 19022.

Li, X. B. & S. Raghunathan (2014), "Pricing and Disseminating Customer Data with Privacy Awareness", *Decision Support Systems* 59 (3): 63-73.

Liang, F. et al. (2018), "A Survey on Big Data Market: Pricing, Trading and Protection", IEEE Access 6: 15132-15154.

Lin, B. R. & D. Kifer (2014), "On Arbitrage-free Pricing for General Data Queries", *Proceedings of the VLDB Endowment* 7 (9): 757-768.

Liu, J. (2021), "Dealer: An End-to-End Model Marketplace with Differential Privacy", ArXiv Working Paper, No. 2003.13103.

Liu, K. et al. (2019), "Optimal Pricing Mechanism for Data Market in Blockchain-Enhanced Internet of Things", *IEEE Internet of Things Journal* 6 (6): 9748-9761.

Liu, Y. et al. (2021), "Blind Polynomial Evaluation and Data Trading", in: K. Sako & N. O. Tippenhauer (eds.), *Applied Cryptography and Network Security*, Springer.

Luong, N. C. et al. (2016), "Data Collection and Wireless Communication in Internet of Things (LoT) Using Economic Analysis and Pricing Models: A Survey", *IEEE Communications Surveys & Tutorials* 18 (4): 2546-2590.

Ma, J. et al. (2021), "Privacy-preserving Federated Learning Based on Multi-key Homomorphic Encryption", ArXiv Working Paper, No. 2104.06824.

Ma, Y. (2019), "Monopoly and Competition in the Markets for Information", Social Science Research Network Working Paper, No. 3505101.

Mao, W. et al. (2019), "Pricing for Revenue Maximization in IoT data Markets: An Information Design Perspective", 2019 IEEE Conference on Computer Communications, pp. 1837-1845.

Mao, Y. et al. (2017), "A Strategic Bargaining Game for a Spectrum Sharing Scheme in Cognitive Radio-Based Heterogeneous Wireless Sensor Networks", *Sensors* 17 (12): 27-37.

Mehta, S. et al. (2021), "An Approximation Scheme for Data Monetization", Social Science Research Network Working Paper, No. 3808875.

Meierhofer, J. et al. (2019), "Data Products", in: M. Braschler et al. (eds.), *Applied Data Science*, Springer.

Misue, K. (2016), "Visualization of Social Data with Timestamps", *Journal of the Visualization Society of Japan* 36 (141): 2-8.

Moody, D. & P. Walsh (1999), "Measuring the Value of Information: An Asset Valuation Approach", *ECIS' 99: Proceedings of Seventh European Conference on Information Systems*, pp. 1-17.

Moriarty, J. (2021), "Why Online Personalized Pricing is Unfair", *Ethics and Information Technology* 23 (3): 1-9.

Muschalle, A. et al. (2013), "Pricing Approaches for Data Markets", in: M. Castellanos et al. (eds.), *Enabling Real-Time Business Intelligence*, Springer.

Müller, O. et al. (2018), "The Effect of Big Data and Analytics on Firm Performance: An Econometric Analysis Considering Industry Characteristics", *Journal of Management Information Systems* 35 (2): 488-509.

Pei, J. (2020), "A Survey on data Pricing: From Economics to Data Science", ArXiv Working Paper, No. 2009.04462.

Pérez-Pons, M. E. et al. (2019), "Towards Financial Valuation in Data-driven Companies", *Journal of Computer Science and Technology* 12 (2): 28-33.

Shapiro, C. & H. R. Varian (1998), "Versioning: The Smart Way to Sell Information", *Harvard Business Review* 76 (6): 106-114.

Shapley, L. S. (1953), "A Value for N-Person Games", in:

H. W. Kuhn & A. W. Tucker (eds.), *Contributions to the Theory of Games*, Vol. 2, Princeton University Press.

Short, J. E. & S. Todd (2017), "What's Your Data Worth?", *MIT Sloan Management Review* 58 (3): 17-19.

Sofia, D. S. & A. S. Edward (2020), "Auction Based Game Theory in Cognitive Radio Networks for Dynamic Spectrum Allocation", *Computers & Electrical Engineering* 86: 106734.

Son, J. C. et al. (2021), "A Study on the Trading Price Estimation Algorithm for Healthcare Transaction Data", *Research Square*, Forthcoming.

Spiekermann, M. (2019), "Data Marketplaces: Trends and Monetisation of Data Goods", *Intereconomics* 54 (4): 208-216.

Sukumar, S. R. et al. (2015), "Big Data in Health Care: How Good is It?", *International Journal of Health Care Quality Assurance* 28 (6): 1-9.

Tsai, Y. C. et al. (2017), "Time-Dependent Smart Data Pricing Based on Machine Learning", in: M. Mouhoub & P. Langlais (eds.), *Advances in Artificial Intelligence*, Springer.

Tucker, D. S. & W. Hill (2014), "Big Mistakes Regarding Big Data", Social Science Research Network Working Paper, No. 2549044.

Varian, H. (2018), "Artificial Intelligence, Economics, and Industrial Organization", NBER Working Paper, No. 24839.

Wang, D. et al. (2018), "A Novel Digital Rights Management in P2P Networks Based on Bitcoin System", in: F. Li et al. (eds.), *Frontiers in Cyber Security*, *Communications in Computer and Information Science*, Springer.

Wang, H. et al. (2018), "Blockchain Challenges and Opportunities: A Survey", *International Journal of Web and Grid Services* 14 (4): 352-375.

Wei, X. & B. R. Nault (2014), "Monopoly Versioning of Information Goods When Consumers Have Group Tastes", *Production and Operations Management* 23 (6): 1067-1081.

Wei, X. & L. Xiong (2021), "Anti-collusion Data Auction Mechanism Based on Smart Contract", *Information Sciences* 555 (1): 386-409.

Wu, C. et al. (2019), "Cloud Pricing Models: Taxonomy, Survey, and Interdisciplinary Challenges", *ACM Computing Surveys* 52（6）：1-36.

Xu, C. Z. et al.（2020）,"Data Pricing for Blockchain-based Car Sharing: A Stackelberg Game Approach", 2020 IEEE Global Communications Conference, pp. 1-5.

Xu, L. et al.（2017）,"Dynamic Privacy Pricing: A Multi-armed Bandit Approach with Time-variant Rewards", *IEEE Transactions on Information Forensics & Security* 12（2）：271-285.

Yang, D. et al.（2012）,"Crowdsourcing to Smartphones: Incentive Mechanism Design for Mobile Phone Sensing", *Proceedings of the 18th Annual International Conference on Mobile Computing and Networking*, pp. 173-184.

Yang, J.（2021）,"Big Data Privacy Protection Technology", 2021 International Conference on Artificial Intelligence and Information Technology, pp. 1-5.

Yang, J. et al.（2019）,"Big Data Market Optimization Pricing Model Based on Data Quality", *Complexity*, 2019（2）：1-10.

Yu, G. W. et al.（2011）,"The Assessment of Product Information Quality in Digitization Manufacturing Processes", *Advanced Materials Research* 411：419-423.

Yu, H. & M. Zhang（2017）,"Data Pricing Strategy Based on Data Quality", *Computers & Industrial Engineering* 112：1-10.

Yue, L. et al.（2017）,"Big Data Model of Security Sharing Based on Blockchain", *Proceedings of the 2017 3nd International Conference on Big Data Computing and Communications*, pp. 117-121.

Zhang, M. & F. Beltran（2020）,"A Survey of Data Pricing Methods", Social Science Research Network Working Paper, No. 3609120.

Zheng, Z. et al.（2017）,"An Online Pricing Mechanism for Mobile Crowdsensing Data Markets", *Proceedings of the 18th ACM International Symposium on Mobile Ad Hoc Networking and Computing*, pp. 1-10.

（原载《经济学动态》2022年第2期）